한마음요전 1

표지글씨 : 대행 스님

주인공 하나를 쥐고
일념으로
들어가다 보면
비로소 활연히
참나가 드러난다.

대행 스님 법어

한마음요전 I

– 대행 스님 행장 · 법어집 –

"문자에 얽매인다면
이 책을 달달 외워도
국 맛을 모를 것이다."

행 장
• 수혜편 • 법연편 • 심인편

법 어
• 원리편 • 수행편 • 생활편
• 활용편 • 게송 · 선시편 • 예화편

대한불교조계종
한마음선원

발 간 사

　일찍이 석가모니 부처님께서는 한마디도 설한 바 없노라 하시며 선문을 밝히셨지만 문자나 말로 가르치는 방편이 또한 부득이한 일이고 보면 가르치는 이나 배우는 이나 모두 교문을 넘나들지 않을 수 없다. 그러나 배우는 이에겐 두 가지 어려움이 따른다. 하나는 장경의 숲을 헤쳐 나가기가 쉽지 않은 것이고, 다른 하나는 각고의 노력과는 달리 자칫하면 알음알이의 곳집을 짓기 십상이라는 점이다. 본래 중생의 면목이 뚜렷하고 밝아서 새삼스레 가르치고 배울 것이 없다 하겠으나 중생에게 지혜의 눈이 없으매 흔히들 그런 어려움을 호소해 온다.

　가르치는 입장에서 어찌 이를 안타까워하지 않을 수 있으랴. 이에 한마음선원에서는 오래 전부터 부처님 가르침의 정수를 뽑아 여러 형태의 문서를 발간해 온 바 있다. 하지만 한편으로 늘 미진하게 여겨오던 터라 다시금 원을 세워 요전이라 이름할 수 있는 책자를 발간하기에 이르렀다. 감히 권하건대 이 책이야말로 불법 공부에 매우 종요롭다 할 것이다. 그 까닭을 말한다면 첫째, 이 요전은 大行 스님께서 몸소 증험하신 불법의 진미만을 담고 있음이요 둘째, 난해한 장경의 숲을 곧바로 가로질러 가는 생활 속의 불법을 설하고 있음이다.

진리란 본래 난해하거나 복잡한 것이 아니다. 학식 없고 학위 없어도 누구나 맛을 볼 수 있으니 다만 믿음이 약한 것을 스스로 탓할 일이다. 그러기에 이 요전을 길잡이 삼아 목숨 떼어 놓고 한번 뚫어 보기를 권한다. 한 가지 수학이 풀어져 만 가지 수학이 절로 풀리고 마침내 문 없는 문을 넘게 되리라 확신한다.

불기 2537(서기 1993)년 1월

서 혜 원 합장

차 례

발간사 ·· 7
일러두기 ··· 13

I권

제 1 부

수혜편 ··· 19
1. 고난의 세월 ·· 21
2. 출가 수행 ··· 62
3. 깨달음의 증장 ··· 89
4. 자유인의 길 ·· 150
5. 내심 자증의 길 ·· 193

법연편 ··· 213
1. 회향과 서원 ·· 215

2. 자비의 회상 ——————— 256

3. 진리가 그러하니라 ——————— 342

4. 감읍하옵니다 ——————— 393

심인편 ——————— 411

1. 제자와의 대화 ——————— 413

2. 학승과의 대화 ——————— 508

제 2 부

원리편 ——————— 531

제1장 위대한 가르침 ——————— 533

제2장 한마음 주인공 ——————— 555

제3장 나의 실상 ——————— 584

제4장 둘 아닌 도리 ——————— 616

제5장 공의 나툼 ——————— 625

제6장 마음의 도리 ——————— 648

제7장 인연과 업보 ——————— 682

제8장 윤회와 진화 ——————— 705

제9장 과학과 우주 ——————— 729

2권

제2부

수행편 ————————————————— 753

제1장 불법 공부 ———————————— 755

제2장 믿음이 근본 ———————————— 778

제3장 물러서지 않는 마음 ——————— 796

제4장 놓고 가는 삶 ——————————— 830

제5장 관념의 타파 ———————————— 868

제6장 의정 ——————————————— 897

제7장 관하는 도리 ———————————— 908

제8장 안에서 찾자 ———————————— 919

제9장 무애의 발걸음 ——————————— 939

제10장 참선 —————————————— 963

제11장 깨달음 ————————————— 975

생활편 ————————————————— 1017

제1장 행 속의 지혜 ——————————— 1019

제2장 경계와 고 ————————————— 1037

제3장 예경과 기복 ———————— 1059
제4장 생활 불법 —————————— 1080

활용편 ———————————————— 1115
제1장 한생각 —————————————— 1117
제2장 용 ———————————————— 1133
제3장 치병과 천도 ———————— 1146

제 3 부

게송·선시편 ——————————— 1163
• 게송·선시 —————————————— 1165
• 선법가 ———————————————— 1267
• 뜻으로 푼 경전 ————————— 1302
  뜻으로 푼 반야심경 ———————— 1302
  뜻으로 푼 천수경 ———————— 1308

예화편 ———————————————— 1335

부 록

내용으로 본 차례 ———————— 1549

일러두기

1. 편찬의 기본 원칙

가) 요전: 대행 스님께서 20년간 설해 놓으신 방대한 법어와 평생의 행장을 단 한 권의 책으로 집대성하는 일은 기술적으로 불가능하다. 그 일은 장차 전집 형태로 정리되어야 할 것이다. 따라서 이 책은 법어와 행장의 핵심을 간추린 요전이 된다.

나) 신행 중심: 불자들이 대행 스님의 설법을 육성으로 듣게 될 때는 언외의 선미를 함께 느낄 수 있지만 문자로 접하게 될 때는 자칫 표현에 얽매이기 쉽다. 따라서 원리편을 포함한 각 편 모두 가능한 한 구어체의 맛을 살리고 생활 속의 수행에 역점을 둔 법어를 중심으로 엮었다.

2. 읽기 전에 유의할 점

가) 체제: 전 권이 하나의 체제를 갖추고 있으나 동시에 각 편, 각 장별로 독립해서 읽어도 가르침의 요체를 맛볼 수 있게 하였다. 따라서 처음부터 순서를 따라 읽지 않아도 무방하다. 굳이 체제를 말한다면 전체를 하나의 그물에 비유할 수 있다.

나) 중복: 편·장별로 거듭되는 부분이 나타난다. 그러나 중복을 완벽하게 피하기란 사실상 불가능한 일이고 구태여 그래야 할 필요를 느끼지 않았다. 진정코 법반의 맛을 알고자 한다면 거듭 씹기를 어찌 번거롭다 하겠는가. 뜻이 통할 때까지 천 번이라도 곱씹어야 할 것이므로 하루 두세 줄이라도 되풀이해서 음미하면 오히려 맛을 느끼게 되리라 믿는다.

3. 부록

각 항의 내용을 보여 주는 세부 목차와 용어별 관련 문항을 표기하여 이해를 돕고자 하였다.

한마음요전 1

대행 스님 행장·법어집

大行 스님

수혜(修慧)편

수혜편

1. 고난의 세월 … 21

탄생 / 가세의 몰락 / 가중되는 시련
숲 속의 일과와 상상 보시
모친의 눈물과 격려 / 첫 의정 / 내면의 소리
남의집살이 / 부평초 / 한암 스님과의 조우

2. 출가 수행 … 62

자성을 보리라 / 보시행 / 삭발 행자
계정혜의 체험 / 사미니계

3. 깨달음의 증장 … 89

이젠 죽어서 보리라 / 목숨을 떼어 놓고
삼매의 발걸음 / 호법 신장 / 의단을 태우며
관문을 뚫다 / 길 아닌 길 / 인연을 끊고
하늘 문이 열리다

4. 자유인의 길 … 150

발 없는 발로 / 첫 원력 / 자재한 권능
중창 불사 / 또 죽기가 어려워라

5. 내심 자증의 길 … 193

1. 고난의 세월

탄생

1. 스님께서는 1927년 음력 1월 2일에 태어나셨다. 당시는 일본 제국주의자들의 한민족 말살 작업이 극에 달하였던 시기라서 민족 전체가 압제와 질곡, 가난과 질병에 시달리고 있었다.

2. 스님의 부친께서는 대한제국 군대가 일제에 의해 강제 해산당할 당시에 한 영문의 훈련대장(訓鍊隊將)을 지내셨고 조부께서는 구한말 무관이셨으며 증조부께서는 통훈대부를 지내셨다.

3. 스님의 부친께서는 전형적인 무골풍이셨다.

신장은 보통 키였어도 골격이 굵고 남을 이끄는 힘이 있었으며 책임 의식이 투철하셨다. 특히 남을 돕는 일에는 매우 적극적이셨다.

4. 반면 모친께서는 전통적인 유교 가풍 속에서 외동딸로 곱게 자라신 분이었다. 부친과의 연령 차이가 많았던 관계로 더욱이나 지아비 섬김에 거의 무조건적이셨다.

5. 스님께서는 부친 노백천(盧伯天) 공과 모친 백씨 사이의 삼남 이녀 중 장녀로 태어나셨다. 스님의 속명은 노점순(盧點順)이다. 태어나셨을 때에 오른쪽 발목 부위에 크기 한 치 가량의 붉은 반점이 찍어 놓은 듯 선명하여 점순이라는 이름을 얻게 되었는데 그 반점의 모양이 흡사 한반도 지도를 그려 놓은 것 같았다.

6. 스님께서 태어나셨을 때만 해도 가세는 비교

적 넉넉한 편이었다. 지금의 서울 용산구 이태원에서 한남동 쪽으로 넘어가는 산마루와 들녘 일대가 한때 모두 부친의 소유지였었다. 부친께서는 당시 물감 만드는 회사도 경영하셨다.

가세의 몰락

7. 그러나 스님의 부친께서는 망국의 퇴역 무관으로서 일제의 폭거에 감연히 항거하셨다. 그 일로 부친께서는 늘 쫓기는 몸이 되었고 몇 차례 투옥당하기까지 하셨다.

8. 부친께서는 일제에 의해 요시찰 인물(불령선인)로 지목되더니 스님께서 일곱 살이 되시던 해에 이르러 급기야는 토지 전답은 물론 살던 집에서조차 맨몸으로 쫓겨나는 처지가 되었다.

9. 그때 스님 일가 일곱 식구에게 남은 재산이라고는 일곱 벌의 옷과 일곱 켤레의 신발뿐이었다. 이태원 저택에서 거리로 내쫓긴 스님 일가는 그로부터 지금의 서울 동작구 흑석동 산마루턱에 움집을 짓고 살게 되었다.

10. 스님께서는 그때의 일을 이렇게 회고하셨다. "부친께서는 구한말에 한 영문의 훈련대장을 지내셨고 할아버님께서도 그러하셨는데 일본 사람들에게 모든 걸 빼앗기고 거리로 내쫓겼다. 그때까지만 해도 지금 이태원에서 한남동 고개에 이르는 일대의 땅이 모두 부친의 소유였지만 숟가락 하나 없이 빼앗겼다. 그로부터 겪게 된 삶의 고초란 이루 다 말할 수 없을 정도였다. 먹을 게 없어서 시래기를 삶아 먹는 날이 많았고 추수가 끝난 고구마 밭을 뒤져 밤톨만 한 찌끄러기를 주워 모아다 끼니를 때우곤 했다. 그러나 그때 그 고생이 아니었더라면 내가 공부할 생각조차 못했을 것이다."

11. 일순간에 거리로 나앉게 된 스님 일가는 오라는 곳도 없고 갈 곳도 없는 처지에서 한 끼의 식량에 온 가족이 목숨을 거는 처참한 굶주림의 생활을 감내하지 않을 수 없게 되었다.

12. 스님 일가는 초근목피로 연명하는 나날들이 계속되는 중에 하루 한 끼의 식사나마 거르는 날이 적지 않았다. 시래기나 호박잎, 고구마 줄기가 주식이 되는 때도 많았다. 그나마 부황을 면키 위해 몇 알의 콩을 섞을 수 있으면 다행이라고 여길 정도였다.

13. 당시 스님의 하루 일과는 밭걷이가 끝난 곳을 찾아다니며 캐다 남은 구근을 주워 모으거나 숲속을 뒤져 나물, 열매 따위를 얻고 산에 가서 솔방울을 주워 오는 일이 전부였다. 일곱 살이었던 그해 겨울에 스님은 지독한 굶주림과 추위를 함께 이겨 내야만 하셨다.

14. 스님께서 회고하셨다. "움막을 짓고 사는데 비가 오면 이건 한데였다. 더욱이 밤에 폭우가 쏟아질 때면 아예 사생결단을 내야만 했다. 그러니 한겨울의 고생이야 더 말할 게 있었겠는가. 어린 마음에도 '이게 무슨 조화인가? 삽시간에 이렇게 알거지가 되는 일도 있는가.' 하는 생각에 골몰하곤 했다."

가중되는 시련

15. 스님의 어린 영혼은 그 당시 또 다른 시련을 감당해야 했으니 그것은 부친의 학대였다. 뼈아픈 좌절 속에서 심신을 추스리기 어려웠던 스님의 부친께서는 마치 어린 스님을 한풀이의 대상으로 작정이나 하신 듯이 무척이나 심하게 다루셨다. 그리고 그 일은 감당하기 어려운 공포가 되어 스님을 엄습하게 되었다.

16. 스님께서 회고하셨다. "부친께서는 다른 사람의 어려운 사정을 잘 살피셨고 이웃을 위해서도 노고를 아끼지 않는 분이셨다. 그런데 유독 내게만은 혹독하셨다. 나의 행동거지 하나하나를 못마땅해하셨다. 예를 들어 걸레질하는 걸 보면 무릎으로 긴다고 야단을 치셨다. 나로서는 어떻게 해 볼 도리가 없었는데 어머님께서 나를 두둔할라치면 더욱 심하게 다루셨다. 그러는 중에도 밤중에 담배 심부름을 시키시는 게 정말 고역이었다."

17. 그 당시 스님께서 가장 견뎌 내기 어려워하셨던 일 중의 하나는 부친의 담배 심부름이었다. 스님의 부친께서는 별이 총총히 빛날 때쯤이면 으레 스님께 담배를 사 오도록 명하셨는데 움막이 있는 산 중턱에서 가게가 있는 아랫마을까지는 인가 하나 없는 십 리 가까운 거리였다. 어린 스님에겐 그 밤길이 더할 수 없는 공포를 자아냈다. 특히 달빛조차 잠든 그믐밤이면 더욱 그러했다.

18. 스님께서 이렇게 회고하셨다. "다만 나 때문에 두 분께서 다투시는 게 무섭고 싫었다. 그래서 정히 겁이 날 때면 그냥 나가서 밤을 새웠는데 그러다가 한생각이 떠올랐던 것이다. 무섭기는 마찬가지이고 이러나저러나 짐승에게 먹히기는 매일반이니 어머님을 위해 심부름을 하기로 한 것이다. 나를 두둔하시느라 아버님에 맞서는 어머님이 너무나 애처롭고 불쌍하게 느껴졌던 것이다. 어린 마음에도 차라리 내가 아버님 눈에 띄지 않는 게 어머님을 돕는 일이다 싶어서 점차로 밖에서 새는 날이 늘어 갔다. 그때 나는 밖에서 그냥 쓰러져 잠들곤 했는데 어느 때는 그런 내가 너무 불쌍하다고 여겨졌던지 인근의 할머니 한 분이 가끔 나를 안아다가 재워 주곤 하셨다. 아무튼 한 달이면 20일쯤은 내쫓기다시피 하여 밖에서 보내야 했었다."

숲 속의 일과와 상상 보시

19. 숲 속에서의 밤샘이 계속될수록 스님의 어린 영혼은 삶의 차디찬 밑바닥에서 올라오는 한기와 대자연의 부드러움 사이에서 어렴풋이 생의 의미를 깨달아 가고 있었다. 낮 동안의 생활이 가혹하면 할수록 스님께서는 점차 밤의 포근한 위안에 젖어 들며 자연의 밀어에 귀를 기울이셨다. 그러는 동안 자연히 숲 속의 이름 모를 풀벌레들, 나무와 돌과 풀포기들 그리고 바람 소리는 어린 스님의 대화 친구가 되어 갔다. 숲 속의 밤샘은 어느새 스님의 가장 소중한 일과로 자리잡게 되었다.

20. 스님께서 회고하셨다. "처음엔 무섭고 의지할 곳조차 없었으니까 이름 모를 산새나 풀벌레, 짐승이나 초목을 친구로 삼게 되었는데 특히 묘지의 망두석과는 늘 많은 대화를 나누곤 했다. '너도 나

처럼 외롭고 의지할 데 없는가.' 하고 대화를 하다 보니 점차로 하룻밤 가는 줄 몰랐고 그대로 그냥 좋았다. 비록 집에서 자지 못하고 그 추운 나무 숲에 앉아 하늘을 쳐다보며 밤을 지새워야 했으나 거기엔 언제나 같이 이야기할 수 있는 친구들이 앞에 좍 있었으니 그대로 좋았던 것이다. 또 어쩌다 여우 같은 산짐승들을 만나는 때도 있었는데 그게 무서운 짐승이라는 생각도 없이 그냥 바위에 기대 앉은 채 혼잣말로 한다는 소리가 '너도 아빠가 없니? 나도 아빠가 없다.' 하고 말을 걸었다."

21. 스님께서 회고하셨다. "너무 야단을 맞고 내쫓기니까 모든 게 다 귀찮아져서 밤이나 낮이나 아무 데고 기대 앉아 무심코 바라보는 게 일과였다. 그러노라면 구름이 뭉게뭉게 흐르는 걸 보아도 눈물이 주르르 흘렀고, 벌레 한 마리 죽은 걸 보아도 눈물지었다. 또 어느 때는 짐승 한 마리가 죽은 걸 보았는데 자세히 보니까 살을 뜯어 먹는 놈 따로 있

고 창자 먹는 게 따로 있고 죄다 따로따로인 것을 보고는 또 슬퍼서 눈물을 주르르 흘렸다. 그렇게 산에 가서도 무심히 앉아 있고 들에 가서도 앉아 있기 일쑤였는데 그러다 보면 날이 저물어 퍼뜩 놀라서 솔방울 줍고 삭정이 꺾어 가지고 들어가면 종일토록 겨우 그거 해 오느냐고 야단맞고는 또 내쫓겼다. 그러니 어떻게 하는가. 가랑잎 주워 모아다가 포대자루 같은 데 넣고는 비집고 들어가 목만 내놓고 또 바깥 잠을 자는 수밖에 없었다. 그런데 그렇게 하다 보니까 가랑잎만 넣을 때보다 풀을 섞어 넣으면 좀 더 뜨뜻한 기운이 감도는 걸 알게 되었고 그래서 감사함을 느낀 일도 있었다."

22. 이틀이 멀다 하고 바깥 잠을 자게 된 스님께서는 그러나 자신에게 가해지는 운명의 채찍을 맞으면서도 누구를 원망하거나 탓하지는 않으셨다. 처음엔 밤의 공포를 이겨 내야 했고, 점차 그것에 익숙해지면서는 악천후와 싸워 이겨야 했지만 그

런 일들이 누구 때문이라거나 혹은 자신의 비운 탓이라거나 하는 생각을 하지 않으셨다. 스님께서는 그런 일들에 묵연히 대응하실 뿐이었다.

23. 그렇더라도 그 익숙함이란 외부 조건과의 호흡 조절에 그치는 그런 일상적인 것이 아니었다. 주머니 속의 송곳이 절로 삐져나오듯이 스님께선 점차로 앞을 가로막아 서는 가난, 공포, 슬픔, 고독의 의미를 응시하는 가운데 자신만의 삶의 길을 걷기 시작하셨던 것이다.

24. 스님께서는 그 당시 숲 속 바위에 올라앉아 불빛 반짝이는 민가를 내려다보며 도깨비감투를 즐겨 상상하셨다.

스님께서 회고하셨다. "내게 도깨비감투 하나만 있다면 저 가난한 집집마다에 양식을 나눠 줄 수 있다는 생각에 날이 새는 줄도 몰랐다."

25. 투명 인간이 되어 자재권을 얻는 즐거운 상상 속에서도 스님의 시야에 떠오른 대상은 자신이나 가족이기에 앞서 불쌍하고 가난한 이웃이었다. 도깨비감투를 쓰고 의적이 되어, 아무리 꺼내도 줄지 않는 창고에 가서 무한으로 꺼내다가 두루두루 도와주는 상상 속의 보시를 한 것이었다. 스님께서는 훗날 상상 보시를 무척이나 즐거워했다고 회고하셨다.

26. 스님께서 또 회고하셨다. "내가 도깨비감투를 쓰고 남을 돕는 상상에 골몰하게 된 데는 어머님의 영향도 컸던 것 같다. 어머님께서는 우거지 죽을 먹는 형편 중에도 거지가 찾아오면 당신 몫을 내어 주고는 아예 굶으셨는가 하면, 자주 말씀하시기를 '사람이 나서 한 번 죽는 것인데 남한테 못되게 굴고 남의 것을 가로챌 생각을 해서는 안 된다.' 하셨다. 어머님께서는 내내 그렇게 하신 분이셨다. 나중에 삯바느질로 살림을 꾸리실 때도 없는 사람을 만

나면 도와주기를 좋아하셨다.”

모친의 눈물과 격려

27. 스님의 모친께서는 번번이 부친의 화풀이 대상이 되곤 하는 스님에 대해서는 더욱이나 눈물겨운 애정을 내보이셨다. 특히 어린 스님에게 가해지는 시련을 보시면서 가혹한 부정에 피눈물을 흘리시곤 하셨다. 그런 모친의 눈물은 곧 스님의 눈물이 되었다.

28. 스님께서는 “내가 그때 가슴속으로 얼마나 통곡을 했었는지 모른다.” 하고 훗날 여러 차례 말씀하셨다. “물레방아 돌듯이 얼마나 울고 돌았는지 헤아릴 수가 없다.” 하셨다. 모친의 자애로운 눈물과 격려를 결코 잊을 수 없노라는 말씀도 자주 들려주시곤 했다.

29. 스님께서 회고하셨다. "어머님께서는 그런 나를 위로하시느라고 가끔 옛이야기를 들려주셨는데 대체로 어려운 환경에도 굴하지 않고 꿋꿋이 자라서 남을 돕는 일을 한 사람들에 관한 것이었다. 어머님께서는 속으로 피눈물을 흘리셨겠지만 바깥 잠을 자면서도 내가 잘 견뎌 내고 있는 까닭에 일면 체념하시는 것 같았다. 내게 가끔 태몽 이야기를 하셨던 걸로 보아 내게 주어진 환경을 나름대로 수용하신 모양이었다."

30. 모친께서 스님께 들려주셨다는 태몽은 이러하였다. '모친께서 나막신을 신고 하늘로 들리워 오르던 중에 한쪽 신발을 떨어뜨리고 천상에 오르게 되셨는데 구름 사이로 내려다보니 지상은 가마득하고 집들은 성냥갑 같아 보였다. 그때 홀연히 찬란한 금궤 하나가 나타나면서 굉음을 내며 열리는지라 안을 들여다보니 칼날이 둥그렇게 원으로 말린 칼 하나가 있었다. 모친께서 그것을 집어 드는 순간

날이 쭉 펴지며 눈부신 빛을 발하였다.'라는 것이
다. 스님의 모친께서는 이 꿈을 꾸신 뒤 장차 크게
될 아들이 태어나는 줄로 아셨다고 한다. 스님께서
는 태어나신 직후부터 전혀 울지도 않고 내내 잠만
자는지라 모친께서 일부러 꼬집어 깨워 젖을 물리
곤 하셨는데 모친께서는 이런 일들을 예사롭지 않
다 여기시어 어린 스님을 대하심이 매우 조심스럽
고 각별하셨다고 한다.

31. 한번은 이런 일도 있었노라고 스님께서 회
고하셨다. "내가 어렸을 적에 부친과 인연이 있어
가끔 내왕하시던 한 스님이 어느 날 모친께 이르
기를 '이 집 식구 중에 한 사람이 죽음으로써 전부
를 살리게 된다.'라고 하였다. 모친께서 무척 놀라
워하시자 그 스님 말씀이 '그렇게 죽는 게 아니다.'
하였는데 더 이상의 말씀은 없으셨다. 어린 마음에
도 참으로 묘한 말씀이라고 생각했었다."

첫 의정

32. 배고픔과 추위로 뒤범벅이 된 나날들이 그렇게 2년쯤 흘렀을 즈음에 이르러 스님께서는 비록 아홉 살밖에 안 된 나이였음에도 불구하고 어느덧 생명의 실상, 자연의 섭리에 한 발짝 다가서시게 되었다. 무엇보다도 스님께는 남다른 느낌이 찾아왔다. 밤은 점차 안온하고 아름다워지기 시작했으며 부드럽고 미묘한 향기를 내뿜고 있었다. 숲 속에는 빈부의 격차도, 힘의 우열도 없고 오직 생명만이 있을 뿐이었다. 그러나 스님의 눈에 비친 숲 밖의 일상은 여전히 불평등과 고난으로 가득 찬 모습 그대로였다.

33. 스님께서 회고하셨다. "처음에 내가 가장 의아하게 생각했던 문제는 '세상에는 왜 부자가 있고 가난한 사람이 있으며 왜 부자보다도 헐벗고 굶주

리고 병든 사람들이 더 많은가.' 하는 점이었다. 내 신세도 처량했지만 나와 비슷한 사람들이 많다는 사실을 알게 되고부터는 내내 그 생각에 몰두했었다. 그러다가 모든 사람들이 세상에 태어나서 돈 때문에 울고 웃고, 육신이 병들어 아파하다가 때가 되면 죽어 가는데 도대체 그렇게 살아서 무엇하느냐 하는 생각이 들면서 도무지 살 의욕이 나질 않았다. 그로부터 생각하기를 '누가 나를 이렇게 만들었는가. 누가 나를 형성시켜 놓고 어느 날 갑자기 알거지로 만들었는가. 차라리 태어나지 말게 할 것이지 나를 만들어 놓고는 왜 이렇게 굶기고 고달프게 만드는 것인가.' 하는 의정을 품게 되었다. 그러다가 더 나아가서는 점차로 '다른 사람들도 나와 같이 그렇게 형성되었을 텐데, 내 어머님은 어머님대로 그렇고, 또 남들은 남들대로 굶고 병들고 하느냐.' 하는 생각을 하게 되었다. 그런 생각에 골몰하다 보니 또 나무는 나무대로 형형색색이고 심지어 비가 쏟아져도 굵은 장대비, 이슬비가 다르니 참으로 이상하다, 모든 게 공평치 못하다는 생각에 밤새도록 잠을 설치기도 했던 것이다. 어린것이 그렇게 바위 틈에 기대서 종일 궁리하다 보니 점차로 '나를 만든 네가 있다면 나와 보아라. 모습을 보고 싶다.' 하는 궁금증에 견디질 못했고, 그래서 나중에 더 나이가 들어서는 '나를 형성시킨 네가 없다면 나는 이대로는 살 수 없다. 차라리 혀를 물고 죽어야지 살지 못한다.' 하고 실랑이를 하게 된 것이다. 그러나 숲 속은 내게 더할 수 없는 위안처였고 거기서 나는 평화를 느끼고 있었다. 마음속으로는 실랑이를 하고 있었지만 숲 속이 아니면 그런 실랑이조차도 가능하지 않았던 것이니, 나는 어느덧 숲 속을 사랑했던 것 같다."

내면의 소리

34. 그러던 어느 날 스님께서는 불현듯 마음의

심연으로부터 뜨거운 눈물과 함께 '아빠'라는 소리
가 울려 나옴을 느끼셨다. '아빠! 아빠!…….' 스님
께서는 그때 수없이 '아빠'를 부르며 하염없이 눈물
을 흘렸다고 회고하셨다.

35. 그로부터 스님께서는 그 내면의 소리가 무엇
인지도 모른 채 거기에 무한한 애정을 쏟으며 '아빠'
하고 부르는 그 이름을 커다란 위안처로 삼으셨다.
　스님께서 회고하셨다. "'아빠!' 하고 나직이 부를
라치면 묘지의 망두석, 나무 등걸, 바위 또는 이름
모를 뭇 생명까지도 나 자신과 친한 친구가 되어 숨
결을 나누는 것처럼 여겨졌다."

36. 스님께서 회고하셨다. "그 당시 특출한 생각
이 있었던 것은 아니다. 무엇을 해 달라거나, 무서
움증을 없애 달라거나 잘되게 해 달라는 따위로 기
대는 마음도 없었다. 거기서 이미 다 알고 있다는
생각에 '아빠' 하고선 눈물만 흘렸을 뿐이었다. 무

엇을 배웠거나 알아서 그렇게 한 것은 아니었지만
시간이 흘러가다 보니까 그렇게 되었다. 한 번도 밖
으로 마음을 낸 적은 없었다."

37. 스님께서 회고하셨다. "그러니까 '아빠'가
등장하고부터는 점차로 모든 것이, 심지어 하찮은
풀뿌리나 돌까지도 내면의 아빠처럼 느껴졌다. 나
는 모든 것을 아빠라는 그곳에다 밀어 넣었다. 그때
내가 워낙 고독하기도 했지만 그러다 보니 나무를
봐도 돌을 보아도 모두가 내 생명같이 여겨져서 함
부로 할 수가 없었다. 나무 한 가지 꺾지를 못했다.
배가 고파도 '내가 살기 위해 너를 꺾으면 금방 피
가 배어 나올 테지.' 하는 생각이 들었다."

38. 스님께서는 담선 하는 자리에서 그때의 그
일을 가끔 화제로 삼으셨다. "아버님이 너무 완고
하시고 못살게 구시니까 배겨 낼 수가 없었다. 그
래서 '차라리 저 아버지를 아버지라고 그러느니보

다 내 속에 있다고 느낀 이 아버지를 아버지라고 그래야지.' 하는 생각을 굳히게 되었다. 그때만 해도 이 큰 내면의 세계는 모르고 그냥 속으로만 '아빠'를 부르곤 했던 것이다. 어린 심정에 얼마나 울면서 돌았던지……. 나는 가난했고, 한 버림받은 소녀에 불과했었다. 그런데 이 얼마나 비밀스럽고 놀라운 일이었겠는가. 나처럼 내세울 것 하나도 없는 소녀를 이끌어 그 무한한 법의 맛을 보게 했으니……."

39. 스님께서 말씀하셨다. "내가 만약에 부모로부터 사랑을 받고 동기간끼리 즐겁게 지냈더라면 나는 다른 것을 붙잡았을 것이다. 의지할 데가 없으니까 붙잡은 것이 '아빠'였다. 죽어도 같이 죽고 살아도 같이 산다 하면서 붙들고 돌아갔다. 그러다 보니까 차츰 '아빠'와 내가 둘이 아니라 공존하고 있다는 것을 느끼게 되었던 것이다."

남의집살이

40. 스님께서 내면으로의 귀로에 접어든 즈음에도 가세는 여전히 삶의 벼랑 끝을 헤매고 있었다. 어린 스님께서 종일 숲 속을 떠돌며 아빠와의 대화로, 또는 상상 보시로 훌쩍 날을 새울라치면 그나마 한 입을 더는 격이 될 정도였다. 그러던 차에 스님께서는 외할머니의 소개로 먼 친척 집에 심부름하는 아이로 가게 되었다. 어린 나이에 남의집살이란 지옥 같은 일로 여겨졌지만 스님께서는 그렇게 해서라도 어머님을 도울 수 있다는 생각에 아무런 내색도 하지 않으셨다.

41. 스님께서 회고하셨다. "어머님께서는 내가 밖에서 어떻게 지내는지를 모르셨기에 열심히 심부름하면 바깥 잠 안 자고 끼니라도 굶지 않을 게 아니겠느냐 하는 생각에 나를 내보내셨던 것이다."

42. 스님의 남의집살이는 1년간 계속되었다. 스님께 맡겨진 일은 아이를 업어 키우는 일과 하루 열 번씩 물지게를 져 나르는 일이었다. 보수라고는 한 푼도 없었고 다만 하루 세 끼를 먹여 주고 재워 주는 것뿐이었다. 어린 스님에게는 허기를 면하고 바깥 잠을 자지 않아도 되는 게 그나마 다행이라면 다행이었다. 그러나 아무리 가난과 공포를 이겨 낸 스님이라 할지라도 아홉 살의 어린 육체로는 맡겨진 일이 너무도 힘겹고 고통스러웠다. 특히 물지게를 져 나르는 일은 상상 이상의 고통과 인내를 요구하는 고된 시련이었다.

43. 스님께서 회고하셨다. "그것은 내게 가차 없는 채찍이 되었다. 처음에는 물지게를 지고 일어서지도 못했다. 주위의 도움을 받아 그럭저럭 일어선다 해도 이건 도대체 걸음을 떼어 놓기가 여간 힘겹지 않았다. 지금처럼 신발이라도 좋았다면 또 모르겠으나 일본 게다를 신고 있었으니 오죽했겠는가.

걸으면 걷는 대로 엎질러져서 길에다 반쯤 쏟고 말았는데 그런 채찍질도 없었다. 그렇다고 누굴 원망한다거나 그러지는 않았다. 그저 이 물지게를 보이지 않는 손으로 들고 운반할 수 있다면 얼마나 좋을까 싶어 그냥 속으로 '아빠!' 하고 목이 메어서 불러 놓고는 울 수밖에 없었다. 어린 나이였으니까."

44. 그러한 나날 속에서 스님의 물지게 일과도 조금은 익숙해져 갔다. 그러나 아무리 숙달이 되었다 하더라도 한겨울이 되었을 때 그 일은 뼈를 깎는 고통의 연속이었다. 어깨를 짓누르는 지게의 무게만큼이나 스님의 육신은 짓눌리고 있었다. 반면에 그러는 동안 스님의 정신력은 더욱 강해져 갔다.

45. 스님께서 회고하셨다. "하루 열 번씩 져 나르던 물지게 일이 좀 견딜 만해졌을 때 하루는 물을 한 짐 길어다 붓고 빈 통을 지고 다시 가는데 문득 '아직 물을 담지 않았으니 빈 통이고, 이미 쏟아부

었으니 또 빈 통이구나. 지고 갈 때는 어떠했고 엎어지고 엎질렀을 때는 어떠했나.' 하는 생각이 들었다. 그때는 그것을 알 듯하면서도 부지런히 져 날라야 하니까 그대로 통과했지만 은연중에 그런 생각이 나는 경우가 생활 가운데 적지 않았다."

46. 한편 흑석동 숲 속에서 시작되었던 스님의 상상 보시는 이때도 계속되었고 날이 갈수록 더욱 상상의 나래를 펼쳐 갔다.

스님께서 회고하셨다. "흑석동 숲 속에서 하던 도깨비감투 생각에 밤을 새울 때가 많았다. 거의 매일 밤새도록 그런 상상을 했다. 도깨비감투를 쓰고 투명 인간이 되어서는 있는 집에 몰래 들어가 잔뜩 쓸어다가 없는 집에 골고루 나눠 주는 상상의 일을 했다. 얼마나 자재로운 활보였겠는가. 속이 시원한 즐거움의 하나였다. 그러다가 어느 때는 또 '아빠'에게 도깨비감투를 갖게 해 달라고 밤새도록 조르기도 했다. 도깨비감투를 주지 못하겠으면 차라리 죽게 해 달라고 한 적도 있었다."

부평초

47. 스님께서는 남의집살이 1년여 만에 다시 집으로 돌아오셨다. 그러나 그리던 모정과의 해후도 잠시에 그쳤다. 집안을 뒤덮고 있던 가난의 먹구름은 스님을 다시 밖으로 내몰았다. 남의 집을 전전하는 악전 고투의 세월은 그칠 줄을 몰랐다.

48. 세월이 흘러갔어도 스님을 둘러싸고 있는 열악한 환경은 조금도 개선될 줄 몰랐다. 부친께서는 종적을 알 길 없는 바깥 생활로 일관하셨고 형제들도 스님과 마찬가지로 객지로 떠돌았다. 모친께서는 삯바느질 등으로 근근이 가계를 꾸려 가셨다. 스님께서는 한동안 남의 가게 일을 거드는 급사로 전전하셨다. 남들처럼 글공부를 할 기회는 아예 엄두

도 낼 형편이 아니었다. 모친에게서 한글을 배우셨을 뿐이었다. 스님의 글공부 경력은 그 당시 우연한 기회에 야학당에 가서 셈본 공부를 두어 시간 받아 본 것이 전부였다.

49. 이런 일도 있었다. 스님께서 하루는 사무치는 그리움을 달래기 어려워 어머님을 뵈려고 수십 리 길을 걸어서 흑석동 집을 찾으셨다가 한 끼의 식사조차 마다하고 되돌아서신 적이 있었는데 돌아가는 해거름에 그만 허기를 이기지 못해 길거리에 쓰러지시고 말았다. 마침 한 일본인 여자가 창백하게 바랜 스님을 동정해서 구완을 자청했다. 그녀는 약간의 돈을 마련하여 스님 손에 쥐어 주려고 했다. 스님께서 말씀하시기를 "나는 거지가 아닙니다. 그저 간장을 탄 물 한 바가지만 주시면 고맙겠습니다."라고 하셨다.

50. 어느 때는 스님께서 허기진 몸을 끌고 성당

으로 숨어 들어 잠을 자다가 들키게 되었는데 자초
지종을 듣게 된 어느 분이 잔심부름을 맡겨서 그곳
에 한동안 머무르신 일이 있었다. 그 일로 스님께
서는 가톨릭에 잠시 입문하셨고, 그때 수녀가 될
생각을 하신 적이 있었다. 그러나 어느 날 고해 성
사를 하시고는 홀연히 한생각이 떠올라 이후 성당
다니기를 그만두시고 그 집을 나오셨다.

51. 스님께서 그 일을 두고 어느 때 말씀하셨다.
"신부님께 고해 성사를 했는데 하루는 이런 생각이
들었다. '내가 잘못해 놓고 왜 저분한테 고해함으로
써 죄가 사해지는 것일까.' 그것이 위안이 될 수는
있을지언정 자기가 잘못한 것이 없어지지는 않는다
는 생각이었다. '아니, 자기가 잘못을 해 놓고는 누
구한테 구원을 해 달라고 하느냐. 내가 잘못하지 않
았으면 고해할 일도 없을 것이고 잘못했다면 내 마
음속에다 고해야지 남한테 고하면 없어지는가.'라는
생각을 했다. 그래서 거기서 되돌아서고 말았다."

52. 스님께서 그 당시 절과 인연을 맺으신 것은 모친을 따라 인근 화장사에 다녀 보신 것이 전부였다.

스님께서 회고하셨다. "내가 절에 가 본 것은 아주 어렸을 적에 어머님께서 국립묘지 뒷산에 있는 화장사엘 데리고 가셨을 때가 처음이었다. 일 년에 한두 번 따라다닌 것 같은데 그때 느낌으로는 울긋불긋하게 치장해 놓고 뭔가 주렁주렁 매달아 놓은 게 싫었다. 한번은 어머님께서 그런 나의 기분을 알아채시고는 말씀하시기를 '저런 치장에 마음을 써서는 안 된다. 밥 한 그릇이라도 많은 사람들의 정성이 담긴 것이니 바른 마음으로 고마워할 줄 알아야 한다.' 하고 일러 주셨다."

53. 시련은 스님 곁을 떠날 줄 몰랐고 그럴수록 스님께서는 인생의 궁극을 파고드셨다. 이때 스님께서는 양재 일도 조금 배우셨고 여기저기를 떠돌아다니셨다. 모내기 철이면 이 집 가서 한 이틀, 저 집

가서 한 사흘, 그렇게 농사일도 가끔씩 거드셨다.

54. 스님께서 회고하셨다. "그 당시는 먹을 게 워낙 곤궁하던 시절이기도 했지만 집안 형편이 그래서 끼니마다 채소와 밀기울로 죽을 끓여 먹었는데 모친께서는 그나마도 거르기 일쑤였다. 늘 하시는 말씀이 당신은 배가 고파 먼저 드셨다고 했다. 그럴 때면 눈물을 삼키느라 그 풀죽이나마 넘어가질 않았다. 그래서 청계산 쪽 산골 마을로 다니며 농사일 좀 거들어 주고 간간이 무 한 다발, 감자 몇 알을 얻어 오기도 했는데 허기가 져도 날감자 한 알을 마음 놓고 먹어 보질 못했다."

55. 스님께서 그때 어느 아낙이 하는 것을 보시고는 양잿물을 팔러 다니신 적이 있었다. 어느 부농의 일을 며칠간 거들어 주시고는 품삯을 받은 돈으로 양잿물을 사서 깡통에 넣어 가지고 형편이 좀 나은 집을 찾아다니며 파셨다. 그때 스님의 발걸음은

과천 근방, 청계산 산자락 마을로 이어졌는데 더 나이가 드셔서는 내친걸음에 강원도 월정사로 한암 스님을 뵈러 가는 길이 되기도 했다.

56. 스님께서 어느 때 이렇게 회고하셨다. "되돌아보면 눈물나는 일이라 기억하고 싶지 않지만 어머님께서는 어린 내가 고생하는 게 안쓰러우셔서 나다니질 못하게 하셨다. 그럴 때면 나는 으레 그런 일이라도 하면 배부르고 좋다고 하면서 돌아다녔는데, 어쩌다 한 차례씩 품삯으로 받은 채소나 과일을 지고 돌아오면 어머님께서는 하염없이 눈물을 흘리시곤 했다. 내 딴에는 나대로 한 일이지만 어머님의 가슴을 너무나 아프게 한 셈이 되었다."

57. 스님께서는 해방이 되기 전까지 그렇게 부평초처럼 떠도는 생활을 계속하셨다. 조금 더 나이가 들어 십칠, 십팔 세가 되셨을 때는 일제의 처녀 공출(정신대)이 극성을 부리는 바람에 스님의 모친께

서는 아예 집을 떠나 있도록 권하셨다. 스님께서는 해방이 되기까지 집으로 들어가지도 못하시고 산중으로 도시며 노숙을 거듭하셨다. 가끔은 빈 암자에 들어가 새우잠을 자기도 하셨다. 그때 스님께서는 한암 스님을 찾아뵙고 설법에 귀를 기울이시기도 했다.

58. 스님께서 10대 소녀 시절을 회고하여 이렇게 말씀하신 적이 있었다. "밤마다 그냥 누울 수가 없는 날이 많았다. 세상이 각박하다 보니까 여전히 먹을 것, 입을 것이 제대로 없었고 신을 것도 마땅치 않았다. 그래도 부모 밑에서 사는 사람들이야 좀 나은 편이었겠지만 나야 부평초처럼 이리저리 떠도는 신세였으니까 밤마다 눈물이 없을 수 없었다. 얼마나 많은 눈물을 흘렸는지……. 그래도 이 인생 한 번 죽는 것인데 죽게 되면 죽고 살게 되면 산다는 생각에서 모든 것을 '아빠'에게 맡긴 채 그냥 걸어갔을 뿐이었다."

59. 스님께서 또 회고하셨다. "내가 진작에 '아빠'라고 그렇게 해 놓았지만 내게는 그 '아빠'가 얼마나 자비하던지, 추울 때는 나를 끌고 덜 추운 데로 가고 먹을 것이 필요하면 또 먹을 게 있는 데로 데려다 주었으니 얼마나 눈물겹고 좋았겠는가. 실은 가자는 놈도 나이고 가는 놈도 나이지만 사량적인 내가 모르니까 아는 내가 내 몸을 끌고 다닌 것이다. 내 육신의 고통은 말도 못했지만 이리 굴리고 저리 굴려서 조금씩 알게 하는 데야 자비롭고 달가울 뿐이었다."

60. 스님께서 어느 때 또 이렇게 회고하셨다. "그때 내가 타의에 의지하려 했다면 여지없이 병신이나 노예가 됐을 것이다. 그런데 나는 내 마음대로 나를 떼어 놓고, 그 나와 말을 주고받으며 점검을 했다. 떼어 놓았다, 붙여 놓았다 그렇게 자유로이 했다. 그래서 견뎌 냈던 것이다."

한암 스님과의 조우

61. 스님께서는 열네 살 되시던 해에 어머님을 따라 오대산 상원사 인근 진부라는 마을에 사시던 외삼촌 댁에서 몇 달을 머무르신 적이 있었다. 그때 마침 상원사에서 큰 재가 열렸고 스님께서는 어머님의 인연으로 한암 스님을 친견할 기회를 갖게 되었다. 스님의 모친께서는 한암 스님의 법복 짓는 일을 도우시는 등 상원사로 자주 발걸음을 하셨다.

62. 스님의 모친께서는 한동안 그곳에 머무르셨는데 절에 가실 일이 있을 때는 반드시 스님을 대동하셨고 한암 스님께 격의 없이 다가서시는 스님을 보시고는 무척 대견해하셨다.

63. 한암 스님 문하에는 수행승들이 몰려 있었다. 어린 스님께서는 그 점을 궁금해하셨다. 도대체

가사 장삼을 걸치고 머리를 깎는다는 의미가 무엇인 가? 불법은 무엇이며 공부는 또 무엇인가? 스님께 서 한암 스님께 여쭈었다. "불법이 무엇이옵니까?" 한암 스님께서 대답하셨다. "네가 사는 게 부처님 법이다." "……?" "어린 것이 대견하구나. 내게 배 우려 하기보다 어머님을 잘 모셔라. 네 어머님은 여 느 승려가 따라가기 어려운 분이니라."

64. 스님께서는 어느 때인가 한암 스님을 찾아뵙 고 청을 넣으셨다. "저도 공부를 해 보겠습니다." 그 러자 한암 스님께서 스님께 곶감 한 개를 집어 주시 며 말씀하셨다. "공부가 뭔지나 알고서 그러느냐? 곶감 꼭지가 떨어져야 공부라 할 수 있느니라."

스님께서 회고하셨다. "그때는 그 소리가 무슨 소리인지 몰랐다. '네가 모르니까 나도 모르지. 그 러니 어떻게 공부를 가르쳐 줄 수 있겠느냐.' 하는 말씀이었는데 그걸 몰랐다." 스님께서는 한암 스님 의 말씀을 두고두고 간직하시면서 공부의 재료로 삼으셨다고 하셨다.

65. 스님께서 또 회고하셨다. "그때 어느 스님이 나를 골려 줄 양이었는지 나보고 '부처님 공부 해서 부처가 되려면 한 가지 방법이 있다. 불을 끄고 캄캄한 방에서 보꾹을 쳐다보고 밤새 앉아 있으면 거기서 부처가 내려오신다.' 했다. 나는 그 말을 듣고 밤새 보꾹을 쳐다보고 있었다. 아침 도량석 도는 소리도 듣지 못하고 밤을 밝혔는데 그러고 나니까 목과 다리가 굳어 버려 무척 애를 먹었다. 어리석었지만 믿음만은 진실했었다."

66. 한번은 이런 일도 있었다. 어느 날 월정사 스님들이 출타했다가 돌아와 고무신들을 죽 벗어 놓았는데 온통 진흙투성이었다. 마침 스님께서 그것을 보시고는 개천 물로 뽀득뽀득 소리나게 깨끗이 닦아서 가지런히 올려놓으셨다. 잠시 후 방에서 나온 스님 한 분이 "누가 신발을 닦아 놓았느냐?" 하

고 물었다. 스님께서는 칭찬을 들을까 싶어 웃음 띤 얼굴로 선뜻 스님 앞에 나서며 대답하셨다. "제가 닦았어요, 스님." 그런데 칭찬은커녕 "누가 이렇게 깨끗하게 닦아 놓으랬어?" 하는 호통 소리와 함께 눈에 불이 날 만큼 매가 날아왔다. 며칠 후 스님들이 다시 출타했다가 돌아왔는데 이번에는 신발들이 그전처럼 더럽지는 않았다. 스님께서는 그 신발을 갖고 나가 진흙을 잔뜩 묻혀서 제자리에 갖다 놓고는 동정을 살피셨다. 그런데 잠시 후 방에서 나온 스님이 그 꼴을 보고 노발대발하더니 또 따귀를 내리쳤다. 닦아도 매를 맞고 더럽혀도 매를 맞은 스님께서는 곰곰이 생각에 잠겼으나 그 문제를 풀 길이 없었다. 며칠 후 다시 더럽혀진 스님들의 고무신을 발견하자 이번에는 맹물에다 흙을 터는 정도로 닦는 둥 마는 둥 해서 제자리에 갖다 놓으셨다. 그러자 이번에는 왜 닦다 말았느냐며 또 호통을 쳤다.

스님께서 회고하셨다. "깨끗하게 닦아도 스님이 매를 들었고 더럽혀도 매를 든 것은, 청정이 청정이 아니고 더러운 게 더러운 것이 아님을 가르쳐 주기 위해서였다. 닦는 둥 마는 둥 해서 제자리에 갖다 놓았으나 또 호통을 친 것은 더 닦아도 안 되고 덜 닦아도 아니 되는 중용을 가르쳐 주기 위함이었다.”

67. 스님께서 회고하셨다. “한암 스님께서 너그럽게 날 받아 주시고 불쌍히 여겨 나를 거두어 주셨다. 나 같은 무지렁이를 뭘 보고 그러셨던지 남몰래 누룽지 한 쪽이라도 챙겨 주셨다. 세상에 아무리 위대하고 잘났다 해도 그런 마음을 나누기는 어려울 것이다. 그 일로 해서 나는 이 마음이라는 게 얼마나 귀중한 것인지 뼈저리게 느꼈다.”

상원사의 대중 스님들 가운데는 한암 스님의 처사를 보고는 “저 노장 스님은 도대체 저 하찮은 아이가 뭐기에 감싸고 저러느냐.” 하고 투덜대는 이도 있었다.

68. 방한암(方漢巖) 스님은 조계종의 초대 종정을

지내신 분이었지만 스님께서는 한암 스님의 자애로운 향기와 청징한 선미에 끌려 마치 인자한 할아버지의 체취에서 편안함을 맛보는 손녀처럼 그렇게 느끼셨다.

69. 한암 스님의 대중 제접은 종정의 자리를 의식하지 않는 파격적인 데가 있었다. 스님께서는 격의 없이 한암 스님께 매달렸고 한암 스님은 그럴 때마다 자애롭게 대해 주셨다. 스님께서는 한암 스님에게서 '아빠'의 현실 모습을 보고 계셨다.

스님께서 회고하셨다. "어린 나에게 훈훈한 자비를 베풀어 주시던 한암 스님을 생각하면 고승이다, 선사다, 대덕이다 하는 말이 그분에게서는 거의 연상되지 않았다. 그분은 가난하고 어려운 신도에게는 가난하고 어렵기 때문에, 눈에서 불이 뚝뚝 떨어지는 수행 납자에게는 그 패기와 구도심 때문에 더욱 사랑을 보이셨던 게 아닌가 여겨졌다. 누구든지 그분을 가까이서 뵐 수 있었고, 그분의 대화는

얼핏 평범해 보이면서도 늘 깊은 맛을 지니고 있었
다. 크게 깨치신 분이기에 '아빠'처럼 아늑하고 따
스하셨다."

2. 출가 수행

자성을 보리라

1. 스님께서 열여덟이 되시던 해에 해방이 찾아왔다. 스님께서는 그때 집으로 돌아와 계셨는데 어머님께서 결혼을 종용하셨다. 그러나 스님께서는 세속의 일 따위엔 관심이 없으셨다. 다시 찾은 흑석동 숲 속에서 오로지 내면으로의 귀로를 더듬으며 삶의 의미를 찾는 일에 몰두하고 계셨다. 하지만 인생의 참뜻을 목마르게 구해 온 10년 세월에도 불구하고 여전히 스님의 갈증은 해소되지 않고 있었다.

2. 스님께서는 아빠와의 대면을 갈망하셨다. 스님께서 그때의 갈구에 대해 이렇게 말씀하셨다.

"아빠의 모습이 보고 싶다고 졸라 대니까 어느 날인가는 조그마한 동자 하나가 허공 중에 키를 든 채로 나타났다. 처음에는 그게 무얼 뜻하는지 몰랐다. '아빠의 모습을 보여 달라니까 대신 키 하나를 들려 동자를 내보내다니…….' 하는 생각뿐이었다. 그러다가 홀연히 그 키가 키가 아니라는 걸 알게 됐다. 그건 키가 아니라 열쇠였다. 벼는 찧어 놓았지만 까불 줄 모르니까 키를 들려 내보일 수밖에 없었던 것이다. 얼마나 감사했던지……. 그럴수록 나는 더욱 모습이 그립다고 졸라 댔다. 당신이야말로 이 세상을 주고도 바꿀 수 없으니 당신을 보고 싶다고 떼를 쓰다시피 했다. 그랬더니 '거울을 봐라! 거기에 있느니라.' 하는 것이었다."

3. 스님께서 말씀하셨다. "아무리 거울을 들여다보아도 거기 못생긴 내 얼굴만 보였지 도대체 무엇이 보였겠는가. 그때만 해도 부와 자는 상봉을 못했고 게다가 내가 경을 제대로 본 일도, 설법을 제대

로 들은 일도 없었으니 몰랐던 것이다. 그래서 더욱 졸라 댔다. '당신이 얼마나 자비로운데 모습은 왜 안 보이시는 겁니까.' 하고. 스무살 안팎일 때인데 그렇게 어리석었다."

4. 스님께서 아빠와의 대면을 거듭 갈구하시던 중에 한번은 모습을 보일 수 없으면 이름이라도 알려 달라고 하셨다. 한참 뒤에 내면의 소리가 들려왔다. "나는 서산 대사다." 그러고는 다시 "나는 원효 대사다. 나는 무학 대사다. 육조다. 유마힐이다."라는 소리가 연거푸 뒤를 이었다. 스님께서는 고개를 가로저으셨다.

5. 스님께서 회고하셨다. "어떤 때는 이런 소리도 있었다. '삼국을 통일할 무렵에도 내가 있었느니라.' 그래 그냥 미친 소리이겠거니 했더니 이번엔 '신라가 고려가 되고 고려가 조선이 되도록 나는 항상 없어 본 예가 없느니라.' 하는 것이었다. 그러

니 그 도리를 알아야 했지만 또 캄캄하니 얼마나 답답했던지……. 역대 부처님이 한 번도 없어 본 예가 없다는 것을 알게 된 것은 나중의 일이었다."

6. 스님께서 거듭 원하시자 이번에는 "거울을 보아라. 네가 손을 쳐들면 아빠도 손을 쳐들고 네가 찌푸리면 아빠도 찌푸릴 것이고 네가 울면 아빠도 눈물을 흘리느니라."라는 대답이 있었다. "네가 크면 나도 크고 네 그릇이 작다면 내 그릇도 작을 것이요, 네 마음이 언짢고 괴로우면 나도 언짢고 괴로울 것이며 네가 울면 나도 따라 우니 너와 내가 따로 있다고 생각하지 말라." 그 말을 듣고 스님께서는 하염없이 울면서 하루를 지내고 이틀을 지내고 그렇게 몇 날 며칠을 울었는지 모른다고 술회하셨다.

7. 그 당시 이런 일도 있었노라고 어느 때 스님께서 회고하셨다. "나는 학식이 없어서 글을 쓸 줄 몰랐다. 한번은 남들이 그림을 그리는 걸 보고는 커다

란 숯을 집어 들었다. 그러고는 생각하기를 '이건 글자를 알아서 할 수 있는 것도 아니니 아빠가 있거든 아빠가 해 봐라.' 하고 한나절을 그렇게 하고 있었다. 그것은 내 손이 하는 게 아니라 아빠가 어떡하나 그것을 지켜본 것이었다. 한 시간도 좋고 두 시간도 좋고 그렇게 앉아 있었는데 어느 순간 저절로 뭔가 써지기 시작했다. 내용을 알 수 없는 글이었다."

8. 그 당시 스님의 발길은 흑석동 숲 속을 넘어 동작동 국립묘지 뒷산으로 이어지고 있었다. 스님께서는 가끔 묘지 인근의 화장사 법당에서 철야 정진을 하셨는데 모친께서는 그런 생활이 계속되는 것을 보시고는 서둘러 결혼을 추진하셨다. 스님께서 이를 완강히 거절하셨으나 그럴수록 모친의 성화는 날이 갈수록 강도를 더해 갔다.

9. 그러던 어느 날 스님께서는 홀연히 자리를 털

고 일어서셨다. 가출을 결심하신 것이다. 스님께서
는 갈 곳이나 작정한 바가 있었던 게 아니었으므로
아무런 준비 없이 입은 옷 그대로 집을 나가 남쪽으
로 길을 잡으셨다. 스님의 무연한 발걸음은 남으로
이어져 어느덧 부산에 닿아 있었다.

보시행

10. 스님의 부산 생활은 기나긴 구도 행장의 한
반환점이 되었다. 거기서 1년 남짓 지내는 동안 스
님께서는 군복 수선과 식당 경영에 손을 대 약간의
물질적인 성공을 거두셨다. 몇 년 전에 잠시 익혀
두셨던 양재 기술을 밑천으로 군복을 수선해 주고
돈을 모은 다음 허술한 식당 하나를 인수하게 되셨
던 것이다. 그러나 스님을 이끌어 주던 내면의 소리
는 스님을 그곳에 오래 붙잡아 두질 않았다.

11. 부산에서 군복 수선을 하실 때의 일이다. 하루는 맨발에 걸레쪽처럼 해진 옷을 걸친 한 문둥병 환자가 찾아들었다. 그 사내는 피고름에 찌든 자신의 옷을 내밀며 다시 누벼 주기를 부탁했다. 스님께서는 그에게 새 옷을 내주어 갈아입히고 헌 옷을 말끔히 기워 주셨다. 이상하게도 그 일이 진행되는 동안 다른 손님은 한 사람도 찾아오지 않았다.

12. 스님께서는 이 일이 있으리라는 사실을 이미 내면의 소리를 통해서 알고 계셨다. '아빠'의 목소리는 이렇게 말했다. "오늘 너에게 문둥이가 찾아올 터인데 너는 그를 보통 사람과 똑같이 대할 수 있겠는가." 스님께서 대답하셨다. "나는 아무렇지도 않습니다."

13. 스님께선 이때 육신의 병이 무엇인가에 대해 깊이 생각하게 되었다고 술회하셨다. "그 일로 나는 도대체 병이란 무엇인가를 알려고 아빠에게 매

달렸다. 그러나 대답은 네 스스로 아는 수밖에 없다
는 것이었다. 군복 수선을 하고 있는 일개 아녀자로
서 육신의 병을 구제할 길이 무엇인가를 생각했다.
언제나 그랬지만 '아빠'는 내게 질문을 던질 뿐 답
은 주지 않았다. '답은 네가 찾아라' 하는 게 대답
아닌 대답이었다."

14. 스님께서는 군복 수선으로 모은 돈을 들여
식당을 구입하신 다음 그 식당을 부두 노동자들의
실비 식당으로 운영하셨다. 한 끼니의 식사가 아쉬
운 사람에겐 무료 급식에다 잠자리까지 제공하시곤
했다. 흑석동 숲 속에서의 도깨비감투가 현실의 보
살행으로 나타나게 된 것이다. 많은 노동자들이 스
님을 자애로운 천사라고 칭송해 마지않았다.

15. 그러나 부산 생활이 1년 남짓 지났을 즈음에
스님께서는 홀연히 식당을 다른 사람에게 넘겨 주
고 다시 구도의 길로 들어서셨다. 어느 날 한암 스

님께서 하시던 말씀을 떠올리고는 그 길로 손을 터신 것이었다.

"손 없는 손으로 함 없는 함을 할 수 있어야 대장부라고 할 수 있느니라."

16. 스님께서는 육신으로 할 수 있는 일에 한계를 느끼시고는 다시 꺼내도 꺼내도 줄지 않는 무량광의 창고를 생각하셨다. 그렇다! 보이지 않는 손을 얻어야 한다! 스님의 내면의 소리는 그렇게 재촉하고 있었다.

17. 오대산 상원사로 한암 스님을 찾아가리라 마음먹고 스님께서는 일단 상경하여 흑석동 집으로 돌아오셨다. 가족들은 그간의 경과를 궁금해했지만 두어 마디로 대답할 뿐 스님의 일과는 다시 얼마 동안 숲 속의 생활로 이어졌다.

18. 스님께서는 더 이상 세속의 딸이 아니었다.

결코 흔들리지 않는 마음, 확고한 발 디딤만이 스님을 지탱케 하고 이끄는 힘이었다.

스님께서는 가족들에게 온다 간다는 말 한마디 남기지 않고 다시 집을 떠나셨다.

19. 상원사로 향하는 도중, 하루는 스님께서 꿈을 꾸셨다. 큰 기와집이 있었는데 그것을 바라보는 순간 기와가 모두 벗겨지고 기둥 서까래만 남더니 그나마도 불에 타고 불탄 재마저 없어지면서 하얗고 큰 학이 나타났다. 한 마리는 땅에 내려앉았고 다른 한 마리는 삼베 감투를 쓴 채로 공중을 빙글빙글 도는 꿈이었다.

20. 스님께서 회고하셨다. "참으로 이상하다는 생각이 들었다. 그러나 뜻을 알 수 없었다. 그냥 '참 이상해!' 하면서 아빠에게 맡겼다. '아빠나 알지 나는 모를 거야. 언젠가 아빠가 내게 알려 주겠지.' 하는 생각뿐이었다. 이틀이고 사흘이고 그 생

각이 떠오를 적마다 그렇게 했다. 그런데 하루는 '얘야! 그건 학이 학이 아니다. 네 마음이 하도 하늘과 땅을 다 벗 삼고 모든 것을 그렇게 몽땅 아빠에게 맡겨 놓으니 이제 다 없어지고 아빠라는 이름만 남았구나. 그나마도 빙글빙글 돌아가니까 이젠 아빠라는 이름조차 없구나.' 하고 내면의 소리가 들려왔다. 그때 비로소 나는 '있다고 할 것이 아무것도 없다.'는 사실을 절감했다. 내가 아빠라는 말을 할 때 그 한마디엔 아주 개미 새끼 하나도 빼놓음이 없이 전체가 담긴 그런 이름이었다."

삭발 행자

21. 스님께서 오대산 상원사에 도착하신 것은 다시 집을 나선 지 근 한 달이 지난 뒤였다. 한암 노스님 앞에 선 스님의 몰골은 참담했다. 한 달 가량을 반 걸식, 반 노숙으로 산과 물을 건너 걸었으니 온

몸은 긁히고 찢어져 피멍투성이였고 옷은 해질 대
로 해져 있었다. 그런 차림의 스님을 노스님께서는
눈물로 맞아 주셨다. "오! 너로구나. 진정 네가 너
였더냐?"

22. 스님께서는 노스님께 고개 숙여 청을 넣으셨
다. "스님, 머리를 깎아 주십시오." 노스님께서 물
으셨다. "중이 제 머리 못 깎는다는 게 무슨 소리인
줄 아느냐?" 스님께서 대답하셨다. "중이 왜 제 머
리를 못 깎겠습니까? 저는 깎을 수 있습니다." 그
러고는 스님께서 가위로 머리카락을 성둥성둥 자르
시고는 "스님, 이것 좀 밀어 주십시오." 하셨다.

23. 노스님께서 말씀하셨다. "하체는 없고 상체
만 있느니라. 지금 꽃으로 치면 봉오리도 안 진 게
어떻게 상체만 갖고 살 수 있겠느냐." 스님께서 대
답하셨다. "상체만이라도 좋습니다." 노스님께서
되물으셨다. "정작 그렇게 그냥 죽고 싶더냐?" 스

님께서 대답하셨다. "저는 살고 싶지 않습니다."
노스님께서 다시 말씀하셨다. "죽으려면 몽땅 죽어
야 너를 보느니라." 그러고는 시봉 중이던 상좌에
게 삭도를 가져오도록 분부하셨다.

24. 스님께서는 삭발이 끝난 뒤 행자의 예를 갖
춰 노스님께 삼 배를 올렸다. 그때 문득 노스님께서
물으셨다. "지금 누가 절을 했느냐?" 스님께서 답
하셨다. "큰스님과 제가 둘이 아니기에 이렇게 경
배드렸습니다."
　스님께서는 상원사에서 조금 떨어진 비구니 암자
로 보내지셨다.

25. 스님께서는 노스님의 선미에 흠뻑 젖어들었
고 두 분 사이엔 내밀한 마음의 대화가 오고 갔다.
노스님께서는 스님을 보시고 거듭 말씀하셨다. "죽
어야 너를 보느니라." 스님께서 여쭈셨다. "어떻게
해야 죽습니까? 어디까지 가면 죽습니까?" 노스님

께서 답하셨다. "눈을 뜨고 삼 년 잠을 푹 자면 죽느니라."

26. 스님께서는 노스님을 뵙고 난 후에도 상원사를 중심으로 인근 산속을 떠돌아다니셨다. 노스님께서 하시던 말씀, "눈 뜨고 잠을 푹 자면 죽느니라." 하시던 말씀을 의정 삼아 참구하는 나날을 보내셨다. 그러다가 노스님이 간절히 그리워지면 단숨에 상원사를 찾았고 그럴 때마다 노스님은 스님을 따뜻이 응대해 주셨다. 노스님을 시봉하던 스님들은 그 일을 막지 않았다.

27. 상원사 암자에 계실 때의 일이다. 스님께서 대중 스님들 틈에 섞여 선방에 드신 지 삼 일이 되던 날 벌떡 자리를 박차고 일어나시면서 말씀하셨다. "하이고, 이거 오조, 오조를 왜 비비는고? 흠, 달구지는 왜 망가뜨려? 가려는 소는 왜 안 끌고 달구지를?"

28. 스님께서 훗날 그때 일을 회고하셨다. "삼일을 그렇게 하고 돌아가는 중에 무릎이 그냥 떨어져 나가는 것 같았는데 갑자기 그런 생각이 들었다. '달구지를 이렇게 망가뜨리려는 까닭이 무엇인가? 그러면서 이런 생각이 들게 하는 근본은 누구냐? 누가 이걸 가르치느냐?' 했던 것이다."

29. 스님께서 또 회고하셨다. "죽어야 나를 볼 것이란 생각에서 행자 신분이고 뭐고 몽땅 버리려 들었으니까 계율이고 뭐고도 없었을 뿐 아니라 이 몸뚱이 그냥 죽은 것으로 일임하고 다녔다. 남들은 그런 나를 보고 파계했다고 손가락질을 했지만 살 의욕이 없었으니 그대로 무심이었다."

30. 스님께서 행자로 계실 때 하루는 대중 스님들이 둘러앉은 자리에 약간의 다과가 고루 분배되었다. 그것을 나눠 주던 한 스님이 말하기를 "이것은 노스님께서 자비심을 보이신 것이니 고맙게 생

각하고 먹어라."라고 했다. 그러자 스님께서 한마디 대꾸를 하셨다. "내가 나온 뒤로 나는 내 것을 먹었지 남의 것을 구걸해서 먹어 본 예도 없고, 내 것을 내가 먹는데 누구더러 고맙다고 하겠느냐?" 그러자 대중 스님들이 들고 일어나 스님을 산문 밖으로 쫓아 내고 말았다.

31. 스님께서 회고하셨다. "그런 말을 했으니 얼마나 못난 짓이었던지……. 내가 그때는 뻣뻣해서 절도 제대로 하지 않았다. 그 뒤에 생각한 것이지만 나 아닌 내가 절을 열 번 하면 어떻고 백 번 하면 어떤가? 그걸 몰랐으니, 빼고 끼울 줄을 몰랐던 셈이다. 참, 절을 하면서도 함이 없이 하고 말을 해도 담을 그릇에 담아야 하는 건데 이건 지혜가 부족해서 톡 불거져 나왔으니, 귀신 보고 귀신이라 하고 도둑 보고 도둑이라 해도 싫은 세상에 그냥 발길에 차이고 얻어맞고 할 수밖에 없었다."

32. 스님께서 말씀하셨다. "그렇게라도 얻어맞았으니 익은 것이다. 스스로 '너그럽지 못하고 지혜도 없고 하심할 줄 모르는구나. 아직 멀었구나.' 하다 보니까 그걸 알고 가는 게 되었다. 그래서 결국은 제 나무에서 제 과일이 익어야 제 맛이 난다는 사실을 절감했던 것이다."

33. 어느 때 스님께서 또 이렇게 회고하셨다. "그때 빳빳했던 연고로 절 밥 얻어먹고 쫓겨나기도 많이 했다. 한번은 큰스님네들이 모여 불사를 논의하는데 무슨 신이 내려서 집을 못 짓는다고 하기에 '짓고 싶으면 짓고 짓기 싫으면 안 짓는 것이지 무슨 신이 내린다고 합니까.' 하고 그냥 대들었다. 그러니 발길에 차이고 또 내쫓길 수밖에……." "또 어느 때는 내가 법당에 들어가 경배도 잘 안 하니까 부처님이 무서워서 저런다고 하기에 앞으로 나가서 불상에 입맞춤을 한 적도 있었다. 그리고는 또 쫓겨났다. 산문 밖으로 나와 한참을 혼자 웃어 댔다."

계정혜의 체험

34. 스님께서는 사찰의 꽉 짜여진 생활과 경을 위주로 하는 강론에 회의를 느끼셨다. 계율도 중요하겠지만 스님께서는 이미 오래 전부터 내관으로 깨쳐 들어가는 길을 밟아 오신 터라 계와 정이 따로 있지 않다는 사실을 체험하고 계셨다. 스님께서는 또 수행 삼매를 통해 진리를 터득하고자 하셨기에 경 위주의 공부는 한낱 희론에 불과하다고 느끼셨다.

35. 스님께서는 여러 차례 산문 밖으로 쫓겨나셨는데 그럴 때면 그냥 산으로 도시면서 수행을 통한 자증의 길을 걸으셨다. 그러다가 노스님을 뵙고 싶으면 상원사로 달려가 며칠씩 묵으셨는데 그러다가 또 쫓겨나곤 하셨다.

36. 스님께서 회고하셨다. "머리 깎고 절로 들어

가게 됐을 때 가사 장삼을 입은 사람들은 마음이 아름다우리라 믿었지만 곧이어 옷이 말해 주는 게 아니라 마음이 진실하면 되는 줄을 알게 되었다. 발길에 차이면서 그들을 원망하기 전에 마음이 아팠다. 그것이 내게는 차라리 다행한 일이었지만……. 절에 머물 생각이 없어져 다시 산으로 들어갔다. 그때 강원도 일대 산중을 다 돌았던 것 같다."

37. 스님께서 회고하셨다. "그런 나를 보고 아예 파계했다고 말하는 사람들도 적지 않았다. 그러나 나는 그런 일에 도시 아랑곳하지 않았다. 그냥 산으로 돌다가 인연 닿는 사찰이 있으면 들렀다가 다시 내쫓기곤 했다."

38. 스님께서 회고하셨다. "내가 행자 수행 중에 어느 절에 들렀을 때이다. 하도 거지 같은 차림이니까 그럴 만도 했겠지만 가는 곳마다 구박이 여간 심하지 않았다. 웬 거지가 이 청정한 경내로 들어오

느냐면서 마구 내쫓는데 욕설이 이만저만이 아니었
다. 때로는 얻어맞기도 했다. 그럴 때면 나는 묵묵
히 얻어맞고 욕을 먹기도 했다. 나 갈 데로 가면 그
뿐이었으니까. 그러다가 빈 산신각이나 법당에 들
어가서 자게 되는 때도 많았다.”

39. 스님께서 회고하셨다. “어느 곳이든 하룻밤
재워 달라면 으레 사람 같지도 않으니 내쫓았다. 하
루는 어느 다리 위에 드러누웠는데 하루 종일 햇볕
에 덥혀진 다리 상판이 어찌나 뜨뜻하고 좋던지 육
각 반자에 기름 먹인 장판 온돌방이 부럽지 않았다.
그러니 누가 재워 주지 않고 내쫓는다고 원망할 것
도 없었다. 그냥 웃고는 천지간이 탁 터진 데 누우면
그만이었다. 누가 땅세 내라는 사람도 없고 눕지 말
라는 사람도 없고 그대로 좋았던 것이다.”

40. 스님께서 또 말씀하셨다. “어느 때는 산중에
서 내려다보니까 마을 어귀에 불이 난 것이 보였다.

그걸 보고는 거지 부자가 주고받았다는 우스갯소리가 떠올라 혼자 큰 소리로 웃은 일도 있었다. 불 날 걱정 없고 집세 걱정 없으니 내 팔자가 상팔자라는 얘기처럼 그야말로 '내가 최고 자유인이다' 했던 것이다."

41. 스님께서 회고하셨다. "그래도 그때 나를 반겨 주는 스님도 있었다. 탄허 스님과 도반이신 한 스님은 밭일을 하시다가도 내가 지나가는 걸 보시면 낫을 동댕이치고 쫓아오셔서는 잡아끌고 들어가 공양주더러 '더운 밥 빨리 지어 한 상 차리라'고 채근하시곤 했다. 그분 말씀이 '이 세상 푸른 잔디밭에 바람 쐬러 나왔다면 같이 바람 쐬고 지내자.' 하셨다. 그러면 나는 번번이 '바람 쐬러 나왔다면 자갈밭이든 가시밭이든, 물이 깊든 얕든 내 앞에 붙을 게 없다.'라고 했다. 그때 내가 그 스님에게 붙들려 있었다면 참 도리를 모르고 말았을지도 모른다."

42. 스님께서 회고하셨다. "나는 경전이라든가, 좌선이라든가 그렇게 거창하고 고상하다 하는 데서 도리를 배운 게 아니라 하찮은 데서 배웠으니, 예를 들면 서리 맞은 고추 하나 따는 데서도 인과법을 배우는 그런 식이었다. 고추 하나를 따더라도 잘못되면 천 개, 만 개를 도둑질한 것이 되고 도리를 알면 만 개를 먹어도 만 개가 아니라는 것을 느꼈던 것이다. 다 거두고 난 밭의 찌그러진 고추 하나를 재료 삼아서도 며칠을 그렇게 배우고 다녔던 것이다."

43. 간간이 노스님의 가르침을 받아 가면서 그때 스님의 산중 수도는 더욱 무르익어 갔다.

스님께서 회고하셨다. "하루 해가 지는 줄도 몰랐고 먹는 것도 잊곤 했다. 남들이 보기에는 그냥 앉아서 졸고 있는 듯이 보였던 모양이지만 나 자신은 무심한 경지에서 노닐고 있었다. 그때는 어떤 것을 보아도 그대로 내력이 읽어지면서 마음속으로 대화를 하게 되었는데 이런저런 얘기가 끝 간 데 없

으니 몇 시간이든 한자리에 붙박이로 앉아 있기가
일쑤였다. 그런 일이 종일 그렇게 지속되곤 했는
데, 나로 인해 그가 있고 그가 있었기에 내가 있으
니 모두가 하나이다가도 비껴 서서 둘이 되어 얘기
할 때면 장면 장면들이 역력했으니 처음엔 놀라기
도 했다. '야, 참으로 신기하다.' 하고 웃기도 했고,
또 세상천지가 아름답게만 보이기도 했다. 그러니
내가 절마다 내쫓길 정도로 추한 몰골이라는 그걸
괘념치 않았던 것이다."

사미니계

44. 1950년 봄에 스님께서는 한암 스님을 마지
막으로 뵈었다. 스님께서 한암 스님의 생신이 음력
3월 27일인 것을 기억하시고는 문안 인사를 드리기
위해 상원사를 찾으셨다. 한암 스님께서는 탄허 상
좌와 함께 반갑게 맞아 주셨다. 그날 아침 한암 스

님께서는 제자 두 사람에게 비구계를 주신 뒤였다. 한암 스님께서 스님을 향해 말씀하셨다. "너도 이제 정식으로 다시 머리를 깎아야지. 이젠 다시 기회가 없을라."

스님께서는 그때 정식으로 부처님 제자가 되셨다. 1950년 3월 27일(음력)의 일이었다.

45. 다시 삭도를 드신 노스님께서 스님께 물으셨다. "지금 누가 계를 받았느냐?" 스님께서 답하셨다. "스님께서 주신 사이가 없고 제가 받은 사이도 없습니다. 다만 한 마리 학이 청산에 훨훨 날 뿐입니다." 다시 노스님께서 말씀하셨다. "네가 죽어야 너를 보리라." 스님께서 말씀하셨다. "죽어야 할 나는 어디에 있으며 죽여야 할 나는 어디 있습니까?" 노스님께서 다시 물으셨다. "네 마음은 어디 있느냐?" 스님께서 답하셨다. "목 마르실 텐데 물 한잔 드십시오." 노스님께서 거듭 물으셨다. "내가 자석이요 네가 못이라면 어찌 되겠느냐?" 스님께

서 답하시기를 "못도 자석이 됩니다."라고 하셨다.
노스님께서는 무척 기뻐하시며 말씀하셨다. "오!
기특하도다. 네 법명은 청각(靑覺)이니라. 이제 네
길을 가거라."

46. 한암 스님께서는 곧이어 발발한 한국 동란의
와중에서 상원사와 월정사를 지키시다 이듬해 3월
에 입적하셨다. 스님께서 회고하셨다. "일이 그렇게
된 줄은 훨씬 뒤에야 알았다. 그러나 한암 큰스님께
서는 그때나 지금이나 변함이 없이 계신다. 자석에
못이 달라붙으면 못도 자석이 되듯이……. 한암 큰
스님이나 그분의 법을 따르는 뭇 제자들은 다 한몸
한마음인 것이다. 그러나 어디 큰스님뿐이겠는가.
저 석가모니 부처님께 수기하셨다는 연등불에 이르
기까지 다 한마음 불바퀴 속에서 법을 전하고 계를
주고 수기하기도 하면서 일월처럼 영원히 밝게 빛나
고 있음이 아니랴."

2. 출가 수행 87

47. 스님께서 회고하셨다. "한암 큰스님의 법문은 내게 크나큰 가르침이 되었다. 나는 도시 경전을 알지 못했지만 큰스님의 가르침이 내게는 팔만 사천의 대장경과 같았다. 내가 들은 법어는 한마디도 빼놓지 않고 나에게 진수성찬의 법반이 되었던 것이다."

48. 스님께서 회고하셨다. "하루는 큰스님께서 대중들에게 물으셨다. '대장부라면 발목을 감는 거미줄을 왜 끊지 못하는가? 대장부라면 왜 귀신 방귀씨의 싹을 틔우지 못하는가? 더하고 덜함도 없이 먹여서 싹을 틔워 보라.' 하셨다. 그때 나는 도대체 귀신 방귀씨란 무엇이냐를 놓고 혼신의 씨름을 했다. 사흘 동안 식음을 전폐한 채로 파고들었다."

49. 스님께서 회고하셨다. "어느 날 한 스님이 한암 큰스님께 '성품을 보고 나서도 보임을 잘해야 한다고 하시는데 어떻게 해야 잘할 수 있습니까?'

하고 여쭈었다. 그러자 큰스님께서 '저 바닷물을 삼
켰으면 토해 놓을 줄 알아야 한다. 토해 놓을 줄 안
다면 바로 그 바다에서 파도 이는 것이 네 성품의
작용인 줄 알 것이니 그것이 보배요 보임이니라.'라
고 하셨다. 나는 그 말씀을 듣고 또 여러 날을 무척
고생을 했었다."

50. 한암 스님께 생전 문후 인사를 올린 스님께
서는 다시 산문을 등지셨다. 파르라니 깎은 머리에
봄볕은 더욱 따사롭게 비추고 있었다. 스님께서는
한 걸음 한 걸음 한마음의 불바퀴 속으로 걸어 나가
셨다. 스님께서는 속으로 가만히 읊조리셨다. '연등
불 선사께서 계를 주시니 이 은혜 하해와 같으리라.'

3. 깨달음의 증장

이젠 죽어서 보리라

1. 스님께서는 계를 받으신 뒤 그 길로 한암 스님께 하직을 고하고는 산문 밖을 나서서 산으로 드셨다. 스님의 발걸음이 산에서 산으로 이어지던 중에 6·25 동란이 발발했다. 그 당시 스님께서는 영등포 부근까지 나와 계셨는데 피아간 공방전의 한가운데 드시어 수많은 사람들이 피를 흘리고 죽어 가는 것을 목격하셨다. 스님께서는 포연을 뚫고 무연히 걸으셨다. 발걸음은 어느새 흑석동 뒷산에 닿아 있었다. 어린 시절 친근했던 곳이었다. 가족들은 뿔뿔이 흩어진 뒤였다. 스님께서는 전쟁 중 내내 흑석동 숲을 중심으로 인근을 드나드시며 지내셨다.

2. 스님께서 회고하셨다. "그때 밥 한 끼 얻어먹기가 그렇게 어려웠다. 어느 때는 멱살을 잡고 내동댕이치는 사람도 만났고 발길질을 해 대는 사람도 만났다. 또 사람 있는 곳을 지나치다 보면 도둑이 아닐까 하는 의심도 받았다. 모든 게 귀찮았다. '안 먹으면 그뿐이지.' 하는 생각에 그냥 굶으면서 다녔다. 어쩌다 한 끼를 구걸하게 되는 걸로 목숨이 이어졌던 것이다."

3. 스님께서 말씀하셨다. "그 당시 나를 본 것인지 안 본 것인지, 그냥 그렇게 살았다. 감응이 오고 그랬지만 산다는 게 모두들 그렇게 처참하고 피눈물이고 하니까 삶이 삶이 아니라는 생각이 들었다. 전쟁의 참화를 겪으면서 더욱 그런 생각이 짙어졌다."

4. 전쟁이 끝나 갈 즈음에 스님께서는 가족과 재회하게 되셨는데 그때 스님께서는 가족의 생계를 위해 잠시 양재점을 운영하셨다. 6개월 가량 그렇

게 하시면서 황혼 무렵이 되면 숲 속으로 들어가 철
야를 하시곤 했다. 스님께서는 그때 '인연에 마음이
끌려 한생각 일어나면 홀연히 미혹되고 망령된 생
각이 든다'는 점을 깊이 느끼시고는 양재점을 걸어
닫으셨다.

5. 스님께서는 다시금 아빠와 마주 서셨다. 전
쟁의 참화를 체험하면서 처절하게 맞닥뜨려야 했
던 삶의 의미를 더욱 투철히 알고자 하셨다. 스님께
서는 그동안 온갖 고통과 시련의 위안처가 되어 주
었던 아빠를 다시 찾으며 분명한 대답을 듣고자 하
셨다. "산다는 것이 무엇입니까?" "나는 누구입니
까?" "아빠는 왜 만날 수 없습니까?" 스님께서는
식음을 전폐하며 정진하셨다. 밤샘은 몇 날 며칠이
고 또다시 계속되었다. 그러나 번번이 '네가 죽어야
나를 보리라'는 응답이 있을 뿐이었다. 스님께서는
점점 '죽어야 나를 본다'는 의문을 풀지 않고서는
스스로 아무 일도 할 수 없음을 느끼고 있었다.

6. 스님께서 회고하셨다. "그때는 정말로 이 육신이 죽어서라도 내가 오랫동안 아빠라고 불러 온 나를 만나야겠다고 결심했다. 처참한 전쟁을 목격하면서 산다는 게 도무지 귀찮은 일이라 여겨지기도 했지만 아빠를 만날 수 있다면 차라리 육신을 포기하는 게 낫다는 생각을 했다. 그래서 죽기로 작정하고 참으로 어처구니없는 일을 저지르곤 했다. 새벽 어스름에 출발하는 화물차 바퀴 밑에 드러누워 차 떠나기를 기다린 적도 있었고 담배를 물에 풀어 벌겋게 우러난 물 한 사발에다 키니네 스무 알을 타서 마신 일도 있었다."

7. 스님께서 그때 일을 이렇게 말씀하셨다. "밤중에 몰래 화물차 바퀴 밑으로 숨어 들기를 대여섯 번 그렇게 했다. 그런데 새벽녘이 되어서 시동을 걸면 번번이 안 걸리는지라, 모두들 고장이 난 줄 알고는 고쳐서 떠나야겠다고 했다. 그러는 사이에 날이 밝아 오니 남의 눈에 띄면 죽고 싶어도 안 되는

일이라 매양 실패를 거듭했다."

8. 스님께서 또 키니네를 먹고 죽음을 시도하셨던 때를 이렇게 회고하셨다. "사흘을 꼬박 물 한 모금 안 마시니까 열이 났다. 그러다 다시 식어져서 한 일주일 가니까 이제는 불이 나는 것 같았다. 또 한 열흘 굶으니 그냥 부어올라 손발이 견디기 어렵게 되었다. 그때 나는 수많은 조사들, 수많은 납자들이 이미 이런 과정을 거쳐 갔으리라는 점을 느끼고는 '이까짓 몸뚱이야!' 했던 것이다. 그러고는 이 몸이 가루가 되어 없어진다 해도 나를 이끌어 온 나, 아빠를 만날 수 있게만 된다면 서슴지 않고 천 개, 만 개라도 부숴 버리겠다고 다짐했다. 내가 그렇게 식음을 전폐하고 하루하루 죽어 가니까 어머님께서는 눈물을 흘리시며 하소연을 하셨다. 그래도 나는 아예 죽기로 작정했었기에 물 한 모금조차도 거부했다. 보름을 그렇게 하고 있으니까 허리가 착 붙고 손끝 하나 움직일 기력이 없게 되었는데 마

침 담배꽁초가 보이는지라 있는 대로 까서 물에 풀어 가지고는 감춰 두었던 키니네 스무 알을 함께 타서 마셨다. 그랬는데 잠시 후에 먹은 게 왈칵 넘어오더니만 갑자기 전신에 피가 새로 도는 것처럼 느껴졌다. 그 길로 나는 영영 집을 나서고 말았다." 때는 휴전이 이뤄진 1953년 여름이었다.

9. 스님께서는 그때 벨벳 옷감 한 벌을 꺼내 가위로 둥글게 일곱 조각을 잘라 내서는 그것을 마당에 흩뿌린 다음 하나씩 즈려밟으며 집을 나섰다고 술회하셨다. 스님께서 어느 때 말씀하시기를 "언뜻 연꽃이 떠올랐을 뿐, 왜 그렇게 해야 했는지 모를 일이었다."라고 하셨다.

10. 스님께서는 간호하던 모친께서 잠시 자리를 비운 사이에 집을 떠나셨다. 여러 번의 실패에도 불구하고 '죽어야 너를 보리라'던 내면의 소리를 그대로 따를 심산이었다. 스님께서는 정처 없이 걸어가

셨다. 어느 외진 곳, 아무도 육신을 찾아낼 수 없는 그런 곳에 가서 그대로 죽으리라는 생각뿐이었다. 그렇게 하염없이 걷는 발걸음은 드디어 한 강변 어느 절벽 끝에 가서 멎었다.

스님께서 그때를 회고하셨다. "그때 아주 세상을 여읠 생각이었다. 다만 죽어서 남의 손을 빌리지 않아야 하겠다는 생각에 한적한 곳을 찾아 나선다는 게 어느 강 언덕 벼랑에 당도했던 것 같다. 그런데 물끄러미 강물을 내려다보는 순간에 그만 죽는다는 생각을 잊어버렸다. 꼬박 한나절을 거기에서 선 채로 보냈던 모양인데 문득 깨어나서는 다시 걸었다. 걸으면서 생각했다. 몇 번이고 육신을 부숴 버리려고 했지만 번번이 실패하고 나니까 이게 부수어서 되는 일이 아니라는 걸 알게 되었다. 그냥 뜨거운 눈물이 걷잡을 수 없이 흐르는데 그때야 비로소 '나의 뜨거운 눈물이 바다를 이루고, 그 바다를 다시 마실 수 있는 그런 눈물이 되어야 한다'는 것을 느꼈다. 눈물이 눈물이 아니라 기쁨이 된 것이다."

목숨을 떼어 놓고

11. 그로부터 스님의 발걸음은 국립묘지에서 관
악산으로, 다시 청계산으로, 산 능선과 골짜기를 헤
집고 밟으며 조금씩 조금씩 남쪽으로 옮겨져 갔다.
그리고 수원 용주사 근처 화산릉을 돌아 헌인릉으
로 이어졌다.

12. 그 당시 스님의 외양은 말이 아니었다. 옷은
누더기가 되었고 신발은 언제부터인지 모르게 다
해어져 숫제 맨발이 되어 있었다. 머리는 자랄 대로
자라서 헝클어지고 얼굴은 가시덤불에 할퀴어 상처
투성이였다. 어쩌다 산중에서 나무꾼을 만나거나
사찰 근처로 다가갈라치면 어느 곳에서나 매양 미
친 사람 취급을 당하셨다.

13. 스님께서 회고하셨다. "혼자 산으로 다니다

보니까 어떤 때 '이거 안 되겠다'는 생각이 들었다. 그때가 한창 나이였으니까. 그래서 내 그림이 좋지 않았는데도 일부러 얼굴과 손발에 진흙을 바른 적도 있었다. 그게 햇빛에 마르니까 쩍쩍 갈라지면서 피범벅이 되었고, 그러니 어쩌다 사람을 만나면 한결같이 날 보고 더럽다 피하고, 미쳤다고 피했다. 방편치고는 괜찮은 방편이었다. 그런데 날 보고 하는 말이 '갓 미친 여자'라느니, '미친 여자가 왜 산에까지 올라왔냐'느니 했다. 속으로는 싱글벙글했다."

14. 스님께서는 가끔 마을을 가로질러서 가실 때가 있었는데 그때마다 동네 아이들이 "미친 사람 봐라!" 하고 합창하면서 돌을 던지거나 나뭇가지로 쿡쿡 찔러 대며 따라붙었다. 그래도 스님께서는 아무 말씀도, 몸짓도 없이 그냥 묵묵히 걸어가셨다. 그 일을 두고 스님께서 이렇게 말씀하셨다. "그것은 아이들 잘못이 아니었다. '너희들 탓이 아니라 내 탓'이라고 생각했다. 그런 차림을 하고 있지

않았다면 그 아이들이 그런 짓을 했겠는가. 내 꼴이 그러하니 놀림감이 될 수밖에 없었고 그러니 내 탓이었다. 그런데 어느 때 생각나기를, 내가 그런 소리를 듣는 게 위로는 조사님들까지 더럽히는 격이 되는가 싶어져 절대로 역대 조사들에게 누가 되지 않겠노라는 오기가 생겼다. 그냥 생명이 끊어져도 그만이라는 오기였다. 그런 오기 없이는 못했을 것이다. 파도가 한번 불끈 솟았다가 가라앉는 그런 식이라면 이 공부는 추풍에 낙엽 지듯 하게 된다고 생각했다. 그래서 점점 산속으로 깊이 돌게 되었다.

15. 한번은 이런 일이 있었다. 스님께서 어느 마을을 지나 산으로 들어가는 길에 도랑을 건너시는데 쪽 떨어진 참외 하나가 떠내려왔다. 그걸 보시고 스님께서는 무심코 집어 들어 한입 베어 무셨다. 그러자 어디서 몰려왔는지 마을 아이들이 덤벼들며 욕설을 퍼부어 댔다. 그걸 가지고 아이들이 놀이를 하던 중이었다. 스님께서는 아이들에게 거듭 용서

를 구하셨으나 아이들은 스님의 거지 차림을 보고
는 욕설을 멈추지 않았다.

스님께서 회고하셨다. "전에도 그랬지만 먹는다
는 게 그만 구차스러워졌다. 아예 산다 죽는다를 버
리고 나섰는데 먹게 되면 먹고 못 먹으면 그뿐이라
고 생각했다."

16. 스님께서 회고하셨다. "그렇게 발길에 차이
고 미쳤다는 소리를 듣곤 했지만 마음만은 우뚝했
으니 속으로 콧방귀 뀌며 가볍게 웃어넘길 수 있었
다. 내가 나를 파헤쳐 가는 길이니 누가 뭐라 한들
옆이 보이지도 들리지도 않았던 것이다. 더구나 누
구에 의해서가 아니라 내가 나를 뒹굴린 것이니 아
무도 원망하지 않았다."

17. 스님께서는 그 후 수년간을 서울의 남쪽 산
야로 떠도시며 고행 아닌 고행을 하셨다. 당시 스님
의 외양은 사람이라고 부르기 어려울 만큼 처참했

는데 피부는 소나무 껍질처럼 갈라 터졌고 사지 육
신은 피골이 상접하여 삭정이처럼 변해 있었다. 머
리는 허리춤을 넘게 자라서 이를 말아 올려 칡넝쿨
로 질끈 동여맨 상태였다. 오로지 안광만 형형할 뿐
이었다.

스님께서 회고하셨다. "그때는 사람의 모습이 아
니었다. 아마도 '전설의 고향'에 나오는 귀신 같았
으리라. 물로 배를 채우고 고운 모래를 칫솔 삼아
양치질하며 다녔으니 그 몰골이야 이루 다 말로 할
수 있었겠는가."

삼매의 발걸음

18. 스님께서는 그 당시 몇 달 동안 국립묘지 근
처에서 머무르신 적이 있었다. 그때 스님께 떠오른
의정은 한을 품고 잠든 영가들에 관한 일이었다. 육
신의 삶이 끝난 뒤의 세계는 무엇이며 영가들은 어

떤 상태에 놓이게 되는가를 참구하셨다. 의정이 풀 릴 즈음에 스님께서는 3일 동안 철야로 영가와의 대화를 시도하셨다.

19. 스님께서 회고하셨다. "국립묘지 근처를 돌 때에 여러 날 영가와의 대화를 시도한 적이 있었다. 그때 육신 떨어지고 난 후의 영의 세계를 보니 생전 의 의식 그대로인지라 영에도 천차만별이 있어 끝 간 데 없이 이어지는 인연 법칙의 이치가 드러나 보 였다. 유전의 성질도 알게 되었고 영계의 성품, 윤 회, 무진 연기의 이치도 알게 되었다. 그 당시 또 영 가와의 대화를 통해 그들을 동원도 해 보고 일을 맡 겨 보기도 했는데 그 일이 계기가 되어 나뭇잎일지 라도 동원할 수 있는 이치를 알게 되었다."

20. 스님께서 어느 때 또 회고하셨다. "그때 내 가 느끼기를, 싸우다 죽은 영들은 대부분 군인으로 서의 습성이 있어서 차원에 따라 포착해 쓰는 일은

국가적으로도 매우 기밀한 문제라고 보았다. 영의 상태란 마치 우리가 꿈을 꾸면서 육신을 가지고 다니는 줄 알듯이 그렇게 되어 있는데 마음으로 얼마든지 연결할 수 있으니, 가령 그러한 영을 산 사람과 연결시킨다면 산 사람의 능력이 두 배 세 배로 늘어날 수 있음을 알게 되었다."

21. 또 어느 때는 국립묘지 뒷산에 위치한 화장사 법당에 주지 스님 몰래 들어가 일주일간을 밤마다 철야 정진을 하신 일도 있었다. 당시의 의정은 '인간이 어디서부터 와서 어디로 가는가?'였다고 하셨다. 스님께서는 오매일여의 경지에서 생사 해탈의 문을 뚫고자 노력하셨다.

22. 스님께서 회고하셨다. "국립묘지 근처에 있을 때 화장사에 들어가 새벽 종성이 들릴 때까지 철야를 하곤 했는데 그때 법당의 장엄물들이 도대체 무얼 뜻하는지 궁금했다. 알고 보니까 탱화라는 것

은 다 내 안에 있는 살림살이를 그려 놓은 것이었다. 세상에 다 있는 걸 그려 놓았는데 사람들이 그걸 모르고 칠성 기도를 한다, 산신에게 빈다, 무슨 재를 올린다 하고 야단이라고 생각했다. 알고 보면 탱화 한가운데 그려져 있는 부처님의 손에 들려 있는 금륜이라는 것도 그것이 다른 게 아니라 이 마음인 줄 알게 되었다. 산신각에서 밤을 새우며 대화를 하던 중에 대답이 절로 나오는데 '그게 모두 마음자리에서 나온 판사, 검사다.'라고 했다."

23. 스님께서 또 회고하셨다. "법당에 들어갔다가 높다랗게 모셔진 불상을 보고는 불쑥 '당신이 높이 앉았다고?' 하는 생각이 들었다. 그런데 성스러운 줄 알았던 부처님이 높지도 낮지도 않으면서 어린애 밑만 씻겨 주고 다니신 걸 느끼고는 그 평상심을 헤아리게 되었고, 그것을 알자 울음 반 웃음 반으로 울지 않을 수도 없고 웃지 않을 수도 없게 되었다. 그러니 뭐, 이렇다 저렇다 할 게 있겠는가.

평상심이 내 마음 안에 있는데 사람 떠나서 무슨 부처가 있고 무슨 귀신이 있느냐고 했다."

24. 스님께서는 국립묘지 인근에서 삼 개월을 지내신 뒤 서서히 걸음을 옮기어 관악산, 청계산 쪽으로 나아가셨다. 고행은 계속되었다. 단 한순간의 공백도 없는 선정 삼매 속에서 수없는 나날들이 그렇게 흘러갔다.

어떤 때는 길가에 버려진 감자 한 알을 주워 들고 한나절 내내 생각에 잠긴 일도 있었다. 또 어떤 때는 물이 말라 가는 웅덩이에서 허우적대는 올챙이 따위를 보시고는 그것을 손으로 주워 담아 물 있는 곳으로 옮기느라 한나절을 보내신 일도 있었다. 또 어떤 때에는 방금 다람쥐가 쉬었다가 떠난 바위에 얼굴을 대고 그 바위를 통해 다람쥐의 맥박을 느끼시느라 하루해를 보내신 적도 있었다.

25. 스님께서 회고하셨다. "하루는 논두렁을 지

나는데 작은 구렁 못가의 개구리 거동이 이상한지라, 그날 여러 차례 다시 가서 살펴보았더니 알집을 끌어다 논두렁 가로 올려놓는 것이었다. 그런데 그 이튿날 보니까 종일 폭우가 쏟아져서 논의 물꼬가 터지고 온통 흙탕물이 되었다. 개구리조차도 자식에게 밑거름이 되어 주는 게 이러한데 인간으로서 부모에게 효도 못하고 조상의 묵은 빚을 갚지 못하는가 싶어 어머님을 생각하며 눈물지은 적이 있었다."

또 말씀하셨다. "산으로 다닐 때 보면 태풍이 심한 해에는 옥수수가 미리 알고 뿌리를 넓게 박는데 지견이 있는 인간으로서 기복에 매달리고 귀신 노릇을 한대서야 언제 뿌리를 알겠는가 하여 애석해한 적도 있었다."

26. 스님께서 회고하셨다. "비가 오는 날 어쩌다 마을 근처에 있을 때는 다리 밑이 안방처럼 포근하게 여겨졌다. 그럴 때 특히 온갖 소리가 들려오는데

남들이 들으면 귀신 소리라 하겠지만 내게는 절친한 친구들의 말소리처럼 들렸다. 자기가 자기를 해치는 법은 없을 테니까 그것들을 벗 삼았고 그래서 비오는 날의 다리 밑에 아주 정이 들고 말았다."

27. 스님께서 회고하셨다. "물 흐르는 것을 보고 하루를 보내는 때가 많았다. 그렇다고 무언가를 골똘히 생각한 것도 아니다. 나는 물이 가로로 흐르든 세로로 흐르든 그런 것은 상관하지 않고 한나절을 그냥 무심히 보고 있었을 뿐이었다. 내 주처 자리에 대한 믿음만 있었을 뿐 그냥 한번 앉으면 거기에 딱 들러붙은 듯이 무심으로 앉아 있었다. 그게 무심관이었다. 나중엔 그 무심관까지 없어졌지만……."

28. 스님께서 회고하셨다. "하루는 토끼풀 밭을 만났는데 문득 '네 잎짜리를 찾아보라.' 하는 소리가 들렸다. 몇 개를 찾았는데 다시 내면의 소리가 들려 오기를 '네 잎은 사방이자 사대이니라. 그걸

네가 들고 있으므로 오방이자 그게 모두 하나이니 사방도 하나이니라.' 하는 것이었다. 합치면 너 하나요 벌어지면 만물이라는 가르침이었다."

29. 스님께서 말씀하셨다. "나는 나를 어떻게 해 달라고 빌어 본 예가 없었지만 그때부터 아무 생각 없이 그냥 팔랑개비 대만 쥐고 다녔다. 그게 돌든 안 돌든 상관하지 않고 대만 쥐고 돌아다녔다. 내가 대만 쥐면 내게 지수화풍이 다 있으니 저절로 돌아갈 것이라고 믿었기에 고통을 받든 안 받든, 살든 죽든 그런 게 문제 되지 않았다."

30. 스님께서 말씀하셨다. "내 경우는 놓는다 안 놓는다가 없었다. 그냥 뿌리 없는 나무를 붙드는 셈으로 나를 형성시킨 근본에 집중했을 뿐이다. 말하자면 바깥 경계는 전혀 개의치 않고 내면으로 내 마음에 닿는 것만을 응시했던 것이다. 풀밭에 조용히 앉아 그냥 편안한 마음으로 응시했다고나 할까. 아

무튼 한동안은 생각하는 일도 귀찮아서 의정이 나도 그걸 붙잡고 씨름하지도 않고 다닐 뿐이었다. 그러다 보면 문득 아주 우연한 때에 해답이 떠오르곤 했다. 처음에 일 년 남짓을 그렇게 했다."

31. 스님께서 말씀하셨다. "산으로 돌아다닐 때 여기저기 돌도 있고 물도 있고 바위도 있고, 곰팡이 냄새 나는 썩은 나무도 있고 잘생긴 나무, 비틀어진 나무도 있는 걸 보고 세상의 조화를 느꼈다. 거기서 경전이 따로 있는 게 아니라 세상 돌아가는 조화가 바로 팔만대장경이라는 걸 알았다. 경전을 읽어 보지 않았어도 한두 마디 들어 보면 다 포착할 수 있었던 것도 그 조화의 이치를 알았던 결과였다."

32. 스님께서 회고하셨다. "뭇 짐승들이, 들짐승이나 날짐승들이 다 나의 벗이었다. 청계산으로 돌 때는 여우, 늑대, 살쾡이, 뱀 따위가 다 친구였다. 그런 짐승들이 위험한 줄도 몰랐고 두렵다는 생

각조차 해 보질 못했으니까 자연히 친구가 되었다. 어느 때는 그런 짐승들이 내게 길을 일러 주기도 했다. 한번은 밤중에 아기 울음소리가 들리기에 사방을 뒤져 보았더니 늑대 울음소리였다. 그때 동물들도 말을 하는 줄 알았고 그래서 차차 말귀를 알아듣기 시작했다. 치악산에 있을 때는 호랑이하고도 친구가 되었는데 내가 안양으로 옮긴 후에도 서너 차례 나를 찾아오기도 했었다."

호법 신장

33. 스님께서 회고하셨다. "내가 이 골짜기 저 골짜기로 돌아다닐 때 어느 날 묘지에 기대서 쉬고 있는데 석양 무렵인데도 개미 떼들이 까맣게 열을 지어 이동하는 걸 보았다. 자세히 들여다보니 왠지 걸음걸이가 여간 빠르지 않은 것 같아서 이상한 생각이 들어 개미 떼가 가는 곳으로 따라가 보았다.

가 보니 개미들은 등성 너머 어느 바위 밑에 자리를 잡는 것이었다. 나야 원래 일정한 주처가 없는 사람이라 그곳에 기대서 밤을 날 생각에 그냥 앉아 있었다. 그날은 아침나절에 큰비는 아니고 비가 조금 내렸었는데 얼마큼 지나려니까 갑자기 굉음과 함께 산벼랑이 무너져 내리면서 내가 기대어 쉬고 있었던 묘지 부근을 덮치는 것이었다. 개미들이 그 일을 미리 알고 있었다는 얘기이다. 그러니 개미한테인들 고마워하지 않을 수 있었겠는가."

34. 스님께서 또 말씀하셨다. "일체가 나 아닌 게 없는 경지에 이르면 호법 신장이 어디든 쫓아다닌다는 것을 알았다. 설사 몸뚱이가 아니더라도 뜻으로라도 쫓아다닌다. 어느 때는 동물의 모습으로 나를 지켜 준 일도 있었는데 그 후도 가는 곳마다 그런 일이 많았다."

스님께서 또 말씀하셨다. "이 마음 깨치면 육신이 어떻다는 걸 알게 되고, 그래서 일체가 더불어 하나이니 늘 호법 신장이 함께하고, 어디 따로 찾지 않더라도 이 손발뿐 아니라 모든 세포가 그냥 호법 신장인 줄을 알았던 것이다."

35. 스님께서 회고하셨다. "어느 그믐날 밤에 산등성을 넘는데 갑자기 산비둘기들이 달려들었다. 한밤중인데 어디서 쏟아져 나왔는지 구렁구렁 울면서 와르르 덤벼들었다. 그때 문득 생각이 들기를, '아, 여기 무언지 낭떠러지 같은 위험이 있구나.' 해서 꼼짝 않고 밤을 새웠다. 아침에 보니까 눈앞은 천야만야한 벼랑이었다. 얼마나 감사했겠는가. 내 벗이요, 내 사랑이요, 내 몸이요, 어찌 내 마음이라 아니 하겠는가. 또 울었다. '풀 한 포기라도 내 스승 아닌 게 없이 나를 이렇게 가르쳐 주니 내 한 몸 가루가 된들 이 길을 걸으리라.' 하고 다짐했다."

36. 스님께서 회고하셨다. "산중으로 다닐 때 한 번은 목에서 울컥 피가 올라온 적이 있었다. 그래서

'이제 죽는가 보다.' 생각했다. 사실이지 그때는 제대로 먹지를 못해서 몸을 움직일 힘조차 없었다. 그래서 꼼짝 않고 그 자리에 앉아서는 물끄러미 저만큼에다 시선을 던진 채로 아무 생각도 없이 죽어지기만을 기다렸다. 그런데 바로 그때, 뱀 한 마리가 풀섶에서 기어 나오더니만 내가 앉아 있는 바위로 올라왔다. 나는 진작부터 놀라는 것 따위는 몰랐고 또 뱀과 대화를 한 적도 있어서 그저 바라보고만 있었다. 그런데 놀랍게도 뱀이 무슨 나뭇잎을 물고 있는 것이었다. 그러고는 뱀의 메시지가 느껴졌다. 그 나뭇잎은 뒷면에 솜털이 난 것이었는데 그걸 바위에다 갖다 놓으면서 그 뱀이 전하는 뜻인즉, '당신이 나를 구해 준 일이 하도 고마워서 이것을 갖다 드리는 것이니 짓이겨서 먹고 나으라'는 것이었다. 그러고는 '생각 같아서는 당신을 한번 안아 주고 싶지만 제 몸이 보기 흉하니 그만두고 가겠다'는 것이었다. 나는 그때 얼마나 울었는지 모른다. 나를 살리려는 뱀의 뜻이 고마워서라기보다 살아 있다는 것, 생명을 가진 것들이 공통적으로 갖고 있는 진하디진한 사랑과 자비, 서로를 살리고 구하고 위로하려는 그 지극한 마음, 처절한 마음이 나의 온몸, 온 마음을 너무나 강력하게 사로잡았기에 그만 울고 말았던 것이다. 그때 나는 나의 마음과 뱀의 마음이 진정 하나인 것을 다시 한번 절실히 느꼈다. 나는 그 풀잎들을 바위에 짓이겨서 입에 넣었다. 너무나 고마운 나머지 개울물로 헹구어 가며 찌꺼기 하나 남기지 않고 다 먹었다. 살아야겠다는 생각이 아니라 그 진하디진한 감동 때문이었다. 그리고 나니까 각혈이 멎었다. 나중에 그 풀을 찾아보았지만 찾을 수 없었다. 그토록 진한 감동은 그때가 처음이었다."

37. 그로부터 스님께서는 혹시 몸에 상처라도 날라치면 아무 풀이나 손에 잡히는 대로 뜯어서 쓱 문지르셨다. 그것으로 그만이었다. 풀 한 포기, 나무 한 그루라도 불법의 나툼 아닌 것이 없을 터이니 법력은 어디에고 충만하리라고 믿으셨던 것이다.

38. 고행의 발걸음은 이어져 해가 두 번 바뀌고 다시 한번 엄동설한이 찾아왔을 즈음에 스님께서는 화산릉을 거쳐 헌인릉 솔밭으로 들어서셨다. 화산릉에서 그랬던 것처럼 사당으로 들어가 밤을 보내시려 했다. 산중 고행 길에 스님께서는 간혹 칠성각이나 산신각에서 명패를 베고 누워 쉬신 적이 있었다.

그러나 그날은 그 작은 편안함마저도 거부하는 듯 사당 문은 굳게 잠겨 있었다. 지칠 대로 지쳐 한 발자국도 더 떼어 놓을 힘이 없었던 스님께서는 어느 소나무에 기댄 채 그냥 잠이 들고 마셨다. 새벽녘에 눈을 떴을 때 주위는 온통 깊은 눈 속에 잠겨 있었다. 얼어 죽지 않은 것도 기이했지만 더욱 놀라운 일은 스님께서 앉아 계셨던 주위가 동그랗게 마치 빗자루로 쓴 듯이 말끔했던 일이다. 그리고 그 주변은 짐승의 털과 무수한 발자국이 간밤의 소식을 말없이 전해 주고 있었다.

스님께서는 그날 하루 종일 양지바른 언덕에 앉아 그 의미를 캐고 또 캐셨다. 그리고 그날 해거름에 스님께서는 사당 문의 돌쩌귀가 빠져 있는 것을 발견하시게 되었다. 스님께서는 낙엽을 모아다 바닥에 깔고 그날부터 당분간 헌인릉에서 그렇게 머무르시면서 정진을 거듭하셨다.

39. 스님께서 회고하셨다. "산으로 다닐 때 심심하니까 기대 앉은 나무와 대화를 나누곤 했는데 나무가 한다는 소리가 가끔은 '여기서 한 오 리쯤 가면 견디기 어려운 일이 있다.' 하고 일러 주는 경우도 있었다. 그러나 나는 '나 자체가 없는데 죽을 건 뭐고 위험할 건 뭐냐. 나는 그런 것 가리지 않는다.' 하고 거절하곤 했다. 그러니까 여러 번 그런 대화를 했어도 그냥 얘기를 했을 뿐 누구 말도 듣지 않았는데 그게 다 나 아닌 것이 없는 나의 말이라, 내가 나를 가르치는 일이었다."

의단을 태우며

40. 스님의 발걸음이 헌인릉 쪽으로 접어들 즈음부터 스님께서는 산길을 가다가 의정이 떠오르면 며칠 밤낮을 한자리에서 꼼짝 않고 지내셨다. 그 의정에 대한 해답이 나와야 비로소 몸을 털고 일어나 다시금 발걸음을 옮기셨다.

스님께서 회고하시기를 "의정이 나면 그 자리에서 해답이 나올 때까지 꼼짝할 수가 없었다. 앉고 싶어서 앉은 게 아니라 움직여지질 않았다."라고 하셨다. 그것은 혼신의 에너지로 의단을 태우는 과정이었다. 그리고 정신을 차리고 보면 때로는 코앞에서 산짐승이 흘금거리는 때도 있었다고 스님께서는 술회하셨다.

41. 스님께서 어느 때 또 이렇게 회고하셨다. "의정이 떠오를 때면 밤이 깊어 가는지 눈보라가

치는지도 모르고 그걸 묵묵히 생각했다. 그렇다고
일부러 지어서 그렇게 애를 쓴 게 아니라 그냥 묵묵
히, 칼을 갈아 무엇인가를 베는 심정으로, 정신만
초롱초롱하고 눈에서 불이 번쩍이는 그런 형국이었
다. 그러니까 몸이 일그러지는지 굳어지는지도 모
르고 그렇게 눈을 감고도 뜨고 있는 상태로 지내곤
했는데 어느 때는 며칠이 흘렀을까, 아예 손발이 굳
어서 움직여지지 않을 때도 있었다.”

42. 스님께서 회고하셨다. “나는 그때 사량으로
보고 들으며 다닌 게 아니라 그냥 몸을 움직였을 뿐
이었다. 그러면서 마음으로 내가 나를 가르치고 내
가 나에게 배우고 다녔다. 내 육신의 일거일동은 다
내 주장심이 끌고 다니는 대로 따른 것이니 고개 한
번 돌릴 틈이 없었던 것이다.”

43. 스님께서 회고하셨다. “하루는 이름 모를 묘
지에 기대어 쉬고 있는데 불쑥 내면의 소리가 들려

왔다. '저 묘지 위에 올라가 물구나무 재주를 부리는 도리가 무엇이냐?' 그만 캄캄했다. 그러다 벌떡 일어나서 재주를 넘어 봤다. 그러니 어떻게 됐겠는가. 나뒹굴 수밖에 없었다. '아이쿠!' 하는데 그때 '바로 그것이니라.' 하는 것이었다. 그 바람에 그만 한쪽 팔을 삐고 발목까지 삐었다. 그렇다고 어쩌겠는가. '잘한다' 하고는 절룩거리며 걷는데 이번엔 '넌 왜 절룩발이가 되었느냐?' 하는 것이었다. 그러니 웃을 수밖에 없었다. 건건이 그런 식이니, '그래, 참 점검도 잘하고 훈련도 잘 시키는구나!' 하는 생각이 들기도 했다. 가만 생각해 보면 내가 날 불러서 묻고 점검하고, 그렇게 하는 게 모두 단비였다. 그렇게 공부하기도 드문 일이었다."

44. 스님께서 회고하셨다. "하루는 자성 부처가 말하기를 '이날까지 그렇게 다니면서 얼마나 보았느냐?' 하고 물어 왔다. 처음엔 어리벙벙했지만 이윽고 대답하기를 '10년 동안을 봤어도 하루 본 것

만 못하고 한 찰나 본 것만 못하다.'라고 했다. 그랬
더니 이번엔 '밤에 본 것이 많으냐 낮에 본 것이 많
으냐?' 하고 또 물어 왔다. 밤낮없이 다니다 보니까
밤이 밤이 아니고 낮이 낮이 아니었다."

45. 스님께서 회고하셨다. "어느 날 길을 걷다
우뚝 선 장승을 만났는데 불쑥 떠오르는 말이 '왜
장승이 거꾸로 서 있느냐?' 하는 것이었다. 바로 서
있는 장승을 거꾸로 섰다고 하는데, 그러더니 또 나
온다는 소리가 '아, 미투리 한 짝을 머리에 이고 갔
더니 미투리마저도 없다.' 하는 것이었다. 내가 주
고 내가 받기를 그렇게 했으니 또 얼마나 감사했겠
는가."

46. 스님께서 회고하셨다. "하루는 비가 부슬부
슬 내리고 땅은 질척한데 별안간 내 속에서 뭐라
하느냐 하면 '네 발이 왜 한쪽은 크고 한쪽은 작으
냐?' 하는 것이었다. 내려다보니 두 발은 똑같은데

그런 의정이 드니 난감했다. 단번에 대답이 나와야 하는데 깜깜했다. 날은 어둡고 비는 오는데 그 자리에 우뚝 선 채로 꼼짝도 하지 못했으니 오죽했겠는가. 그런 때가 한두 번이 아니었다. 또 어느 때는 배설하는 중에 '지금 누가 했느냐?' 하는 의정이 불쑥 나오기도 했다. 한 발짝 떼어 놓기가 무섭게 연방 '이게 무슨 도린고?' 하고 들이대니 참으로 세월 가는 줄도 몰랐고 먹고 마시는 것도 잊을 수밖에 없었다."

47. 스님께서 말씀하셨다. "어느 때는 또 이런 일도 있었다. 목이 말라서 샘을 찾아가 한 모금 마시고 허리를 펴는 참에 그만 똥이 마려운지라 주위를 둘러보는데 불현듯 '그냥 거기서 해결하라.' 하는 것이었다. 그 깨끗한 샘에다가……. 그 순간에 '내가 깨끗하다고 먹은 물이 깨끗한 게 아니고 더럽다고 생각한 게 더러운 것이 아니로구나.' 하는 것을 알게 되었다. 이렇듯 확연히 가르쳐 주니 또 감

사의 눈물을 흘리지 않을 수 없었다."

48. 스님께서 회고하셨다. "그때 겨울이 되면 가랑잎을 긁어 모아 그 속에서 자는 때가 많았다. 묘지를 파 간 웅덩이나 움푹 패인 곳에서 목만 내놓고 추위를 면했다. 그때 혼자 대화하기를 '추우니 네 손을 좀 빌리자.' '그렇게 하죠.' 하고는 긁어 모은 다음엔 또 '이제 다 했으니 더 빌려 주지 않아도 된다.' 해 놓고는 그 속에 들어간 것이다. 그러할 때에 '나와 주처가 둘이 아니구나!' 하는 것을 절감했다."

49. 어느 때는 이런 일도 있었노라고 스님께서 회고하셨다. "하루는 산등성을 넘는데 내가 날더러 하는 말이 '조금 있으면 폭설이 퍼부을 테니 손 좀 빌려야겠다.' 하였다. 마침 큰 바위 밑에 굴이 있기에 삭정이를 잔뜩 구해다 바닥에 깔고 나머지로 모닥불을 피웠는데 참으로 뜨뜻한 게 그렇게 고마울 수가 없었다."

스님께서 그때 이렇게 읊으셨다. "더럽고 깨끗한 것 수많이 늘어져 있는데/ 백설이 뒤덮으니 보이지 않고/ 앙상한 가지마다 눈이 덮여 목마른 그 고통을/ 한 모금 물방울로 뿌리에 내려/ 푸른 가지마다 꽃이 피네/ 하얀 꽃이 피네/ 바람 불어 살을 에는 그 아픔을/ 물 한 방울로 참으며 뿌리로 내리는 나무들/ 내 꿈은 어떻던가, 오솔길의 꿈은/ 꿈길 속에 지속되는 그 꿈길/ 장승은 우뚝 서 있기만 하누나."

50. 스님께서 말씀하셨다. "어느 때는 너무 어마어마해서 말귀가 딱 막힐 때도 있었다. 왜냐하면 어느 것 하나 생명 없는 게 없고, 어느 것 하나 말 안 하는 게 없고, 뜻을 안 가지고 있는 게 없기 때문이었다. 또 이 육신 안을 보아도 수많은 생명이 들어 있듯이 나무 한 그루를 보아도 많은 생명들이 들어 있는데 어느 때는 그 생명들이 들고 일어서서 모두 나라고 흔들어 대니 너무 어마어마했던 것이다. 또 물을 보아도 말을 하게 되고 흙, 바람, 불을 보아도

말이 통하니 모든 게 마치 염주알처럼 하나하나가 진실이면서도 다 연결되어 있어 다만 광대무변하다고 말할 수밖에 없었다."

51. 스님께서 회고하셨다. "하루는 묘지에 기대어 잠을 자는데 두런거리는 소리가 들리더니 날 보고 신발 한 짝을 훔치러 왔다고 했다. 은연중 겁이 나는데 순간 머리 푼 귀신이 불쑥 솟는 게 보였다. 그만 놀라서 뛰었다. 그때가 그믐밤이라 뛰다가 앞이 안 보이는 바람에 털썩 주저앉았는데 삭정이가 엉덩이를 콱 찔렀다. 눈에서 불이 번쩍하는 그 순간 퍼뜩 '내 그림자에 속았구나.' 하는 생각이 들었다. 그래서 다시 묘지로 돌아가 '네 집과 내 집이 둘이 아닌데 웬 잔말이냐.' 하니까 조용해졌다. 그날 거기서 그대로 밤을 새웠다. 거기서 이승 저승이 어디 있고 네 집 내 집이 어디 있으며 동·서는 뭐고 남·여는 뭐냐, 늙고 젊고가 어디 있느냐는 생각을 했다. 포괄된 본체는 방귀 뀌는 소리와 같다

고 그랬다."

52. 스님께서 회고하셨다. "하루는 산골 마을을 지나치는데 내 허기진 꼴을 보고는 웬 사람이 옥수수를 하나 주었다. 얼결에 받아 들고 보니까 비참한 생각이 드는 게 '이런 걸 먹고 살 양으로 야단들이구나.' 해서 눈물이 흘렀다. 그전부터 먹게 되면 먹고 말면 말았기에 그것을 들고 이리저리 돌리며 그 다닥다닥 붙은 알갱이를 보았다. 거기서 그 알갱이 하나가 수많은 옥수수를 낳고 다시 남아 또 낳고……, 그렇게 영원히 도는 것을 보았다. '아! 뒤도 없고 앞도 없고 흘러감이 모두 이와 같구나. 시공을 초월하여 앞뒤 없이 영원하구나.' 하는 걸 느꼈다."

53. "또 한번은 수수가 무르익어 고개 숙인 것을 보고는 '수수 한 알이 나왔다가 왜 저렇게 수만 개의 알갱이가 되는가.' 하는 의문 속에서 윤회가 아

니라 시공 없이 영원히 도는 도리를 배웠다. 누가 부처님 법을 일러 주어서 안 게 아니고 내 앞에 닥친 대상을 가지고 공부를 한 셈이다.”

54. 스님께서 회고하셨다. “한번은 칡뿌리를 조금 베어 무는데 문득 ‘정도껏 들어가야지 그렇지 않으면 부작용이 난다.’ 하는 느낌이 들었다. 기운이 없어서 많이 먹으려 해도 못 먹는 판에 무슨 뜻인가 싶더니 이 칡뿌리 작은 것 하나 씹는 것과 세상 살림살이 하는 것이 같은 이치라, 정도와 분수가 있다는 생각이 들었다. 뿐만 아니라 칡뿌리 한 번 씹는 것과 조사 스님들이 주장자로 법상을 탕! 친 것과 다르지 않고 한 번 씹는 데 온 누리에 약이 되기도 하고 우주 전체, 유생 무생이 다 한 번 움직인 것과 같다고 느끼게 되었다.”

55. 스님께서 회고하셨다. “어느 때 기진맥진하여 냇물로 배를 채우는데 문득 냇물이 말하기를 ‘너

무 많이 먹는다'는 것이었다. 그래서 '내가 내 것 먹
는데 어떠냐'고 했더니 또 들리는 소리가 '네 것이
네 것이 아니다.'라고 했다. 그렇게 고맙게 느껴질
수가 없었다."

56. 어느 때 스님께서 이렇게 술회하신 적이 있
었다.

스님께서 어느 날 눈 쌓인 능선을 걷다가 문득 배
고픔을 느끼게 되었는데 그 순간 언덕 아래 구덩이
진 곳을 파 보고 싶은 생각이 드셨다. 거기엔 버섯
한 무더기가 오롯이 눈보라를 견디고 있었다. 스님
께서는 공중에 나는 새가 먹을 것, 잠잘 곳을 걱정
하지 않아도 자연의 손길이 다 살리는 이치를 느끼
셨다. 그런데 그 순간 스님께서는 번갯불에 얻어맞
은 듯 내밀던 손길을 멈추지 않을 수 없었다.

내면의 소리는 이렇게 묻고 있었다. "저 버섯도
하나의 생명이거늘 네가 살기 위해 저것을 죽여도
좋으냐?" 스님께서는 그 자리에 얼어붙은 채로 석

양 무렵까지 움직이질 못하셨다. 스님께서 조용히 되물으셨다. "네가 나를 불렀지. 그리고 나는 지금 배가 고프단다. 그러나 너도 생명이기는 마찬가지야. 어떻게 너를 먹을 수 있겠니." 내면의 소리는 버섯이 되어 응답했다. "당신이 나를 먹는다면 나는 당신의 일부가 될 테니 얼마나 기쁜 일이겠습니까." "오오, 참으로 기특한 일이구나." 스님께서는 그 버섯을 따 잡수셨다.

스님께서는 그로부터 한 뿌리의 풀이나 나무 열매 하나를 씹을 때 다만 그 행위는 하나의 방편일 뿐 마음의 도리는 결코 죽음 따위가 좌우할 수 없음을 느끼셨다.

57. 스님께서 또 이렇게 회고하셨다. "어느 때 허기를 면할 생각에 소나무의 새순을 따려는데 그만 내 목을 자르는 것과 같다는 사실을 느꼈다. 그래서 생각하기를, 너도 생명이 있고 나도 생명이 있어 이렇게 만난 것도 인연인데 본래로 생명이 다르지 않

지만 너의 가지라도 조금 달라고 했다. 그러고는 솔잎을 조금 따서 씹는데 '너는 지금 무엇을 씹고 있느냐? 살려고 씹느냐?' 하는 의문이 들었다. 이렇게 한 걸음 한 걸음을 지켜보았던 것이다."

58. 스님께서 회고하셨다. "내가 그간 실험해 본 것을 다 이야기하자면 끝이 없다. 한 가지 예를 들면 이런 일이 있었다. 어느 때 돌담 밑에 뱀이 보이기에 '네가 남 보기 흉한 모습을 하고 있는 줄을 스스로는 모르지만 제삼자가 볼 때는 징그럽고 무서운 생각이 드니 어서 옷을 벗고 진화를 하렴!' 하면서 마음으로 안아 주었다. 그리고 얼마 후에 보니까 그 자리에 껍질을 벗어 놓았다. 그러고는 얼마나 고마워하는지 나를 끌어안고 우는 것이었다. 아직껏 나를 보필해 주고 있는데 그런 도리를 어찌 말로 다 털어놓겠는가."

59. 스님께서 또 말씀하셨다. "어느 때 구렁이

를 만났는데 숲 속으로 숨어드는지라 '나는 네가 좋다.' 하니까 대답하기를 '내 몸이 이런데도 좋으냐?' 하기에 '그래도 좋다.' 했더니 '그러면 기다려 줄 거냐.' 해서 밤새도록 기다린 일이 있었다. 마음이면 제일이지 구렁이 모습이면 어떠냐, 사람들이 부처를 높게 보지만 참 부처면 됐다는 생각에 밤을 새고 기다렸으니……. 그렇게 순진했었다. 아침이 되었는데 구렁이는 나타나지 않고 말하기를 '나는 나타나지 않았지만 나타났다. 네 마음이 아름다우니 나는 허물을 벗고 너와 같이 있으면서 너를 지켜주겠다.'라고 했다. 산중에 홀로 떨어져 있어 고독하게 다니다 보니까 어떤 짐승, 초목, 벌레와도 대화가 이뤄졌다.”

60. 스님께서는 산중을 떠도실 때 여러 번 뱀과의 대화를 하셨다고 했다. 담선 중에 한번은 이런 일도 있었노라고 술회하셨다. “초겨울 추운 날씨였는데 어이 된 일인지 벼랑 아래쪽에 큰 뱀 한 마리

가 갱신을 못하고 있는 걸 보았다. 그때 생각에 그 대로 두면 죽고 말 것 같았다. 그래서 그 뱀을 건져 올려 어떻게 해 보려고 무척 애를 썼다. 눈 쌓인 언덕에서 나뭇가지 하나를 구하려고 몇 번이나 고꾸라지고 넘어지고 했는지 모른다. 내 손은 벌겋게 얼어 있었고 내 몸 하나 추스르기 어려울 만큼 허기져 있었다. 그날 그 가련한 뱀 때문에 얼마나 울었는지 모른다. 그때는 눈물이 많았다. 뱀 때문에 울고, 어떤 때는 개미 때문에도 울고, 또 메말라 가는 웅덩이에서 죽어 가는 올챙이 때문에도 울고, 가엾은 어머님 생각하며 울고, 아버지 형제 자매, 세상 사람들 생각으로 울고, 그렇게 울며 떠돌기 그 얼마였는지 모른다. 아무튼 그때 그 뱀의 소리를 들었다. '당신이 자기같이 더러운 중생을 위해 울어 주니까 이제 나는 당신의 공덕으로 몸을 벗고 좋은 땅에 태어난다.' 하는 것이었다. 그래서 또 마음의 미묘한 도리가 고마워서 울었다."

관문을 뚫다

61. 스님께서 회고하셨다. "하루는 아주 큼직한 묘지 한 쌍이 있는 곳에서 쉬려는데 불현듯 하나는 아비 묘이고 하나는 자식 묘라는 말이 떠오르더니 '거기 구멍이 뚫렸는데 아비가 이쪽으로 오면 자식이 되어 버리고 자식이 저쪽으로 가면 아비가 되니 이게 무슨 연고인고?' 했다. 그때 또 얼마나 고생을 했던지……. 그 의정을 들고서는 서리를 맞으면서도 자리를 뜰 수가 없었다. 결국 '이리 나투고 저리 나투는 가운데 주인공이라는 이름 없는 참 자기와 내가 둘이 아니라 한 묘지 안에 있구나.' 하는 것을 알게 되었다. 거기서 둘 아닌 도리의 엄청난 수학이 모두 다 풀린 것이었다. 그로부터는 확연하게 모든 것이 둘이 아니게 보였다. 나무를 보아도, 돌을 보아도, 뭇 짐승, 풀벌레를 보아도 '바로 네가 나로구나.' 하는 것을 느꼈다. 그냥 이치로 그러한 것이 아

니라 그대로 진한 감동이었다."

62. 스님께서 말씀하셨다. "어느 때 물을 마시려고 엎드렸다가 물에 비친 내 모습을 보니 험하기도 한지라, 내 마음은 그렇지 않은데 모습은 왜 이런가 하는 생각이 들었다. 그러는데 홀연히 '그 또한 부처이니 그 속에 진짜 부처가 있느니라.' 하는 내면의 소리가 들렸다. 그러면서 '부처는 중생을 건지기 위해 마구니 소굴도 들어가고 오무간지옥도 들어가며, 개구리도 되고 돼지도 되고 개도 되느니라. 그러니 어느 때 어느 모습을 부처라 하겠느냐.' 하는 것이었다. 그러니 내 주인공이 얼마나 보배롭고 소중했겠는가. 그때 거기서 주인공의 모습, 그토록 찾고 불렀던 '아빠', 참 나의 모습을 다시금 확연히 보았던 것이다."

그로부터 스님께서는 일체가 둘이 아니요, 나와 사생 만물, 우주의 근본이 다르지 않은 주객일여의 경지를 한 발 한 발 더듬어 나가셨다.

63. 스님께서 회고하셨다. "하루는 작은 샘물 곁에 큰 구렁이 한 마리가 또아리를 틀고 있는 것을 보았다. 나를 보고 잠시 고개를 쳐들더니 몸을 쭉 펴서는 숲 속으로 사라져 갔는데 뭉쳤을 때는 원이더니 펴니까 한 일 자인지라 거기서 오신통의 금강검을 자재로이 쓰고 거두는 이치를 느꼈다. 나를 그렇게 또 가르쳐 주니 얼마나 고마웠던지 '그야말로 부처님의 뜻이 아니고 무엇이겠는가.' 하는 생각이 저절로 솟구쳤다."

길 아닌 길

64. 스님께서는 고행 중에 따로 화두를 들지 않으셨다. 내면으로부터 끝없이 주어지는 의정이 곧 화두였으며 확철대오를 위한 담금질이 되었던 것이다. 그러던 중에 스님께서는 둘 아닌 도리를 확연히 깨달으셨는데 그로부터는 참 나의 잇단 시험이

시작되었다. 하루는 내면의 소리가 가시덤불을 가리켰다. '이곳이 길이다. 이곳으로 가거라.' 스님께서는 잠시 망설였으나 곧 찔레가 우거진 숲을 헤치고 들어가셨다. 온몸이 피투성이가 되었지만 개의치 않고 헤쳐 나가셨다. 그날 따라 종일 길 아닌 험한 길을 헤매시던 스님께서는 그 의정의 참된 의미가 무엇인지에 골몰하셨다.

65. 스님께서 회고하셨다. "하루는 밤길을 걷다가 돌부리를 차는 바람에 발톱이 빠졌다. '어이쿠' 하는 순간에 들리는 소리가 '발톱이 빠져도 싸지. 아니, 이 전체가 한 도량인데 어디 가서 또 도량을 찾겠다고 하느냐.' 했다. 얼마나 감사했던지, 그 돌부리가⋯⋯. 그 돌부리가 그대로 돌부처였고 그 돌부처에서 생수가 막 쏟아져 나오는 것이었다. 그때 어디나 도량 아닌 데가 따로 없고 부처 아닌 게 없구나 하는 것을 알게 되었다."

66. 스님께서 또 회고하셨다. "하루는 어둠이 깔리기 시작할 무렵에 산길을 따라 걷는 중에 문득 내면의 소리가 '이곳은 길이 아니고 저곳이 길이니라.' 하면서 산등성이를 가리키는 것이었다. 그래서 가던 길을 벗어나 산등성을 향해 올라갔다. 한동안 그렇게 걷다 보니 사방은 어둠에 잠겼고 앞이 보이질 않았다. 그냥 묵묵히 걷다가 그만 몇 길이 되는지도 모를 벼랑에서 뚝 떨어졌다. 그랬는데 공교롭게도 그 낭떠러지 밑에는 나뭇단이 채곡채곡 쌓여 있었던 모양이라 '털썩!' 했을 뿐 아무 탈이 없었다. 그날 밤은 나뭇단 위에서 잠을 잤다. 거기서 길 아닌 길의 도리를 뼈저리게 느꼈다."

67. 스님께서 회고하셨다. "내가 산속을 아무 생각 없이 떠돌 때 어느 날인가 숲을 가로지르는데 나무에서 이런 메시지가 전해져 옴을 느꼈다. '이리로 얼마큼 쭉 가다 보면 아주 위험한 낭떠러지가 있으니 돌아가라.' 하는 것이었다. 그러나 나는 그것을

나무의 말로는 여기질 않았다. 다 나 아닌 것이 없기에 서로 응하는 것이며 진실로는 그것까지도 다 내 한마음에서 나오는 것이기 때문이었다. 아무튼 나는 빙그레 웃었다. '가다가 낭떠러지가 있으면 그때 돌아가면 되지 않겠나.' 하고 말이다. 내게도 눈이 있고 발이 있으니까 그대로 걸어 나갔다. 가다 보니 정말 낭떠러지가 있었다. 그것이 묘법이었다. 신통으로 이미 알았다 한들 그게 무슨 대수이겠는가. 그냥 싱긋 웃고 말았다."

68. 스님께서 회고하셨다. "하루는 소나무에 기대어 자려는데 개미 떼가 많아서 나무 위로 올라갔다. 그러니까 내면의 소리가 '이것은 길이 아니고, 앉을 자리인들 되겠느냐?' 하는 것이었다. 그러나 나는 이왕 예까지 올라왔는데 그 자리가 그 자리지 하는 생각이 들었다. 그러자 이번에는 '그러면 저 작은 가지 끝에서도 잠잘 수 있겠느냐?' 하고 또 묻는 것이었다. 순간 대답이 나오는데, '아, 잠만 잡

니까? 공치기도 할 텐데요.' 그랬다. 그렇게 말해 놓고는 길이 길 아닌 길의 이치, 길 없는 길을 확연히 알게 되었다. 그 순간 지구 밖으로 쑥 빠져나가 보자는 생각을 했다. 거기서 또 느끼기를 '강도 산도 없는 것이로구나. 높고 낮은 것도 없고 밤도 낮도 없는 이것이 진짜 길이구나.' 했다. 그러고는 혼잣말로 '발 밑에 하늘이, 머리 위에 땅이 있는 것이니 이래서 부처님께서는 49년을 설하시고도 아무 말씀 안 하셨다고 했구나.' 하면서 무릎을 쳤었다."

69. 스님께서 회고하셨다. "며칠이고 굶은 채로 산등성을 넘고 골짜기를 건너곤 했다. 여름이나 겨울이나 홑것 한 벌로 지냈는데, 어느 때 깊은 겨울 날 바위에 앉았다가 일어서면서 보니까 유혈이 흔연한지라 옷을 빨아 입느라 무척 고생을 했다. 산골의 도랑물이 얼어붙은 걸 조그마한 작돌 하나로 마냥 두들겨 깨서는 얼음물에 비벼 빨아 가지고 짜는 둥 마는 둥 그대로 걸쳐 입으니 춥기가 이루 말할

수 없었다. 양지 쪽을 찾아가 웅크리고 앉아 체온으로 말리는 중에 해는 떨어지고 어두워지기 시작했다. 그때 산 아래로 아득히 인가의 불빛이 반짝이는 걸 보고는 순간 따뜻한 아랫목 생각이 났다. 그때 생각하기를 '예전 분들은 축지법을 썼다는데 예서 저기로 한달음에 가는 법은 없는가?'라는 물음이 떠올랐다. 그러자 불현듯이 한생각이 일어나는데 '그것은 네 육신에 국한된 일이니 좀 더 시야를 넓혀 보라.' 하는 것이었다. '아차' 싶었다. '인간이 공중으로 날아다니는 세상에 몇백 년 전의 축지법이라니 어리석구나. 육신은 놓아 두고 마음만 가 보자.' 하는 생각을 했다. 앞으로 나가지는 못할망정 뒤로 물러설 수는 없었다. 그 집에 가서 밤새도록 뜨뜻하게 지내고 아침 나절에 돌아왔는데 그 사이 옷은 말끔해져 있었지만 다리가 붙어서 일어날 수 없었다. 두 손으로 문지르고 구르고 해서 겨우 일어서고 보니 무릎은 온통 피투성이가 되고 말았다. 그렇게 실험하기를 수도 없이 했었다."

인연을 끊고

70. 헌인릉 사당 근처에서 지내시는 동안 스님께서는 그간에 체득하신 것들을 다시 점검하시는 한편 무형의 힘을 확인하고 보완하는 일에도 몰두하셨다. 스님께서는 헌인릉 주변 수십 리 안팎에 사는 사람들을 점검의 대상으로 삼으셨다. 그 당시 스님께서 특별히 관심을 기울이신 것은 질병이었다. 스님께서는 이미 수많은 질병의 고통을 목격하셨고 생로병사의 끊임없는 사슬을 처절하리만큼 경험해오신 터였다. 스님께서는 한동안 낮이면 산마루에 올라가셔서 스스로 터득하신 이 법을 점검하시느라 시간을 보내셨고 밤이면 마음법이 질병에 대해 어떤 효과를 낳게 되는지 확인하셨다.

71. 스님께서 어느 때 이렇게 회고하신 적이 있었다. "그러니까 헌인릉 인근을 떠돌 때의 경험은

이루 다 필설로 말할 수는 없느니, 그것을 이야기해도 믿어 줄 사람은 없을 것이다. 한번은 거대한 용이 천변만화를 부리는데 참으로 장관이었다. 입에서 수없이 여의주를 토해 내는데 그게 모두 줄로 연결되어 있었다. 그때 거기서 문득 '용이 용이 아니라 한생각의 나툼'이라는 것을 느꼈다. 그러자 그 용이 하늘로 치솟으며 거대한 불기둥을 이루는데 불기둥 정상에 만(卍) 자가 떠받쳐 있는 게 보이면서 서서히 회전하기 시작하더니 온 천지가 불바퀴라 느끼게 되었다."

72. 스님께서 말씀하셨다. "또 한번은 눈앞에 전개되는 온 천지에 뚜껑이 덮혀 있더니 그것이 서서히 열리자 깊고 검푸른 심연이 보이면서 소용돌이치는지라 실로 장관이었는데 문득 느껴지기를, '저것을 물로 보면 건너지 못하리라.' 하는 생각이 들었다. 그러한 경험은 너무 많아서 일일이 말하기조차 쉽지 않다."

73. 스님께서 헌인릉 근처에 머무신 지 일 년쯤 지난 어느 날이었다. 스님께서는 심한 고초를 예감하시고는 사당에 앉아 묵연히 정진을 계속하셨다. 한낮이 되었을 때쯤에 인근 지서의 경찰관이 들이닥쳐 스님을 연행하였다. 능지기가 여자 공비로 오인하여 신고를 했던 것이다. 스님께서는 모진 취조에 시달려야 했지만 식음을 전폐한 채로 유치장에서 밤낮을 참선으로 조용히 보내셨다. 그런 스님의 모습을 보고 취조 경관은 하루가 지나고부터는 심하게 굴지 않았다. 그렇게 며칠이 지나자 스님은 풀려나셨다. 노량진 경찰서에 의뢰한 신원 조회에서 이상이 없다는 회신이 왔던 것이다.

74. 스님께서는 이 일로 이제 헌인릉을 떠날 때가 되었음을 아시고는 길을 나서셨다. 그러다가 어느 마을 어귀에서 어머님과 마주치게 되셨다. 스님의 어머니께서는 노량진 경찰서의 신원 조회 덕분에 딸의 행방을 아시고는 단숨에 달려오셨던 것이

다. 그러나 어머님께서는 딸의 처참한 몰골을 보시
자 그만 까무라치고 마셨다. 당시 스님의 모습이야
말로 사람의 몰골이라고 형언키 어려울 만큼 처참
했던 것이다.

75. 스님께서는 어머님을 가까운 오두막 집으로
옮겨 구완하셨다. 스님께서는 이틀을 어머님 곁에
서 묵으셨다. 그러다가 스님의 아우 되시는 분이 소
식을 듣고 달려오시자 어머님을 부탁하시고는 다시
길을 떠나셨다. 그때 스님께서는 나중에 사람이 되
어 다시 찾아뵙겠다는 말씀을 남기셨다.

스님께서는 헌인릉 생활을 뒤로 하고 동쪽으로
방향을 잡으셨다. 스님의 어머님께서는 그날의 충
격으로 병을 얻어 몇 년 뒤에 세상을 하직하고 마
셨다.

76. 스님께서 회고하셨다. "그때 내 몰골이 얼마
나 처참하게 보였던지 어머님께서 나를 보시자 그

만 몸을 비틀고 쓰러지셨다. 하기야 피골이 상접해서 뼈만 남았기에 겨울 혹한이 와도 동상에 걸리지 않았고 여름 무더위에도 썩어 들어갈 살 한 점 없었으니 오죽했겠는가. 게다가 전신이 진흙투성이에다 째지고 터진 자리엔 피가 말라 붙었고 입은 옷마저 찢기고 해어진 몰골이었으니 차마 눈 뜨고 볼 수 없었을 것이다. 어머님께서는 피를 토하시기까지 하셨는데 그분을 놓아 두고 다시 떠났던 것이다. '어머님! 제가 정말 사람이 되어서, 어머님의 진짜 자식이 된다면 다시 오겠지만 그렇게 못 된다면 다시 못 오리다.' 하고는 돌아섰다. 속으로는 '9년만 있다가 인간이 되어 다시 오리라.'라고 했다.”

77. 스님께서 또 말씀하셨다. “그때 어머님께서 옷을 두 벌 주셨는데 산모퉁이를 돌아서면서 남에게 주고는 산으로 올라갔다가 가랑잎 밟히는 소리에 그만 나도 모르게 '어머님의 손을 놓고…….'라는 노래를 부르며 하염없이 눈물을 흘렸다. 내 모습

을 보이지 않으려 했는데 일이 그렇게 됐으니 어머님께는 얼마나 잔인한 일이 되었던지……. 그렇게 떠났는데 어머님께서는 그때의 충격으로 고생하시다가 육신을 벗으셨다. 몇 년이 지나서야 그 소식을 듣게 되었다.”

하늘 문이 열리다

78. 다시 겨울이 찾아왔을 때 스님의 발길은 광나루 모래톱에 닿아 있었다. 강바람이 살을 에는 듯이 몰아쳤지만 스님께서는 인적이 끊긴 그곳에서 겨울을 나기로 작정하셨다. 스님께서는 칼바람을 피하기 위해 모래톱에 구덩이를 파고 낮이면 그 속에 들어가 수행을 계속하셨고 밤이면 인근 건초더미 속으로 파고드셨다. 스님의 양식이 된 것은 김장을 거둔 밭에 쓰레기처럼 버려져 있던 무, 배추 시래기들이었다.

79. 광나루에서의 겨울 고행은 그야말로 제 살을 씹고 제 피를 마시는 극한의 투쟁이었다. 겨울의 강변은 산중과 또 달랐던 것이다. 그러던 어느 날 한 노인이 나뭇더미 속에서 잠들어 있던 스님을 발견하고는 강냉이떡 두 개와 날콩 한 되를 가져왔다. 그분은 자신도 그렇게 수행해 본 적이 있어서 스님의 처지를 알겠노라고 했다.

80. 날콩 한 줌은 스님께서 겨울을 나시는 동안 매우 유용한 양식이 되었다. 헌인릉 시절에도 스님께서는 보리 아홉 알로 하루를 견디시곤 했지만 시래기로 허기를 면하던 스님께는 날콩이야말로 보리보다 더없이 좋은 연명거리가 되었다.

81. 스님께서 회고하셨다. "어느 해에 광나루 강가 모래톱 구덩이에서 겨울을 난 적이 있었다. 하루는 너무 추워서 나뭇단을 쌓아 놓은 속에서 추위를 피하고 있었다. 그때 밭에서 언 무 꽁지를 주워다

먹으면서 문득 이런 생각이 들었다. '이거 무만 먹는다면 영양 부족이 될 텐데.' 하고 말이다. 그러자 곧이어 '참 부처가 있다면 어떻게든 될 테고 없다면 어쩔 수 없는 노릇이지.' 하는 생각이 들어 잊고 말았다. 그러고는 한숨 자는데 웬 노인 한 분이 흔들어 깨우더니 남의 일 같지 않아서 콩 한 되를 가져왔노라고 했다. 그 노인 말씀이 나를 발견하고는 집에 가서 가져온 것이니 받으라고 했다. 나는 너무나 고마워서 입도 떼질 못했다. 나는 이 일을 결코 우연이라고 생각지 않았다. 인적이 끊긴 곳에, 더구나 날씨가 혹독해서 종종걸음으로 갈 길이 모두 바쁜 터인데 나뭇단 속에 깊숙이 박혀 있는 나를 발견했다는 게 우연은 아니었던 것 같다. 더구나 나를 보고 집까지 갔다가 다시 오기도 쉽지가 않았을 것이다. 알고 보면 마음이 교신된 결과였던 것이다."

82. 광나루 모래톱에서의 한겨울 동안 스님께서는 별이 총총한 하늘을 보며 천지 운행의 이치를 요

달하는 공부에 몰입하셨다. 내면의 소리는 이렇게
의정을 던지고 있었다. '산에도 길이 있었듯이 하늘
에도 길이 있을 것이다.' 스님께서는 그 하늘의 길
을 알고자 정진을 거듭하셨다.

　이듬해 봄 스님께서 자리를 털고 일어나셨을 때
스님께서는 천지 운행의 이치를 터득하시고는 우주
법계를 드나들며 점검을 마치신 뒤였다.

　83. 스님께서 회고하셨다. "밤마다 별을 헤아리
며 천지 운행의 이치를 참구해 나갈 때 하루는 '암
흑이 광명이 되었느니라.' 하는 가르침을 들었다.
나름대로 우주의 탄생과 전말이 손에 잡힐 듯이 느
껴졌고, 그래서 태양계의 행성들, 태양계 너머 은
하계와 그 바깥 세계의 살림살이를 탐색하게 되었
다. 이 우주가 탄생할 때 지, 수, 풍이 섞여 돌면서
거기에 온기가 생기고 그로부터 생명이 모습을 드
러낸 이치라든가, 온 우주가 탄생하면서 수없는 은
하계가 형성되고 그 속에서 또 태양계가 형성된 도

리를 알게 되었다. 그러다 보니 한편으로는 과학 문명의 시대엔 오신통도 소용없다는 것을 알았다. 일일이 말로 다 설명할 수 없는 일이지만 과학 이전에 마음을 알아야 우주 탐사도 가능하다는 것을 느꼈다. 하늘의 길은 그야말로 광대하여 무변 무제할 뿐이었으니 겨울의 강바람조차 느끼지 못할 때가 많았다."

84. 스님께서는 광나루 모래톱을 근거로 가끔 주변의 산을 더듬으셨는데 어느 때 인근 산중에서 거대한 빛을 체험하시게 되셨다.

스님께서 회고하셨다. "그때 잠시 정좌 중이었는데 갑자기 거대한 광명이 나를 둘러싸는 것을 느꼈다. 그 빛은 둘레가 십 리 안팎이나 되는 것 같았다. 그런데 그때의 느낌이란 필설로 다 할 수 없는 거대한 충만감이었다. 그러면서 고요하고 안온하고, 사방이 모두 그 빛으로 꽉 차 정밀함, 바로 그것처럼 느껴졌다. 그 후로는 늘 그러한 빛에 둘러싸여 지내는 느낌이었다. 사방 십 리에 개미 한 마리 얼씬 안 하는 듯했는데 모든 사물이 다 나를 돕는 것처럼 보였다."

4. 자유인의 길

발 없는 발로

1. 광나루에서 겨울을 나신 스님께서는 봄기운이
감돌자 바로 그곳을 떠나셨다. 스님의 육신은 모래
톱 고행으로 아예 걸어다니는 미이라처럼 변해 있
었다. 그전에도 이미 동상에 걸릴 만한 살 한 점도
없는 몸이셨지만 모래톱의 겨울은 그나마 스님의
혈과 육을 완전히 메말려 놓았다. 오로지 형형한 눈
빛만이 살아 있음을 보여 줄 뿐이었다. 스님의 안광
은 강변의 겨울밤에 유독히도 빛나는 별빛처럼 그
렇게 보였다.

스님께서는 산줄기를 따라 동쪽으로 걸음을 옮
기셨다.

2. 스님께서 그때를 회고하셨다. "그냥 묵묵히 걷다 보면 날씨가 궂을 때라도 상관하지 않을 때가 많았다. 산등성이 골짜기 어디를 가도, 길이 있건 없건 상관하지 않았다. 길을 잃어도 그만이라, 정처가 없으니 길이다, 아니다를 생각하지 않았다. 기껏가 보아야 항아리 안인 것을 이리 가면 어떻고 저리 가면 어떻겠는가 할 뿐이었다. 그렇게 걷다 보면 주위의 모든 것이 나를 주시하고 지켜 주는지라 구태여 내가 나를 돕는다 할 것도 없었다."

3. 스님께서는 어느 때 생풀을 씹어 연명해야 하는 경험을 하게 되셨다. 무심중에 동쪽으로 나아가는 산길은 완전한 산사람의 생활일 수밖에 없었지만 그래도 가끔씩은 서낭당에 꽂아 둔 마른 명태가 성찬이 되기도 했고 이름 모를 열매와 뿌리가 주식이 되어 목숨을 이어 주었다. 그러나 마침내 풀뿌리조차 구할 수 없는 순간이 왔을 때 스님께서는 마치 초식 동물이 그러하듯 생풀을 씹어 자셨다. 스님께

서 죽지 않을 만큼의 먹거리를 제공해 주던 섭리가 어느 순간 시험을 걸어 온 셈이었다.

4. 스님께서는 그것이 먹을 수 있는 독초인지 약초인지를 알 수도 없는 처지에서 무심코 풀을 뜯어 입에 넣으셨다. 스님께서는 거기서 오히려 향긋한 풍미를 느끼셨다. 그리고 아무런 뒤탈이 없었다. 초식 동물의 주식이 어느 날 스님의 주식이나 진배없이 되어 버린 것이다. 스님께서는 이 일을 두고 나중에 제자들에게 "세상의 모든 것이 나의 법반이요 법유임을 여실히 알게 되었다."라고 술회하셨다. 한 생명을 이유 없이 버리지 않는 법리는 이처럼 명증됐던 것이다.

5. 어느 때 스님께서 마을을 피해 들판을 가로지르시다가 기력이 쇠잔하여 논두렁에 쓰러져 혼절하신 일이 있었다. 그런데 마을 사람들이 농사일을 나왔다가 스님을 보고는 시신인 줄 알고 거적을 덮어

놓았다. 스님께서 얼마 후 깨어나셨는데 그 거적 무게를 이기지 못해 오랜 시간 애를 쓰셔야 했다.

스님께서 회고하셨다. "그때 손발을 꼼짝할 수도 없어 너댓 시간을 그대로 누워 있었는데 홀연히 한 생각이 나기를, 이 거적대기 한 장으로 삼천대천세계를 다 덮고도 남음이 있다는 사실을 알게 되었다. 왜 이렇게 돌아다녔던가 싶어졌다. 그러고는 일어서는데 '백련으로 가리라. 백련사로 가리라.' 하는 생각이 떠올랐다. 백련사가 어디쯤인지도 모르는데 그냥 '백련'이란 말이 생각난 것이다. 그러고는 그냥 걸었다."

6. 스님께서 회고하셨다. "산중으로 다닐 때 하늘을 쳐다보며 '당신들이시여, 그 마음을 한마음으로 몰아서 볼 때에 이 못난 것이 이렇게 걷는데 이토록 어려운 줄은 미처 몰랐습니다.'라고 호소할 적이 많았다. 그것은 그 옛날 구도자들이 목숨을 던져가며 한국에서 중국으로, 중국에서 인도로 걷던 일

을 생각하게 되었기 때문이었다. 누가 시켜서 한 게 아니라 내 스스로 그 길을 따르고 걸었으니 실은 원망할 것도, 어렵다 할 것도, 즐겁다 할 것도 없었지만 자기 몸들을 초개같이 버리며 묵묵히 걸어온 그 마음을, 그 뜻을 새겨 볼 때에 역대 조사님들과 부처님의 마음을 헤아리게 되었던 것이다."

7. 백련사로 향하는 도중에 스님께서는 두 번이나 경찰에 연행되는 쓰라린 고초를 당하셨다. 당시는 깊은 산중을 근거로 가끔 공비 잔당이 출몰하던 때였으므로 아무런 증명서 한 장 없는 스님의 경우는 공비로 오해받기가 십상이었다. 한번은 도민증 제시를 요구하는 경찰관에 잡혀 가죽 혁대로 얻어맞는 문초를 당하셨는데 사흘째 접어든 날 취조 형사들이 잠든 것을 보시고는 그대로 걸어 나오셨다.

8. 또 한번은 공비들이 지서를 습격해서 방화하는 바람에 인근 산속을 뒤지는 수색 작전에 걸려 심

한 고문을 당하시다 나흘 만에 풀려나오신 일도 있었다.

스님께서 회고하셨다. "손가락 사이에 대나무를 끼워 넣어 비트는 고문도 당해 보았는데 그래도 그들을 원망하지는 않았다. 취조 형사가 나를 다지는 자성 부처로 보여 오히려 감사한 생각에 웃어넘겼다."

9. 스님께서 회고하셨다. "무작정 걸어가면서 심심하면 시도 읊어 보고 새들하고 노래도 불러 보고 이름 모를 초목들과 대화도 나누고, 또 어떤 때는 그냥 창공을 훨훨 날아도 보고 참으로 평화로웠다. 줄창 반야바라밀다심경을 외고 다니기도 했다. 그렇게 물레방아 돌듯 돌고 도니 오는 것도 가는 것도 없이 지냈던 것이다."

10. 백련사를 향하던 길에 눈보라가 몹시 기승을 부리던 어느 날 스님께서는 해어질 대로 해어져 발

가락이 삐져 나온 신발 한 짝을 얼음 구덩이에 빠뜨리셨다. 스님께서는 신우대 잎을 엮어 발을 감싸고 그대로 걸으셨다. 십 리쯤 걸어갔을 때 산중에서 불을 피우고 몸을 녹이던 나무꾼 일행과 마주치셨다. 그들은 스님의 딱한 몰골을 보고는 신발 한 켤레를 내주었다. 스님께서는 그 손길이 무엇을 의미하는지 아셨다.

11. 수년이었다. 스님께서는 남한산성을 지나 경기도 이천을 거쳐서 강원도 영월 쪽을 다 밟고서는 마침내 인연 따라 충북 제천의 백련사에 당도하시기까지 수년의 세월이 흘러갔다. 그러나 그 수년은 지나온 세월보다 더 혹독한 고행의 길이 되었다. 스님의 내면은 선정 삼매에서 오는 평화와 기쁨으로 가득 차 있었지만 색신으로 겪는 일들은 이루 필설로 다 언급하기 어려운 형극의 길이었다.

나중에 스님의 수행담을 엮고자 했던 어떤 분은 이때를 설산 고행에 비견할 만하다고 말한 적이 있었다.

첫 원력

12. 백련사를 향해 나아가는 스님의 무연한 발걸음이 제천군 봉양면 구학리 근처에 이르렀을 때 스님께서는 노상에서 간질병으로 쓰러진 한 체 장수를 만나게 되셨다. 눈에 흰자위를 드러낸 채 거품을 물고 온몸을 떠는 그 여인을 보시고는 그냥 지나치실 수 없어 조용히 다가가셨다. 스님께서 말씀하셨다. "이제 그만 괜찮아질 테니 염려하지 마시오." 그러자 그 체 장수는 언제 그랬더냐고 하리만큼 툴툴 털고 일어났다. 스님께서는 거처를 알려 달라고 매달리는 체 장수에게 백련사로 가는 길을 묻고는 그대로 돌아서셨다. 스님께서 세상일에 첫 원력을 보이신 예이다.

백련사를 향해 산을 오르는 길목에서 스님께서

는 또다시 비슷한 인연에 부딪치셨다. 한번은 쇠뿔에 받힌 허벅지 상처가 곪아서 살이 썩어 들어가는 한 노인을 치유해 주셨고, 또 한번은 볏짚에 눈을 찔려 출혈이 심한 한 젊은 농부를 낫게 해 주셨다.

마을 사람들은 스님께서 보여 주는 원력에 놀라 묵어 가시기를 원했으나 스님께서는 아무 말씀 없이 마을을 떠나셨다.

13. 어느 해 시월 하순, 늦가을 비가 퍼붓는 석양 무렵에 스님께서 백련사에 도착하셨다. 스님께서는 하룻밤 잘 곳을 청하셨다. 하지만 그 절의 주지 스님은 거지나 다름없는 스님의 몰골을 보고는, 웬 거지가 청정한 경내를 더럽히느냐면서 욕설을 퍼부으며 사정없이 내쫓았다.

문전 축객을 당하신 스님께서는 산기슭 우묵한 바위 밑에 자리를 잡고 앉으셨다.

14. 그때 마침 스님의 은공을 입었던 구학리 농

부가 바지게에 공양물을 한 짐 지고 백련사로 찾아왔다. 그로부터 자초지종을 전해 듣자 백련사 스님들은 "도인을 몰라뵈어 죄송하다." 하며 자신의 실수를 사과하고는 부랴부랴 스님을 모셔 들였다.

스님께서 혼잣말처럼 조용히 말씀하셨다. "겉 눈으로 보면 한 치밖에 못 보지만 속 눈으로 바라보면 우주 끝까지 볼 수 있는 법이다."

15. 스님께서 백련사에 머무시는 동안 인근에서 삼삼오오 짝을 지어 많은 사람들이 찾아왔다. 백련사 마당은 어느 날 갑자기 흰 옷 입은 사람들로 가득 차 백련이라는 이름 그대로 마치 흰 연꽃이 만발한 듯이 보였다. 스님께서는 인연에 따라 그들의 딱한 사정에 응해 주셨다.

당시 스님께서는 화식을 못하시고 여전히 초식, 생식을 하셨는데 산중 처사 한 분이 그 일을 도맡아 도라지, 칡뿌리, 머루, 다래 등을 구해다가 스님께 공양을 올리곤 했었다.

16. 그러던 즈음에 백련사 여신도 회장을 맡고 있던 한 보살이 세 차례나 기이한 현몽을 체험했다. 스님을 치악산 상원사로 모셔다 드리라는 내용이었다.

17. 스님께서는 그 보살의 요청을 묵묵히 받아들이시어 다시 길을 떠나셨다. 그때 인근 암자의 한 노스님이 말했다. "그리로 가면 돌아가는 길이라 고개를 넘기 어려울 것이니 백련사에 있는 게 더 나을 것이다." 그 말을 전해 들으신 스님께서 말씀하셨다. "법을 배우는 몸으로 돌아가면 어떠하리. 힘든 고개 넘어야 광명이 한층 빛날 것이오."

스님께서는 일행 대여섯 명과 함께 상원사로 가셨다.

18. 스님께서는 이때 처음 누더기를 벗고, 어느 여신도가 준비해 온 깨끗한 옷으로 갈아입으셨다. 산중 고행의 끝이었다. 모처럼 목욕도 하셨다.

자재한 권능

19. 스님께서 상원사를 향해 길을 떠나시자 일행 중에 내심으로 상원사 측의 태도를 걱정하는 사람이 있었다. 그러자 스님께서 말씀하셨다. "나는 상원사에 들지 않고 그 밑에 있는 토굴에 머물겠노라."

20. 상원사는 강원도 원주시 신림면 성남리 치악산 정상 해발 일천오십 미터 고지에 소재한 고찰로 신라 시대 무착 대사에 의해 창건된 사찰이다. 워낙 고지에 위치한 관계로 폐허가 되다시피 한 절이었는데 그 정상 바로 아래쪽에 자그마한 토굴이 한 채 있었다. 그때까지 많은 학인들이 그 토굴에서 공부하기를 원했지만 한결같이 사흘을 못 넘기고 사색이 되어 철수하곤 했다. 토굴의 이름은 견성암이었다.

21. 스님께서 상원사에 도착하신 날은 마침 그곳

주지 스님의 백일기도 회향일이었다. 주지 스님은 폐허가 되다시피 한 상원사의 중창 불사를 기원했는데 마지막 꿈에 응답이 있기를 '오늘 오는 사람을 붙잡지 않으면 절을 짓지 못하리라.' 하였다 한다. 주지 스님은 스님의 도착을 예사롭지 않은 일로 여겨 스님을 대하는 태도가 극진하였다.

22. 토굴은 비어 있었다. 상원사 주지 스님은 '스님의 요청을 받아 주기는 하겠지만 아무도 그곳에서 오래 견딘 사람은 없었다.'고 했다. 스님께서는 빙그레 웃으실 뿐 아무 말씀이 없으셨다. 토굴이 들어서 있는 곳은 넓이가 십여 평에 불과했고 그나마 오른쪽은 깎아지른 벼랑 너머로 높은 봉우리가 굽어보이는 곳이었다. 사방 여섯 자 크기에 방 하나 부엌 하나로 구성되어 있었다.

23. 스님께서 토굴에 드셨을 때 방문 앞에 날감자 하나가 뒹굴고 있었다. 스님께서는 그것을 들고

들어가셔서 삼 일 동안 조금씩 나누어 잡수셨다. 백련사에서 따라온 사람들이 한동안 땔나무며 생식거리를 준비해 드렸다. 스님께서는 토굴에 드신 뒤 거의 문밖 출입을 하지 않으셨다. 낮에는 두문불출이셨고 밤에만 가끔 산으로 산책을 나가셨다.

24. 상원사 견성암에 드신 지 얼마 안 있어 원주 인근 마을에는 스님에 대한 소문이 퍼져 나갔다. 백련사 쪽에서 시작된 이야기가 입에서 입으로 옮겨졌던 것이다. 그로부터 상원사 신도 분들은 물론 원근 수십 리 마을에서 사람들이 몰려오기 시작했다.

25. 스님께서는 토굴 문을 안으로 걸어 잠그시고 내다보시는 일조차 없으셨지만 날이 갈수록 찾는 사람들은 늘어 갔다. 처음에는 하루 이삼백 명이더니 나중에는 오륙백 명으로 늘어났다. 치악산 상원사로 오르는 길목은 흰 옷으로 띠를 늘여 놓은 듯이 보였다.

26. 사람들은 스님께서 계시긴 안 계시긴 토굴 문 앞으로 몰려와 합장 정례 하고 하소연을 했는데 스님께서는 간혹 "알았으니 가 봐요." 하실 뿐이었다. 그래도 사람들은 원하던 일이 잘 풀린다며 계속 몰려들었다. 어떤 사람들은 먼발치에서 토굴을 향해 절만 해도 병이 낫는 효험을 보았다고 했다. 스님께서 말씀하시기를 "수많은 사람들이 내 얼굴을 보지도 않고 병이 낫는데 왜 부처님을 못 믿느냐? 자기 마음이 부처이니라." 하셨다.

27. 토굴 문 밖에는 언제나 사람들이 가져다 놓은 향촉, 공양미가 그득했고 시주금으로 내놓은 지전, 동전이 수북이 쌓이곤 했다. 저녁이면 상원사 스님들이 내려와 그것들을 죄다 거두어 갔다.

스님께서 회고하셨다. "저녁나절에 토굴 밖으로 나서면 앞뜰에 온갖 공양물이 그득했다. 돈도 수북이 쌓여 있곤 했는데 나는 그 돈을 주워 죄다 흩뿌렸다. '이것이 무엇인데 이것 때문에 사람들이 울고 웃고 서로 죽이고 찢기는가.' 하는 생각이 들어 그렇게 했다. 그것을 알고는 절에서 질색을 하며 다음부터는 매일 저녁마다 내려와 모두 거두어 가곤 했다."

28. 그 당시 스님을 찾는 사람들의 대부분은 가난하고 고달픈 이들이었다. 그들이 스님께 간청하는 내용도 거의 질병에 관한 것이 많았다. 스님께서는 그들의 순박한 심성을 기쁘게 생각하시는 듯이 보였다. 또 병원에서 불치병으로 선고받은 경우라도 스님께서 "알았으니 가 보세요." 하시는 나즈막한 대답을 듣고 나면 반드시 낫지 않는 법이 없었다. 사람들은 감사를 드리기 위해 다시 찾아왔고 그럴 때마다 새로 찾아뵙는 발길은 더욱 늘어 갔다.

29. 스님께서 회고하셨다. "그때 사람들이 토굴에 찾아와서 동전 석 냥씩을 놓고 가면 일이 되곤 했는데 일이 그렇게 되었던 것은, 예를 들어 내가 한 폭의 그림이라면 내 몸을 형성시킨 이 그림 속에

서 수만 명의 군사가 나갈 수도 있고, 수만 명의 장 군이 나갈 수도 있고 수만의 부처가 나갈 수도 있기 에 그런 것이다. 그 당시 드러난 일이야 상원사를 지은 것뿐이지만 마음과 마음이 서로 감응하는 이 일이 내게는 제일 감명 깊었던 일이었다."

30. 스님께 간청하여 병을 고친 사람들은 한결 같이 스님을 의왕(醫王)처럼 생각했다. 그들이 치유 를 본 병명만 해도 결핵, 소아마비, 뇌염, 간질, 정 신병, 중풍, 백혈병, 간암, 위암, 문둥병 등 이루 다 헤아릴 수 없을 정도였다. 개중에는 수많은 치병 이 적을 보고도 스님께서 안 보이는 법으로 하시니까 그것을 믿지 못해 낫지 않는 사람들도 백이면 한둘 이 있었다. 그러나 그들도 마음을 바꾸어 진심으로 합장 배례 하면 곧 치유되곤 했다.

31. 스님께서 회고하셨다. "나에게 수없이 청을 해 왔을 때 생각하기를, 앞에 닥친 일, 이것을 헤치

지 못하고서야 무엇을 넘는다 할 것인가. 닥치는 대로 해 보자고 스스로 다짐했다. 그래서 부처님 뜻을 더욱 알게 되었으니 사생이 다 하나라, 내 자식이라도 내 자식이 아님을 알았고, 미물이라도 내 자식 아닌 게 없다는 것을 알았고, 자비 사랑이 뭔지도 알았다. 부처님께서 그렇게 거름이 되어 주셨는데도 불제자로서 머리를 깎았거나 안 깎았거나 간에 그 뜻을 몰라서야 말이 되겠는가."

32. 스님께서 회고하셨다. "처음에는 나를 굴려서 나를 알고 들어갔지만 그 후 토굴에 있으면서 수많은 사람의 아픔을 말없이 받아들여 체험을 통해 포착하다 보니까 세속에 눈을 뜨게 돼 우리나라, 나아가서는 세계적인 사연들, 우주적인 법칙들을 생각하게 되었다. 그때 느꼈던 한 가지 문제가 일본이 우리를 침탈한 일이었다. '아! 그 당시 이렇게 저렇게 할 수만 있었다면 우리 민족이 그토록 고통을 당하지 않았을 것이고 일본도 악을 저지르지 않았을

것인데…….' 하면서 풀잎 하나, 곤충 한 마리까지도 다 포용하는 문제를 생각했었다. 그러니 국가나 지구적인 문제가 생긴다 할 때 전부가 나 아닌 게 없이 한마음으로 꿰어 들 수 있어야 어느 국가, 어느 혹성이라도 저항을 느끼지 않고 같이 돌아가는 여건이 된다."

33. 스님께서 회고하셨다. "무한량의 진공 에너지를 자재할 수 없었더라면 내가 어떻게 그걸 줄 수 있었겠는가. 그러나 그때 내가 한 가지 일로 사흘을 운 적이 있었다. 왜냐하면 백 사람이 오면 아흔일곱, 아흔여덟은 되는데 두셋은 꼭 처지는 경우가 있었기 때문이었다. 가난하고 고달픈 사람들이니 하나라도 빼놓아서는 안 되는데 왜 빠지는 사람이 생기는가 하는 애처로운 생각에 의정이 들면서도 눈물이 흘렀다. 그러던 어느 날 석양에 해 지는 것을 보고 울음을 그치게 되었다. 해가 뜨는 것도 지는 것도 다 만물만생을 위하는 것이거늘, 왜 값싼 눈물

을 흘리는가 하는 생각이 들었다. 내 눈물 한 방울이 전체 모든 생명의 피일 것이고 진정 내가 없다면 헛되이 떨어질 것이니 왜 우는가 해서 눈물을 거두었다.”

34. 스님을 찾는 행렬이 한두 달도 아니고 해를 넘기며 계속되자 마침내 원주 제천 일대의 약국들이 단체로 진정서를 내기에 이르렀고 치악산을 오르는 길목마다엔 건장한 청년들이 지켜 서서 산으로 오르는 사람들을 제지하고 나섰다. 사람들이 먼 길을 돌아서 스님을 뵈러 오자 급기야는 방범대원 20여 명을 앞세워 경찰이 개입하게 되었다. 스님께서 그들을 맞아 조목조목 법적인 권리를 말씀하시자 그들도 속수무책으로 혀를 내두르며 철수하고 말았다.

35. 토굴에 드신 이후로 스님께서는 생식을 계속하셨다. 그 때문인지 당시 스님의 몸매는 산중 고행

시절과 별다를 바 없었다. 가녀린 허리에 야윈 모습이란 정상인과는 판이했다. 이를 안타까이 여겨 신도들이 여러 차례 화식을 권하였는데 하루는 한 신도가 마른 새우와 보리쌀, 찹쌀, 콩을 섞어 이를 쪄서는 가루로 빻아서 드렸다. 스님께서는 가루죽을 조금씩 드시기 시작하다가 마침내 화식으로 돌아오셨다.

중창 불사

36. 스님께서 토굴에 드신 이후부터 상원사의 살림살이도 갑자기 달라졌고 매일 찾아오는 신도들의 공양 수발이 큰 일과로 등장하게 되었다. 당시 상원사로 오르는 하루 인파는 사월 초파일을 능가했으니 상원사는 나날이 초파일이나 다름없게 되었다. 폐허처럼 내버려져 손쓸 방법이 없었던 상원사에도 중창 불사의 꿈이 무르익게 되었다.

37. 스님께서 회고하셨다. "상원사 불사가 시작되기 전에 여러 번의 권유가 있었으나 애초엔 단호히 거절했다. 부처님의 몸이 내 몸이고 부처님 마음이 내 마음이니 자기가 법당인데 또 법당을 지을 것은 무엇이며 자기 살림이 그대로 탑돌이인데 탑을 또 세울 까닭이 없노라고 했다. 그러다가 내가 그렇게 말해 놓고 거기서 내가 배우게 되었는데 불법을 모르는 사람을 위해서라면 공부할 도량도 필요하겠다는 생각을 했다."

38. 중창 불사는 1962년 봄에 시작되어 이듬해 8월에 끝이 났다. 스님께서는 상원사 주지 스님의 간청을 받아들이시어 나중에는 이 일에 열의를 내보이셨다. 당시의 상원사는 말이 사찰일 뿐이지 지붕은 비가 새고 법당 마루는 헐어서 앉을 자리조차 마땅치 않은, 다 쓰러져 가는 폐사나 다름없었다. 유서 깊은 역사에도 불구하고 입지 조건이 나빠 중창 불사는커녕 일상의 절 운영조차도 어려운 형편

에 놓여 있었다.

39. 중창 불사는 참으로 난공사였다. 신림면에서 상원사까지는 웬만한 장정이라도 삼십 킬로그램의 등짐을 지면 하룻길이나 되었다. 따라서 여느 절의 중창과는 달리 자재 운반에만 거금이 쏟아 부어졌다. 스님께서는 이때 처음으로 몇 차례 시주금을 권유하시기도 했다.

40. 스님께서 상원사 중창 불사에 전념하고 계실 때에 가끔 가환을 호소하는 신도에게 많은 시주를 명하시는 예가 있었다. 그 일로 인해 일부 신도들은 '스님께서 대가를 요구하신다'고 불평을 하기도 했다.

나중에 스님께서 그때의 일을 회고하시며 말씀하셨다. "내가 쓰는 것도 아니었지만 그렇게라도 가르쳐 주지 않는다면 세상 사는 도리를 정녕 모르고 말 것이라 방편을 쓴 것이다. 사람들이 제 것 아까운 줄

만 알고 남의 것은 그냥 빼앗으려 하는데 가령 회사
를 다니는 사람이 한 달 내내 일 안 하고 월급만 달
라 하면 누가 주겠는가. 뿐만 아니라 남에게 제 집
쓰레기 치워 달라고 잔뜩 맡겨 놓고 쓰레기 치우는
사람에게 밥 한 끼 안 끓여 먹일 심산이라면 말이 되
겠는가. 그 도리를 알라고 그렇게 한 것뿐이다.”

41. 그때 한 신도가 시주금이 아까워서 ‘형편이
어렵다’는 말로 모면해 보려고 했다. 그러자 스님
께서 말씀하셨다. “안방 장롱 속에, 버선목에 넣어
둔 통장은 무엇에 쓰려는고?” 그러자 이 신도 크
게 놀라서 그것을 어찌 아시느냐며 머리를 조아렸
다. 스님께서 말씀하셨다. “아니, 나는 모른다. 네
가 하도 딱하니까 그런 것이지 내가 알아서 한 말
은 아니다.”

42. 불사가 한창 진행될 즈음에 화폐 개혁이 단
행되어 불사가 중단될 위기에 놓이자 스님께서는

만부득이 팔을 걷고 앞장을 서셨다. 우여곡절 끝에 63년 8월 공사를 끝내고 그해 10월 15일 봉불식을 겸한 회향식이 거행되었다. 청담, 경산, 탄허 스님 께서 참석하시어 스님의 원력을 칭송해 주셨다.

43. 상원사를 중창할 때 스님께서는 산신각 대 신에 선방을 짓도록 하셨다. 주지 스님은 물론 많은 스님들이 반대하셨으나 스님께서는 이를 강행하셨 다. "칠성이다 산신이다 독성이다, 그렇게 산란하 게 해 놓으면 오히려 부처님의 가르침을 따르기가 어려워진다."라고 하셨다.

44. 중창 불사가 성공리에 마무리되면서 법당 근 처 바위에 사적비도 함께 세우게 되었는데 탄허 스 님이 그 비문을 지으셨다. 탄허 스님께서는 스님의 공덕을 이렇게 표현하였다.

"……모든 물자가 하늘로부터 오는 것 같고 공 (功)이 귀신을 부리는 것과 같았다. 여섯 칸의 법당

과 세 칸의 선설당과 열 칸의 요사채를 임인년 봄에
시작하여 다음 해 가을에 이르러 낙성을 보았으니
아! 천지가 있음으로부터 곧 이 산이 있었지만 수백
년의 기왕에나, 수백 년의 미래에도 오늘과 같은 성
대한 일은 있지 않았다……."

45. 그로부터 20년이 지난 때에 스님의 구도적
삶을 기록한 탑비가 신도들의 손으로 치악산 상원
사 토굴에 세워졌다. 신도들은 스님의 가르침을 기
리고자 뜻을 모아 그곳에 이렇게 썼다.

"대행 큰스님께서는 일찍이 아홉 살 어린 나이에
나는 어디서 와 어디로 가는가 하는 의정을 드시더
니 결단코 본연의 소식을 알아내겠노라 하시며 산
을 베개 삼고 하늘을 이불 삼고 달과 별로 등촉을
밝히시어 철야로 정진을 거듭하시었다.

그러던 중 불기 이천사백구십사 년 스물셋 되시
던 해에 한 대선사 앞으로 나아가시어 향 사르고 계
를 받아 불문에 드시니 스님께서는 그 대선사의 법

맥을 잇는 마지막 법제자가 되시었다. 그로부터 스님께서는 물 한 모금, 열매 한 알로 연명하시며 설산 고행에 비견할 두타행으로 이름 모를 산야를 편력하시기 수년에 마침내 물바퀴 불바퀴를 넘어 생멸 진여의 문을 뚫으시니 천지가 숨을 죽이고 일월이 빛을 잃는 대각을 이루셨도다.

이후 스님께서는 역대의 선사들이 선지식을 찾아가 법거량을 해 오심과는 달리 산천초목 일월성신을 상대하셨는바, 해와 달을 석장에 꿰고 이 산 저 산, 한 산 푸른 산을 한데 모아 상투 틀고 주장자를 동곳 삼아 땅 길, 하늘 길, 길 없는 길을 발 없는 발로 다니시었다.

스님께서는 그렇게 수년을 묵연히 대장부 살림을 사시던 중에 발걸음이 이 치악산 상원에 이르매 비로소 걸망을 내리시고 중생 제도의 길에 드시었다. 스님께서는 한동안 토굴에 머무르시며 인천의 도리를 살피시어 행주좌와 중에 자재로이 유생 무생을 두루 건지셨는바 이때 스님의 은택을 입은 자, 제도

받은 자가 인산인해를 이루고도 남음이 있었다.

스님께서는 당시에 불연을 따라 상원사 중창 불사에도 힘을 기울이시었으니 역사하심에 모든 물자는 마치 하늘에서 오는 것 같고 그 공용은 신장을 부리시는 것 같아 사람의 지혜로는 짐작하기조차 어려웠다.

스님께서는 마흔 되시던 해에 이제 부처님의 은혜를 갚겠노라 하시며 자비의 그물을 들고 하산하시어 사바의 고기를 건져 올리시더니 몇 해 지나지 아니하여 경기도 안양시 석수동에 한마음선원을 일으키시었다. 이로부터 스님께서는 한량없는 진리의 곳간을 여시어 유·무생을 고루 먹이시었고, 맑고 밝은 구슬 굴리시어 오가는 학인들을 남김없이 제접하시었다.

스님께서는 또한 천리만리 멀다 않고 다니시어 감로의 법을 펴시니 국내외로 수십여 지원이 절로 열리고 스님의 회상엔 불자들이 연일 구름처럼 몰려들었다.

아! 일찍이 어느 분이 계시어 미거한 중생들을 건지실까 하였더니 홀연히 대행 큰스님 나투심에 부처님의 대자대비가 이러한 줄을 비로소 아노라. 대행 큰스님께서 잠시의 영일도 마다하심에 무량한 법반에 늘 배부르고 자비의 법우에 늘 감읍하는 제자들이 모여 여기 치악산 상원에 한 비석을 세워 그 홍은을 기리고자 하나 비를 세움이 어찌 큰스님의 하해 같은 자비에 상대할 수 있으리오. 다만 엎드려 대행 큰스님의 법력에 귀명할 따름이다."

스님께서는 그 일에 대해 특별한 의견을 내보이지 않으셨다. 탑비로 전해짐이 어찌 마음으로 전해짐을 따르겠는가. 다만 신도들은 스님께서 주시는 가르침에 대한 고마움을 그렇게라도 표시하고자 했을 뿐이었다.

또 죽기가 어려워라

46. 스님께서 상원사를 중창하시던 때에 이런 일이 있었다. 스님께서 신도 몇 분과 산길을 가시던 중에 웬 나무꾼 한 사람과 마주치셨는데 그 나무꾼은 무슨 영문인지 스님께 마구 욕설을 퍼부어 댔다. 그럼에도 스님께서 무심히 지나치시자 그 나무꾼은 더욱 기승을 부리며 폭언을 서슴지 않았다. 그는 육두문자까지 섞어 가던 끝에 "네가 정말로 그렇게 도력이 높은 인간이라면 내가 당장 목숨이라도 내놓겠다." 하고 떠들어 댔다. 그런데 놀라운 일은 그 나무꾼이 마을로 들어서면서 그대로 쓰러져 끝내 일어나지를 못한 것이다.

스님께서 그 일에 대해 말씀하셨다. "그 사건은 오히려 나를 크게 배우게 했다. 나는 사실 무심코 있었던 것뿐이었다. 그러나 그냥 무심해서만 되는 것은 아니었다. 진실한 마음은 진실한 공덕으로 회향시켜 주는 게 옳겠지만 스스로 악행을 짓는다고 그것까지 금방 과보를 받도록 방치한다는 것은 있을 수 없는 일이라고 생각했다. 그래서 그 뒤로부터는 여간 조심스럽지가 않았던 것이다. 참으로 업의 법칙은 너무나 분명하다. 그러므로 중생의 원을 무조건 다 들어주는 것만이 부처가 아닐 것이다. 악업도 가려야 하듯 선업도 즉각적으로 보상되어지는 것이 아니며, 또 그래야만 좋은 것도 아니다. 문제는 선과나 악과가 아니고 마음의 본분을 밝히는 일이다."

47. 스님께서는 그 당시 누구를 보든지 "너도 이생(利生), 나도 이생이니 전부가 다 이생이다."라는 말씀을 자주 하셨다. 그로부터 대중들은 스님을 '이생님'으로 부르게 되었다. 이 이름은 나중에 스님께서 '대행'이라는 법명을 쓰시게 될 때까지 스님의 법명 아닌 법명이 되어 버렸다.

48. 스님께서 회고하셨다. "나는 스스로 내가 나한테 주고 내가 받았지만 함부로 쓰지 않겠다고 맹서했다. 누구를 해롭게 한다든가, 한 치라도 어긋남이 있어서는 안 되고 오로지 모든 이에게 이익이 되고 남을 보하면서 돌아가리라고 다짐했다. 실은 나와 남이 둘이 아니니 나를 보하고 남을 보하며 그렇게 돌아감으로써 그대로 이익 중생이 될 일이었다."

49. 스님께서 상원사에 계실 때의 일이다. 어느 날 그 절에 시주를 많이 한 한 신도가 그곳에 와서 3일 전에 죽은 자식의 제사를 지내게 되었는데 때마침 상원사 신축 기공식이 있어 큰스님들이 다 모여 있었다. 그 신도는 통곡을 하고 울면서도 '스님들이 다 계시니 우연이라 해도 이런 복이 어디 있느냐.' 하며 감사해했다. 그날 스님께서는 바깥일에 아랑곳하지 않고 홀로 기거하시는 방에 계셨는데 그 신도가 스님을 부르며 "잠깐이라도 좋으니 나오셔서 앉았다 들어가셨으면 좋겠습니다." 하고 나와

보시기를 간청했다. 스님께서 "알았다." 말씀하시고 잠시 생각에 잠겼는데 그 신도의 자식은 자기네 집에서 맴돌다가 이미 자기 집 돼지 소굴에 들어가 있음을 아셨다. 곧이어 스님께서는 "여기서 천도를 시킨들 무슨 소용이 있겠는가. 벌써 돼지가 돼지를 잉태해 버렸으니……." 하고 나직하게 말씀하시고 앉은 채로 천도를 시작했다. 그러자 스님의 온몸에서 땀이 흘러내렸다. 다음 날 그 신도 집에선 새끼를 밴 암돼지가 죽었다고 야단이었다. 스님께서 그 소식을 듣고 "천도가 잘됐구나." 하실 뿐 더는 말씀하지 않으셨다.

스님께서 나중에 이 일을 두고 말씀하셨다. "죽어서 식은 있으나 분간을 못하니 소 우리로 들어가 소가 되기도 하고 사람으로 들어가 사람이 되기도 하고 천차만별이다. 오관을 가린 송장이 무엇을 가지고 분별하겠는가. 선천적인 식만 남아 암흑 속을 이리저리 떠도는 것이니 한 발짝 제대로 떼어 놓기도 어렵다."

50. 하루는 스님께서 마을에 내려가셨다가 중창 불사에 써 달라는 시주금을 받아 가지고 오시던 길에 딱한 처지에 놓이게 된 일가족을 만나셨다. 그들은 빚에 쪼들려 방금 거리로 내쫓긴 신세였는데 당장 끼니가 걱정이라고 했다. 스님께서는 "어디 가서 잠잘 곳이라도 마련하라." 하시며 시주금을 모두 털어 주셨다. 그러자 상원사 스님들이 들고 일어나며 "당장 인건비 지불할 돈도 없는데 삼보 재산을 제 마음대로 썼느냐?" 하고 항의하였다. 스님께서 말씀하시기를, "부처님이 계시면 공사가 계속될 것이고 안 계시면 못할 것이니 무슨 걱정이냐." 하셨다. 다음 날 평소보다 더 많은 사람들이 찾아와 시주금을 놓고 갔다.

51. 한번은 공사가 한창 진행 중인 어느 날 초저녁에 스님께서는 불현듯 뱀의 울부짖는 소리가 들린다 하시며 한 수좌승을 데리고 계곡 아래로 내려가셨다. 한 곳에 이르러 수풀을 헤쳐 보니 큰 나무

상자 속에 팔뚝 굵기의 구렁이 한 마리가 갇혀 있었다. 스님께서 그를 보시고 말씀하시기를 "너는 이제 자유의 몸이니 네 갈 곳으로 가라. 그러나 네 모양이 그러하여 갇혔거늘, 네 탓이니 누구를 원망하지 말고 다음일랑 허물을 벗고 인간으로 태어나도록 하라." 하셨다.

52. 하루는 스님이 작대기를 들고 버섯을 따러 길을 나서셨다. 스님께서 어느 곳에 이르러 수북이 쌓인 가랑잎을 헤치려고 작대기를 드는 순간 느껴져 오는 것이 있어 멈추고 돌아서려는데 무엇인가 스님을 붙드는 게 있었다. 그리고 이런 소리가 들려왔다. 물론 그것은 마음을 통해 전해져 오는 소리였다. "만나기 어려운 당신을 만났는데 어찌 그냥 가시렵니까? 내 말 한마디 듣고 가십시오." 스님께서 뒤돌아보니 한 마리의 뱀이 가랑잎 사이로 목을 삐죽이 내밀고 있었다.

뱀이 스님께 전하는 내용은 이러했다. 그 뱀은

한때 상원사의 주지였는데 시줏돈이 웬만큼 모아졌
는데도 돈이 아직 모자란다는 이유로 낡아 빠진 상
원사 보수 공사를 미루다가 그만 병에 걸려 죽고 말
았다. 죽고 나서 자신이 뱀으로 화해 있는지도 모르
는 그 주지는 이리저리 절 근처를 맴돌다가 어느 돌
기둥 사이에 들어가 생전에 못다한 공부를 다 해 볼
요량으로 지내고 있었는데 문득 스님을 만나 자신
의 위치를 깨닫게 되었다는 것이었다. 그러고는 '시
줏돈을 다락 어느 벽에 넣어 놓고 벽지를 발라 놓
았는데 어떻게 하면 좋겠느냐?' 하고 묻고는 지금
의 흉칙한 모습을 벗게 해 달라고 사정했다. 그러자
스님께서 이르시기를 "전자의 중도 없었는데 그 돈
은 어디 있으며 지금 그 모습은 어디 있겠느냐. 다
만 지금 말하고 있는 그 자체가 붉게 핀 꽃과 같은
것이다."라고 하셨다. 순간 그 뱀은 한숨을 길게 내
쉬더니 "이제야 몸을 벗게 됐다." 하며 감사의 말을
전하고 수풀로 돌아갔다.

　스님께서 나중에 이 일을 대중에게 들려주시며

말씀하셨다. "이런 일을 한두 번 경험한 것이 아니다. 절 근처에서, 가축사 근처에서, 사람 사는 집 근처에서, 가는 곳마다 여기저기서 말을 걸어 왔다. 학(學)으로서 배우고 염불이나 외면서, 우주 전체가 나와 더불어 같이 있다는 이 도리를 모르고 애석하게도 이 옷을 벗는다면 '식(識)'만 있지 '분별'이 없어 사물을 분간하지 못하게 된다. 오관을 가렸으니 볼 수도 없고 들을 수도 없고 부딪침도 없고 아무것도 없게 되는 것이다. 그러므로 사람은 눈 아닌 눈과 귀 아닌 귀가 있어야 한다. 식만 남아 가지고는 사람인지 짐승인지, 굴 속인지 큰 집인지 그것도 알 수가 없다. 욕심에 꽉 찬 그 '식'만 남아서 돌 틈을 도량으로 보고 공부를 하겠다고 들어간 주지승을 생각해 보라. 죽는다고 해도 내가 없으니 뭐 붙을 게 있느냐고 값싸게 말할 수 있을지 모르나 그 무서운 도리는 누가 처리해야 하겠는가."

53. 하루는 스님께서 산책을 나가셨다가 고양이

한 마리가 새끼를 여러 마리 낳아 놓고는 기력이 다하여 사경에 놓인 것을 보셨다. 스님께서 말씀하셨다. "일체 만생이 이렇게 새끼를 낳고 어미는 껍데기가 되어 돌고 도는구나. 그러나 저것이 고양이이기 이전에 새끼를 낳아 놓은 어미인데 죽어서야 되겠느냐. 어미가 살아야 새끼도 살지." 그 고양이는 바로 기력을 차리더니 이튿날부터는 펄펄 뛰어다녔다.

54. 스님께서는 가끔 치악산 비로봉 정상에 오르셨다. 사람들의 발길이 뜸해질 때인 석양 무렵을 택하시는 일이 많았는데 그럴 때면 으레 한 쌍의 황소만 한 범이 길잡이 노릇을 했다. 눈이 많이 쌓인 날에는 외길 발자국을 남겨 길을 안내했고 밤이면 토굴 주위를 맴돌며 마치 파수를 보는 듯했다. 상원사 스님들이나 몇몇 신도들 가운데는 이 범과 맞닥뜨려 혼비백산한 경험을 한 사람이 적지 않았다.

55. 스님께서 상원사 토굴로 드신 지 몇 년쯤 지 났을 때 인편에 어머님의 부고를 받게 되셨다. 헌인 릉에서 헤어진 뒤 처음으로 접하게 된 어머님에 관 한 소식이었다. 스님께서는 하산하시어 모친의 영 정 앞에 당도하셨는데 눈물을 보이시지 않자 주변 에서 말하기를 "당신 때문에 피를 쏟고 몸져누우셨 다가 돌아가셨는데 왜 눈물 한 방울을 흘리지 않느 냐." 했다. 스님께서 조용히 말씀하셨다. "세세생 생을 오가며 뻔질나게 출입할 텐데 갔다고 해서 영 원히 간 것이 아니다." 스님께서는 어머님의 사진 을 묵연히 응시하셨다. 천도를 하신 것이다.

56. 상원사 불사의 준공식을 하던 날, 한 노스님 이 노고를 치하하면서 스님께 표창장과 함께 국역 팔만대장경 첫 권을 주셨다. 그것이 스님으로서는 경전을 처음 대하신 일이었다. 스님께서 앞뒤로 서 너 쪽을 넘겨 보시고는 그대로 넣어 버리셨다.

스님께서 회고하셨다. "그때 애썼다고 표창장을

4. 자유인의 길 189

주고 경전 한 권을 주었는데 내가 하고 싶어서 한 일이니 표창장이 무슨 소용이 있었겠는가. 행사에 참석하지 않고 자리를 비우니까 누굴 시켜서 보내 온 것을 보는 앞에서 찢어 버리고 말았다. 또 경전을 보니까 편집이 잘못된 탓인지 타력에 기대는 내용이 들어가 있는 것 같아 읽어 보지 않았다. 그때는 젊었을 때라 내가 너무 빳빳했던 탓이었다."

57. 회향식이 있던 날에 스님께서는 봉축하러 오신 노스님들의 공양 좌석에 합석하신 일이 있었다. 그때 스님께서 생선을 구워 상에 올리게 하시고는 노스님들께 권하셨다. 스님께서 말씀하시기를 "이 생선을 못 드신다면 부처를 어떻게 드시겠습니까?" 하셨다. 그러자 어느 노스님께서 아무 말씀 없이 공양을 끝내고는 이렇게 말씀하셨다. "한 걸음 떼어 놓을 줄 알아야 생선이 초식이요 초식이 생선이지 떼어 놓지도 못하면서 거침이 없다 하면 그것이 도일 수 있겠느냐?" 스님께서 말씀하셨다.

"배우기 위해서 그리했습니다."

나중에 스님께서 그 일을 두고 말씀하시기를 "아무 말이 없어도 될 것을……." 하셨다.

58. 상원사 중창 불사가 어려운 여건 속에서도 성공적으로 마무리된 것을 보시고는 한 노승께서 사람을 놓아 스님께 여쭈었다. "나도 중창 불사를 해야 하는데 어떻게 하면 빨리 할 수 있겠는가." 스님께서 대답하셨다. "스님네들이 머리를 3년만 깎지 않는다면 절을 빨리 지을 수 있다." 그 스님이 다시 여쭈었다. "몸이 아픈 스님이 있는데 낫게 해 줄 수 없는가." 스님께서 대답하셨다. "절의 중들이 송진을 먹지 않는다면 병도 빨리 낫고 절도 빨리 지을 수 있을 것이다."

59. 스님께서는 불사가 끝난 지 얼마 안 있어 오대산 월정사 스님들의 초청을 받고 그곳에 가신 일이 있었다. 그때 스님께서는 돼지고기를 굽고 계란

을 삶아서 술과 함께 가지고 가서서는 상에 차려 놓고 말씀하시기를, "이걸 먹을 수 있는 이는 이 도량을 다 먹을 수 있을 것이나 먹을 줄 모르면 이 도량도 먹을 수 없다." 하셨다. 대중 스님들이 모두 놀라는 가운데 두 스님만이 장삼을 걷어붙이고 그것을 먹으며 '맛있다'고 하였다. 다른 스님들은 '청개구리 같은 분'이라며 스님의 처사를 언짢아했다. 이 일을 보고 수행했던 한 신도가 여쭈었다. "먹은 것이 옳습니까, 안 먹은 것이 옳습니까?" 스님께서 말씀하셨다. "먹은 이도 틀렸고 안 먹은 이도 틀렸다."

어느 때 스님께서 회고하셨다. "내가 노스님께 들이댔던 것이나 대중 스님들께 그렇게 했던 것은 내가 배우고자 하는 의도였을 뿐이었다. 한마디 던져 놓고 거기서 배우게 되니 스승 아닌 게 없고 부처 아닌 게 없다."

60. 스님께서 이런저런 일을 두고 말씀하셨다. "자기가 죽었다고 말할 것도 없으니, 세상 사람들

하고 이렇게 같이 더불어 합해서 또 죽기가 쉽지 않
구나. 상당히 어려운 줄 미처 몰랐었다."

5. 내심 자증의 길

1. 공부하는 스님들이 스승으로부터 법을 전해 받고 전국 대찰을 돌며 당대의 선지식을 찾아 법거량을 하는 것과는 달리 스님께서는 산속을 헤매시면서 산천초목, 해와 달을 상대로 법거량을 하셨다. 오대산 상원사 노스님 앞에서 향을 사르고 계를 받으신 이후 스님께서는 십 년여 동안을 산중 고행을 통해 갈고 닦으셨다.

2. 스님께서 회고하셨다. "수십 차례나 빈사 지경이 되어 쓰러졌지만 그래도 나는 죽지 않았다. 굶어 죽지도 않았고 얼어 죽지도 않았다. 동물들의 해를 입지도 않았다. 딱 죽는다 싶을 때가 되면 어디가서 무엇을 먹어야겠다는 짐작이 섰다. 어떤 때는

무심코 밤길을 가다가 문득 두 다리가 땅에 딱 붙어서 떨어지지 않기에 자세히 살펴보니까 바로 한 걸음 앞이 수십 길이나 됨직한 낭떠러지였다. 그때 누가 나를 꼭 붙들어 매었겠는가. 그런 일은 헤아릴 수도 없이 자주 있었다. 나는 그것을 우연이라고 생각할 수가 없었다."

스님께서 어느 때 그 일을 두고 대중에게 말씀하셨다. "그것은 나의 참 주인이 그리하는 것이다. 나를 죽을 곳으로 내모는 것도 참 주인이요, 죽기 직전에 살려 내는 것도 그이다. 내가 십 년여의 세월 동안 작고 힘없는 여자의 몸으로 아무런 해도 입지 않고 몸 하나 다친 데 없이 산과 들에서만 살되 먹을 것, 입을 것 준비 없이 지내 왔어도 탈이 없었던 것은 모두 주인공의 힘이었다."

3. 스님께서 말씀하셨다. "그때는 목적지 없이 그냥 걸었던 것이라 어디가 어디인지를 알지 못했다. 그 후에 되돌아보니까 그쯤이 관악산이었고 청

계산이었고 춘천 쪽이었고 강원도 이름 모를 산이
었다는 것을 짐작할 뿐이었다. 그러다가 어느 때 스
스로 '이렇게 육신을 끌고 다니지 않아도 되는 것을
제 딴에는 길을 터득했다고 하고서는 그걸 행으로
못했구나.' 하고 껄껄 웃었던 것이다."

4. 스님께서 말씀하셨다. "그때 산짐승들이나 새
들이 나에게 상처를 치료하는 데 쓰일 약초를 물어
다 주거나 먹을 것을 가져다 준 예가 많았다. 그런
데 그 동물들은 한결같이 어느 때에 내가 그들을 한
마음으로 사랑하고 도와주었기 때문에 그런다는 것
이었다. 금수도 이와 같이 은혜를 안다. 그럴 때면
나는 사람이 금수보다 꼭 나은가를 생각해 보게 되
었다."

5. 스님께서 회고하셨다. "며칠이고 굶어 가면서
산등성을 넘고 골짜기를 건너곤 했는데 여름이나
겨울이나 홑것 한 벌로 지냈다. 겨울에 옷을 빨아

입기가 가장 어려웠는데 얼음을 깨고 찬물에 비벼서는 그대로 입고 양지 쪽에 웅크리고 앉아 마르기를 기다리기도 했다. 머리는 질끈 동여매고 다녔고 고운 모래를 칫솔 삼아 양치질을 했다. 그렇게 하면서 스스로 실험하기를 수도 없이 했다."

6. 스님께서는 산중 고행을 하실 적에 나무 밑에서 또는 무덤에 기대어 주무시거나 바위 틈, 구덩이에서 밤을 밝히신 때가 많았다. 하루 중의 공양은 열매 한 알, 콩 몇 알, 또는 나무 뿌리로 때우셨고 그나마 없을 때는 생풀을 씹으셨다. 스님의 그러한 두타행은 옛 선사들의 기록에서나 짐작해 볼 수 있는 것이었다. 스님께서는 고행을 끝내고 치악산 상원사 밑에 초암을 얻어 계실 때조차도 한동안은 하루 한 번의 생식이 예사였고 그것마저도 거르시는 날이 부지기수였다.

7. 스님께서 회고하셨다. "산으로 들어갈 때 먹

을 것을 들고 간 일이 없다. 여느 스님네들은 미숫
가루 해 가지고 기도처를 찾는다고 하는데 먹을 것,
입을 것 챙겨 가지고 다니면 다 떨어졌을 때 내려와
야 하지 않겠는가. 공부하려면 자기를 몽땅 버려야
하는데……. 누구나 현재에 살아가는 모습도 실은
버리고 가는 것인데 그렇게 해서야 되겠는가. 죽는
다고 그냥 죽는가. 흘러옴도 흘러감도 없이 무한으
로 돌고 도는 것이니 내 몸 던지고 그냥 나아가니까
풀 한 포기라도 다 옹호해 주었다. 먹는 풀이 따로
있어 정해 주는 게 아니라 살아 있으니까 그냥 먹는
거고 그러다 보니 풀을 먹어도 살아진 것이다.”

8. 스님께서 회고하셨다. “산에 있을 때는 사람
을 못 보고 말이 궁하니까 산짐승을 보면 말을 하고
싶어서 집 강아지 부르듯이 부르곤 했다. 산토끼하
고 놀고 어떤 때는 여우를, 사람 홀린다는 그 여우
인 줄도 모르고 부르면 뾰오족한 주둥이에 노오란
꼬랑지를 잘잘 끌며 힐끔거리는 게 무척 예뻤다. 그

때 여우인 줄 알았으면 부르지 못했을지도 모른다. 해골바가지에 담긴 물을 마시고는 다음 날 아침에 구역질했다는 얘기와 같으니 모든 게 마음에 달린 것이라, 부처 악마가 다 마음 아니겠는가."

9. 스님께서 말씀하셨다. "산으로 다닐 때 길이 있다고 해서 걷고 없다고 해서 안 걷고 한 적이 없었으니, 밤이면 밤인 대로 내가 걷고 싶으면 그냥 걸었다. 그렇게 걸으면 그게 틀림없는 길이거늘, 갈대처럼 남의 말에 이리 휘둘리고 저리 흉내 내고 해서야 어찌 대장부라 일컫겠는가. 못났든 잘났든 자기 중심을 딱 쥐고 나가야 지혜가 넓혀지는 것인바, 그렇지 않다면 남의 수중에서, 남의 꼬리에 매달려 살다가 한 발자국도 떼어 놓지 못하게 된다고 생각했다."

10. 스님께서 말씀하셨다. "산으로 들로 헤매면서 갖가지 고생을 하기도 했지만 나는 그것을 고행

이라고 여기지는 않았다. 너무나 고독했기에, 그 고독을 함께 나누어 준 나의 주인과 더불어 다녔을 뿐이다. 나는 이 색신은 아무렇게 된다고 해도 좋다고 생각했다. 정말이지 당장 쓰러져 죽는다고 해도 섭섭할 것이 없었다. 나는 오직 내 영원한 주인, 생명수를 주시는 내 주인과 함께 산과 들을 떠돌았던 것뿐이다. 그러니 고행이라 할 것도 없고 얼마나 고마웠던지……. 내가 글을 잘 알고 경을 잘 알았던들 그렇게 고독했겠으며, 그렇게 고독하지 않았던들 주인공의 위로를 받을 수 있었겠는가. 나에게는 영원하고 진정한 벗이 언제나 함께하고 있었다.”

11. 스님께서 또 이렇게 말씀하셨다. “설사 고행을 했다 하더라도 그것은 고행이 아니었다. 우리가 온 자리를 알고, 간 자리를 알고, 갔다가 오는 자리를 안다면 오히려 갔다가 온 자리가 없고 갈 자리도 없다.”

12. 스님께서 회고하셨다. "나는 한 번도 나를 어떻게 해 달라고 빌어 본 적이 없었다. 한 번도 하늘이나, 부처님이나, 보살님들께 이 한 몸 건져 주십사 하고 기도를 드려 본 적이 없었다. 나는 나 잘 살자고 미물인들 해하고자 한 적도 없었다. 너무 뼈 아팠기 때문이다. 이 세상이 너무 뼈아프고 너무나 눈물겨웠기에, 제발이지 다른 사람들만은 뼈아프지 말았으면, 다른 사람들만이라도 눈물 없이 살았으면 싶었던 것이다. 나는 지금도 가엾은 사람이나 못 배운 사람이나 못난 사람에게 더 마음이 끌린다. 사람뿐만이 아니다. 축생에게도 마음이 끌린다. 그 중에서도 모든 사람들과 짐승들이 징그럽다고 싫어하고 미워하는 뱀 따위에게 측은한 마음을 느끼곤 했었다."

13. 스님께서 산중에 계실 때 야생의 풀을 뜯어 허기를 면하신 일을 두고 한 신도가 '어떻게 독초를 분별하셨는지'에 대해 궁금해하였다. 스님께서 말

씀하셨다. "독초와 약초가 따로 없다. 그리고 내가 나를 죽이지 않는다. 나와 풀이 둘이 아니고 나와 풀과 공(空)이 둘이 아닌데 어떻게 독초라 한들 나를 죽이겠는가. 또 내 주인공이 어떻게 독초를 씹게 하겠는가. 바로 믿는 순간에 독초는 약초가 되었던 것이다."

14. 스님께서 회고하셨다. "내가 배우기 위해서는 어떠한 일에도 뛰어들었고 누가 파계했다고 욕을 하든 손가락질을 하든, 내 근본을 캐고 모든 것을 알아야 하겠다는 생각에서 그대로 밀고 나갔다. 남들이 내 그림자를 보고 저쪽으로 간다, 이쪽으로 간다 했겠지만 내 마음은 요지부동이었다. 그러니 내 눈물은 그대로 피였다. 온 바다를 벌겋게 물들인 피였다. 그런 믿음과 패기가 없었다면 이 도리의 무한한 사랑, 자비스러움에 감사할 줄도 몰랐을 것이고 더구나 세상을 올바로 알고 올바로 나를 이끌 수도 없었을 것이다. 저 우주를 볼 수도 없었을 것이다."

15. 스님께서 회고하셨다. "세상을 살아가면서 남한테 짓밟히고 얻어맞고 멸시당했을 때, 육신을 질질 끌면서 눈물의 길을 걸어 보기도 했다. 그럴 때면 행인의 발에 밟힌 벌레의 처지를 생각했었다. 우리의 생활이나 벌레의 처지가 다르지 않으니 그 세계는 그 세계대로 사는 도리가 있어 발에 밟혔을 때 망가진 육신을 질질 끌고 울면서 돌아가는 그 형국을 낱낱이 파악했던 것이다. 어떤 생명을 하찮다 하고 어떤 생명을 높다, 고상하다 할 것인가."

16. 스님께서 말씀하셨다. "내가 구덩이에 빠져 보지 않았다면 그 뜻을 몰랐을 것이고, 내가 진 땅을 걸어 보지 않았다면 그 뜻을 몰랐을 것이며, 남에게 짓두들겨 맞아 보지 않았다면 그 아픔을 몰랐을 것이고, 살을 에는 추위를 겪어 보지 않았다면 추위와 바람이 그렇게 무서운 줄 몰랐을 것이다. 그러할 때에 그것을 이겨 나가는 힘은 오직 마음이었다. 그 마음의 힘은 어떠한 무리, 아니 어떤 부처라도, 우주

적인 힘이라도 당해 내지 못하는 것이니 나는 누가 욕을 하든, 모른다 하든, 미거하다 하든 아랑곳하지 않았다. 어떤 때에는 '그렇게 눈물을 흘리고도 아직 남았나?' 하다가도 '그렇지, 영원토록 눈물은 끊임없이 흐를 것이다. 그것은 피다. 아주 진하고 순수한 피, 에너지이며 그 에너지는 영원토록 오고 감이 없이 돌 것이다.'라고 생각했다. 이런 도리가 아니면 불구덩이에 뛰어들지도 못했을 것이다."

17. 한 신도가 여쭈었다. "산중에 계실 때 그토록 혹독하게 고생을 하셨는데 신세 한탄은 안 하셨던지요?" 스님께서 말씀하셨다. "신세 한탄 같은 것은 안 했다. 어느 때는 너무 추워서 '아이구, 부처님 계시던 데는 더운 곳이라는데 더운 데였으면 얼마나 좋을까.' 하는 생각은 했었다. 그러나 내가 그렇게 하게끔 세상에 나왔으니까 그렇게 다녔고, 따라서 억울할 게 하나도 없었다. 오히려 좋을 때가 많았는데, 개울에 빠져도 좋았고 걷어차일 때도 좋

았다. 그래서 웃고 마는 경우가 대부분이었다. '미친 사람이 왜 좋은가 했더니 그래서 좋구나. 거지들을 붙들어다 놓으면 왜 도로 도망가는가 했더니 그래서 그랬구나.' 하는 생각을 했다."

18. 스님께서 회고하셨다. "나는 세 번이나 공비로 오해를 받아 살이 터지도록 매를 맞아 보기도 했고, 그 추운 겨울에 강변 모래 구덩이에서 지내 보기도 했는데 아예 내던지고 다닌 몸이라서 마음먹기에 달린 것이었지만 그것이 말처럼 그렇게 간단하지는 않은 일이었다. 직접 행을 한다는 것은 어려운 일이었다."

19. 한 신도가 스님께서 공부하시는 중에 누구를 은사로 삼으셨는지에 대해 여쭈었다. 스님께서 말씀하셨다. "누구를 은사라고 정해 놓지 않았어도 내게는 전체가 잊을 수 없는 은사였다. 육의 어머니든 법의 아버지든 은사 아닌 분이 없었고 산천초목이라

도, 구르는 돌 하나라도 은사 아닌 게 없었다. 내가 무학인 것도 은사였다. 그러나 그 잊을 수 없는 그것까지도 놓았기에 이렇게 앉아 있게 된 것이다.”

20. 스님께서 또 이렇게 회고하셨다. “나는 누구를 스승 삼아 가르침을 받지는 않았으나 부처님께서 갈팡질팡하게 만들지도 않았다. 나는 부처 따로, 내 육신 따로, 부모 조상 따로, 좋고 나쁜 것 따로……, 이런 것을 몽땅 놓아 버렸는데 고독하고 귀찮으니까 묵묵히 나갔던 것이다. 그러다 보니 저 불상이 애를 낳는데 순산이라고 야단들이라, 낳아 놓고 그걸 기르느라 또 얼마나 애쓰는지……. 생각하면 그게 바로 부처님의 인도하심이었다.”

21. 스님께서 어느 때 말씀하셨다. “다른 스님네들은 순탄하게 배우셨는지 몰라도 나는 질고 진 진흙 바닥에서 고개를 넘고 넘었으며, 자갈밭길을 걷고 또 걸었다. 그 길이 가시밭길이면 풀잎을 발바

닥에 둘둘 말아 댄 채 걸었다. 그때 나는 말로 형언할 수 없을 만큼 많은 것을 음미하고 또 음미했다. 그래서 오늘날 스님네들이 역대 선지식들이 걸어간 길을 무시하거나 또 모를 때에는 내가 이것을 꼭 쥐어 주어야 하겠다는 생각을 하지 않을 수 없는 것이다. 그런 생각을 하면 밥 한 숟가락 뜰 때마다 눈물이 핑 돈다."

22. 스님께서 회고하셨다. "나는 사대 성인이든, 어느 조사든, 부처님이든, 공부하신 어떤 분이든 조금도 배척하지 않았다. 모든 분들을 딱 하나로 뭉쳐 내 마음속에 간직하면서 왕을 모시듯 했다. 한데 합쳐서 '주인공'으로 불렀고 그 주인공에 몰락 맡기고는 내 몸을 가루로 갈아 뿌려도 좋다고 했다. 그래서 부처님의 마음이, 뭇 생명들의 마음이 나를 안아 준 것이다. 나는 수많은 분들, 도를 이루려고 목숨을 던졌던 그분들을 생각할 때 쓰라린 눈물을 금할 수 없었기에 그분들을 만족케 할 수 있다면 내 몸을

갈아 바쳐도 아깝지 않다고 생각했었다. 그래서 내 주인공에 항상 겸허하게 일임했다."

23. 한 신도가 '스님과 같이 고행을 겪지 않고도 깨달음에 이를 수 있는지'에 대해 여쭙자 스님께서 말씀하셨다. "예전에 힘겹게 물건 만들던 것을 요즘 하는 것에 비교해 보면 지금은 한순간의 일이듯이 정신 활동도 그만큼 빨라진 세상이라 돌아가는 모습이 마치 병풍 둘러치듯 하였으니 고행이 무슨 문젯거리이겠느냐."

24. 한 제자가 여쭈었다. "스님께서는 공부 중에 늘 부처님을 호념하고 부촉하셨는지요?" 스님께서 말씀하셨다. "참으로 묘했던 것은 예전에 부처님들께서 하신 일, 그 모습, 심지어 부처님 나시기 이전까지 알게 되었지만 한편으로는 '그런 것 알아서 무엇하느냐? 아니, 삼천 년 전 그때 부처님이 어떠했고 어떤 모습인지 알면 뭐하느냐?' 했다. 부처님의

뜻과 내 뜻이 둘이 아니게끔 되어서 그 뜻대로 하나하나 해 나가는 게 부처님을 부촉하고 호념하는 것이라, 일체 모든 것의 뜻을 다 받는 것이 된다고 생각했다.”

25. 한 제자가 여쭈었다. “스님께서 수행하실 적에 성불하려고 마음을 기울이셨거나 혹은 역시 성불은 어렵구나 하여 낙망하신 일은 없으십니까?” 스님께서 이렇게 대답하셨다. “없었지. 그래서 부처님이 날더러 착하다 그러시는 거라. 그때 나는 부처 될 생각도 없었고 높은 걸 보아도 높게 보지 않았고 얕은 걸 보아도 얕게 보지 않고 언제나 모든 것을 나라고 생각하고 거기에 기준을 두었었다. 좋은 것을 주어도 좋다 않고, 언짢은 걸 만나도 언짢다 하지 않았으니 ‘너 참 착하구나, 착해.’ 하신 것이다. 실은 너, 나가 없으니 착하다 하는 건 누구고, 착하다는 소리를 듣는 건 누구일까마는 없으면서도 있고 있으면서도 없으니 그런 소릴 듣는 거지,

고정되게 있다 없다 하면 그 소리도 듣지 못한다.”

26. 스님께서 또 말씀하셨다. “나는 견성하려거나 성불하겠다는 마음을 먹어 본 일이 없었다. 나는 다만 일단 태어난 이상 이 세상에서 사는 나 자신이 누구인지, 무엇인지를 알고자 했을 뿐이었다. 내 육신이 내가 아니고 내 의식이 내가 아니고 나의 의지도 내가 아니라고 느끼고부터는 오로지 이렇게 다 제거하고 난 참다운 나는 누구인가, 무엇인가를 알고자 했던 것이다.”

27. 스님께서 말씀하셨다. “나는 내가 못난 사람이라는 것을 너무도 뼈저리게 느꼈기 때문에 그나마도 참된 이치를 알 수 있었다고 생각하곤 했다. 내가 너무 못났기에, 그 못난 나 자신을 부둥켜안고 그때 얼마나 울었는지 모른다. 그러다 보니까 그런 내가 하도 불쌍했던지 나의 참 주인이 나를 위로하며 이끌어 주었던 것이다.”

28. 스님께서 말씀하셨다. "나는 혼자서 수행하던 당시에 마음으로부터 많은 계율을 알았고 지켰다. 그것은 누구에 의해 주어진 것이 아니었다. 사실 누구로부터 받은 것은 그것이 계율이든 화두이든 간에 진심으로부터 지켜지기가 어렵다. 내면에서 저절로 우러나오는 것, 이것이야말로 참된 것이다. 그것은 이미 지킨다느니 지키지 않는다느니 하는 말도 뛰어넘는 것이니 이미 지켜지고 있는 계율이었던 것이다."

29. 스님께서 말씀하셨다. "내가 지내 온 경과를 되돌아볼 때 깨닫기보다는 그 깨달은 마음을 앞장세워서 공부하기가 더 오래 걸렸다. 공부에는 단계 아닌 단계가 있어서 누구나 다 그 길을 밟아 성불하게 되겠지만 한편 생각하면 공부에는 끝이 없는 듯하여 오로지 오고 가는 상이 없는 정진이 있을 뿐이었다."

30. 스님께서 회고하셨다. "내가 흘린 눈물만으로도 바다를 다 메우고 뫼를 잠기게 했을 것이나 내 눈물이 바다를 이루고 그 바다를 모두 삼킬 수 있었을 때 나는 너무나 기뻤었다."

31. 스님께서 회고하셨다. "삭풍이 몰아치는 계절이 되면 눈물 마를 날이 없었다. 가는 곳마다 앙상한 나뭇가지가 발발 떨고 있고 가지 끝에 매달린 마른 잎들은 파르르 우는 소리를 내는 것이었다. 그럴 때면 사람 사는 것과 마찬가지로 짐승들, 벌레들, 산천초목 어느 것 하나 아픔 없이 사는 게 없다는 생각이 더욱 절실했다. 또 저렇게 살다가 잡혀서 아궁이로 들지 솥으로 들어갈지 모르면서 그렇게 사는 그 아픔이 진하게 느껴졌다. 그럴 때면 혼자 중얼중얼하며 다니기도 했는데 대개 이러했다. 아! 달 하나, 별 하나, 구름 한 점/ 내 님 좋아서 이리저리 걷다 보니/ 앙상한 가지에 으깨진 상처/ 아파서 우는 그 목소리/ 내 귓가를 스치누나./ 가고 옴도

없으련만/ 상처도 없고 아무것도 없으련만/ 내 눈
에 눈물 마를 날은 없는가."

32. 스님께서 말씀하셨다. "무심코 일주문에 들
어섰고 들어서 놓고 보니까 '이것이 이렇게 되었구
나.' 하게 되었는데, 문 안과 밖이 따로 있어서가 아
니라 내가 바로 너이고, 네가 나이니 자기가 자기를
떼어 놓고 들어설 수 없이 된 것뿐이었다."

33. 한 신도가 여쭙기를 "스님께서는 산중 고행
시절에 무엇을 얻으셨습니까." 하였다. 스님께서
말씀하셨다. "대부분의 사람들은 마음을 밝힌다니
까 무슨 뚜렷한 경지나 경계가 있나 보다 하지만 사
실은 아무것도 얻은 바 없는 것이 참으로 얻는 도리
이다. 무엇을 얻었다, 도달했다, 증득했다 하는 것
은 이미 얻지도, 도달하지도, 증득하지도 못한 것이
다. 얻을 바 없고, 도달할 바 없고, 증득할 바 없는
것이 얻고, 도달하고, 증득하는 도리이다."

법연(法緣)편

1. 회향과 서원 … 215

하산 / 감로의 문을 열다 / 해외 포교

2. 자비의 회상 … 256

영일 없는 교화 / 쏟아지는 법우

담선 법회 / 생활 실천 법어

증험 속의 가르침

3. 진리가 그러하니라 … 342

여법하신 삶 / 선미

4. 감읍하옵니다 … 393

1. 회향과 서원

하산

1. 스님께서는 치악산 견성암 토굴에 드신 지 육 년, 상원사 불사가 끝난 지 이 년이 될 즈음에 산을 내려오셨다.

스님께서 회고하셨다. "내가 산을 내려왔을 때는 여러 가지로 실험을 해 보고 '아! 이런 것이로구나.' 하고 알았기에 내려왔던 것이다. 또 그렇게 알고 나니까 산중에 머물 게 아니라 도심으로 내려와서 많은 사람들에게 이익을 줄 수 있고 불법이 '바로 이러하다'는 것을 보여 주어야 한다고 다짐하게 되었던 것이다."

2. 스님께서는 1950년 3월에 사미니계를 받으신 이후 줄곧 산중에 계셨으므로 승적이 분명치 않았다. 스님께서는 이를 전혀 괘념하지 않으셨으나 한암 스님의 상좌였던 탄허(呑虛) 스님께서 여러 번 회향을 권유하셨다. 스님께서는 권유를 받으실 때마다 이렇게 말씀하셨다. "언제 내가 승려증을 갖고 공부했습니까? 산으로 다닐 때는 시민증도 없어서 빨치산이라고 오해받아 두들겨맞기도 했는데, 승적이니 승랍이 다 무슨 소용입니까."

그러나 탄허 스님께서 권하시기를 "불법을 널리 펴는 데는 그래도 그 편이 편리하다."라고 하셨다. 스님께서는 누차의 권유를 받아들이시어 탄허 스님을 계사로, 우진(宇振) 스님을 은사로 삼아 다시 승적을 회복하셨는데 이때 종단에서는 스님께서 처음 계를 받으신 지 10년이 지난 1960년에 사미니계를 받으시고 이어 1961년에 비구니계를 받으신 셈을 하였다.

3. 상원사에서 내려오신 스님께서는 얼마 동안 원주 근교에 머물고 계셨다. 그러자 상원사를 찾던 발걸음은 스님께서 거처하시는 곳으로 몰려들었다. 스님께서는 여전히 많은 사람들을 상대하셨고 그들의 고난을 살펴 주셨다.

4. 마침 스님의 거주처 인근이 농촌인지라 사람들은 가축의 질병까지 스님께 부탁을 해 오곤 했다. 그 바람에 스님께서는 그때 소·돼지·개 등 가축의 병도 고쳐 주셨다. 스님께서 말씀하시기를 "어떻게 하느냐. 소가 병이 났다는데 내가 소가 되어서 치료해 주어야지. 뱀을 건지려면 뱀이 되어야 하고 구더기를 건지려면 구더기가 되어야 하니, 부처님께서는 질척한 곳, 더러운 곳, 아니 계신 데가 없다." 하셨다.

5. 스님께서는 길을 가시다가도 사람들이 소매를 붙잡고 가환을 하소연하면 걸음을 잠시 멈추시고

합장을 하셨는데 그 한 가지 방편으로도 질병이 낫고 일이 해결되곤 하였다.

6. 한번은 한 부인이 아래 위로 피를 쏟는데 온갖 의술을 다 동원해도 속수무책이라며 그 부인의 남편이 스님을 찾아뵙고 간청했다. 스님께서는 "삼 일이면 일어날 수 있다." 하시고는 그 환자를 찾아가 이마를 짚어 주셨다. 그러자 오 분이 채 안 되어 출혈이 멎더니 삼 일 만에 퇴원하게 되었다.

7. 스님께서 원주에 계실 때 그 해에 유난히도 뇌염이 극성을 부려 도립 병원이 환자로 그득했는데 스님께서 그 일을 들으시고는 잠시 합장을 하셨는 바, 많은 환자들이 자리를 털고 일어나게 되었다. 스님께서 말씀하시기를 "세상 사람들이 전부 비눗방울같이 떠돌다가 흩어지고 모이고 하는 그런 모습들이 역력한지라 보기에도 너무 가엾고 뼈아프다. 그러니 가슴에 흐르는 눈물은 한이 없구나." 하

셨다.

8. 하루는 근육무력증으로 평생을 누워서 살아 가야 하는 자녀를 둔 이가 스님을 찾아뵙고 호소했 다. "백약이 무효라 현대 의학으로는 처방이 없으 니 스님께서 살려 주시기 바랍니다." 스님께서 말 씀하셨다. "내 자식이라는 착부터 떼어라." 그러자 그 사람 다시 사뢰기를 "하오나 부모가 죽고 난 다 음엔 그 아이를 보살필 길이 없으니 한 생명이 너무 도 불쌍합니다." 하며 눈물로 하소연하였다. 스님 께서 말씀하셨다. "그렇다면 살려 줄 것이니 걱정 하지 말라." 그로부터 사흘 후 그 환자 아이는 눈을 감았다. 스님께서 대중에게 말씀하시기를 "양쪽을 다 살렸노라." 하셨다. 대중들은 그 뜻을 짐작하지 못했으나 얼마 후 그 신도의 형님 되시는 분이 아들 을 얻었는데 죽은 아이와 신체적 특징이 너무도 흡 사하여 많은 사람들이 이를 기이하게 생각했다.

9. 원주에 7남매를 둔 어느 대령 내외가 살고 있었는데 그 부인은 병명도 모른 채 양손을 쓰지 못하는 고통에 시달리고 있었다. 온갖 수단 방법을 동원해도 병이 나을 기미가 보이지 않자 어느 날 대령이 스님을 찾아뵙고는 절을 올리고 나서 손에 끼었던 실반지와 사탕 한 봉지를 꺼내 놓고 아내를 살려 달라고 애원했다. 스님께서는 대령으로 하여금 실반지를 팔아 쌀 한 말과 음식을 장만하게 하고 제사를 지내게 하셨다. 그 후 그 부인은 병고에서 벗어났다. 스님께서 말씀하시기를 "이북에 두고 온 홀어머니가 총살을 당했다."라고 하셨다. 나중에 그 부인은 남편의 승진을 부탁했다가 이루어지지 않자 스님을 원망하였다. 스님께서는 "안 되는 것도 법이라 다 남편을 위한 것이다."라고 하실 뿐이었다. 그런데 서너 달 후에 남편 대신 승진한 사람이 월남전에 참여했다가 한 줌 재가 되어 돌아왔다.

스님께서 말씀하셨다. "어떠한 고난이 닥쳐오더라도 나를 생동감 있게 끌고 가는 길잡이가 바로 주인공이라는 것을 믿고 물러서지 말아야 한다. 안 되는 것도 법이니 그것은 곧 내가 지은 업보를 녹이는 과정이다.”

10. 당시 신도 중에 교육 공무원 한 분이 있어 부처님 전에 정성을 들이며 매양 교육감이 되기를 바라더니 하루는 스님께 청을 넣었다. 스님께서는 인연 도리를 살펴 완곡하게 달래시며 ‘다음 기회를 기다리라.’고 하셨다. 그러자 그 사람은 ‘산중에 계시는 분이라 사회를 모르신다.’ 하며 여기저기 줄을 대어 마침내 소원을 이루었다. 그러나 부임한 지 이틀째 되는 날 교통사고를 당하여 당사자는 죽고 그 부인은 중상을 입기에 이르렀다. 스님께서는 이 소식을 전해 들으시자 자리를 털고 일어나 그 부인을 문병하셨는데 기브스를 풀도록 하고는 몇 가지 처방을 일러 주셨다. 재수술을 해도 불구를 면키 어렵다던 그 부인은 얼마 후 건강한 몸이 되었다.

11. 하루는 스님께서 제천 의림지라는 곳으로 소풍을 나가셨다. 그때 한 신도의 안내로 웬 사람이 찾아뵙고는 스님께 자비를 간청하였다. 사연인즉, 어떤 연고인지는 몰라도 딸들이 시집을 가면 서른다섯을 전후하여 이름도 알 수 없는 병에 걸려 시름시름 앓다가 죽고 만다는 것이었다. 벌써 5대째 그렇게 계속되고 있으니 이번만큼은 제발 죽음을 모면케 해 주십사 하였다. 스님께서는 "여길 가도 인연이 닿고 저기를 가도 인연이 닿으니 바람 쐬기도 그렇구나." 하시며 그 사람의 안내를 받아 환자를 보러 가셨다. 그 환자는 병석에 누운 채 가슴을 쥐어뜯으며 연방 "아이구, 뜨거워!" 하면서 몸을 가누지 못해 하였다. 그러기를 삼 년째라고 했다. 스님께서 조용히 말씀하셨다. "좋은 종자를 심으면 좋은 싹이 나오고 나쁜 종자를 심으면 나쁜 싹이 나오는 것이니 5대째가 아니고 6대째라. 그러나 6대가 오늘이니 나의 마음자리를 믿고 모든 것을 놓아라." 그 후 사흘째 되던 날 그 부인은 자리를 털고

일어나 스님을 뵈러 찾아왔다.

스님께서 나중에 이 일을 두고 말씀하셨다. "집안 내력을 보니까 6대조 할아버지 적에 아들 못 낳는 며느리를 내쫓았는데 그 일로 모녀 넷이 자결을 한 일이 있었다. 그러나 그걸 말로 설명할 수도 없으니 그대로 천도했을 뿐이다. 본래 모질고 악한 사람은 없지만 누가 칼을 들고 덤빈다면 순간 자신도 칼이나 몽둥이를 들게 되듯이 그 며느리가 착하고 어진 편이었지만 그렇게 된 것을 보면 착하다, 악하다 단정지을 게 없다."

12. 어느 때 한 신도가 조상의 묏자리를 찾지 못해 애태우는 걸 보시고는 스님께서 어느 산 밑 무슨 나무 근방의 한 장소를 지적하시고는 가서 확인해 보라고 하셨다. 이를 보고 한 제자가 여쭙기를 "스님께서는 땅속까지 어찌 아십니까?" 하였다. 스님께서 말씀하시기를 "그런 것을 모르면 여기가 좋다 저기가 좋다 하는 말에 끄달리게 된다. 그러나 그것

을 알아도 아는 게 아니니, 다만 할아버님 산소를 찾겠다는데 일러 주지 않을 수 없어 그리했을 뿐이다." 하셨다.

13. 스님께서 잠시 원주에 머무르실 때에 중앙 시장에서 큰 화재가 발생했다. 그때 한 신도가 허겁지겁 달려와서는 '제발 바람이 다른 방향으로 불게 해 달라'고 울며 매달렸다. 스님께서는 "알았다." 하실 뿐이었는데 잠시 후 바람의 방향이 바뀌면서 비가 쏟아져 거센 불길이 잡히게 되었다. 스님께서 말씀하셨다. "나 같은 못난 사람을 믿고 매달리는데 그의 그런 믿음이 일을 한 것이다."

14. 한편 스님께서는 그 불로 많은 이재민이 발생하자 수중에 있는 자금을 모두 털어 양식을 사서 사람들 몰래 나누어 주시고 돈도 빌려 주셨다. 주위에서 당장의 살림을 걱정하자 스님께서 말씀하셨다. "그것이 내 돈이더냐. 모두 부처님 뼈를 울궈

낸 것이니, 나는 중간 역할을 하는 것뿐이다. 다만 중간 역할이라도 유무에 상응하기 때문에 그렇게 해 줄 수 있는 것이지 그렇지 않다면 한 푼인들 갖다 줄 수 있겠는가."

15. 스님께서 산을 내려오시면서 원주 인근 간현에 신도 네 사람의 명의로 농지 육만 평을 구입하셨다. 그때의 계획으로는 농장을 일구어 정착하신 뒤 그것을 근거지로 하여 자선 사업을 펼치실 심산이셨다. 그러나 스님께서 출타하신 중에 그들 네 사람이 농지를 처분해 버림으로써 계획은 무산되고 말았다. 얼마 안 있어 그 네 사람은 비명에 갔고 스님께서는 그 일로 인해 거처를 서울로 옮기시게 되었다.

16. 스님께서 회고하셨다. "그때의 여러 경험이 아니었다면 부부가 사는 것, 애 어른이 어울려 사는 그 눈물겨운 뜻을 몰랐을지도 모른다. 알고 보면 하나도 버릴 게 없으면서도 다 버릴 것이고, 다

버릴 것이면서도 하나도 버릴 게 없는 게 바로 불
법이다."

17. 스님께서는 한동안 거리의 아이들을 보살펴
주신 적이 있었다. 낮에는 찾아오는 사람들을 만나
셨지만 저녁나절이 되면 밖으로 다니시며 고아, 거
지들을 거둬 주시곤 하셨다. 그렇게 하시기를 3년
쯤 하셨는데 어느 때 그 일에 대해 이렇게 말씀하셨
다. "어느 때는 훔쳐 온 소득이 적다고 왕초한테 엉
덩이뼈가 어긋나도록 두들겨맞은 아이들을 보았고,
또 어느 때는 혹한 속에서 깡통을 들고 다니며 구걸
한 돈 몇 푼을 입이라도 축일 양으로 꼬깃꼬깃 접어
감추는 것도 보게 되었다. 또 어느 때는 아이들이
새끼줄에 연탄 한 덩이 꿰어 들고 천막 집으로 들어
가는 걸 보고는 너무 불쌍해서 그 아이들 손을 잡고
울기도 했었다. 그 아이들을 보살펴 주면서 부모들
이 자식을 안타까워하는 심정도 알았고, 자식을 낳
아 놓았으면 조금이라도 거두어 놓고 가야지 안 될

일이구나 하는 것도 느꼈다. 그때는 그 아이들이 스 승이었다. 너희들이 아니면 그토록 안타까운 피눈 물의 감응을 느낄 수 있었겠는가 하는 생각을 했다. 그 아이들은 남의 자식들이 아니라 언제 내 자식이 될는지, 언제 내 부모가 될는지 모르는 일이다."

감로의 문을 열다

18. 스님께서 원주를 떠나 서울로 오신 이후 마 땅한 거처가 없던 터에 상원사 때부터 스님을 따르 던 한 신도가 안양시 석수동에 소재한 사유지 48평 을 보시하더니, 이를 보고 한 신도가 다시 75평을 확보하여 기증하였다. 이를 계기로 몇몇 신도들이 나서서 스님께 불사를 적극 권유하자 스님께서 이 를 허락하셨다.

19. 그 당시 정부의 최고위층이 사람을 놓아 스

님께 제안하기를 "땅을 골라 주고 건물도 지어 주겠노라." 하였다. 그러나 스님께서는 이 제안을 거절하셨다. 스님께서 나중에 이 일을 두고 말씀하시기를 "내가 특별히 무엇을 해야 하겠다는 그런 생각을 해 보지 않았다." 하셨다.

20. 안양의 본원은 1972년 5월에 건평 93평 규모로 착공되어 이듬해 1월 2일 봉불식 겸 회향 법회를 갖게 되었는바, 많은 신도들이 이를 감축하여 이구동성으로 말하기를 "이 불당은 중생들의 병원이자 요양처이며 진리에 목말라하는 이들의 학교가 아닐 수 없다." 하였다. 신도들은 모두 스님께서 오랜 세월 동안 수천수만의 중생들을 고뇌의 길에서 구출하셨던 일을 생각하며 감읍하여 마지않았다.

21. 스님께서 봉불식 때 말씀하시기를 "부처님의 가르치신 은혜를 갚고 모두들 스스로 등불이 되어 중생으로 하여금 자비 광명 속에 안주케 하자."

하셨다. 이로부터 스님께서는 각처에서 몰려드는 사람들을 거절하지 않으시고 심지 본연의 소식을 전하심에 하루의 영일도 없으셨다.

22. 선원이 들어서 있는 자리는 그전에 공동묘지였다. 스님께서는 터를 잡으시고 불사를 일으키실 즈음에 한동안 많은 영가들을 달래는 작업을 하셨다. 스님께서 말씀하시기를 "우리 살림만 있다고 생각해서는 안 된다. 보이지 않는 생명들이 죽 늘어서 있으니 차원이 다를 뿐 여기에 우리만 산다고 할 수는 없다." 하셨다. 선원이 들어선 이후부터 주변에 하나둘씩 인가가 들어서기 시작했다.

23. 스님께서 선원 터를 잡으셨을 때 한 스님이 이를 극력 만류하셨다. "이곳에 집을 지으면 굴왕신이 내려 큰 봉변을 당하고 스님이 죽을 수도 있고 고난이 끊이지 않을 것이다." 하였다. 스님께서 말씀하셨다. "나는 모든 걸 버렸으니 집인들 있겠는

가. 그러므로 없는 집을 지으려 함인즉, 신도들을 위해 부처님의 집을 하나 형성하는 것이다. 여기에 집을 지어 그로 인해 내가 죽는다 한들, 신도들이 온다 안 온다 한들 아랑곳하지 않는다. 집 없는 집을 짓는데 언짢고 좋고가 왜 붙으며, 하다못해 움막이라도 여래의 집 아닌 곳이 없거늘 어찌 장소가 따로 있다 하는가. 주인공 자리에 맡겨 놓아 끝 간 데 없이 비워지고 채워지면서 흐를 뿐이니 아무것도 붙을 자리는 없다."

24. 스님께서 또 이렇게 대꾸하셨다. "내가 다니면서 터를 잡은 일도 없고, 한 신도가 헌납한 땅이 근거가 된 것인데 물이 흐르는 대로 흐를 뿐이지 좋다 나쁘다를 따지면 그것이 오히려 고달픈 일이 아니겠는가. 이 세상에 나올 때도 빈 자리요, 사라질 때도 빈 자리이거늘 고가 있으면 어떻고 없으면 어떠하겠는가."

25. 스님께서는 그 당시 갑자기 자청하여 칭병하시면서 장기의 일부를 떼어 내는 대수술을 받으신 적이 있었다. 시봉들던 제자가 놀라 사연을 여쭈니 스님께서는 "나를 달라는 데가 있으니 가져가 보라고 하자." 하실 뿐이었다. 스님께서는 굳이 큰 병원을 마다하시고 작은 병원을 택하여 수술을 받으셨는데 아무 이상을 발견하지 못한 의사가 당황해하자 스님께서는 "아무것도 없거든 맹장이든 자궁이든 떼어 내라." 하셨다. 그 후 수술 부위의 봉합이 서너 차례 터지면서 살이 깊이 썩어 들어가는 지경에 이르게 되었다. 제자들과 의사가 크게 놀라, 큰 병원으로 옮겨 응급 처치를 받으셔야 목숨이나마 부지할 수 있다고 권하자 스님께서는 수술 부위를 거울에 비춰 보시고는 "이젠 이대로 두면 안 되겠구나." 하셨다. 다시 수술하여 문드러진 살을 이리저리 꿰매자 이틀 만에 아물고 곧 이어 퇴원하셨는데, 스님께서 말씀하시기를 "내 몸을 그냥 던져 보니 그대로 걸림 없이 나가게 되는구나." 하실 뿐

이었다. 모두들 한편 놀라고 한편 기뻐서 어쩔 줄 몰라 하는 걸 보시고는 "이번 일은 없었던 걸로 하자." 하셨다. 스님께서 체험하심이 이러하셨다.

스님께서는 수술 중에 마취는 물론 소독까지 거부하셨다. 그에 대해 이렇게 말씀하셨다. "주인공에 다 탁 맡겨 놓고 산 좋고 물 좋은 데 가서 놀다가 되돌아온다면 어떻겠느냐? 밖에 나온 사이에 집을 다 치워 놓고 고쳐 놓고 그렇게 하면 들어갈 때 깨끗해서 좋고 골치 아프지 않아서 좋을 게 아니겠느냐? 그런 거와 같다." 그때 스님께서 그렇게 수술 받으시는 모습을 곁에서 시중들며 지켜보던 한 제자가 그만 놀라서 혼절하는 일도 있었다.

26. 한 신도가 선원을 신축할 당시의 사정을 회고하면서 말하기를 "선원 자리가 원래 공동묘지였기 때문이었는지 반대하는 이들도 많았고 어려움도 컸지만 계획대로 된 것을 보면 호법 신장이 지켜 주었던 것 같다." 하였다. 스님께서 이 말을 들으시고

는 이렇게 말씀하셨다. "호법 신장이 따로 있더냐? 이 손을 보아라. 다섯 개의 손가락이 있어 가려우면 긁고, 여름 밤에 모기가 덤비면 순간에 후려치는데 이 손이 바로 호법 신장이니라. 손발뿐이 아니라 몸 속의 세포 하나하나도 호법 신장이니 따로 찾을 게 없다. 이 마음 깨치면 육신이 어떻다는 것을 알게 되고 그러면서 일체가 더불어 하나이니 어디를 가든 호법 신장이 늘 함께한다."

27. 스님께서는 생활 불교의 구체적인 실천을 위해 신도회와 사찰의 조직 체계를 세우셨다. 그러나 포교 방법에 대해서는 따로 이르시는 말씀이 없으셨는바, 재래식의 기복 불교나 경전 위주의 의론을 원하지 않으셨기 때문이었다. 스님께서는 선원 신축 초기에는 법당에다 불상을 조성하지 않으시고 대신 일원상(一, ○)과 촛대 두 개, 향로 한 개만을 두셨다. 또 불공을 드리러 오는 신도가 있어도 목탁을 쳐 주는 일이 없이 불을 켜고 향만 사르는 정도

로 그치게 하셨다. 스님께서 말씀하시기를 "부처님께서는 어느 곳에나 계시니 절 법당에만 계시다 생각하지 말고 언제 어디서든 그 자리에서 안으로 믿고 안으로 관하라." 하셨다.

28. 스님께서는 일원상을 걸어 놓으셨던 일에 대해 이렇게 말씀하셨다. "우주의 섭리는, 시작이자 끝이요 끝이자 시작인 한마음이 돌고 도는 그것이다. 인간도 마찬가지라서 앉아도 앉은 게 아니고 서도 선 게 아닌 채로 그냥 돌아가고 있다. 어디 문을 열 자리가 있고 문을 닫을 자리가 있는 게 아니며 동서와 남북도 있는 게 아니다. 영원한 불바퀴가 돌고 돌 뿐이다."

29. 스님께서는 나중에 대한불교 조계종 사찰 등록을 하실 때에 비로소 법당에 본존불 한 분의 상만을 모셨다. 말씀하시기를 "이 또한 믿음을 위한 방편이다." 하셨다.

30. 선원이 개원된 초기 어느 때에 이런 일도 있었다. 스님께서 신도들이 지켜보는 가운데 시중에서 읽히는 불교 해설서를 모아 불태우신 적이 있었는데 이를 보고는 모두들 놀라 "이런 절에는 더 이상 오지 않겠다." 하는 신도들이 있었다. 스님께서 말씀하셨다. "부처님의 이름이나 팔아서 살고자 거짓말을 한다면 차라리 혀를 물고 죽느니만 못하다." 신도들은 이를 듣고 느끼는 바가 많았다. 스님의 가르침이 때로는 이러하셨다.

31. 금왕의 지원이 개설되던 당시 스님께서는 또 법당의 장엄물을 정리하시고 산신각에 모셔진 상들을 깨뜨려 버리셨는데 그때 말씀하시기를 "밝기가 일월보다 더하고 그토록 어마어마한 부처님의 뜻을 이런 데다 붙여 놓다니 안 될 일이다." 하셨다.

32. 이런 일로 인해 선원이 개원된 후에 새로 찾아오게 된 불자들 중에는 여느 사찰과 다른 기풍에

의아해한 나머지 발길을 돌리는 이들도 있었고, 불교계 인사들 중에는 또 이를 지적하여 외도라고 매도하는 이들도 있었다. 그러나 스님께서는 이를 조금도 개의치 않으셨다. 간혹 말씀하시기를 "외도라 해도 좋다. 이것이 부처님의 가르침과 다르다면 나를 버러지로 만들어도 좋다." 하실 뿐이었다.

33. 스님께서는 안양 본원을 설립하신 뒤 구름처럼 몰려드는 신도들의 편의를 위해 두 차례에 걸쳐 증축 불사를 일으키시어 일시 수용 능력 3천 명 규모로 확장하셨다.

34. 스님께서는 또 1982년 9월 처음으로 충북 음성군 금왕읍에 지원을 여셨는데, 한 독실한 불자가 개인 사찰로 운영하다가 스님의 가르침에 감응하여 헌납한 것으로 대지만 3만 8천여 평 규모에 달하는 전통 양식의 사찰이었다. 스님께서는 이후 두 차례의 증축 불사를 통해 이 사찰을 크게 키우셨다.

35. 스님께서 1986년도에 충북 음성군 금왕 지원 경내에 영가를 모시는 탑공원을 조성하셨다. 스님께서 말씀하시기를 "매장묘 방식에는 시대에 뒤떨어진 점이 있어 이를 좀 더 지혜롭게 바꾸는 것이 좋겠다."라고 하셨다. 그러나 해당 관청이 법 규정에 얽매여 허가를 꺼리더니 끝내는 납골탑이라는 이름으로 인정하였다. 스님께서 이를 들으시고는 "진실한 마음으로 나라를 위해 개발하고자 해도 이해하지 못하니 개탄스럽다."라고 하셨다.

36. 이 탑공원은 국내 최초로 시도된 새로운 묘지 제도로서 스님께서 이를 직접 구상하셨는데, 약 7평 규모의 부지에 1기의 탑을 세우고 그 안에 3대까지의 유골을 봉안하게 되어 있다. 스님께서는 당초 금왕 지원 경내 면적의 대부분을 탑공원으로 조성코자 하셨으나 행정 규정상의 제약 때문에 2천 평 규모로 시작하게 되었다.

37. 금왕 지원이 개설된 이후 국내 각처에 속속 지원이 설립되었는바, 제주(1987), 부산(1987), 광주(1988), 온양(1990), 울산(1991), 대구(1991), 마산·진주(1992)의 순으로 이어졌다. 그러나 이들 지원 모두는 본원의 재정 지원에 의해 개설된 것이 아니라, 각처의 불자들이 스님의 가르침을 듣고자 스스로 발심, 협력하여 선원의 지원으로 지정받기를 원해 이루어진 자생적인 지원 사찰이었다.

스님께서는 그러한 귀의를 기꺼이 환영하시고 각처를 자주 순회하시며 법회를 주관해 주셨다.

38. 스님께서 그 외에도 각종 신행 단체가 주최하는 법회에 참석하시어 법문을 설하셨는데 특히 육해공군 법사단과 교도소의 초청을 받으실 때엔 다른 일정을 변경해서라도 빼놓지 않고 응해 주시었다. 스님께서 초청 법회에 참석하신 뒤엔 으레 감사의 편지가 꼬리를 물고 답지했다. 어느 때는 한 수감자가 스님의 설법에 감읍하여 노래 가사를 지

어 보내왔는데 스님께서 이를 보시고는 '한마음선
원가'로 하라 하셨다.

39. 안양 선원이 문을 연 지 얼마 안 있어 신도
회 간부들이 중심이 되어 불법의 기초 교리를 밝히
는 책들을 속속 발간해 내기 시작했다. 스님께서 이
런 일을 두고 말씀하시기를, "나는 말한 예도 없으
니 남긴다 할 것이 없으나 모르는 사람들에게는 방
편이 필요한 고로 책을 내는 것은 좋은 일이다." 하
셨다.

스님께서는 멀리서 서신으로 법을 묻는 이가 있
으면 반드시 책을 싸서 보내 주도록 당부하셨다.

40. 어느 때 한 작가가 찾아와 스님의 구도 과정
을 소설화하기를 원하자 스님께서는 보름 가량 특
별 대담을 허락하시고는 부처님 법에 대해 자세한
가르침을 주셨다. 그 작가는 스님의 말씀을 듣고
"도", "무"라는 두 권의 책을 썼는데 그 책이 베스

트셀러가 되면서 선원을 찾는 사람들이 더욱 늘어나 법회 때면 선원은 그야말로 입추의 여지가 없을 정도로 붐비게 되었다. 뿐만 아니라 전통 가람과 총림에서 한창 수행 중인 스님들이 친견코자 찾아오는 일도 부쩍 늘어나게 되었다.

그 작가는 이후 5년 동안 스님을 가까이 모시며 선원의 각종 간행물을 정리 발간하는 데 심혈을 기울였다. 스님께서는 그 작가의 불심을 높이 평가하시며 그의 애씀을 가상히 여기셨다.

41. 선원에서는 1986년 가을부터 스님의 정기 설법을 영상에 담아 비디오로 제작하기 시작했다. 스님께서 말씀하시기를 "사회상이 변한 만큼 현대인의 기호에 맞는 영상 매체를 적극 활용하여 포교에 활력을 불어넣는 것은 좋은 발전이다." 하시며 보다 진전된 방법이 나오는 대로 적극 수용할 것을 권장하셨다. 스님께서는 또 각종 전자 기기의 활용에도 관심을 보이셨는데 신도 관리에 머물지 않고

전 세계를 네트워크화하는 문제에도 깊은 관심을 보이셨다. 스님께서는 본원의 법회가 즉시 국내외 지원으로 전송되는 체계를 희망하셨다.

42. 스님께서는 노래를 통한 포교 방법에 대해서도 깊은 관심을 보이셨다. 선원에 합창단을 창설케 하시고는 그 운영에도 관심을 쏟으셨다. 어느 때 스님께서는 전통 국악과의 협연을 적극 지원하신 일도 있었다. 그 일은 찬불가를 통한 서양 음악과 국악의 접목이라는 점에서 불교계로부터 크게 주목을 받기도 했었다.

43. 스님께서는 또 불법의 생활화를 위해 10여 곡의 선법가를 직접 작사하시고는 전문 작곡자들에게 곡을 의뢰해 널리 부를 수 있게 하셨다. 스님께서는 "이왕에 불리고 있는 찬불가의 노랫말이 대부분 진리를 자기 안으로 찬탄하고 찾기보다는 밖으로 대상화해 놓고 있기 때문에 오히려 진리와 더욱

멀어질 염려가 있다.” 하시며 직접 노랫말을 지으셨다. 스님께서는 “그러므로 찬불가라 하기보다 선법가라 이름함이 좋고, 곡의 분위기도 밖으로 찾는 서양의 악풍보다 내면의 심성을 관조하는 동양의 악풍이 되어야 한다.”라고 말씀하셨다. 스님의 말씀에 따라 ‘한마음 선법가’가 만들어졌고 이를 테이프에 수록하여 대중에게 보급하는 일이 곧이어 추진되었다.

44. 한편 스님께서는 1986년부터 비구 스님으로서 가르침을 원하면 동참 수행을 허락하셨다. 그로부터 많은 비구 스님들이 스님의 가르침에 따라 수행 정진을 계속하고 있다.

45. 스님께서는 1986년에 처음으로 재가 신도들을 위한 수계식을 여셨다. 그때 말씀하셨다. “여러분들은 그냥 가벼운 마음으로 계를 받을 수도 있으나 내게 있어서는 이 일이 결코 가벼운 일일 수 없

다. 이제 여러분들과 나는 세세생생의 인연을 맺었
으므로 나는 여러분들을 영원토록 이끌어야 한다.
막중한 책임에 내 마음이 이렇게 간절해진다." 그
렇게 말씀하시는 중에 울음이 섞였으므로 많은 제
자들이 함께 울고 말았다.

46. 스님께서는 과학 문명의 급속한 발전에 상응
하여 불교의 현대화가 필요하다는 점을 역설하시고
는 1990년 봄에 연구원 설립을 지시하셨다. 스님의
말씀에 따라 승단과 신도회가 협력하여 연구 위원을
선정하고 곧이어 연구원을 개설했다. 연구원의 첫
번째 과업으로는 스님께서 여러 해 동안 해 오신 설
법의 내용을 체계 있게 정리하는 일이 선정되었다.

47. 스님께서는 1990년 여름에 십여 명의 연구
위원을 위촉하시고는 국내외 포교에 기초가 될 책
자를 만들도록 당부하셨다. 그때 말씀하시기를 "과
학 문명이 자꾸 발전을 거듭하고 있으니 불교도 현

대적 용어를 써 가며 과학에 앞장서서 나아가야 하고, 그렇게 함으로써 선맥을 이어야 한다. 또 당장 눈앞에 닥쳐오는 일들을 해결하려면 마음 도리를 알도록 해 과학이 충당 못하는 부분을 마음의 보배로 충당케 해야 한다. 우리나라가 비록 작은 나라이지만 모두를 살리는 데 역점을 두어 마치 젖꼭지와 같은 역할을 하도록 하자." 하셨다.

48. 스님께서는 불교 포교의 활성화를 위해 선원 산하에 포교 재단을 설립하는 게 좋겠다는 말씀을 여러 차례 하셨다. 이에 여러 사람이 힘을 모아 1991년 10월에 이를 실천에 옮겼다. 스님께서 말씀하시기를 "과학 기술의 급격한 발달에도 불구하고 그것이 인류가 직면하고 있는 정신적 방황에 대한 해결책이 될 수 없을 것인즉, 전체를 살리자면 모든 인류에게 불법을 가르쳐야만 한다. 그리고 그 일은 불법을 계승해 온 한국 불교의 힘으로 가능할 것이다."라고 하셨다.

해외 포교

49. 스님께서는 1982년 가을, 재미 홍법원이 주최하는 세계 고승 대법회에 초청을 받으시고 미국 방문을 추진하셨다. 그러나 여건이 허락지 않아 부득이 방문을 연기하셨는데 이때 많은 재미 불자들이 서신을 통해 스님의 방문을 학수고대하자 스님께서 일일이 답신을 보내시며 위로하여 말씀하시기를 "너와 내가 둘이 아니니 어찌 그 마음이 한데로 떨어지겠는가." 하셨다.

50. 국내에서 자생적인 형태로 지원이 하나 둘 늘어나는 것과 때를 같이하여 미국에서도 큰 호응이 있던 중에 1987년 5월에 이르러 마침내 캘리포니아 모건힐에 첫 해외 지원이 개설되었다. 그 당시 현지 교포 불자가 중심이 되어 스님을 초청해 법회를 갖더니 뒤이어 장소를 마련해서 지원으로 받아

주시기를 청해 옴에 따라 해외 지원이 개설되었다.

51. 그 후 모건힐 지원에 이어 알래스카(1987), 뉴욕(1989), 로스엔젤레스(1990), 시카고(1991), 콜로라도(1991), 오하이오(1991)의 순으로 해외 지원이 속속 문을 열게 되었고 다시 아르헨티나(1991)와 캐나다 토론토(1992)가 그 뒤를 따르게 되었다. 해외 지원이 늘어남에 따라 스님께서는 매년 한두 차례씩 현지 순회 법회를 여시게 되었는데, 이 일로 스님의 발걸음은 더욱 분주해져 갔다.

52. 스님께서 인연 따라 해외 포교에 나서신 지 5년이 넘지 않아서 해외 지원은 열 곳 이상으로 늘어났다. 그러나 스님께서 어디에 지원을 설치하라고 말씀하신 적은 한 번도 없었다. 모든 지원들은 스님의 가르침을 듣고자 원하는 현지 불자들의 요청과 그들의 자발적인 참여에 의해 개설되었다. 스님께서는 다만 시기를 말씀하지 않으시고 장차 이

러저러한 나라들에 인연이 있을 것이라고만 말씀하
셨다.

스님께서는 어느 때 남미, 유럽, 러시아, 중국 등
지에서도 차례로 지원이 개설될 것이라고 말씀하
셨다. 스님께서는 "일본이 가장 늦을 것이다."라고
하셨다.

53. 미국 내에 첫 지원이 개설된 지 삼 년이 될
즈음인 1990년 6월에 부시 미국 대통령이 자신의
생일 파티에 스님을 초청하였다. 스님께서는 한국
승려로는 처음으로 백악관 연회에 참석하게 되셨
는데 스님께서는 부시 대통령과 담소하시는 중에
미국이 6·25 동란과 한국의 경제 발전에 많은 도
움을 준 데 대해 감사를 표시하고는 강조하시기를
"그래도 남북 분단에 책임이 있으니 매듭을 만든
사람이 매듭을 푸는 뜻에서 한반도의 통일과 핵 문
제에 관심을 가져야 한다." 하셨다. 스님께서는 또
말씀하시기를 "미국은 장차 정신 세계에 좀 더 관

심을 기울여야만 할 것이다." 하셨다.

부시 대통령은 그 후 다시 한번 스님과 조우하기를 원해 스님께서는 그를 만나 개인적인 조언을 해 주셨다. 스님께서는 그 당시 '대통령을 위한 자문 모임'에 나가 설법을 하신 일도 있었다.

선원의 신도들이 부시와의 만남에 대해 여쭙자 스님께서 말씀하시기를 "무심중에 왔다 갔다 했으니 별로 할 말이 없다." 하실 뿐이었다.

54. 스님께서는 미국 지원에 설법차 건너가실 때마다 그 사회의 그늘진 구석을 살펴보시곤 하셨는데 어느 때 샌프란시스코 구치소를 찾으셨다. 구치소 당국은 일반 죄수들만 보고 가시도록 권했으나 스님께서는 그곳 교도관들조차 꺼려하는 흉악범 수용 감방을 둘러보시겠다고 하셨다. 스님께서는 그 중 한 사형수를 보시며 합장을 하셨는데 그는 스님과 눈이 마주치자 자신도 합장으로 답례하면서 눈물을 글썽였다. 스님께서는 한 시간 가량 그들과 무

언의 대화를 나누셨는데 방문 후에 말씀하시기를
"합장 답례 했던 그 사람은 죽지는 않을 것 같다.
합장하는 순간에 그의 가슴속에 부처가 자리를 잡
았기 때문이다."라고 하셨다.

55. 한번은 스님께서 미국의 한 지원에 가셨을
때 그곳 한인 회장의 초청으로 법회를 여신 적이 있
었다. 그때 그곳 한국 교민들의 실상을 보시고는 말
씀하셨다. "그 회관이라는 집이 부서질 듯이 낡은
데다 사람들이 뿔뿔이 갈라서는 모습을 보고 너무나
놀랍고 가슴아팠다. 타국에 와서도 한마음으로 뭉
치지 못하고 제각각 욕심을 부리고 서로 믿지를 못
해 분열하다니 이럴 수가 있는가 하는 생각이 들었
다. 그래서야 한인들이 그 사회로부터 어떻게 신임
을 얻을 것이며 고초를 면하겠는가? 심지어 법을 가
르친다는 절도 비슷한 양상이니 길을 가다가도 절로
눈물짓게 된다. 이 공부가 참으로 급한 일이다."

56. 어느 때는 또 순회 법회를 마치고 귀국하셔서 말씀하시기를 "가는 곳마다, 어느 종교를 막론하고 기복으로 나아가고 있으니 불법의 참다운 이치를 널리 알리는 게 시급하다. 그러나 또 가는 곳마다 불법이 짓밟히고 있으니 답답하기 이를 데 없다." 하셨다. 스님께서 대중에게 당부하시기를 "불교 속에 모든 종교가 들어 있으니 일체 제불의 한마음으로 포교에 힘쓰라." 하셨다.

57. 미국 내 포교 활동이 점차 활발해지는 중에 미국 서부 지방에 소재한 대학 두 군데서 스님께 명예 철학 박사 학위를 수여했다. 그러나 스님께서는 그 사실조차 말씀하려 하지 않으셨다. 신도들이 뒤늦게 이를 알고 자축하기를 바랐으나 스님께서는 이를 제지하시며 말씀하시기를 "왼손이 하는 일을 오른손이 모르게 하라는 말도 있지 않다더냐. 나는 한 게 없으니 받은 사이도 없다." 하셨다. 그럼에도 제자들까지 나서서 말씀드리자 스님께서는 다만 그

학위증 사본을 한동안 게시하는 일만 허락하실 뿐이었다.

58. 스님께서 미국 포교 길에 오르실 때마다 각처에서 종교학자, 철학자, 심리학자, 물리학자, 생물학자, 의학자들이 찾아와 법을 듣고자 하였다. 미국의 유수한 대학에서도 간혹 스님을 초청하여 불법의 이치를 듣고자 하였는데 스님께서는 현대 과학의 한계를 극복하는 길은 오직 마음법을 깨치는 데 있다고 강조하셨다.

59. 스님께서는 가르침의 세계화를 위해 무엇보다도 법어의 외국어 번역의 중요함을 강조하시고는 일차로 영역을 지시하셨다. 스님의 말씀에 따라 선원에서는 1988년부터 영문 소책자를 여러 권 발간하였고 이어 가르침을 집대성하여 1992년부터 이를 영역해서 반포하는 일에 착수하였다. 스님께서는 이를 독일어, 불어, 러시아어, 스페인어, 아랍

어, 중국어, 일본어 등으로 옮겨 세계 6대 문화권에 널리 펼치도록 하자고 말씀하셨다.

60. 스님께서 해외 포교에 관심을 보이신 이후부터 인도, 태국, 스리랑카, 대만 등지에서 법을 묻는 이들이 간혹 선원을 찾아오게 되었다. 스님께서는 이들에게 부처님의 가르침을 바로 깨쳐 들어가는 길을 일러 주셨다.

61. 스님께서 1990년 가을에 미국 산호세에 잠시 머물게 되셨을 때, 한 영문 포교지의 발행인인 미국인이 찾아뵙고 제자 되기를 간청하였다. 스님께서는 그를 제자로 받아들여 계를 주시고 홍법에 더욱 노력할 것을 당부하셨다.

스님께서는 해외 포교 활성화의 일환으로 그 계간지 "달마게이트"의 운영권을 인수하시고 매호마다 재정 지원을 아끼지 않으셨다. "달마게이트"는 매호 3만 부씩 인쇄되어 세계 각처의 불교 유관 기관 및 유명 대학 연구소 등에 무료 배포되었다.

62. 스님께서 미국 포교 여행 중에 하루는 초청을 받고 뉴욕 롱아일랜드에 들러 그곳에서 태권도를 수업 중이던 미국인 수십 명에게 설법하시고는 스님께서 풀이하신 한글 반야심경을 익히도록 당부하셨다. 이들은 스님의 가르침을 듣고 느낀 바 있어 그 후 각자의 체험담을 적어 스님께 봉정하기에 이르렀다.

63. 스님께서 미국 오하이오 주민들의 초청 법회에 참석하셨을 때 인도인 철학 교수가 이끄는 한 집회에 나가셔서 물질과학의 한계와 심성과학에 대해 말씀하셨다. 스님께서는 미국 각처에서 그와 비슷한 인연을 만나시곤 하였는데 그로부터 그들은 스님의 가르침을 널리 전파하는 일에 스스로 앞장설 뜻을 밝히곤 하였다.

64. 스님께서 미국 여행 중에 앨링턴 국립묘지를 둘러보시다가 케네디 전 대통령 묘의 꺼지지 않는 불을 보시고는 "저 불이야말로 영원한 생명의 근본은 죽지 않았다는 뜻이니 말없는 가운데 말을 하고 있음이다."라고 하셨다.

또 미국 국회 의사당 천정에 새겨진 용과 뱀의 그림을 보시고는 "화가가 무의식중에 불심을 나타낸 것으로 이 땅에 진작부터 불심이 가득 차 있음을 알겠노라." 하셨다. 신도들은 말씀을 듣고 스님께서 미국 내 포교에 각별하심을 비로소 이해하게 되었다고 하였다.

65. 스님께서는 해외로 다니실 때에도 바쁜 일정에 관계없이 사람의 많고 적음을 가리지 않으시고 법회를 주관하셨다. 스님께서 그에 대해 말씀하셨다. "발길 닿는 곳마다 나를 반겨 주는 알뜰한 정성으로 음식 한 가지라도 만들어 오는 것을 보면 그 마음의 은혜가 어찌 태산에 비해 적다 하랴. 가는

곳마다 내 어머니 아닌 이가 없고 혈육 아닌 이가 없으니 모두가 내 사랑, 내 몸, 내 자리요 모두가 한 자리인 것이다."

2. 자비의 회상

영일 없는 교화

1. 스님께서는 평소에 하시는 말씀이 그대로 설법이었지만 보다 많은 대중을 가르치시기 위해 수시로 법석을 마련하셨는데 안양에 선원을 세우신 이래로 조금도 지친 기미를 보이지 않으셨다. 선원 개원 때부터 처음 십수 년 동안은 매일 오전 아홉 시 또는 열 시경에 시작하여 오후 네다섯 시까지 담선 자리를 베푸셨다. 그 후 공부하는 신도들이 늘어나 담선할 자리가 비좁아지자 좌석을 법당으로 옮겨 일 주일에 몇 번, 한 달에 몇 번 하는 식으로 날짜를 정해 놓고 하셨다. 그럼에도 수시로 선실에 나오셔서 친견의 기회를 자주 만드셨다.

담선이나 친견의 자리에선 무릎을 맞대다시피 하시며 격의를 두지 않으셨으므로 분위기는 매우 자연스럽고 소박하였다.

2. 스님께서 국내외 지원으로 다니시며 순회 법회를 여실 때면 으레 인근 수백 리에서 불자들이 운집해 대성황을 이루었다. 특히 국내 지원 특별 법회의 경우는 전국 곳곳에서 몰려드는 불자들로 매번 일만여 명에 가까운 청중을 기록했다. 매월 셋째 주 정기 법회 때에도 그 숫자가 사오천 명에 이르렀다. 해외 법회의 경우도 매번 수많은 불자들이 모여들었는바, 현지 교포뿐 아니라 벽안의 청중들도 많이 몰려들었다.

3. 스님께서는 몸을 아끼지 않으시고 가르침에 힘쓰셨다. 법을 구하고자 하는 대중에게 늘 자상하셨고 결코 권태를 느끼는 기색이 없으셨다. 그 때문에 부처님을 신봉하고 스님의 가르침을 봉행하려는

이들이 해마다 삼대처럼 늘어 갔다. 그럴수록 스님께서는 더욱 바삐 부처님의 법우를 중생의 밭에 뿌리시고 깨달음의 싹을 틔우고자 천리만리를 마다 않고 다니셨다. 산중 수행 시절에 이 고을 저 고을을 발길 닿는 대로 다니셨듯이 국내외로 그렇게 다니셨다.

4. 스님께서는 틈만 나시면 대중 앞에 모습을 드러내셨고 법문을 설하시기를 마다하지 않으셨다. 옆에서 시봉하는 제자들이 스님께 자주 청하기를 '말씀 거두시고 쉬실 것'을 간청하곤 했다. 그때마다 스님께서는 이렇게 말씀하셨다. "내가 왜 이렇게 여러 마디를 자꾸 되풀이하는 줄 아느냐? 한 마디만 해도 알아듣는 사람이 있는가 하면 백 마디를 해도 못 알아듣는 사람이 있기 때문에 때에 따라서는 아흔아홉 마디 할 때쯤은, 백 마디 할 때쯤은 조금씩 알아듣겠지 해서 자꾸 되풀이하는 것이다."

5. 시자 스님들이 간혹 스님께 대중 앞에 나가는 것을 쉬시고 며칠간의 안식을 가지시도록 권유드릴 때가 있었다. 제자들 생각에 스님께서 색신의 피로를 생각지 않으시고 틈나시는 대로 대중을 제접하시고자 함이 때로는 안타깝게 보였기 때문이었다. 그러나 스님께서는 묵연히, 말없는 가운데 이를 물리치셨다. 옆에서 뵙기에 스님의 그러하심은 마치 진여의 마음을 회복한 스님으로서 목숨을 들어서라도 진리의 원천으로 회향하시고자 함인 듯이 여겨졌다.

6. 스님께서 어느 때 말씀하셨다. "나도 가끔은 이렇게 자문자답을 해 볼 때가 있다. '누가 만들어서 이러한가?' '네가 그렇게 생각했지.' '그것은 무슨 생각이냐?' '될 수 있으면 불쌍한 사람들을 돕기 위해 이렇게 해야 하겠다는 그런 생각을 어느 때인가 했기에 이렇게 일이 벌어진 것이 아닌가.' 하고 말이다. 좋고 나쁜 것을 몽땅 놓았더라면 오늘날 여

러분들과 같이 공부하려고 애쓰지도 않았을 것을, 당초에 이 한생각, 여러분들을 돕자고 했기에 이렇게 된 것이로구나 생각했다. 그러나 내가 해 놓고 내가 받는 것이니 고다, 아니다 할 것도 없다. 그렇게 갈 뿐이다."

7. 스님께서는 해외 포교에 나서신 이후 간혹 30여 시간의 지루한 비행기 여행을 강행하시는 때가 있었다. 제자들이 스님의 건강을 염려하여 가급적이면 일정을 느슨하게 잡고자 했다. 스님께서 말씀하셨다. "날 보고 무리하는 게 아니냐고 하고, 가든지 오든지 스님 자유로 할 수 있지 않느냐고 하지만, 누가 오라 해서 가는 것도 아니고 가라 해서 움직이는 것도 아니다. 나를 기다리는 마음이 없다면 인연도 없는 것이고 그 마음이 있다면 인연이 있는 것이니 그 인연 따라서 오고 갈 뿐이다."

8. 어느 때 스님의 안색이 안 좋은 것을 보고 제

자들이 걱정하자 스님께서 말씀하시기를 "나는 살고 죽는 것에 개의치 않는다. 잘된다 못된다에도 개의치 않는다."라고 하셨다.

한번은 스님께서 치과 치료를 받으신 때가 있었다. 잇몸을 파고 치주를 심는 수술인데도 마취를 거부하셨다. 얼굴이 약간 상기되셨을 뿐이었다. 수술이 잘못되어 두 번 째게 되었어도 오히려 의사의 처지를 안타깝게 여기실 뿐이었다. 또 선원으로 돌아오셔서는 그 상태로 설법을 하시려 하므로 제자들이 한사코 말렸으나 스님께서는 듣지 않으시고 이렇게 말씀하셨다. "주인공이 있다면 아무 일도 없으리라." 제자들이 모두 눈물지었다. 스님의 가르침이 대개 이러하셨다.

9. 스님께서 대중 법회 때 이렇게 말씀하신 적이 있었다. "만약에 내가 천 년에 한 번 나왔다가 천 년을 두고 가루가 되어서 뿌려진다 하더라도 여러분들이 깨칠 수만 있다면 그보다 더 기쁜 일이 없을

것이다. 어떤 때는, 한없는 중생이라더니 참으로 끝이 없다는 생각도 든다. 10년, 20년이 아니라 30년을 해도 씨가 먹히지 않는다는 생각을 하게 될 때는 이 노릇을 어떻게 하는가 싶어지다가 부처님과 보살님들이 지금도 중생을 건지시려고 눈물 한 방울을 피로 만들어 흘리시는 걸 생각해 본다. 아마도 부처님께서 흘리시는 그런 뼈저린 눈물이 아니었더라면 그분이 부처님이 되시지도 못했을 것이다. 부처님께서는 지금까지도 여러분들과 더불어 아픔과 기쁨을 같이하시면서 울고 웃으시는 게 역력하다."

10. 스님께서 말씀하셨다. "나는 심부름꾼에 지나지 않는다. 부처님 가르침의 뜻을 안으로 받아서 조금도 어긋나지 않게 잘해야 하겠기에 몸이 부서지는 한이 있더라도 심부름을 하는 것이다. 이 심부름에는 언제까지라는 것이 없어 죽으면 그친다는 생각도 없고 죽어서도 해야지 하는 생각도 없다. 너무 끝 간 데 없기 때문이다."

11. 스님께서 말씀하셨다. "설사 각을 이뤘다 할지라도 무슨 큰 봉황이나 잡은 줄로 알 일이 아니다. 혼자 편안하여 초연하지 못하리니 그것은 선조들이 어떻게 돌고 돌았는지를 알게 되는 까닭이다. 오직 진하디 진한 피가 하루도 편할 날이 없이 그렇게 돌았으니 이것이 나의 뼈아픈 생각이다."

12. 날이 갈수록 스님을 친견하려는 사람들로 선원은 발 디딜 틈이 없었다. 스님께서 간곡히 말씀하셨다. "우리는 모두 연결되어 있으니, 나를 꼭 보지 않더라도 언제나 나는 빛보다 더 빠르게 여러분의 심부름꾼이 될 것이다. 천 리라도 좋고 만 리라도 좋고, 강이 끼여도 산이 높아도 좋다. 물이 깊어서 못 갈 리도 없고 불덩어리라서 못 갈 리도 없다. 우리는 서로 공존하면서 별의별 이름으로 상응하고 있으니 한마음에 귀의하면 된다. 내가 여러분들에게 공경받기를 바라는 마음이라면 차라리 옷을 벗고 말 일이다."

13. 스님께서 말씀하셨다. "귀머거리가 천둥이 무엇이냐고 하듯이 이 오묘한 진리를 이해하지 못하는 사람이 많기에 내가 진리를 끌어내려 생활 방편에 부합시켜 말하는 것이나 그래도 모르는 이가 많으니 이날까지 하루도 쉴 날이 없었다."

쏟아지는 법우

14. 스님께서는 설법을 하시는 중에 가끔 눈물을 보이실 때가 있었다. 스님께서는 이에 대해 이렇게 말씀하셨다. "가끔 운다고 이상하게 생각하지 말라. 너무 간절하기 때문이니 생명의 깊은 밑바닥을 한번 겪어 본다면 중생에게는 바다 같은 눈물로도 부족한 바가 있다. 나는 높다랗게 앉아서 높다란 설법을 하지 못한다. 나는 그냥 준비도 없이 계획도 없이 생각나는 대로 말할 뿐이다. 여기에는 거짓도 과장도 없다. 때로는 말이 지지부진하기도 하고 어

느 때는 싱그럽고 또 어느 때는 간절히 슬퍼지기도
한다."

15. 스님께서 말씀하셨다. "인간 몸 받기가 얼마
나 어려운데 여러분들이 인간으로 태어나 귀신 짓
하는 걸 보면 답답하다 못해 나도 모르는 사이에 눈
물이 주르르 흐를 때가 많다. 모든 게 찰나찰나의
살림이고 고정된 게 없어 공했는데, 더 잘 먹고 더
짊어지고 더 갖고 더 살려고 하는 것을 보면 씁쓰름
하다가도 눈물을 감출 수가 없다. 여러분이 내 모습
이라고 생각을 안 한다면 답답할 일도 슬플 일도 없
는 것이나 여러분들이 내 몸이요 내 모습이니 여러
분들의 고통이 또한 내 고통인 것이다. 나는 결코
여러분을 버릴 수는 없다. 내가 죽어 삼악도에 떨어
지든 천상에 태어나든, 나 없는 나는 여러분 한 분
한 분을 끝까지 따라가서 가능한 모든 공덕을 회향
코자 한다. 한 가닥 인연이라도 헛되이 하지 않을
것이다."

16. 스님께서는 말씀하셨다. "부처님은 너무나 크고 깊으셔서 그분의 은혜는 은혜라고 할 수조차 없고 갚을 것도 없으나 그렇기에 내 몸을 가루로 만들어 바치고 내 뼈를 깎아서 갚는다 할지라도 부족하다 할 것이며 머리를 깎아 신을 삼는다 해도 모자람이 크다 할 것이다."

스님께서 또 말씀하셨다. "이 마음은 바다 같고 한데 모여서 시공이 없이 돌아가니 어찌 너와 내가 따로 있겠는가. 그러므로 여러분들이 등짐 지고 걸으면서 무겁다고 하는 것을 보면 보는 대로 안타깝고 불쌍하고 가슴 뭉클하기에 내 마음 편코자 내가 이러고 있는 것이다."

17. 하루에도 수십 명씩 사람들이 찾아와 스님께 인생의 괴로움을 호소했다. 몸이 아파서 괴로워하는 사람도 있었고, 가정이 화목하지 못해 괴로워하는 사람도 있었고, 하는 일이 뜻대로 되질 않아서 괴로움을 하소연하는 사람도 있었다. 사람마다 그

내용은 각양각색이었다.

스님께서 어느 날 그 일에 대해 이런 말씀을 하셨다. "그런 하소연을 들을 때 나는 매우 가슴이 아프다. 왜 이토록 세간은 고통스러운 것인지……. 생각하면 누구라고 할 대상도 없이 내 마음은 슬퍼진다. 모두가 스스로 지은 것이지만 이치가 그렇더라도 나로서는 '다 당신 탓이니 당신 스스로 알아서 하라'고 그렇게 냉정한 말을 하기가 쉽지 않다. 불법이 어찌 그런 하찮은 아픔이나 치료하고 복이나 주는 그런 것이겠느냐고 호통을 치질 못한다. 그러기에 내 마음은 간절하게 슬퍼지고 뼈가 아프도록 괴로워진다. 나는 높은 스승이 못 되어서 그런지는 몰라도 그런 분들을 꾸짖어 당혹하게 만들기보다 같이 눈물 흘리고, 더불어 그 아픔을 부둥켜안아 주고 싶다. 나도 슬픈 사람, 아픈 사람, 괴로운 사람들을 안 보고 싶다. 세상의 모든 사람들이 기쁘고 아름답고 싱그럽게 살아가기를 마음 간절하게 바랄 뿐이다. 모두들 그렇게 살아가길 바란다. 만일 모든 사람들이 그렇게 되기 위해 내 몸뚱아리가 필요하다면 나는 서슴없이 내 몸을 바칠 것이며 그 일로 해서 내 몸이 다음 생에 벌레로 태어난다 해도 후회하지 않을 것이다. 설사 무간지옥에 보내진다 해도 뉘우치지 않을 것이다."

스님의 말씀을 듣고 좌중은 모두 눈물을 흘렸다.

18. 스님께서 어느 날 설법 중에 이렇게 말씀하셨다. "나를 발견하기 위해 그토록 많은 눈물을 흘렸는데 다시 여러분들과 가슴 에는 듯한 눈물을 또 흘리게 되었다. 고통을 짊어진 분들이 내게 와서 덥썩 안기며 눈물 흘릴 때면 나도 뼈를 깎는 눈물을 흘리게 된다. 내가 눈물을 보인다고 부처가 되기 틀렸다고 하여도, 또 여기서 벗어나지 못한다고 하여도 좋다. 여러분들이 걸어온 길을 알게 되니까 그때마다 그 모습이 불쌍하기 짝이 없고 부모 자식의 마음, 영령의 마음들이 애처롭기 그지없다. 그러나 나는 이 세상을 준다 해도 그 눈물 한 방울하고 절대

로 바꿀 수 없다. 그것은 마음과 마음이 감동해서 흘리는 눈물이기 때문이다."

19. 스님께서 대중에게 말씀하셨다. "여러분들의 피와 땀이 곧 나의 피와 땀이요, 여러분들의 형상이 내 형상이요, 여러분들이 먹는 것은 바로 내가 먹는 것이다. 여러분들의 주인공이 내 주처요, 내 주인공이 바로 여러분들의 주처이니 그렇게 같이 돌아가고 있는 줄을 왜 모르는가? 허구한 날을 이렇게 저렇게 잘되도록 해 달라 하고 부처님 전에 하소연하며 비는 것은 세상에서 내가 가장 싫어하는 일이다."

20. 스님께서 어느 때는 또 이렇게 말씀하셨다. "스스로 괴로움을 짓는 수많은 사람들의 아상을 나는 소리 높게 꾸짖고 싶지 않다. 누구나 비록 욕심 많고 못나고 별반 내세울 게 없을지라도 그래도 나 자신이 있기 때문에 삶을 사는 것이 아니겠는가. 내

가 있기 때문에 고통당하고 슬픈 일도 겪으며 때로는 울고 때로는 웃으며 인생을 살아가는 것이 아니겠는가. 그런 사람들을 이기적이라고 나무라기에 앞서서 우리가 살아간다는 것이 그만큼 뼈아프고 그만큼 소중한 것인 만큼 그런 마음을 측은하게는 여길지언정 눈을 부릅뜨고 꾸짖을 수는 없다. 다만 내가 안타까워하는 것은, 우리가 그렇게 고통받으며 살도록 태어나지는 않았는데도 사람들이 고통받고 있다는 데에 있다. 우리는 결코 이기적이어야만 살 수 있도록 되어 있지는 않다. 우리는 결코 문제에 문제가 꼬리를 무는 고해 속에서 살도록 태어난 것이 아니다. 우리에겐 광대무변한 행복과 기쁨이 보장되어 있다. 이치가 그러한데도 많은 사람들이 몸부림치며 슬퍼하고 괴로워하면서 사는 걸 보면 내 마음은 미어지도록 아프다."

21. 스님께서 말씀하셨다. "여러 생명들이 싱그럽고 자유스럽게 사는데 이 대행의 목숨이 필요하

다면 나는 지금 이 자리에서라도 서슴없이 생명을 던지겠다. 설사 내 몸이 가루가 되고 갈기갈기 찢기는 한이 있더라도, 나의 마지막 피 한 방울, 힘줄 한 자락까지도 나는 뼈아픈 사람들, 짓눌린 사람들에게 다 바치련다. 이 말은 허투루 하는 말이 아니다. 어린 나이에 이미 세운 마음이며 나는 한 번도 그런 마음이 변해 본 적이 없었다."

22. 하루는 스님께서 무릎에 덥썩 안기며 울음을 터트리는 한 신도를 보시고는 함께 눈물지으셨다. 그리고 대중을 향해 말씀하셨다. "사람들이 걸어온 길을 보면 불쌍하기 짝이 없다. 나는 길잡이로서 여러분의 마음이 편안하면 나 또한 편안할 터이지만 마음 쓰는 걸 자세히 살펴보면 눈물이 날 때도 있고 그냥 쓸쓸히 웃음지을 때도 있다. 사람이 산다는 게 누가 누구를 위하는 것이겠는가. 부부지간의 사랑이 아무리 애틋하다고 해도 자기와 자기의 사랑만은 못하다. 그런데 살아가는 모습들을 보면 금방 웃

다가 돌아서서는 싸우고, 울고불고 그러니 나로서는 탐탁지도 않고 씁쓰름할 뿐이다. 하기는 스님네들도 절을 뺏어야 하느니 막아야 하느니 다툰다는 소리도 들려오지만, 앉아도 그만 서도 그만인 것을 모두들 그렇게 하고 있으니 어떤 때는 이 길을 걷고 싶지 않을 때도 있다. 아마 수많은 부처님께서도 씁쓰름한 눈물을 흘리셨을 테고 때로는 기가 막혀서 너털웃음을 웃으셨을 게다. 나는 나 자신이 괴로워서 눈물 흘려 본 일은 없지만 보는 것도 탈이라서 이렇게 감추지 못하고 눈물을 보이기도 한다. 여러 분들이 살겠다고, 공부하겠다고 이리 돌고 저리 도는 것을 보면서 다 제가 해 놓고 제가 받는 것이니 어쩔 수 없지 뭘 그런 생각을 하느냐고, 눈물짓다가 씁쓸히 웃기도 하지만 이것이 내 흠이라고 하더라도 여기서 벗어나겠다, 머물겠다는 생각조차 하지 않는다. 앞서 가신 분들이 잠시 쉬었다 가면서 어떻게 걸어갔나를 본다면 거기에 피가, 진한 피가 돌고 있고 그분들 역시 하루도 편할 날이 없었을 것이다.

각을 이루면 무슨 봉황이나 잡는 줄 알지만 그 아픔은 다 이야기하지 못할 것이다. 나는 부처가 되겠다고 하지도 않았지만 알고 보면 부처도 많이 울고 웃었을 것이다. 모두가 꼭 내 몸같이 너무나 가엾고 아프고……. 때로는 지옥에서 찾으면 지옥에 가야 하고, 작으면 작은 대로 크면 큰 대로, 울고 앉아 있으면 울고 앉은 대로 그렇게 해야 했을 터이니 어찌 그러지 않았겠는가. 자기가 편안하다고 자기만 훌쩍 가 버릴 수 있는 게 아니라서 그대로 눈물이 핑 돌고 씁쓸하고 그렇다."

23. 스님께서 어느 때 말씀하셨다. "도대체 이 대행이 누구이기에 나를 찾아와서 그런 뼈아픈 이야기를 다 털어놓는 것인지. 때로는 숨기고 싶은 부분, 구차하고 부끄러운 부분까지도 왜 죄다 털어놓는 것인지……. 나는 그럴 적마다 이 세상엔 왜 그다지도 아픈 일이 많은가, 인연줄은 왜 이다지도 질기고 복잡한가 하는 생각을 안 하려야 안 할 수가

없다. 참으로 세상은 온갖 쓰리고 아픈 인연들의 집합소처럼 여겨진다. 그런 때마다 나도 모르게 뜨거운 마음이 일고 어쩔 수 없이 눈물이 흐르게 된다."

24. 스님께서 대중에게 말씀하셨다. "여러분들이 생활하는 가운데 불쌍한 사람을 보면 마음이 아프고 슬픈 사람을 보면 같이 눈물짓듯이 나 역시 언제나 여러분을 보면 같은 마음이 된다. 줄 없는 인연줄이 얽히고설켜 있기에 그렇다. 그러나 여러분들만이 아니고 길짐승이나 날짐승, 또는 식물, 무정물까지도 가슴 아프게 할 때가 많다."

스님께서 또 말씀하셨다. "아무리 오묘한 법을 깨친다 하더라도 중생과 더불어서가 아니면 도가 될 수 없고, 아무리 드높은 경지를 체달한다고 해도 눈물이 없는 것이라면 나는 따르지 않겠다. 깨친 목석보다는 자비심 있는 중생이 더 아름답다."

25. 어느 해 수계 법회가 있던 날 연비 절차를 마

치고 나서 스님께서 대중 설법을 하시던 중에 이렇게 말씀하셨다. "여러분들에게 오계를 설하고 연비를 해 주었으므로 나의 책임은 크다. 예를 들어 말하자면 망을 보는 놈에게도 도둑질의 책임이 있듯이, 또 자녀들이 남의 집 유리창을 깨뜨렸을 때 부모에게 변상의 책임이 있듯이 내게도 그런 책임이 있다. 여러분들이 일체를 한마음에 맡기면 잘못될 리도 없겠지만 내게는 그 책임이 그대로 회향인 것이다."

26. 스님께서 말씀하셨다. "여러분이 모자란다면 나도 모자라고 내가 모자란다면 여러분도 모자랄 것이니, 이 자리에 높고 낮은 게 없다. 만약에 높다고 생각한다면 낮고, 낮다고 생각한다면 높은 것이다. 여러분들이 자녀를 키우려면 자녀들 속으로 뛰어들어야 하듯이, 모르면 모르는 대로, 망나니면 망나니인 대로 몰락 그 속에 뛰어들어야 이끌어 줄 수 있는 길잡이가 되지 않겠는가. 사랑하는 마음에

는 높은 것도 낮은 것도 없느니, 세간 법에 들어가면 세간 사람이 되어 주어야 하고 벌레 세계로 들어가면 벌레가 되어 주어야 하는 것이다."

27. 선원의 신도회가 중심이 되어 수행 중의 개인적인 체험들을 묶어서 책으로 펴낸 일이 있었다. 스님께서 이를 가상히 여겨 말씀하시기를 "여러분들이 마음에 불을 지펴 이런 일을 해내니 삼세로 감사할 따름이다. 자식의 인연이라도 받아들이지 않으면 어쩔 수 없거늘, 스스로 불심이 밝으니 오대양 육대주가 다 밝아질 것이라, 뒤에 오는 사람들이 어둠에 헛발 딛지 않고 불 밝힌 길을 좇아올 수 있을 것이니 이 고마움을 세세생생 잊지 못할 것이다." 하셨다.

28. 10년 가까이 선원의 살림을 도맡아 하던 한 재가 제자가 어느 날 갑작스런 사고로 유명을 달리하게 되자 스님께서 이 비보를 들으시고는 여느 때

와 달리 슬픔을 드러내셨다. "내 한 팔, 한 다리가 잘린 듯이 아쉽고 안타까운 일이다. 나고 죽는 게 그러한 일이지만 그 순간의 고비를 넘기고 팔자 운명을 타파하는 도리도 있거늘 내가 너무 생사에 무관심했던 것 같다." 그 말씀을 듣고 대중 가운데 눈물짓지 않는 이가 없었다.

29. 스님께서 어느 해 신년 설법을 마치시고 말씀하셨다. "기쁘게 삽시다. 싱그럽고 건강하게 삽시다. 여러분들이 기쁠 때 나도 기쁘고 여러분들이 슬플 때 나도 슬프니 그것은 우리가 한마음이기 때문이다. 같이 걸어가자. 영원토록 같이 걸어갑시다. 헤어진다 해도 마음이 하나일 때 그곳에 헤어짐은 없다. 설령 죽음이 갈라놓는다 해도 한마음에서는 이별이 없다. 기쁘게 삽시다. 여러분들이 구김살 없이 살아갈 수 있게 하기 위해서라면 나는 그 어떤 아픔이라도 대신 짊어지겠다. 그러나 내가 아무리 짊어져 주려고 한다 해도 그로써 모든 문제가 해결

되지는 않을 것이다. 그것은 어떤 부처님, 어떤 보살님, 어떤 선지식, 어떤 구세주라도 마찬가지일 것이다. 그러니 열심히 닦아 나가길 바랄 뿐이다."

30. 스님께서 말씀하셨다. "아무리 아름답게 꾸미고 금은보화를 둘렀다 해도 내 눈에는 허깨비 장난같이 보일 뿐이니, 사람의 세상살이가 스스로 만든 지옥이고 고통인지라 마음공부를 하라고 하는 것이다. 왜 뛰쳐나갈 수 없도록 스스로 묶어 놓고 괴로워하는가. 우리는 그렇게 고통받으며 슬프고, 억울하고, 짓눌리고, 가엾게 살도록 태어난 것이 아닌데도 그러하니 안타깝기 그지없다."

31. 스님께서 또 말씀하셨다. "우리에겐 광대무변한 행복과 기쁨이 보장되어 있으며 넉넉하고 여유롭고 의연하고 떳떳한 마음이 보장되어 있음에도 불구하고 많은 사람들이 헛것에 매여 너무 슬프고 가엾게 살고 있기에 내 마음은 미어지도록 아프다."

32. 스님께서 대중에게 말씀하셨다. "내가 왜 말 끝마다 무조건 믿고 놓으라 하는 줄 아느냐. 나도 골치 아프게 살고 싶지는 않지만 모두들 살아온 습이나 집착, 욕심을 주렁주렁 달고 있어서 한 꺼풀 벗겨 내려고 그러는 것이다. 그 꺼풀 벗는 일을 내가 대신해 줄 수만 있다면 모조리 대신할 것이로되, 심부름꾼은 될 수 있을지언정 대신할 수는 없으니 어떻게 하면 도리를 알게 할까 하여 되풀이하는 것이다. 이것이 나의 흠이라면 흠이요 천성이기도 하니 그렇게 하다가 오늘 엎어져도 상관하지 않을 것이다. 몸은 깎일지언정 마음이야 어찌 깎이겠는가."

33. 스님께서 모든 법제자와 신도들을 응대하시는 모습은 마치 어머니가 외아들을 보듯 하셨다. 모든 것에 아낌이 없으셨고 감춤도 없으셨다.
스님께서는 신도들을 상대로 꾸짖거나 호령하시는 적이 없었다. 한 제자가 스님께 "너무 친절하게

대하시는 게 아닙니까?" 하고 여쭈었다. 스님께서
는 말씀하시기를 "모두가 나와 더불어 얼마나 처참
하게 같이 걸어왔는지를 여러분들도 알게 된다면
누굴 보고도 그렇게 할 수는 없을 것이다. 누구를
보고 남이라 하겠는가. 그러나 그리하더라도 이 도
리가 싸래기 반쪽만 한 에누리도 없이 선명한 것인
줄 알아야 한다." 하셨다.

34. 어느 때 선원의 한 법사가 스님에 대해 말
하기를 "스님께서는 마음이 약하셔서 부수는 일은
못하시고 타이르려고만 하신다." 하였다. 스님께
서 말씀하셨다. "달래는 사람도 있어야 치는 사람
도 있는 것이지 달래는 사람이 없다면 어떻게 시퍼
런 칼인들 휘두를 수 있겠는가. 집안의 자녀들에게
도 혼을 낼 때가 있고 타이를 때가 있는 법이다. 수
백 명을 일일이 상대할 수 없으니까 알아듣는 사람
만 알아들으라고 내리치기도 하겠지만 나자빠지는
사람은 어떻게 되겠는가. 산천초목은 가지각색으로

푸르고 별 나비도 각각의 자태를 자랑하고 다닌다. 원래 칼날도 없고 침도 없다.”

35. 스님께서는 어느 때 강원에 나가 있는 제자에게 서신을 보내시어 마음공부에 정진할 것을 당부하시며 말씀하셨다. “첫째는 손 없는 손에 쥘 게 없는 호미 자루를 쥐고 맬 게 없는 김을 매야 한다. 둘째는 글을 읽되 보지 않고 보는 글을 읽어야 한다. 셋째로는 부처님의 열반상이라 하는 뜻을 잘 알아야 한다.” 스님께서는 이어 “그 뜻을 다시 한번 일러 줄 터이니 명심하라.” 하시며 이렇게 읊으셨다.

“말을 하는 것도 고정되지 않으며/ 듣는 것도 고정되지 않으며/ 보는 것도 고정되지 않으며/ 발로 걸어가는 것도 고정되지 않으며/ 그래서 앞뒤가 다 고정되지 않으므로/ 일거일동이 고정되지 않게/ 모두가 같이 공존하고 있는 것이니/ 앞이 끊어졌다, 뒤가 끊어졌다 생각지 말아라.

앞과 뒤는/ 한데 포함해서 공전하고 있으니/ 네

가 걸어갈 때에도/ 한 발짝 떼어 놓을 때도/ 떼어 놓은 자리가 비었느니라.

앞에도 비었고/ 뒤에도 비었으니/ 자기 자신이 자유스럽게/ 함이 없이 하는 것만이 정도이니라.

모든 일체가/ 다 그러한 것이어서/ 공이요/ 무요 했느니라.

그러면서도 여여하게/ 주인공, 이름 없는 주인공을/ 놓지 말아야 한다.

그래야 잡을 게 없는 것을 잡는/ 심(心) 막대기에서/ 에너지는 무한량으로 나오기 마련이니라.

그 에너지는/ 생각하기 이전이니/ 생각한 것은 운전수요/ 이 육신은 차이니

그 차를 몰고 다닐 때/ 운전을 잘해야 하는 것이/ 곧 중심이며/ 심 막대기이니/ 그것도 이름하여 심 막대기라 하느니라.

앞뜰에/ 소나무 한 그루가/ 잘생겼더구나./ 그 솔잎은 쉬지 않고/ 소리를 내고 있더구나.

달은 밝아 고요한데/ 너와 그 솔잎은/ 같이 울더

구나.

갖은 꽃들은 다 되어서/ 오색이 영롱한데/ 갖가지 벌들은/ 꽃 속에/ 꽃가루를 묻혀서/ 온 누리에 뿌려/ 일체 음지 양지 없는 땅에/ 만 가지를 소생시키더구나.

이 모두가/ 너와 내가 둘이 아니지만/ 각양각색의 조화는/ 바로 너의 마음에 달려 있는 것이란다."

36. 어느 때 스님께서는 제자들이 가 있는 운문사 강원을 직접 둘러보신 일이 있었다. 돌아오셔서는 또 그곳 주지 스님께 간곡한 사연을 보내셨다.

"…… 지금 스님께서는 깊은 밤 깊은 물, 갈대 속에 잠든 고기 깨우시려고 낚싯대 던져 함이 없이 하시느라 몇 바퀴나 더 도셔야 한단 말입니까? 스님! 스님 문하에 학인을 보낸 학부형으로서 무어라 감사의 말씀 다 드릴 수 없습니다. 아무쪼록 사람 만들어 주십시오."

스님의 제자 사랑이 대개 이러하셨다.

37. 스님께서 해외 포교에 나서실 때면 그 일정이 아무리 짧게 잡혀도 달포를 넘겼고 때로는 두세 달이 될 경우도 있었다. 그 때문에 스님께서 귀국하시는 날이면 친견을 원하는 신도들로 선원은 발 디딜 틈이 없었고 많은 신도들이 스님을 친견하러 나아갔다가 눈물이 앞을 가려 말을 잇지 못하곤 했다. 스님께서 말씀하셨다. "너는 이 땅에서 몇 날 며칠을 울고 있었겠지만 나는 그곳에서 울었다."

스님을 향한 신도들의 마음과 대중을 제접하시는 스님의 모습이 대개 이러하셨다.

담선 법회

38. 스님께서 한번 법석을 열면 깊고 오묘한 마음법의 이치가 뚜렷이 드러나 대중들은 한결같이 감읍하지 않을 수 없었다. 많은 사람들이 스님의 설법을 듣고 감격하여 눈물을 흘렸다. 듣는 이마다 한

결같이 자신에게 개별적인 가르침을 주시는 것으로
믿었다.

스님께서는 제자들 몇몇을 앉혀 놓고 가르치실
때는 물론이고 대중 법회 때에도 그 많은 사람들의
마음을 거울에 비추듯 환히 알아 지도하셨다. 그러
므로 누구나 스님과 마주앉아 개인 지도를 받는 듯
이 짙은 감동에 젖어들곤 하였다.

39. 스님의 가르침은 언제나 자세하고 빈틈없고
친절하셨다. 후학들 중에는 스님의 가르침을 듣고
환골탈태의 기쁨을 맛보았으며 청량감을 느끼게 된
다고 하는 이들이 많았다.

스님의 가르침에는 언제나 자비가 함께 따랐다.
그 자비의 힘이야말로 중생들을 고해에서 건져 열
반의 언덕으로 올려놓는 원천이 아닐 수 없었다.

40. 스님께서는 법회 시에 문답이나 토론 방식을
유도하셨다. 특별한 행사나 법요식 때가 아니면 반

드시 대중을 향해 질문할 것을 권유하셨다. 역대의 선사들처럼 낚싯밥을 던져 놓고 물기를 기다리시는 적은 없었다. 대중을 상대하실 때는 꼭 그러하셨다.

법상이 높은 것을 원치 않으셨고 일방적인 설법보다는 담선 법회를 좋아하셨다. 스님께서 말씀하셨다. "생활 불교가 되어야 하느니 자신이 느끼고 자신이 맛을 보아야 한다."

41. 스님께서 법회 중에 대중들에게 질문할 것을 권유하심이 간곡하셨으므로 대중 가운데 차츰 질문하는 자가 늘어나더니 나중에는 서로 앞을 다투어 법을 묻고자 하였다. 스님께서는 질문의 내용이 하찮은 것일지라도 소상히 답변을 하셨으므로 대중들은 늘상 자신의 처지와 비교하여 깨치는 바가 적지 않았다. 스님께서는 "부처님의 가르침이 물에 기름 돌듯 하여서는 아니 된다. 생활이 그대로 법으로 되자면 공부하는 중의 느낌을 가지고 재료로 삼아야 한다." 하시며 질문을 권유하셨다.

42. 스님의 가르침을 듣고 감읍하여 출가를 결심하는 이들도 적지 않았다. 스님께서는 그런 이들을 자상한 어머님처럼, 때로는 너그러운 맏누님처럼 격려하시면서 거두어 주셨다. 많은 사람들이 스님 앞에서는 큰 스승, 어버이와 같은 체취를 느끼게 된다고 술회했다. 어떤 이들은 스님을 뵐 적마다 연인을 보듯 뜨겁게 끌려든다고 그 심정을 토로하기도 했다.

43. 스님께서는 종파가 다름을 가리지 않고 법을 묻는 이에게는 언제나 따뜻하게 응답하셨다. 많은 이들이 스님 앞에 나섰다가 의심을 풀고 돌아갔다. 독실한 기독교도들도 찾아왔고 수녀, 신부들도 법복을 입은 채로 스님을 친견했다. 스님께서는 그들의 의문에 대해 소상한 가르침을 주셨다. 종파를 뛰어넘어 스님의 가르침에 은택을 입은 이들이 많았고 제도받은 이들도 적지 않았다.

44. 스님께서 법을 설하시는 모습은 언제나 여일하시어 때와 장소를 구분하지 않으셨고 좌중이 비록 두세 명에 불과할지라도 인연이 닿으시면 법회 시와 다름없는 설법을 하셨다.

어느 때 한 신도가 선원 밖에서 공양을 대접하는데 스님께서 길게 말씀하시는지라 그 신도가 이를 송구스럽게 여기자 스님께서 말씀하셨다. "부처님께서 길을 가다가 한 명이 있어도 법을 설하셨다 하거늘 어찌 좌중의 머릿수를 말하는가. 이 방 중에 비록 한 명이 앉았다 해도 꽉 찬 것이니 우리는 보이는 세계와 보이지 않는 세계의 교차로에서 돌고 있음을 알아야 한다."

45. 스님께서는 언제나 가르침을 구하는 이의 수준에 맞게 가르치려 하셨고 바로 실천 가능한 법을 일러 주려 하셨다. 그래서 스님의 설법은 언제나 지극하고 자연스러운 맛을 느끼게 했다. 그럼에도 불구하고 신도들이 알아듣지 못하면 스님께서는 "아

이고, 내 참······." 하시면서 뒷머리를 만지시곤 하
셨다.

스님께서는 결코 질타하시는 일이 없었다. 항시
웃음 띤 얼굴로 자상히 가르치시는 편이었다. 스님
의 회상엔 늘 미소가 감돌았다.

46. 스님께서 대중을 제접하심이 조금씩 다를 때
가 있었다. 한 제자가 그에 대해 여쭙자 말씀하셨
다. "좀 아만이 있다 싶으면 내가 거기로 들어가 주
고 아만이 없고 참 겸손하면 그쪽을 나한테 넣고 그
럴 뿐이다. 너희도 상황에 따라 물 흐르듯 순리적으
로 해야 한다."

47. 스님께서 어느 때 대중 설법을 마치시면서
이렇게 말씀하셨다. "도에는 문이 없으니 어떤 스
승일지라도 여러분들이 들이마시기만 해도 당장 불
과가 뚝뚝 떨어지는 법을 들려주지는 못할 것이다.
내 말도 내 말일 뿐이니 귀 없는 귀로 들을 줄 알아

야 한다. 마음 아닌 마음으로 길 없는 길을 걸으면 우리는 한마음일 것이며 그 한마음 속에서 결국 모든 존재는 위대한 불도에 들게 될 것이다."

48. 스님께서 설법 중에 말씀하셨다. "나는 이날 까지 여러분들을 가르친다는 생각은 한 번도 해 본 적이 없다. 그래서 여러분들이 '이것은 아니다'라며 돌아선다 해도 괘념치 않는다. 스스로 마음에서 우러나와야 대도를 이루는 것이지 누가 하라고 해서 되는 것이 아니기 때문이다. 나는 오로지 여러분께 길을 일러 주고 있을 뿐이니 나는 바른 길을 가도록 길을 일러 주는 도반이다. 내가 더 잘 안다기보다 여러분이 적게 알면 나도 적게 아는 것이고 여러분 이 많이 알면 나도 많이 아는 것뿐이다."

49. 한 신도가 스님께 제자들을 가르치시는 목적 에 대해 여쭈었다. 스님께서 말씀하셨다. "그냥 묵묵히 걸어갈 뿐이다. 닥치면 닥치는 대로 흐르는 것

이다. 좋다 나쁘다 할 것도 없이 숙연하고 진실되게 걷는 것일 뿐이니 내게 어떤 목적이 있다고 할 수 있겠는가. 아무것도 없다. 있다면 떳떳한 것뿐이다. 저 일월이 돈다는 소리 없이 매일 쉬지 않고 돌듯이 그렇게 다소곳이 걸을 뿐이다. 내가 무엇을 어떻게 한다는 생각은 고(苦)이다."

생활 실천 법어

50. 스님께서는 경전의 구구한 해석이나 인용을 좋아하지 않으셨다. 더욱이 밖으로 찾는 기복 신앙은 철저히 경계하셨다. 스님께서는 간혹 "나는 학식이 없어서 경전을 잘 모른다." 하셨지만 신도들은 그 말씀의 의미가 다른 데 있음을 감지하고 있었다.

스님께서는 번다한 교학을 배제하시고 진실된 실천적인 길만을 강조하셨다. 스님 자신이 공부 중에 강원에 들지 않고 산중에서의 고행을 통해 '이와 같이 행하고', '이와 같이 닦아 오신' 결과였다.

51. 스님께서 말씀하셨다. "나를 보고 부처님의 경전 이야기를 하지 않는다고 하지만 누차에 걸쳐 실험을 통해서 내 몸뚱이 수천 번 던져 보고 찔러 보면서 너무 아프고 쓰리고, 즐겁고 좋고 한 것을 경험했기에, 그리고 그것은 세상을 다 준다 해도 바꿀 수 없는 보배이기에 그것을 전달할 수밖에 없지 않으냐. 또 여러분을 대할 때마다 환과 고독이 천차만별로 벌어져 있어 그냥 볼 수가 없으니 그 말밖에 더 하겠는가. 나는 남이 해 놓은 것을 말하는 게 아니라 내가 체험한 것을 내가 하고 싶은 대로 말할 뿐이다. 그러나 내가 하찮은 말을 한다고 생각하면 오산이다."

52. 한 신도가 은연중 비방하는 투로 말하기를 "스님께서 석가모니 부처님에 대한 언급이 적은 것은 아무래도 이상하다." 하였다. 스님께서 그 말을

들으시고 이렇게 말씀하셨다. "내가 석가모니 부처님에 대해 자주 일컫지 않는 것은 내가 그분을 위대하신 분으로 추앙하면 할수록 듣는 이들이 그분께 얽매일 것을 염려해서이다. 그것이 중생의 속성일 터인즉, 그래서 석가모니 부처님을 본받아 수행 정진 하여 성불하고자 하는 노릇이 도리어 석가모니 부처님이라는 관념과 환상에 집착하게 하는 병폐를 낳는다면 그분이 가르치고자 하신 동기와 결과는 천양지차로 달라지고 만다."

53. 스님께서 또 말씀하셨다. "나 스스로 닦아 온 대로 하는 게 진짜이지 부처님이 해 놓으신 것을 그대로 옮긴들 그것이 진짜이겠는가. 내가 여러분들에게 경전의 말씀들을 그대로 옮겨 놓는다면 속이 시원할 리 있겠는가. 나는 내가 실험한 것만을 말하는 것이다. 내가 경전을 보고 남의 말을 듣고서 한다면 이렇게 얘기하지도 못한다. 내가 실험한 것만 얘기한다 해도 다 못하고 한 철에 이 육신이 떨

어질 텐데 언제 그렇게 하겠는가."

54. 스님께서 또 말씀하셨다. "날 보고 허구한 날 한 말 또 하고 또 한다고 하지만 여러분들은 왜 했던 살림살이를 하고 또 하는가. 왜 만날 먹고 또 다시 먹고 하는가. 진리가 연방 그렇게 돌아가는 것이거늘."

55. 스님께서는 인간사에 대해 이렇다 저렇다 똑 떨어지게 말씀하시는 적이 드물었다. 대체로 "이 것도 법이고 저것도 법이니라." 하실 때가 많았다. 신도들 중에는 그 점을 답답해하는 사람들이 있었다. 스님께서 말씀하셨다. "여러분들 중 누구를 보고 나쁘다고 한번 말을 해 놓거나 생각을 했다 하면 그대로 법이 되어 그 사람은 좋아지기 어렵다. 그렇기에 '좋다'고 하지도 않고 '나쁘다'고도 하지 않으며 강도다, 아니다라고도 하지 않는 것이다. 어느 때 한번은 어떤 사람이 하도 못되게 굴기에 철퇴를

내리친 적이 있었는데 그 한마디에 우주 법계가 번쩍 들린다는 사실을 무섭게 체험했다. 그러니 한생각인들 나쁘다 좋다 단정 짓겠는가. 그렇게 되면 몸은 벗어도 차원을 넘지 못해 다음에 또 그렇게 해야만 하게 된다. 말 한마디 해서 법으로 딱 떨어질 때는 그것이 무서운 말이 되는데 어떻게 옳다 그르다 하겠는가."

56. 스님께서는 경전 공부를 권장하지 않으셨다. 말씀하시기를 "부처님께서 설해 놓으신 것만으로도 경전의 바다를 이룰 만큼 많고, 수많은 선지식들이 무수한 가르침을 베풀어 놓았으나 범상한 사람들로서는 그 가르침의 제목조차 다 알기가 어렵다. 급한 살림살이에 언제 경전에 매달리겠느냐. 그 말씀들이 모두 지극한 자비에서 베풀어진 것이라, 하나같이 금쪽 같고 감로수 같지만 엄청난 양이 되다 보니 그것을 다 배우고 나서 실천하자면 길을 나서기도 전에 해가 저무는 형국이 되고 말 것이다.

그래서 나는 쉽고 간편하게 전하는 것이다. 나는 경을 보지 않았어도 체험을 통해 내 주처가 있음을 알았고 그것마저 나툼일 뿐임을 알았기에 새삼스레 경전에 의지하지 않는다."

또 말씀하셨다. "내가 실험하고 안 것만 말해도 단풍이 져 가는데 이 육신을 가지고 얼마나 살 것이라고 부처님 법을 한데에 떨어뜨리겠는가. 나의 말이 진실이니 오로지 마음을 깨닫는 데 역점을 두되, 지식에 의지하려 하지 말라. 나는 유위법과 무위법을 통틀어 가르치고 있다. 그것이 부처님 말씀과 다르지 않고 다만 이 시절에 맞춰 용어가 다를 뿐이다."

57. 스님께서 경전을 인용하시는 예가 거의 드문 점을 아쉬워하는 신도들도 있었다. 스님께서 말씀하셨다. "내가 매일같이 여러 가지로 말하는 요지는 그렇게 복잡한 것도 아니며 어려운 것도 아니다. 행인지 불행인지 나는 많은 책을 읽은 것도 아니고,

여러 스승을 찾아다니며 경전의 말씀을 배워 듣지도 못했다. 내가 교육을 받아 본 것이라고는 어려서 야학에서 두어 시간 동안 산수를 배운 게 전부이다. 그러니 언제 경전인들 읽었겠는가. 나는 경에 어떤 내용이 쓰여 있는지 마음으로 짐작할 뿐이다. 내가 경전에 대해서 기억하는 내용은 그나마 처음에 한암 스님께서 제자로 나를 받아 주시던 때를 전후해서 직접 간접으로 한암 스님께 배운 것이 전부이다. 나는 내가 그동안 여러 곳을 떠돌며 스스로 살펴보고 느낀 것을 말하고 있을 뿐이다."

58. 십 년, 이십 년간 불교를 믿어 왔지만 그 핵심이 무엇인지 모르다가 스님의 설법을 듣고 눈이 밝아지게 되었다는 사람들이 많았다.

그에 대해 스님께서 이렇게 언급하셨다. "그것은 내가 설법을 잘했거나 유식해서 그런 것이 아니다. 나는 학문을 배우지 못한 탓에 어려서부터 단지 마음속의 '아빠'만을 염하고 따랐는데 그러다 보니 불가사의한 진리의 맛을 알게 되었고 오직 내가 알게 된 그것만을 여러분들께 전하고자 했던 것이다. 나는 다만 내가 아는 진실만을 쉽게 이야기했다. 그러다 보니 자연히 번잡한 게 없기도 했을 것이며 그래서 이해가 빨랐던 게 아닌가 한다. 진리란 단순한 것이다. 어려워서 학식 있는 분들만 알아들을 수 있는 것이 진리일 수는 없다. 참으로 만 중생을 이롭게 살리는 진리일진대 누구나 배우고 닦을 수 있는 쉽고 간명한 것이어야 하지 않겠는가. 진실로 말하고 진실로 들으면 그뿐이니, 보내는 이의 간곡한 마음이 있고 받는 이의 간절한 마음이 있으면 그것으로서 팔만 사천의 장경과 교학이 다 소용없어진다. 부처님의 그 많은 장광설이란 오직 '마음'이라는 한마디로 귀결되기 때문이다."

59. 스님께서 말씀하셨다. "떡이나 해 놓고 밥이나 해 놓고 비는 것이 종교라면 그것은 크나큰 잘못이다. 만약 내가 이렇게 한다고 해서 이단이요 외도

라고 한다면 그렇게 말하는 사람들이 나를 벌레로 만들어 놓는다 해도 눈 하나 깜짝하지 않을 것이니 그리해 보라고 말하겠노라."

증험 속의 가르침

60. 스님의 회상에선 속인이 감히 상상키 어려운 일들이 아무런 무리 없이 이뤄지는 경우가 많았다. 개개인의 대소사는 물론이었지만 국가적인 일이나 세계적인 일까지도 모두에게 이익 되는 방향으로 성사되는 것을 느끼는 신도들이 있었다. 스님께서는 그런 일들에 대해 사전에 말씀하시는 법이 없으셨으나 간혹 가까이 따르는 제자들은 스님께서 지나가는 말처럼 우려하시던 말씀을 듣고 그 기미를 짐작할 수 있었다.

제자들 중에는 스님에게 세상을 움직이는 큰 힘이 있다고 믿는 이가 많았다.

61. 스님께서는 마음법의 미묘 불가사의한 힘을 증거함에 있어서도 매우 약여하신 바가 있었다. 사람들이 어려운 일을 고할 때 스님께서 한번 "알았어요!" 하고 대답하시면 웬만한 일은 성사되기 일쑤였고 그렇지 않은 경우라도 많은 사람들은 마음의 평화를 되찾곤 했다.

어떤 경우에나 그에 해당하는 설법을 하셨는데 항시 주인공에 일임하면 된다는 내용이었다. 나중에 사람들이 고마움을 표시하면 스님께서는 모두가 당신 주인공의 공덕이라고 회향하시곤 했다.

62. 스님께서 질병과 고통에 대한 하소연을 들으시고는 매양 '알았다'는 말씀만 하실 뿐이므로 신심이 약한 이들 중에는 이를 서운히 생각하는 사람도 없지 않았다.

한 신도가 알았다는 말씀에도 물러나질 않고 자세한 말씀을 듣기를 원하였더니 스님께서 이렇게 이르셨다. "내가 그대더러 부처님 전에 나아가 삼

일, 일주일 혹은 백일기도를 드리라거나 시주를 하라 하면, 그 말에 매여서 벗어나질 못하게 되느니 알았다 할밖에 더 있느냐. 또한 네가 괴로운 만큼 나도 괴롭기에 내가 얼른 듣고 알았다 하는 것이니 그로써 족한 줄 알아야 한다. 정녕코 너와 내가 둘이 아닌데 그 이상의 무슨 대답을 원하느냐? 내가 듣는 찰나에 삼계가 같이 알고 같이 도는 것이니 나도 관세음보살 찾고 문수보살 찾으며 이렇게 저렇게 해 주십사 하질 않는 것이다."

스님께서 다시 대중에게 말씀하셨다. "말 없이 말하는 그 뜻을 알고, 행 없이 행하는 뜻을 알고, 발 없는 발이 우주 전체를 다 가고 옴이 없이 두루 한다는 걸 알고, 손 없는 손이 두루 한다는 것을 알아야 한다. 이 도리를 모르면 알았다는 말의 뜻을 모를 것이다."

63. 스님께서는 어려움을 호소해 오는 신도들에게 '주인공에 맡겨서 하라'는 한 말씀 이외에 언급

을 회피하시는 경우가 많았다. 신도들 중에는 그 점을 섭섭히 여기는 사람도 없지 않았다.

스님께서 그에 대해 말씀하셨다. "냉정하게 들리는 말을 해 줄 때가 있지만 그 속에는 내 나름의 생각이 있었다. 둘이 아니기 때문이다. 자기가 엄연히 있는데 그걸 전혀 몰라 할 때는 그것을 가르치는 게 우선이니, 가난하고 괴롭고 한 그런 일을 미끼로 삼지 않으면 무엇을 재료로 해서 공부를 할 수 있겠는가? 여러분들이 제 손으로 농사를 지어야 풍족하게 쌓아 놓고, 먹고 싶을 때 먹고 주고 싶을 때 주고, 그래서 자유스럽게 되지 않겠는가. 그렇지를 못하고 한 됫박씩 얻어다 먹는 형상이 되어서는 여간 딱한 일이 아닐 것이다."

64. 한 신도가 갑자기 몰아닥친 가환을 면할 길이 없자 스님께 구원을 요청했다. 스님께서 그 신도를 보고 이렇게 말씀하셨다. "세상 사람들은 누구나 우선 고에서 벗어나려고만 하지 그 고의 참된 원

인을 살피려 하지 않는다. 그러니 하나가 지나가면 또 하나가 닥쳐오고, 병이 다가왔다가 우환이 다가오고 하는 것이다. 그러나 자신을 고통으로 몰아넣는 그 많은 경계들이 다 자신으로부터 비롯되지 않는 것은 없다. 어떻게 보면 나라는 존재는 고와 낙을 연방 만들어 내는 공장과 같다. 그리고 고통이라는 경계가 닥치지 않으면 아마 우리들은 세상을 온통 즐겁고 유쾌한 곳으로만 보아서 매사를 겉으로만 보고 남의 고통엔 아예 무관심할 것이다. 그러나 누군들 생로병사의 이 엄연한 현실에서 벗어날 수 있겠는가. 그러니 그 고통을 잘 관찰해서 그 아픔을 통해 저 무한한 광명으로 가득 찬 불법의 대해로 나아가야 한다. 고통이야말로 도로 인도하는 벗이기도 하다."

그 신도는 스님의 말씀을 듣고 마음의 평안을 얻어 자리에서 물러갔다. 스님의 가르침이 때로는 이러했다.

65. 불교와 인연을 맺은 지 십오 년이 넘었다는 한 불자가 찾아와 스님께 하소연하기를 "내면으로부터 어떤 명령의 소리가 들리는데 그 내용이 '도둑질해라, 칼로 찔러라, 오물을 마셔 봐라' 하는 등 한결같이 비인륜적인 것들이라 심한 고통을 받고 있으며 그래서 여러 차례 죽을 결심을 한 적도 있었습니다."라고 하였다.

스님께서 말씀하셨다. "살아 있으면서 완벽하게 죽어서 나침반을 딱 심어야 하는데 그게 그러지를 못하고 휘둘리는 때문이니 비윤리적인 명령을 하는 근본도 바로 자기의 원소인지라, 자기가 자기를 가르치기 위해서 하는 줄 알아야 한다. 그 모든 것이 다 근본 뿌리에서 나온 것이다. 명령하는 자도 그 속에서 나온 것이고 그것을 괴롭다 하는 자도 그 속에서 나온 것이다. 파도가 쳐서 물보라가 일어도 가라앉으면 흔적 없이 같은 물일 뿐인 이치와 같다."

66. 스님의 치병 원력에 대한 소문을 듣고 선원

을 찾는 사람들이 하루하루 늘어 갔다. 스님께서는 그렇게 찾아오는 사람들에게 매번 병이 나을 수 있는 믿음의 도리를 가르쳐 주시곤 했는데 간혹 이를 비방하는 이가 찾아오면 이렇게 말씀하셨다. "그 일로 내가 욕을 듣고, 또 그것은 불법이 아니라고 하더라도 닥치는 인연을 마다하지 않는 게 부처님의 가르침인 이상, 내 몸이 가루가 된들 마다할 것인가. 나는 병을 고쳐 준다고 하기 전에 마음 깊숙한 곳에 되돌려 놓는 도리를 알도록 도와주고 있는 것이다."

67. 스님께서 간혹 병을 고쳐 주시는 일이 세상에 알려지자 다투어 선원을 찾는 발길이 끊이지를 않았으나 한편에선 이를 일컬어 외도라고 매도하려 드는 이들도 있었다. 스님께서 말씀하셨다. "괘념치 말라. 내가 이미 오래 전에 그 문제를 숙고한 일이 있었으니 '부처님 법이 아니다, 능사가 아니다' 하고 따지기 전에 당장에 죽어 가는 사람을 살려 놓

고 보아야 하지 않겠느냐? 사실 조그마한 것도 큰 것도 둘이 아니며 내려서는 것도 올라서는 것도 둘이 아니거늘 무엇이 문제이겠는가. 나는 중생의 아픔을 보면 그대로 응할 뿐 어쩔 수 없다. 이것이 잘못이라면 부처님께서 나를 장구벌레로 만든다 하셔도 좋으니, 나는 그렇게 다짐했고 나 자신을 돌아보아 아무런 두려움도, 거짓도 없다. 진실의 과보로써 얻어진 법의 힘이라면 중생의 아픔을 방치할 수는 없을 것이니 뼈저린 고통이 무엇인지를 알기에 건져 주지 않을 수 없는 것이다. 병 고치는 일이 능사가 아니라 함은 스스로 근본적인 대책을 마련하게 함만 못하다는 뜻에서 맞는 말이기도 하나, 먼저 병든 이와 내가 부딪쳐서 하나가 됨으로써 병이 절로 고쳐지는 이치를 알아야 한다."

68. 한 신도가 사업에 실패하는 바람에 저당 잡힌 집이 경매에 붙여지게 된 사정을 말씀드리고 스님께 도움을 청하였다. 스님께서 웃으시면서 "그럼

내가 복덕방이 되어야 하느냐?" 하시고는 "당신 속에 복덕방도 있고 의사도 있고, 판검사도 다 있고 관세음, 지장, 용신이 다 있으니 당신 속에다 대고 스스로 '당신이 하라'고 맡겨라." 하셨다.

69. 어느 때 삼 남매를 둔 한 신도가 찾아와 외도하는 부인과 이혼할 결심으로 상의 말씀을 드렸다. 스님께서 이르셨다. "사랑으로 삼 남매를 두었으니 사랑으로 부인을 놓아 주되 개심하거든 돌아오라고 이르라." 그 신도가 그렇게 한 지 삼 년이 지나자 부인이 돌아와 백배사죄하며 다시 결합하기를 간청하였다.

스님께서 이 일을 두고 말씀하셨다. "마음 심 자 하나로 인해 팔만대장경이 나왔고 이 세상이 나왔으니, 이 세상이 불국토가 되리라는 믿음을 가지면, 쉽지는 않겠지만 사람들이 점차로 개심하지 않겠느냐."

70. 스님의 법력이 질병 치료에서 특별히 드러나는 경우가 많았다. 그러므로 신도 가운데는 스님을 약사여래의 화현이라고 생각하는 사람들이 적지 않았다. 사람들에게는 다만 눈, 귀로 보고 듣는 일이 더욱 두드러져 보였을 뿐이었다.

71. 스님께서는 항시 안팎의 경계를 주인공에 일임하고 '주인공밖에는 해결할 수 없다.' 하는 굳은 믿음을 가져야 한다고 가르치곤 하셨다. 가환을 호소하는 신도가 찾아뵈면 "주인공만이 그것을 해결할 수 있으니 오로지 믿고 맡겨라." 하셨고 병을 하소연하는 신도에게는 '주인공, 거기서밖에는 낫게 할 수 없다고 굳게 믿어 놓으라.' 하셨다. 그 말씀을 듣고 많은 신도들이 병고를 털고 일어났으며 가환에서 벗어나 더욱 굳은 신심을 갖기에 이르렀다.

스님께서는 자주 이렇게 말씀하셨다. "주인공을 믿고 맡기고 놓는 것은 영원하기에 죽는 법이 없으며 해결하지 못할 것이 없느니 믿음이 가장 중요하다."

72. 한 여신도가 찾아와 스님께 울며 하소연하기를, 번번이 낙태를 거듭하여 자손이 없는데 외아들의 손이 끊긴다 하여 이혼당할 지경에 이르렀다고 하였다. 스님께서 웃으시며 말씀하시기를 "아이를 낳게 되면 내게 무엇을 할 수 있느냐?" 하시자 그 여인 대답하기를 "잡숫고 싶으신 것이면 무엇이든 구해 드리겠습니다." 하였다. 스님께서 말씀하셨다. "가거라. 가서 너 맛있는 것 실컷 먹고 기다려 보라."

그 여인이 임신이 되어 여러 번 스님을 찾아뵙더니 달이 차서 아들 쌍둥이를 낳고 좋아라 했다.

73. 위궤양으로 오래 고생하던 사람이 병이 깊어 급기야 토혈하는 단계에 이르자 급한 마음에 스님을 뵙고 간청하였다. 그 사람은 다른 종교를 믿던 처지라서 망설임 끝에 스님을 찾아뵙노라고 하였다. 스님께서 말씀하셨다. "법당에 모신 부처님께도 속지 말고 두 푼어치도 안 되는 고깃덩어리인 나

도 믿지 말고 오직 자기 자신의 참마음을 믿어야 하느니, 이 순간부터는 약에도 의지하지 말라."

그 사람은 스님의 말씀을 일심으로 따르더니 어느새 건강을 되찾는 몸이 되었다.

74. 여섯 자녀와 정신분열 증세의 남편을 둔 한 여신도가 있었다. 그는 생계를 꾸려 가기 위해 소금 행상, 김밥 장사를 호구책으로 삼아 어렵게 살아가던 중에 자신도 자궁암에 걸려 앞길이 막막한 지경에 이르고 말았다. 그런데 이 여신도는 하루도 빼놓지 않고 소금 한 공기나 김밥 한 덩이씩 절에 시주하기를 몇 달이고 계속했다. 하루는 스님께서 이 일로 눈물을 보이셨다. 그로부터 그 여신도의 남편은 증세가 호전되기 시작하더니 일자리를 얻을 만큼 건강해졌고 그녀의 암 증세도 씻은 듯이 치유되었다.

스님께서 말씀하셨다. "가난도 재료이고 몸 아픈 것도 재료이니 일이 닥치는 대로 공부할 재료로 삼아야 하느니라."

75. 한 신도가 자신이 겪은 일에 대해 이렇게 말했다. "나는 만성 간염 환자인데다 지독한 치질로 몇 년째 시름하며 고통 속에서 나날을 보냈다. 그러다가 이젠 죽는다 싶었는데 스님께서 하신 설법을 엮어 놓은 책을 읽은 기억이 떠올랐다. 그래서 집사람에 의지하여 스님을 찾아뵙고 죽게 된 사정을 말씀드렸더니 스님께서는 "알았다. 괜찮을 것이다." 하시기에 믿고 돌아왔다. 그 다음 날부터 하혈이 딱 멈추더니만 얼마 안 가서 자리를 털고 일어났다. 그래서 찾아뵙고 감사를 드리니까 스님께서는 '그게 다 주인공이 하는 것이다. 모든 것을 주인공에 놓고 살도록 하라.' 하셨다."

76. 머리에 큰 종양이 나서 오랜 세월 고생하던 어떤 불자가 스님을 뵙고 사뢰었다. "여러 해 동안 고통받는 중에 어느 선사 한 분이 지장경과 육조단경을 5백 독씩 하라 하시어 수천 독을 하고도 낫지 않아 또 시식을 지내고 기도를 부치고 했으나 여전

합니다."

스님께서 말씀하셨다. "본래 마구니가 든 사이도 없고 고도 없어 평화롭고 좋은 것인데, 그렇게 가르치고 또 지어서 그렇게 했다 하니 이해하기 어렵다. 그 어떤 것도 붙을 자리가 없으니 그 종양조차도 주인공 자리에 맡겨 놓아라."

77. 한 여신도가 스님께 남편의 병세를 고하며 처방을 여쭈었다. 스님께서 말씀하시기를 "영양실조이니 닭을 푹 고아서 들게 하라." 하셨다. 이 여신도 다시 여쭙기를 "그것은 살생이 아닙니까?" 하자 스님께서 말씀하셨다. "즉석에서 인간으로 환생케 하니 어찌 살생이라는 이름에 걸리느냐. 닭의 마음을 네 마음에 넣으면 둘이 아닌 까닭을 아느냐."

78. 한 신도가 찾아와 하소연하기를 "가솔이 입원 중인데 병원에서 불치이니 퇴원 수속을 밟으라 합니다."라고 아뢰며 도움을 간청하였다. 스님께서

"그렇다면 집에 뉘어 놓고 다시 오너라." 하셨는데 이를 듣고 그 신도가 말하기를 "나는 그 말씀이 믿어지지 않습니다."라고 하였다.

스님께서 말씀하셨다. "그건 그렇다. 아무리 높은 산이 있다 할지라도 계곡이 깊기에 높아 보이고 얕은 산이 있기에 돋보이느니라." 그러자 그 신도 말하기를 "이래도 그만 저래도 그만이니 한번 뛰어들어 보겠습니다." 하였다. 스님께서 대중을 보시며 "모두가 이 도리를 안다면 벌써 불국토가 되었을 것이다."라고 하셨다.

79. 어느 때 20년째 절을 다닌다는 한 불자가 찾아와 울며불며 스님 뵙기를 간청하였다. 사연인즉, 남편이 사업에 실패하여 쓰러졌는데 간암 선고를 받았다고 했다. 스님께서는 친견을 허락하시고 그 사연을 묵연히 들으시던 중에 "암이 아니다. 설사 암이라 해도 네가 녹일 수 있느니라." 하셨다. 며칠 후 그 불자가 다시 뵙고 사뢰기를, 재검진한 결과

암이 아니라 간경화로 진단이 나와서 복약 중이라
고 하였다.

스님께서 말씀하셨다. "이름을 믿지 말고 허공을
믿지 말고 주인공의 실상을 바로 보고 믿어야 한다.
네가 수도꼭지를 틀었다 잠갔다 자재로우면서 어찌
주인공의 능력은 믿지 못하는가."

그 말씀을 듣고 그 환자는 그로부터 약 먹기를 중
단하더니 일 년 만에 건강을 되찾았다. 이 일을 두
고 어느 때 스님께서 말씀하시기를 "한마음 법에는
의학뿐이 아니라 철학, 심리학, 물리학, 정치학 어
느 것 하나 없는 것이 없다." 하셨다.

80. 한 신도가 찾아와 간암으로 죽어 가는 사정
을 말씀드리고 구원을 간청하였다. 스님께서 말씀
하시기를 "여기 선원이 병원이더냐." 하시자 그 신
도 다시 사뢰기를 "스님께 말씀드려 쾌차된 전례가
있습니다." 하였다.

스님께서 말씀하셨다. "그것이 참 문제로다. 내

게 물어서 되는 게 아니라 네 마음의 주처가 바로 부처이니 부처는 바로 자기 몸을 쓰다듬어 줄 수 있는 손이자 의사이다. 네가 이것을 경험하지 못하였으니 말로 할 수 없는 도리라, 이렇게 말한들 무슨 소용이 있겠느냐. 알았으니 가 보아라."

81. 한 부인이 병든 아들을 데리고 스님을 찾아 뵈었다. 그 아들은 배와 등이 온통 짓무른 데다 숨이 턱에 차 있어 누가 보아도 심상치 않은 상태였다. 병원에서는 백약이 무효였고 짓무른 부위가 목까지 차오르면 생명이 위독하다는 걱정뿐이었다고 했다.

스님께서 말씀하셨다. "이 아이가 낫느냐 못 낫느냐 하는 것은 오직 엄마의 마음에 달려 있다. 병이 있다면 그에 맞는 약이 꼭 있는 법이다. 다만 그 약이 이 넓은 세상 어디에 있는지를 모르는 것뿐이다. 그런데 알고 보면 아이를 사랑하고, 아이의 아픔이 자신의 아픔과 조금도 다름없는 그 엄마의 마

음 안에 특효약이 숨어 있다. 그 마음 안에다 낫는
다 낫지 않는다, 죽는다 죽지 않는다는 따위를 생각
할 것도 없이 다 맡겨라."

그 부인은 스님의 말씀을 듣고 울면서 돌아갔다.
그 부인이 그날 밤 꿈을 꾸었는데, 의사와 간호원이
풀이 뿌리째 담긴 가방을 들고 오더니만 그 중 하나
를 골라 진을 내어서는 아이의 상처 부위에 발라 주
고 갔다. 그러고는 상처가 아물기 시작해 아이의 병
은 얼마 안 있어 깨끗이 치유가 되었다. 그 이야기
를 들으시고 스님께서 말씀하셨다. "꿈속의 의사가
내 주인공이고 가방은 주인공의 묘용이니 그 안에
온갖 신통이 다 갖춰져 있는 법이다."

82. 하루는 미국에 있는 한 비구 스님이 스님에
대한 이야기를 듣고 전화를 했다. 그 스님은 목 안
이 퉁퉁 부어 고생 중인데 병원에서도 도저히 손을
쓰지 못하고 있으니 스님께서 도와주셨으면 좋겠다
는 말을 떠듬떠듬 이어 나갔다. 스님께서는 "알았

습니다. 좀 기다려 보세요." 하시고는 전화를 끊으
셨다.

이튿날 아침에 그 스님이 명랑한 목소리로 감사
하다는 뜻의 전화를 걸어 왔다. 스님께서 혼잣말
처럼 이렇게 말씀하셨다. "자기 몸 하나 다스리지
못한대서야 어떻게 도를 이루며 중생을 이끌려는
지······."

83. 스님께서는 병이 든 사람에게 가끔 방편을
일러 주시는 경우가 있었다. 그 방편으로 감자즙,
생콩 몇 알 또는 드물게 오이나 당근즙을 권하시곤
하셨다. 너무 손쉬운 것이라서 개중에는 믿지 못해
하는 사람도 있었다.

스님께서 말씀하셨다. "사람들은 남들이 좋다면
덩달아 그것들을 찾아 이리저리 뛰어다닌다. 녹용
이 좋다, 산삼이 좋다 하지만 내가 가르쳐 주는 것
들이 손쉬운 것이라도 그 속에는 어떤 물질이든 그
것을 원소로 삼는 한마음이 포함되는 것이다. 그걸

동물들은 더 잘 안다."

84. 20년이 넘도록 지병에 시달려 온 한 사람이 스님을 뵙고는 이어 건강을 회복하더니 기뻐하는 마음에 대중들에게 말하기를 "가산을 탕진하다시피 했는데 단돈 이천 원으로 씻은 듯이 병이 나았노라." 하였다. 대중들이 이를 궁금히 여겨 그 비방을 묻자 "무 생즙에 술을 한 숟갈씩 타서 몇 번 먹었더니 이러하다." 하였다. 대중들이 그 말을 듣고 모두 즐거워하며 그를 축복하였다.

85. 스님의 도움으로 해묵은 병고를 털고 일어나게 된 사람이 와서 눈물로 감사의 말씀을 드렸다. 그를 보시고 스님께서 정색을 하시며 말씀하셨다. "그것은 당신 주인공이 한 일이다. 이제부터는 당신 스스로 하라. 내가 할 수 있듯이 당신도 할 수 있는데 언제까지 빌려서 쓰려느냐. 자력으로 할 수 있어야 필요할 때 꺼내 쓸 수 있지 않겠는가." 좌중은

그 말씀을 듣고 모두들 느끼는 바가 있었다.

86. 스님께서 말씀하셨다. "내가 누구의 병을 낫게 했을 때 손을 모아 빌어 본 예가 없으니, 그렇게 한다면 그것은 자신을 믿지 못하는 것이니라." 또 말씀하셨다. "누구를 낫게 했을 때 나는 그를 훑어보아 잘한 것들만 내세워 그 공덕으로 너는 나아야 되겠다고 믿었을 뿐 다른 이유는 불문에 붙였다."

87. 어느 스님이 수행 중에 병을 얻게 되자 그 사연을 적어 스님께 서신을 올리면서 대답을 구한 일이 있었다. 스님께서는 백지 한 장을 넣은 답신을 보내셨다. 그로부터 사흘 만에 그 스님이 옷을 벗었다는 전갈이 왔다.

88. 미국 뉴욕에 거주하는 한 신도가 스님을 찾아뵙고 "20년째 지병으로 고생하는 중인데 병이 낫도록 해 주십사." 청하였다. 스님께서 말씀하셨다.

"지병이 있다니 어디 가진 게 있으면 그 병을 내놓아 보라. 내가 고쳐 주리라." 그 신도가 아무 말 못하자 스님께서 이르셨다. "병이란 본래 붙을 자리가 없다."

그 후 스님께서 뉴욕을 방문하셨는데 그 신도가 매우 건강한 모습으로 스님을 다시 찾아뵈었다. 스님께서 병이 나은 사연을 물으시자 그 신도 대답하기를 "그때 말씀을 듣고 돌아서는데 그만 병이 없어졌습니다. 병 붙을 자리가 없다는 사실을 알게 되었습니다." 하였다. 대중들이 느낀 바가 많았다.

89. 신장 투석기로 피를 걸러 내야만 살 수 있다는 한 사람이 스님을 찾아와서 하소연을 했다. 이십 년째 그렇게 하다 보니 온 팔뚝에 주삿바늘 꽂을 자리가 없고 피를 거르는 간격도 자꾸 짧아져 처음엔 일주일쯤 되다가 이제는 이틀 간격이 되었노라고 울먹였다. 그러면서 비장한 어조로 말했다. "이젠 이래 죽으나 저래 죽으나 매일반이니 아예 거르

는 일을 끊겠습니다." 스님께서 웃음 띤 얼굴로 말씀하셨다. "그래요? 그럼 안녕히 가십시오." 그 뒤 열흘쯤 지나자 그 환자 분이 스님을 다시 찾아왔다. 스님께서 말씀하시기를 "가시겠다더니 왜 다시 오셨소?" 하셨다. 그러자 그 사람은 눈물을 보이며 "스님, 그걸 끊었더니 되려 피가 생기던 걸요." 하였다. 스님께선 고개를 끄덕이셨다.

한 신도가 어찌된 일인지를 여쭈었다. 스님께서는 "나도 피눈물을 흘렸어." 하실 뿐이었다.

90. 하루는 자식의 병구완을 발원하며 지장보살전에 재를 올리겠다는 사람이 공양할 음식을 준비해 가지고 스님을 찾아뵈었다. 스님께서 그 준비해 온 음식을 여러 그릇에 몫몫이 담아 죽 둘러앉은 제자와 신도들에게 시식하라고 나눠 주셨다. 그러자 재를 지내러 온 사람이 얼굴을 붉히며 스님께 항의하였다. 스님께서 타이르시기를 "이렇게 둘러앉아서 모두 마음내고 시식했으니 이만하면 훌륭한 재

가 아니더냐? 모로 가도 서울만 가면 되느니라."
하셨다. 그러나 그 사람은 알아듣지 못하고 돌아서
더니 얼마 후 다시 찾아와 스님께 백배사죄를 드렸
다. 그 길로 아이의 병이 낫더니 아주 건강해졌다는
것이었다.

스님께서 말씀하셨다. "여러분도 그 도리를 알
면 그렇게 할 수 있는 것이니, 부처가 되느냐 중생
이 되느냐는 것은 마음에 달렸다."

91. 한 신도가 찾아와 스님을 뵙고 시주금을 내
놓으면서 일이 잘되게 해 달라고 청을 드렸다. 스
님께서 말씀하셨다. "이다음에 또 목마르면 어떻게
하려고? 목이 마를 때마다 얻어먹으러 다니질 말고
스스로 샘이 솟게 해야 한다. 남에게서 얻어먹는 것
은 감질만 날 뿐 만날 그 타령인 것이니 자립을 할
수 있어야 한다. 사람이 한세상 살아가면서 재물이
나 모을 생각을 하고 급하면 타의에서 구하려 한다
면 다음 번에 무슨 탈을 쓰고 나오게 될지 모를 일

이다. 만물의 영장으로 태어났으면 잠시 머무르는 중에도 근본을 알고 가야 한다."

92. 어느 때 진통제에 의지해 나날을 보내는 말기 암 환자가 스님을 뵙고 간청을 드린 일이 있었다. 스님께서 그를 보고 말씀하시기를 "네 생명과 돈 일억 원을 바꿔 볼 텐가?" 하셨다.

제자들 가운데 이 일을 의아하게 여기는 사람이 있자 스님께서 말씀하셨다. "그게 급소를 찌른 소린데 못 알아듣더구나. 내가 재물에 대해 언급한 게 아니라 믿음을 이야기한 것이다."

93. 어느 때 한 불자가 찾아와 스님께 여쭈었다. "악령 때문에 괴로움을 당하고 있습니다. 오늘은 스님의 자비를 청하고자 합니다." 스님께서 말씀하셨다. "나는 의사도 아니고 타의에서 접신한 사람도 아니다. 내가 비록 당신의 마음을 알고 숙명을 안다 해도 알아서 되는 게 아니라 당신이 말려들지

않아야 하는 것이니 내게 자비를 말하지 말고 그냥 토론을 해 보자." 스님께서는 오래도록 그에게 둘이 아닌 마음 도리에 대해 자상하게 일러 주셨다.

94. 한 불자가 찾아와 스님께 간청하기를 "십 년째 기관지 천식과 축농증으로 고생하고 있으나 차도가 없기에 스님의 법력에 의지코자 합니다." 하였다. 스님께서 말씀하셨다. "십 년이 되었다니 큰 숙제로구나. 주인공에 간절히 일임하면 나을 수 있다."

그러자 이 불자가 말하기를 "스님께서는 그렇게 간단히 말씀하시지만 이게 제게는 생사가 달린 문제입니다." 하며 더 자세한 말씀이 있기를 고대하였다. 스님께서 말씀하셨다. "죽는 것도 주인공의 일이고 사는 것도 주인공의 일이니, 그 점을 의심치 않으면 된다."

95. 한 비구 스님이 스님을 뵙더니 불문곡직하

고 따지기를 "병을 잘 고치신다 하는데 그건 술이요 이단이 아닙니까?" 하였다. 스님께서 말씀하셨다. "아파서 괴로워하는 사람을 보았을 때 그 사람 하나 편케 해 줄 수 있으면서 그런 말을 하는가? 닥치는 대로 마다하지 않고, 가는 인연 잡지도 않는 게 불법이 아니던가? 나는 누가 하라, 말라 해서도 아니고 꼭 내가 해야 할 일이다, 아니다라는 생각도 없이 내 앞에 닥친 일에 같이 울고 같이 슬퍼져서 언제나 그런 일들이 남의 일이 아니었다. 나는 슬픈 영화를 보면 그냥 눈물이 나던데 당신은 눈물이 없던가."

96. 스님께서 말씀하셨다. "부처님 법이란 봤으면 본 대로 그대로 투입하게 되어 있지 의학적인 방편이나 무슨 다른 것을 이용해서 하는 게 아니다. 예를 들어 나를 찾아와서 '태아가 거꾸로 서 있는데 수술할 돈이 없으니 어떻게 합니까?' 했을 때 말로는 '오진일 것이니 삼 일 후에 다시 진찰해 보라.'

하지만 오진이니 삼 일이니 하는 것은 그냥 말일 뿐이다. 실은 본 즉시 정상으로 돌리기 마련이나 의사는 '오진한 모양이다.' 할 것이고 당사자는 '오진이라던 스님 말씀이 맞더라.' 할 것이다. 하지만 마음법의 도리를 알고 믿으면 그보다 더한 것도 되는 수가 있다. 마음법은 만법의 근본이라 의학, 과학 등 물질적인 것이나 아닌 것이나 다 환경에 따라 자재로이 쓸 수 있는 것이다."

97. 신도들이 찾아와서 고통을 면케 해 달라고 호소할 때, 스님께서는 가끔 "면하고 못 면하고는 네게 달린 것이지 왜 나에게 묻느냐?" 하실 때가 있었다. 이에 몇몇은 불평하기를, "그 스님이 알긴 뭘 알아. 당신들이 알아서 하라는데……." 하면서 발길을 돌리는 예도 있었다.

스님께서 말씀하셨다. "그 말은 아주 의미가 깊은 말인데도 불구하고 자기들을 버리는 줄로 안다. 내가 아는 소리나 하고 병이나 고쳐 주고 안되는 일

잘되게 하고 그럴 요량이라면 차라리 혀를 물고 죽을 일이다. 평소에 제가 추우면 따뜻한 방으로 들어가고 더우면 마당으로 나가 앉으면서 날 보고 '방으로 들어갈까요?' '들어가게 해 주세요.' 하니 그렇게밖에 더 일러 주겠는가."

98. 신도들 중에 간혹 이렇게 불평하는 사람이 있었다. "스님께서 예전처럼 말 한마디에 척척 해결해 주시지 않는 걸 보니 신통력이 없어진 모양이다."

스님께서 그 말을 들으시고 이렇게 말씀하셨다. "그때는 그때대로의 까닭이 있었다. 그러나 길을 가다가 엎어졌으면 자기가 딛고 일어서야지 매양 남의 손을 빌리고 남이 일으켜 주기를 기다려서야 그것이 어찌 공부의 도리이겠는가. 주는 것만이 능사가 아니니 빼앗을 때는 뺏고 줄 때는 주어 가면서 자립하게 해야 할 일이다."

99. 한 신도가 여쭈었다. "스님과의 인연으로 병

이 낫는다든지 일이 잘 풀려 가서 고마운 말씀을 드리면 스님께서는 항상 '다 당신이 한 것이지 내가 한 것이 아니다.'라고 하십니다. 그것 또한 단지 겸양이 아니라 진리의 일단을 펴 보이신 것으로 맑은 마음의 거울에 반사되는 힘이 없었더라면 되지 않았으리라는 점에서 스님께서 공덕을 베푸신 것으로 보아도 되는지요?"

스님께서 말씀하셨다. "그렇기도 하고 그 이상이기도 하다. 단 두 사람 간의 문제이면서도 한마음 전체의 문제요, 힘이자 공덕이다. 또한 딱히 반사시키는 수동적인 힘만 있는 것도 아니니 거울은 죽은 것이지만 깨달은 마음은 살아 있는 것이다."

100. 스님께서 말씀하셨다. "이곳을 찾아오는 사람들 중에는 정신에 이상이 있는 분도 있고 백혈병, 골수암 등 현대 의학으로도 완치가 잘 안되는 지병이 있는 분들도 있다. 그런 일이 모두 다 공부하는 재료인 것이니 그것을 재료 삼아 주인공에 일

임하여 자기가 자기를 고쳐야 하지 의사가 따로 있
는 게 아니다. 우리 몸속에도 수많은 중생들이 다
제 소임을 맡아 하는데 그것이 여러분과 둘이 아닌
것이다. 거기서 파업이 일어나면 누가 그것을 가라
앉혀야 하는가. 스스로 해결해야 할 일이니 그런 때
에 허망하다, 괴롭다, 살 맛이 없다 하지 말고 그런
일을 재료 삼아 결단코 이 도리를 알아야 하겠다는
각오로 물러서지 말아야 한다.”

101. 스님께서는 가끔 천도를 말씀하실 때가 있
었다. 어떤 때는 직접 영에 씌인 사람을 제도하실 때
도 있었다. 하루는 어떤 분이 젊은 며느리를 데리고
와서 스님께 제도를 부탁하였다. 스님께서는 여러
모로 달래고 한편 꾸짖으시자 그 여인은 온몸을 떨
더니 의식을 잃고 쓰러졌다가 한참 뒤에 깨어났다.
그 후로 그 여인은 건강한 심신을 되찾게 되었다.
　　스님께서 말씀하셨다. “영의 마음 차원은 살아생
전의 차원과 같다. 그러니 어찌 살아 있는 동안에

마음 닦기를 게을리할 수 있겠는가.” 스님께서는 평소 설법 중에도 조상을 모시는 마음이 진실해야 한다는 점을 자주 강조하시곤 하셨다.

102. 한 신도가 천도재를 바라면서도 경제적인 여유가 없어 망설이는 것을 보시고는 말씀하시기를 “없으면 없는 대로 하지 웬 걱정이냐. 그게 바로 고 이니 내가 시켜 주겠노라고 하면 믿겠는가?” 하셨 다. 그 신도 “믿겠습니다.” 하자 스님께서 “천도하 였으니 돌아가라.” 하셨다.

103. 어느 때 한 신도 내외가 찾아와 시주금을 내놓으며 영가 천도를 부탁드렸다. 스님께서 그 신 도의 살림 형편을 헤아려 보시고는 이만 원만 거두 시고 되돌려주시며 말씀하셨다. “이 세상 전체를 떡 하나로 다 차려 놓을 수도 있으니, 떡이 떡이 아 니고 음식상이 음식상이 아니다. 잘 차려야 천도가 되는 줄 알지 말라. 아침상 차려 놓고 먹을 때 마음

으로 합장하며 모든 조사님, 모든 부처님을 둥글게 생각하고 주인공에 일임하면 묵은 빚을 갚을 수 있느니라."

104. 스님께서 미국 알래스카에 가셨을 때 한 젊은 부부가 극진히 시봉하는 중에 하루는 음식 공양을 올리자 스님께서 말씀하시기를 "아직까지 아이가 없느냐?" 하셨다. 그로부터 얼마 안 있어 그 부인에게 태기가 있더니 달이 차서 그리던 아이를 얻게 되었다.

스님께서 말씀하셨다. "자녀를 기를 때 항시 감사한 마음으로 제 주인공에 맡길 줄 알아야 하느니 한 마음이 아니고는 자녀에게 빛을 비춰 주기 어렵다."

105. 선원을 새로 찾는 신도들 중에는 스님의 원력에 의지해 덕을 보고자 신변 잡사에 대해 여쭙는 이들도 적지 않았다.

스님께서 그 일에 대해 이렇게 말씀하셨다. "내

가 딱하게 여겨 말을 해 주면 나를 아는 사람으로 생각하나 나는 안다고 하지도 않았고 모른다고 하지도 않았으니, 둘이 아니라면 말을 하고 들었어도 듣고 말한 사이가 없다. 다만 내가 남을 물에 넣으려면 나도 물에 들어가야 하듯 그를 인도하기 위해 그 속에 들어갔을 뿐이다. 우리가 참으로 부처님 앞에서 물러서지 않는다면 그대로 청정일 것이요 그대로 향기일 것인즉, 불법의 빛은 언제나 여러분들에게 비추일 것이다."

106. 스님께서 어느 날 제자들과 담선하시는 중에 한 건장한 사내가 선실 밖에까지 다가와 행패를 부리며 폭언을 퍼붓기 시작했다. 스님께서는 이야기하시면서 잡숫던 땅콩을 한 줌 와락 쥐시면서 "요놈!" 하고 호령을 하셨으나 시선은 돌리지 않고 계셨다. 그 순간 밖의 사내는 그대로 땅바닥에 뒹굴면서 큰 어르신을 몰라뵈었노라며 백배사죄하고 물러갔다. 스님께서는 "영의 소행이다."라고 말씀하

셨다.

107. 지방에 조그마한 절을 갖고 있던 한 무녀가
찾아와 그 절을 선원의 지원으로 등록하고 싶다고
했다. 그런데 그 무녀는 보살로 자청하는 등 태도
가 오만하였다. 스님께서는 아무런 내색도 안 하시
고 그 절의 주변 경관을 설명하신 뒤 지원으로 받아
줄 터이니 지정하는 위치에 선방을 하나 짓겠느냐
고 물으셨다. 그 무녀는 조건이 까다롭다며 휭하니
돌아섰다. 스님께서 나직이 혼잣말처럼 "아직 하심
이 되질 않았어!" 하시었다. 그러자 곧바로 그 무녀
가 되돌아와서는 눈물을 흘리며 용서를 빌었다. 스
님께서는 아무 말씀 하지 않으셨다.

배석했던 한 제자가 그 무녀에게 까닭을 묻자 무
녀가 대답했다. "막 사찰 문을 나서려는데 한 경계
가 보이더니 스님께서 까마득히 앞장서서 가시는 걸
보고는 나도 모르게 그렇게 했습니다."

108. 서독에서 온 한 물리학자가 스님의 법력을 시험해 볼 요량으로 여쭈었다. "스님, 제가 가장 아끼는 게 무엇인 줄 아십니까?" 스님께서는 서독에 있는 그 박사의 집 구조를 소상히 말씀하신 뒤에 "당신이 가장 아끼시는 것은 통나무로 지은 별채의 서재이지요."라고 대답하셨다. 그 학자는 감탄한 나머지 스님께 삼 배를 올리고 스님을 서독으로 초청하였다.

그 일로 스님께서는 서독을 다녀오신 일이 있었다. 서독에서 돌아오실 때 서독 공항에서 어느 스님과 마주치게 되었는데 그분은 스님의 짐이 간편한 걸 보고는 트렁크 하나를 맡아 달라고 부탁했다. 스님께서 김포공항 세관 검사대를 통과할 때 검사원은 풀어 보지도 않고 그냥 보내 드렸다. 그러나 뒤따라 나오던 그 스님의 짐은 샅샅이 뒤지더니 통과할 수 없는 물건을 찾아내서 망신을 주었다. 스님께서는 웃으시면서 "무심이면 죽음까지도 무사통과할 것을……." 하셨다.

109. 스님께서 서독에 가셨을 때 어느 오래된 가톨릭 사원을 관람하실 기회가 있었다. 한 신부의 안내를 받아 내부를 둘러보시던 중에 가톨릭 경전이 진열된 곳에 이르러 무연히 책 한 권을 빼어 들어 펼치시는데 거기엔 부처님 형상과 만(卍) 자가 그려져 있었다. 스님께서는 그걸 보시며 말씀하시기를 "그러면 그렇지. 당신네들이 그래도 만 자를 깔고 앉아 있군." 하셨다.

그날 스님께서는 종교가 제각각인 한 대중 집회에 나가시어 말씀하시기를 "가톨릭교든 기독교든 불교든 회교든 어느 종교라는 이름의 벽을 넘어서 진리를 탐구해야 한다." 하셨다. 이에 대중들은 크게 환영해 마지않았다.

110. 하루는 스님께서 서독 하노버 시를 방문하시고 그곳 대학의 몇몇 교수들과 담론의 자리를 가지셨다. 그때 스님의 말씀을 경청하던 대학원장이 스님께 큰 꽃다발을 드리면서 "왜 서독에서 태어나

시지 않고 한국에서 태어나셨더냐." 하며 못내 아쉬움을 감추지 못했다. 그러자 스님께서 말씀하셨다. "나는 한국에만 있는 것도 아니고 서독에 있는 것도 아니다. 단지 내가 여기 왔으니 여기 있는 것이고 돌아가면 또 거기에 있는 것이니 여기나 거기나 한자리인 것을 서독 따로 한국 따로라고 벽을 만들지 말라. 그렇게 따로 있다고 생각하기 때문에 더 연구를 못하지 않느냐?"

111. 이런 일도 있었다. 버마에서 아웅산 폭발 참사 소식이 긴급 뉴스로 전해지던 시간에 한 신도가 숨이 턱에 차서 엎어질 듯이 스님 계신 곳으로 뛰어들었다. "스님! 스님! 전쟁이 터질 것 같습니다." 그러자 스님께서는 정색을 하시면서 말씀하셨다. "전쟁은 일어나지 않는다. 대통령은 무사하니까."

스님과 함께 있던 신도들은 영문을 몰라 의아해했다. 그제서야 방금 뛰어든 신도가 임시 뉴스 내용을 알려 주었다. 모두들 놀라고 당황해했지만 스님께서는 하시던 설법을 계속하셨다. 나중에야 대통령만은 무사하다는 뉴스가 흘러나왔다.

112. 이라크의 쿠웨이트 침공으로 야기된 페르시아 만 사태가 전쟁으로 치달을 즈음에 스님께서 하루는 뉴스를 보시다가 말씀하셨다. "페만 사태가 아니라 패망이다." 그러시고는 대중들에게 "여러분이 마음을 내서 불을 끄자." 하셨다.

스님께서 전쟁 후에 말씀하시기를 "처음엔 미운 생각이 없었는데 기름을 쏟아붓는 걸 보니까 그만 미운 생각이 들었다. 자기가 자기를 죽일 수는 없는 일인데 축생까지도 다 죽이려 하는 것을 보니 절로 그런 생각이 들었다." 하셨다.

113. 어느 때 강원도 원주에서 신도 사십여 명이 버스를 전세 내어 스님을 뵈러 왔었다. 그때 스님께서 귀로를 일러 주시며 어느 구간에 이르면 평소 다니던 길을 피해 돌아서 가라고 하셨다. 그러나 신도

들은 그 말씀을 따르지 않았는데 스님께서 지목하신 장소에 이르러 전복 사고를 당하고 말았다. 그럼에도 한 사람의 부상자도 없이 전원이 무사했다. 신도들이 스님께 감사해 마지않았다.

114. 공장을 운영하는 한 신도가 어느 날 기계 고장을 걱정하자 스님께서 무심코 들으시던 중에 기계의 한 부위를 거론하시며 "거기 나사가 풀렸으니 조여 놓으면 별일이 없을 것이다." 하셨다. 그 말씀을 듣고 그 신도 돌아가 그렇게 했더니 바로 정상 가동이 되었다.

115. 스님께서 미국 알래스카 지원을 방문하셨을 때 잠시 요통을 느끼시는 바람에 예정했던 일정을 며칠 늦추는 일이 있었다. 제자들이 다음 행선지의 법회 약속을 걱정하자 스님께서는 웃으시면서 다만 "며칠 더 있다가 가겠다." 하셨다. 그런데 그 약속된 날에 예정했던 행선지 일원에 강력한 지진

이 엄습하는 참사가 발생하였다.

스님께서 이 일을 두고 말씀하셨다. "자기를 끌고 다니는 참 자기가 제일이다."

116. 스님께서 대만 불광사로부터 초청을 받으시고 그곳을 방문하셨을 때의 일이다. 안내를 받아 대법당으로 들어서시던 스님께서 작은 불상이 벽면 가득 총총히 모셔져 있는 것을 보시고는 안내하는 스님에게 물으셨다. "참 부처는 어디 있습니까?" 그러자 그 스님이 한가운데 모셔 놓은 크고 웅장한 불상을 가리켰다. 스님께서는 아무 말씀 없이 자리에 앉으셨다. 이를 보고 성운 대사라 불리는 조실 스님이 스님께 꽃 한 송이를 드렸다.

117. 스님께서 안양 선원에 계실 때 하루는 새벽녘에 칼을 든 도둑이 들었다. 스님께서는 정좌를 하신 채 그 도둑을 보고 말씀하시기를 "얼마나 급하면 이 지경이 되었는가. 여기는 집만 컸지 가져

갈 것이 별로 없으니 어쩌겠느냐." 하셨다. 그러고
는 손목시계 등 가진 것을 내주시며 "이왕 온 길이
니 이거라도 가져가라." 하셨다. 그 도둑은 당황하
고 부끄러운 중에 그것을 받아 들고는 물러갔다.

118. 한 제자가 스님께 금강경을 드렸다. 스님께
서 그것을 한번 죽 훑어보시고는 말씀하셨다. "이만
큼 자세하게 일러 놓으신 지가 수천 년인데 사람들
은 왜 그 간단한 이치에 어두운지 안타깝다."

119. 한 제자가 천부경 여든한 자를 읽어 드리자
스님께서는 그 경전을 한 대목씩 즉석에서 해석해
주셨다. 제자들이 다투어 그 내용 풀이를 얻고 싶어
했다.

그 후로 스님께서는 가끔 설법 중에 천부경의 한
구절을 인용하셨다. 그때 스님께서 말씀하셨다.
"사실 해석이랄 것도 없는 것이, 전부 한마음에서
나오는 것이라 첫머리와 끄트머리면 그만이다. 그

런데 '일시무시일 일종무종일' 했다면 무의 세계를 다 염탐해서 다시 일로 나왔다는 뜻이라 좋기는 좋은데 부처님의 80종호처럼 하나마저 빼 버렸다면 배꼽이 빠져 만(卍)으로 돌아갈 것을 그랬다."

　스님께서 이어 말씀하셨다. "부처님께서도 '이것이 불법이다.'라고 가르치시지 않으셨다. 단군이 가르치신 81자의 이치도 다 같은 것이나 다만 시대적으로 앞선 때이라 간단하게 설파해 놓았을 뿐 부처님 말씀과 다르지는 않다. 나는 부처님이나 예수님, 단군, 노자, 공자, 맹자 같은 분이나 역대 선지식들이 따로따로라고 보지 않는다. 모두가 한마음 가운데서 나고 드는 소식이니 어찌 따로 보고 밖에다 세워 놓겠는가."

3. 진리가 그러하니라

여법하신 삶

1. 스님의 신장은 한국인의 평균보다 작으신 편이었다. 두상은 정수리 부위가 약간 높고 양쪽 광대뼈가 앞으로 돋아나신 편에 입술은 두터우셨다. 얼굴빛은 맑게 빛나고 안광은 깊고 그윽한 듯하면서도 상대방을 압도하는 힘을 지니셨다. 걸음걸이는 다소 느린 듯 진중하셨다. 목소리는 낮으면서도 매우 진지하여 듣는 사람의 심금을 울리는 데가 있었다. 대중 설법을 하실 때만은 목소리가 다소 강해지시는 편이었다.

2. 색신은 비록 여성이셨어도 부드러운 듯, 꿋꿋

한 듯 특이한 조화를 느끼게 했다. 체구가 작으셨음에도 스님의 어묵동정에서 사람들은 비할 바 없는 거인의 모습을 느끼곤 하였다. 그러나 매사에 걸림이 없이 자연스러운 언행을 보이시는 까닭에 어느 한 면목으로 스님을 설명하기가 어려웠다.

3. 스님께서는 천성이 매우 온아하셨다. 제자들과 신도들을 사랑하시는 마음이 한결같았고 그들을 응대하심에 있어 조금도 넘고 처짐이 없이 평등하셨다. 스님께서는 과일 한 쪽이라도 나누는 마음이 항시 자상하셨다. 어느 때 한 신도가 사탕 한 봉지를 드리자 그것을 몸소 토닥토닥 깨뜨려 모여 앉은 모두에게 한 쪽씩 나눠 주신 일도 있었다.

4. 스님께서는 발길 닿는 곳마다 많은 일화를 남기셨다. 제자들은 환희심을 갖고 이를 고이 간직하곤 했지만 그런 일들을 기록으로 남기고자 하신 일이 없었으므로 대중에게 알려지는 경우란 극히 일

부분에 불과했다. 그러나 일화들이 어찌 본연 소식
에 더하고 보탤 것이 있으랴. 신도들은 스님의 가르
침만으로도 푸짐한 법반의 진미를 맛볼 수 있었다.

5. 스님께서는 자신의 지난 세월, 특히 구도의
길에 오르신 이전의 내력에 대해서는 좀처럼 언급
하려 하지 않으셨다. 담선 중에 간혹 한두 마디씩
내비치었을 뿐 누가 일삼아 물을라치면 언제나 말
이 짧으셨다.

1985년도에 한 작가가 찾아와서 스님의 구도기
를 책으로 펴내고자 했을 때 비교적 자세한 말씀이
있으셨으나 그것도 언제 어디서 무엇을 어떻게 했
노라는 식의, 때와 장소를 가려 밝힌 것이기보다 대
강 그러한 일이 있었고 그때의 심중은 그러저러했
었다는 정도에 머무르셨다.

6. 스님의 이력이나 행장 가운데 시제가 분명한
부분은 대체로 공식 서류 작성에 필요한 사항과 치

악산 상원사 시절 및 안양 한마음선원과 관련된 부분뿐이다. 그러나 그 부분도 스님의 연대기로서 가지런히 정리되어 왔다기보다는 법회 중심으로 기록되어 왔을 뿐이었다.

7. 스님께서는 1960년대 초반, 상원사에서 하산하셨을 때부터 감로의 문을 여시고 거의 매일같이 설법을 하셨음에도 자료로 보관되어 남겨진 것은 1984년도부터였다.

스님께서 이런 일과 관련하여 말씀하셨다. "나는 이것을 한다, 이것을 말한다는 생각이 없었다. 내가 체험하고 실천한 것을 그대로 보여 주고 말해 주었을 뿐이다. 특별히 기억할 일도, 남기고자 하는 생각도 없었다." 스님의 문하생들 가운데는 이처럼 과거 기록이 부실한 점을 안타까워하는 이들도 없지는 않았으나 대부분은 큰스님의 오늘의 가르침이 언어 이상의 지혜와 자비를 본체로 하고 있다는 사실에 만족했다.

8. 스님께서는 선원 밖에서 법회가 열리게 되는 때를 제외하고는 거의 바깥 출입을 안 하시고 조실과 선실 사이를 오르내리시며 하루를 보내셨다. 한 여신도가 여쭙기를, "스님께서는 그렇게 쳇바퀴 돌듯 지내시는데 허무하지 않으십니까?" 하였다. 스님께서 웃으시며 이렇게 말씀하셨다. "네가 나를 위로하느냐? 나는 오늘 대중 공양을 잘 먹었으니 걱정이 없노라."

9. 스님께서는 간혹 스스로를 일컬어 "나같이 못난 사람이……."라는 표현을 쓰셨다. 그때 한 제자가 말했다. "스님, 못나신 지금 그대로가 더없이 좋습니다." 스님께서 빙그레 웃으셨다. 스님과 제자들 간의 드러내지 않는 교분이 대개 이와 같았다.

10. 스님께서는 당신 앞에 닥쳐오는 어떠한 인연도 마다하지 않으셨다. 아픈 사람이 오면 같이 아파하셨고 괴로운 사람이 오면 함께 괴로워하셨다. 즐

거운 사람과는 더불어 즐겁게 웃으셨다. 어린이를
만나면 같이 어린아이가 되고 노인과 이야기할 때
는 같이 노인이 되신 듯이 보였다.

11. 스님께서는 속인들이 보기에 아무리 크고
어려운 일이라도 안 되는 일로 돌려놓으시는 일이
없었다. 마땅히 해야 할 일이라면 여법하게 밀고
가셨다. 그 바람에 자신감을 잃었던 사람들도 일이
되어 감에 의구심을 갖지 않고 굳은 믿음을 가질
수 있었다.

스님께서 이에 대해 말씀하셨다. "무위의 법으로
보자면 하등 크고 작음이 없다. 손바닥을 뒤집는 작
은 일이나 세상 모든 사람들의 이익이 걸려 있는 큰
일이나 모두가 똑같다."

12. 한 제자가 어느 해에 신년을 맞아 스님께 앞
으로의 계획에 대해 여쭈었다. 스님께서 말씀하시
기를 "누가 시켜서 하는 일도 아니고 누가 하지 말

란다고 해서 하지 않을 일도 아니고, 하고 싶으면 하는 것이니 따로 계획을 세워 두지 않는다." 하셨다.

13. 스님께서는 모든 일을 진리에 귀일시키는 바가 워낙 빈틈없이 철저하시었고 사람들이 하찮다고 여기는 일에도 그러하셨으므로 제자들이 오히려 당황할 때가 있었다. 그러한 면모가 십 년, 이십 년이 지나도록 불변이셨으나 스님께서는 조금도 귀찮다거나 싫어하시는 기색이 없으셨다. 한 제자가 감탄조로 그에 대해 여쭙자 스님께서 이렇게 말씀하시었다. "내가 진리를 그렇게 만들었느냐? 진리가 본래 그러하므로 내가 그러한 것뿐이다."

14. 어느 해에 신년 하례 좌석에서 "새해 복 많이 받으세요."라는 인사를 받으시고는 웃으시면서 말씀하셨다. "복을? 난 복 많이 받으려고 이렇게 앉아 있는 게 아니다. 만약에 복 많이 받는다는 그런 착이 있다면 그 또한 인과를 짓는 게 아니겠느

냐." 스님께서는 일상의 보통 일에서도 대개 가르침이 이러하셨다.

15. 한 제자가 스님 자신의 색신에 대한 느낌을 여쭌 적이 있었다. 스님께서 말씀하셨다. "가끔씩 나는 내 몸이 포대 자루처럼 느껴질 때가 있다. 내세울 것도 자랑할 것도 없는, 허름한 천으로 만들고 아무렇게나 취급하는 포대 자루 말이다. 그럴 때 나는 무엇을 먹어도 맛을 모른다. 또 좋고 싫은 문제에 대해서도 마찬가지이니 보통으로 좋아할 일도 딱히 좋다는 생각이 들지 않고 싫어할 일도 구태여 싫다는 생각이 들지를 않는다. 고구마를 담으면 고구마 포대 자루가 되고 쌀을 담으면 쌀 자루, 고추를 담으면 고추 포대이듯 내 몸에 무엇이 들고 나든 전혀 실감이 나질 않는다. 그렇게 인연 닿는 대로 주워 담다가 닳고 해지면 쓰레기장으로 갈 뿐이 아니겠는가."

16. 스님께서는 특별히 즐기시는 음식이 드물었고 공양도 하루에 두 번, 조금씩 드시는 편이셨다. 아침이나 점심을 거르시는 때는 과일이나 채소 몇 쪽으로 요기를 하고 마셨다. 담선 하시는 가운데 가끔 음료를 드셨지만 스님께서 드시려 하기보다는 사람들에게 권하기 위해서였다.

17. 스님께서는 남달리 소식에 소찬으로 견디셨다. 제자들이 늘 이를 안타까이 여겼고 신도들은 스님의 건강을 염려하여 자주 음식 공양을 올리곤 했다.

스님께서 여러 차례 이렇게 말씀하셨다. "이나마 먹지 않으면 이 체가 움직이지 못할 테니까 먹을 뿐이지 맛으로 먹는 게 아니다. 한술 떠 넣고 물 마시고는 그 생각에 젖어 다시 한술 떠 넣고 그렇게 할 뿐인데 여러분들이 내게 좋은 음식 가져오면 오히려 부담이 되느니, 나는 중이 되어서 이날까지 절 받고 보시 받고 음식 공양 받아서 잘 지내겠다는 생각을 해 본 적이 없다."

18. 스님께서는 신도들이 어떤 산해진미를 공양해도 조금 맛만 보시고는 그 자리에서 모두에게 나눠 주셨다. 그것을 보고 한 신도가 섭섭한 눈치를 보이자 스님께서 고즈넉이 바라보시며 말씀하셨다. "내가 먹었고 이 우주 법계가 다 먹었으니 오죽 좋으냐." 그 신도 분은 스님의 말씀에 눈물을 흘리며 감격해했다.

19. 스님께서 하루는 죽 공양을 드시면서 아무 말씀 없이 물을 타서 드셨다. 시봉 스님들이 무척 송구스러워하자 말씀하셨다. "너무 짜면 물 타 먹고 싱거우면 간장 타 먹는 것이 그대로 불법이니라."

20. 스님께서는 진리의 곳간이든 재물의 곳간이든 거침없이 열어 베푸셨다. 그러고는 잊으셨다. 베풀고 나면 언제나 앞뒤가 끊긴 듯했다.

어느 날 한 객승이 시주를 청하였다. 스님께서는 공양주 보살을 부르시더니 두어 말 남은 쌀을 모두 시주하도록 이르셨다. 공양주가 내일 아침 공양거리를 걱정하자 스님께서 말씀하셨다. "없으면 들어올 것이니 걱정하지 말라." 그날 밤 한 신도가 스님께 감사하는 뜻으로 쌀 두 가마니를 싣고 찾아왔다.

사람들이 그 일에 감탄하자 스님께서 말씀하셨다. "내가 산으로 다닐 때에 먹을 것이나 입을 것을 준비한 적은 한 번도 없었다. 그런데도 먹을 게 없다는 생각이 들면 하다못해 칡뿌리, 나무 열매라도 눈에 띄게 마련이었다. 한번은 추운 겨울에 신발을 잃어버려서 견디기 어려웠는데 첩첩산중에서 신발 한 켤레 건네는 사람을 만난 일도 있었다. 그게 바로 진리이다. 한생각에 턱 맡겨 놓고 오늘을 싱그럽게 살아가면 된다. 자기 주인공을 믿고 거기에 맡겨라."

21. 스님께서는 세간의 물질적인 수요를 걱정하시는 일이 없었다. 실제로 선원 운영에서도 어려움

에 봉착하는 일이 거의 없었으므로 제자들은 스님께서 법력을 발휘하여 그리되는 것으로 믿고 있었다.

스님께서 이에 대해 말씀하셨다. "나는 주인공을 믿을 뿐이다. 될 일이면 되겠고 되지 않을 일이면 되지 않을 것이다. 되든 안 되든 턱 맡기고 있으면 여법하게 되어 나갈 것이다." 스님께서는 사사로운 작위에 마음을 두신 일이 없으므로 매사는 여법하게 이루어지곤 했다.

22. 스님께서 어느 때 한 해외 지원에 이틀간 머무르시는 동안 일만 불의 보시금이 들어왔다. 마침 그곳의 청년 불자들이 마땅한 법회 장소가 없어 걱정하는 말을 들으시고는 선뜻 "작은 강당이라도 마련해 보라." 하시며 보시금을 모두 내주셨다.

23. 스님께서 어느 해 연말에 사찰 일에 종사하는 재가 제자들에게 약간의 떡값을 주시면서 이렇게 말씀하셨다. "내가 밥을 먹을 때는 여러분도 밥

을 먹을 것이며 내가 죽을 먹어야 할 때는 여러분도 죽을 들어야 할 것이다. 그러나 섭섭하게 생각지 말라. 설사 내가 죽을 먹더라도 여러분은 밥을 들어야 하고 내가 굶더라도 여러분은 죽이나마 들 수 있어야 할 것이다."

24. 스님께서는 많은 제자를 두셨음에도 어느 누구에게든 이래라 저래라 말씀하시는 법이 없으셨다. 선원의 운영 문제나 신도를 응대하는 일에 있어서 모두 자재법에 맡기셨다. 간혹 시자 스님이 건의 말씀을 드리면 "그래그래, 그것도 법이지." 하실 뿐 더 이상의 말씀이 없으셨다.

25. 스님께서는 또 제자들이 몰래 일을 처리하려는 걸 알고 계시는 경우가 있었다. 그것이 언짢은 일일 때는 그 제자를 불러서 조용히 타이르시곤 하셨다. 제자들이 스님을 경외해 마지않았다.

26. 스님께서는 법제자들이 잘못을 저지르는 일이 있어도 그가 참회하면 용서하셨다. 그럴 경우 대개 스님께서는 "알았다." 하실 뿐 긴 말씀이 없으셨다. 제자들은 무척 송구스러워 몸둘 바를 몰라 했다.

어느 때 한 신도가, 왜 따끔하게 질책하지 않으시냐며 불평을 늘어놓았다. 그러자 스님께서 말씀하셨다. "질책은 이미 제가 했는 걸……." 그 말씀을 듣고 불평을 했던 그 신도는 이빨이 혀를 깨물었다고 해서 뽑아 버릴 수 없는 자연의 이법을 알게 되었노라고 말했다.

27. 스님 밑에서 삭발염의한 제자 스님들은 스님께서 여러 가지 면에 간섭이 없으시다는 사실에 일견 편안함을 느꼈다. 그러나 시간이 흐르면서 열이면 열, 그 자유가 얼마나 무서운 자유인지를 절감하지 않을 수 없었다. 마음의 법리 안에서 여법하게 지낸다는 게 결코 쉽지 않음을 느끼게 되었기 때문

이었다. 제자들은 스님께서 특별한 지시나 간섭을 하지 않으심에도 말 없는 말이 있음을 알게 되었다.

28. 스님께서는 누구에게나 한번 일을 맡기시면 일체 관여하지 않으셨다. 간혹 잘못이 드러나는 경우라도 특별한 말씀이 없으셨다. 아홉 가지 잘못이 있더라도 한 가지 좋은 점이 있으면 그 점을 높이 사셨으므로 제자들은 늘 감복하였다. 꼭 말씀을 하셔야겠다고 느끼셨을 때는 간곡하게 타이르셨으므로 듣는 사람이 무척 송구스러워했다.

29. 선원을 찾는 신도 중에는 타 종교를 믿다 개종한 사람이 적지 않았고 십 년, 이십 년을 기복 종교로 돌다가 발길을 돌린 사람들도 많았다. 그런 이들일수록 선원을 찾기 시작하고부터는 마음이 편안해지고 일상생활에서 이익 됨이 있었노라고 체험을 털어놓는 경우가 많았다.

그에 대해 스님께서 말씀하셨다. "우리 생명의

에너지는 항상 같이 돌아가기 때문이다. 내가 특별나게 내놓는 것이 있다고 하기 이전에 알게 모르게 오가며 같이 돌아가는 게 대공의 이치인 것이다. 그러므로 별스런 일이 있다 해도 그것은 기적이 아니라 주인공의 능력인 것이니 중요한 것은 굳건한 믿음이다."

30. 스님께서는 선원을 찾는 이들을 가리지 않고 두루 상대하셨다. 개중에는 정신이상자들도 섞여 있어서 간혹 소란을 피울 때가 있었다.

제자들이 스님께 사람을 가려서 만나시기를 요청하자 스님께서 말씀하셨다. "도둑이 들든, 또는 누가 와서 성가시게 하든 염려하지 말라. 내가 있으면 막고 높이고 하겠지만 나는 나오지도 않았고 갈 곳도 없기에 들어오겠으면 오고 말겠으면 말라 하는 것이다. 이 세상 진리가 활짝 열려진 것이거늘 무슨 담장이 있고 문지방이 높겠느냐. 무엇을 알고, 내가 있고, 아는 사람 모르는 사람 가려 받아야 하겠다는 생각마저도 놓아 버려야 하느니, 설사 방편을 세운다 할지라도 자기라는 상이 있는 것이니라. 부처님은 자기 있는 곳에 계시니 문지방이 높다 낮다도 없다."

31. 하루는 예의를 갖출 줄 모르는 웬 학인이 찾아와 마구잡이로 떠들고 가자 신도들이 스님께 가려서 접견하시기를 권유하였다.

스님께서 그 권유를 들으시고 이렇게 말씀하셨다. "무쇠하고 금하고 둘이 아니니 문지방을 높일 필요는 없다. 사람이 근기대로 하다 보면 금이 될 수도 있을 터이니 여러분들도 거지를 만나든, 가난한 이를 만나든, 대통령을 만나든 둘 아닌 줄로 알아야 한다. 나도 억겁을 통해 미생물로부터 거쳐 오기를 여러분과 마찬가지이었거늘 어찌 다르다 하겠는가. 나를 저울에 달아 보려고 하는 사람이 있으면 달리지 않으려고 애쓰지 말고 그냥 달려 주는 게 좋다."

32. 스님의 일상 언행 속에서 신도들은 보시 · 애어 · 이행 · 동사의 사섭법을 그대로 느꼈다. 늘 베풀어 주시고 늘 자비의 말씀을 해 주시고 모든 이의 고통을 살펴 참된 이익을 주시고 언제나 제자, 신도들과 더불어 기쁨과 슬픔을 나누는 모습이 그러하셨다.

33. 스님의 일상생활 하심은 자비심으로 본을 삼고 머무르는 바 없는 여여함으로써 그 쓰임을 나타내시었다. 스님께서는 귀의하는 마음이 진실되고 간절한 사람에게는 아낌없는 자비심을 내보이셨다. 그 중에도 가난하고 사회에서 버림받은 사람에게 더 마음을 기울이시는 듯이 보였다.

34. 스님께서는 인연에 의해 만들어진 것을 버리지 않으셨고, 무한한 자비심을 보이셨고, 중생을 교화하는 일에 권태를 느끼지 않으셨고, 신명을 아끼지 않으셨고, 진실을 설하는 일에 피로를 모르셨

고, 모든 중생의 고뇌를 대신하셨고, 공덕을 돌려
베푸셨다.

스님께서는 또 생사윤회에 두려움이 없으셨고
그를 대함에 정원수를 관상하듯 하셨고, 명예나 욕
을 당해도 기뻐하거나 슬퍼하지 않으셨고, 이득을
뽐내지 않으셨고, 남의 즐거움을 보고 기뻐하셨고,
중생의 마음과 더불어 겸허하셨고, 다른 가르침을
봉행하는 사람과도 다투시는 법이 없으셨고, 이런
일에 항상 변함이 없으셨다.

선미

35. 선원의 신도가 날로 늘어나고 각처에 지원이
생겨나자 스님의 가르침을 비방하는 사람도 생겨났
다. 스님께서 말씀하셨다. "나는 한평생 나를 위해
살아 본 일이 없으니 세평에는 관심이 없노라. 내가
가르치는 바는 체험을 통해서 옳고 진실한 줄을 알

게 된 법인 것이다. 빗장을 쥐어 보지 못한 이들의 시샘이나 훼방은 아직 종 문서를 떼어 버리지 못한 처사일 뿐이다."

36. 어떤 사람이 개인적인 불만에서 스님을 비방하고 다닌 적이 있었다. 그 일을 전해 들으시고는 이렇게 말씀하셨다. "어떤 사람이 나를 욕하고 모함했다 해도 그건 어제의 일이다. 나는 오늘을 묵묵하게 살아갈 뿐이다. 코끼리처럼 투벅투벅 걸어갈 뿐 내가 어떤 경지에 올랐든 개의치 않고, 세상 사람들이 무어라 하든 관계치 않는다. 나는 진실을 믿을 뿐이다. 진실이란 누가 뭐란다고 해서 더 높아지지도 않고 낮아지지도 않는다."

스님께서 또 말씀하셨다. "나는 세상이 내게 따라 주기를 바라지 않는다. 그러나 내가 세상에 따라 주기는 한다."

37. 한 수행자가 찾아와서 스님을 뵙고 말씀 여

쥽더니 마구니라고 매도하기를 서슴지 않았다. 스님께서 조용히 말씀하셨다. "참 잘 보았다. 마구니를 보면 부처를 본다." 그러자 기세등등하던 그 수행자는 풀이 꺾여 스님 말씀을 다소곳이 듣더니 훗날 제자가 되었다.

스님께서 그때 제자들에게 말씀하셨다. "미친 병이 들린 사람 앞에서 때로는 나대로 미친 사람으로 다가설 경우가 있으니 마구니를 보지 못한다면 부처 도리 때에는 또 부처를 보지 못한다. 마구니를 볼 줄 알면 부처를 볼 줄 알 것이고 부처를 볼 수 있는 사람이면 마구니도 볼 수 있을 것이다."

38. 한 신도가 스님께 사뢰기를 "어느 스님께 주인공을 믿고 맡기는 도리에 대해 여쭈었더니 '외도일 것'이라 하옵는데 어떠합니까?" 하였다. 스님께서 말씀하셨다. "그것은 그분의 생각일 뿐이니 나는 관여치 않는다. 다만 자기를 자기로부터 찾아서 부처의 은혜를 갚으라고 하는데 그것이 외도라 한

다면 자기한테 부처가 있다는 것은 아는지 궁금할 뿐이다. 나는 아직껏 누구를 외도라 생각해 본 일도 없고, 공부가 높다 하여 특별히 받들고자 함도 없었으니 오로지 평등한 마음이라, 무시와 존경은 다 자기를 항복시키지 못한 데 기인하는 것이다. 자기 부처에 귀의하라는 것을 외도니 사도니 한다면 그렇게 가르친 벌로 나는 구더기가 되어도 상관없다.”

39. 한 제자가 여쭙기를 “율장에는 팔십 먹은 비구니라 할지라도 엊그제 갓 출가한 나이 어린 사미에게 예를 갖추게 되어 있는데 그것은 어떤 이치입니까?” 하였다. 스님께서 이에 대해 말씀하셨다. “부처님의 참뜻은 그게 아니었을 것이라 믿는다. ‘어린 사미’라고 하신 것은 깨달은 사람을 뜻한 것이지 남·여를 둘로 나누어 이른 것이 아니다. 또한 누구나 그대로 남·여를 함께 지니고 나간다는 것은 너무나 당연하다. 금강경 말씀에 ‘선남자 선여인’이라 하였거늘, 일체 만물만생이 다 포함되는데 어찌

여자만 떼어 놓겠는가. 남·여가 따로 없다고 말하는 것조차 어설프거늘 비구니가 수행함에 있어 남자 몸 받기를 발원한다는 것은 좁은 소견이다. 벌레가 되면 어떻고 구더기가 되면 어떠한가. 아랑곳없이 들어가는 판에 무슨 기약할 바가 붙겠는가. 전생으로부터 살아온 나날들을 주욱 훑어본다면 속인도 중이 됐었고 중도 속인이 됐었고, 그야말로 기가 막힐 일이라, 그 틈에 비구 비구니 찾을 겨를이 어디 있겠는가. 그런 것에 걸린다면 절대로 부처님의 마음을 꿰뚫어 보지 못함이라, 세상을 머리에 이고 휘두르며 나아가도 시원치 않은 판국에 현재의 겉모습 정도를 세우다니……. 세상에 어느 것 하나 세울 게 있는지 보라. 내세울 게 도무지 없는 법이다."

그 말씀을 듣고 한 신도가 사뢰기를 "밖에서는 '비구니 도량이다. 대행 스님은 비구니 스님 아닌가.' 하는 말을 듣게 되는 경우도 있습니다." 하였다. 스님께서 말씀하셨다. "그야 모습이 비구니이니까 비구니지 뭔가. 나는 여기가 비구니 도량이다, 내 모습이 어떻다 하는 생각이 없다. 하지만 누가 잘못된 생각을 고집할 때는 자신을 한번 돌이켜 보도록 해 주는 경우는 있다. 정말로 부처님과 한자리 하고 역대 조사와 한자리 하려면 내가 비구라는 생각, 비구니라는 생각, 율사다 선사다 하는 생각 등등을 다 놔 버리고 평등심부터 지킬 줄 알아야 할 것이다."

40. 학인들 중에는 스님의 색신을 빗대어 "비구니가 알면 얼마나 알겠느냐." 하며 발길을 돌리는 사람이 있었다. 스님께서 말씀하셨다. "나무 한 잎사귀조차도 불교 아닌 게 없거늘, 어찌 사람인데 비구니라서 잘하고 못하고가 있겠는가. 그것은 그 사람들의 생각이지 내가 관여할 바가 아니다. 좋다고 평을 하든 언짢다고 평을 하든 간에 나는 이날까지 한 번도 내가 잘되게 해 달라고 원한 일이 없거늘, 내 이 탈이 아무런들 그것이 무슨 상관이겠는가."

41. 어느 신도가 스님의 외양을 빗대어 폄하의
말을 하는 걸 들으시고는 스님께서 이르셨다. "내
가 그대로 떳떳할 뿐이니, 나를 보고 생김새가 어떻
다 하는 것이 틀린 말은 아니다. 거죽으로 보고 물
질로 보는 것이거늘, 맛을 모르니 무엇을 탓하겠는
가. 저이도 내가 나를 몰랐을 때의 나와 같다."

스님께서 또 말씀하셨다. "내가 만약 잘 그려 가
지고 미인으로 나왔다면 난 이 공부를 못했을 것이
니 차라리 못 그려 가지고 나온 게 좋았다."

42. 스님께서 미국 포교 중에 한 신문사의 초청
으로 법회를 여신 적이 있었다. 그때 한 비구 스님
이 대중 가운데 일어나 여쭙기를 "어찌 비구니로서
큰스님이라 칭하는가." 하였다. 스님께서 말씀하셨
다. "나는 아직껏 비구다, 비구니다라는 것을 생각
해 본 일이 없다. 스님이 비구도 알고 비구니도 안
다면 훌륭한 일이니 한번 따로 찾아오라."

스님께서 대중을 향해 말씀하셨다. "큰스님이란

말도 이름일 뿐이다. 오직 도리에 통달해서 모두에게 이익이 되게 하고 말 한마디라도 한데로 떨어뜨리지 않고 실천으로서 법이 되게 해야 오며 가며 말 없는 가운데 에너지가 충전되는 것이다."

43. 한 제자가 여쭈었다. "스님께서 공부하시는 중에 파계승이라는 비난을 듣기도 하셨다는데 그 말을 들으셨을 때의 심경이 어떠하셨습니까?" 스님께서 말씀하셨다. "자신이 한 것만큼이지 더하고 덜함도 없다. 알아주면 어떻고 몰라주면 어떠한가. 이러쿵저러쿵 말할 것도 없고 다만 내 지극한 마음으로 괴로운 사람을 그 고통에서 풀어 주기도 했고 에너지가 필요한 사람에게는 에너지를 주었을 뿐이었다. 간혹 중심이 없는 사람에게는 잠시 에너지를 뺏어 고통을 맛보게 한 연후에 믿음으로 그 고통이 없어지는 걸 맛보게도 했다. 오로지 반야줄을 쥐고 갈 수 있게 가르쳐 주었을 뿐이니 날더러 욕을 했다 해서 그게 무슨 상관이던가."

44. 한 신도가 스님을 처음 뵙고 무례하게 굴더니 곧이어 자신의 잘못을 뉘우치고 사과하였다. 그러자 스님께서 말씀하셨다. "괘념치 말라. 내가 잘못되었다면 잘못됐다고 따귀라도 때릴 만한 사람이 되어야 하느니, 다음번에 도둑질하려 할 때는 빗장부터 열어 놓기를 바랄 뿐이다."

45. 스님께 찾아와 병을 고친 뒤에 발길을 끊는 사람이 가끔 있었다. 한 신도가 이를 언짢게 생각하자 스님께서 말씀하셨다. "내가 이 도리를 공부하지 않았더라면 어떻게 그 없는 사람인들 도움을 줄 수 있었겠는가. 나는 했다는 생각 없이 한 것이니 괘념할 일이 아니다."

46. 스님께 와서 병이 낫는 사람도 많았고 원했던 일들이 성사되어 좋아라 하는 사람도 많았다. 그런 일들이 계속되자 신도들 중에는 무언가 깜짝 놀랄 신비스런 일이나 눈 귀가 번쩍 뜨일 만큼 분

명한 진리의 말씀이 있기를 기대하는 사람들도 생겨났다.

그런 기미를 아시고 스님께서 말씀하셨다. "나는 어떤 신비나 이적을 보여 주는 그런 사람이 못 된다. 사실대로 말하자면 이 대행의 생각으로는 진실이나 진리란 그처럼 놀랍거나 신비스럽거나 어마어마한 것이 아니다. 진리가 찬란하고 눈부시도록 아름답고 가을 하늘같이 높고 공활한 줄만 알지 말아야 하느니, 세상 사람들은 대개 진리란 너무 엄청나고 요원해서 감히 손도 내밀어 볼 수 없다고 생각하는 경향이 있다. 그런 나머지 진리에 대해서라면 삼십이상을 구족하신 여래나, 위대한 성자, 철인, 영웅, 학자, 스님네들이나 말할 수 있다고 믿는 것 같다. 그러나 나의 생각은 그렇지 않다. 내가 꼭 진리를 보았다거나 깨달았다 해서가 아니라 아주 평범한 진실로써 말하는 것이니 진리란 너무나 단순한 것이 아닐까. 서로 슬퍼해 주고 서로 아껴 주는 마음, 서로 이해해 주고 서로 감싸 주는 마음, 그 이상 무엇이겠는가. 사실 따지고 보면 진리의 말씀이 부족해서 이 세상이 더 좋아지지 못하는 게 아니다. 부처님이나 예수님, 공자님께서 말씀해 주신 것만으로도 충분하고 남는 바가 있다. 그런데 어디 그뿐인가. 두두물물이 다 우리에게 진리를 말하고 있지 않는가. 그러므로 진리의 말씀이 부족해서가 아니라 그런 말씀을 참으로 실천하지 않기 때문에 이 세상이 좋아지지 않는 것이다. 그러므로 여러분들도 어디 눈 귀가 번쩍 뜨이게 해 줄 선지식은 없을까 하고 너무 헤매지 말라. 어떤 선지식도 여러분에게 알사탕 주듯이 진리를 줄 수는 없다."

47. 스님께서 어느 때 말씀하셨다. "예를 들어 일 년 후 혹은 몇 년 후에 어떤 일이 벌어질 것이라고 예언을 한다는 것은 소인의 짓이다. 만약 만법을 응용할 수 있는 선지식이 있다면 사흘이 삼 년, 삼 년이 삼천 년으로 늘 수도 있고 반대로 삼 년이 사흘로 축소될 수도 있다. 또한 그 어떤 일이 대부분

의 중생에게 언짢은 일이라면 붓 하나 들어 밀쳐 버
릴 수도 있는 것이다. 일례로 나라가 위급하다고 할
때 보살의 자리를 한 단계 내려서서 국민을 위해 마
음을 합쳐 준다면 사태가 좋은 방향으로 수습될 수
도 있는 것이다. 그러니 돌아가는 것을 봐 가면서
잘못되면 뜯어고치고 잘되면 밀어 주고 정히 안 되
겠구나 싶을 때는 훌렁 돌려 버리면 된다. 이것은
그동안 내가 다 체험해 본 것이고 두서너 번씩 다
해 보고 밟아 온 길이다.”

48. 한 신도가 대중 앞에서 찬탄하여 말하기를
“우리 스님께서는 미륵보살님처럼 높고 크시다.”
라고 하였다. 그 말을 들으시고는 스님께서 이렇게
말씀하셨다. “그 미륵보살이 높고 크다는 뜻이라면
나는 받아들일 수 없다. 높은 것은 사실 높지 않나
니, 높아서 높은 것은 다만 세간 법일 뿐 진실한 입
장에서 보면 가장 낮다고 하는 사람, 누추하고 더럽
다는 그 자리가 더 높을 수 있다. 진정으로 높은 이

에게는 높낮이가 없다. 그러니 어찌 미륵인들 높겠는가? 어찌 스승이 꼭 높기만 하겠는가. 중생은 부처에게서 배우지만 부처는 중생에게서 배운다고 나는 믿는다. 스승이란 제자들의 발을 닦아 주고, 제자들을 책임지고 돌보아 주는 영원한 부모인 것이다. 세상의 부모들을 보라. 자녀들보다 높은가. 부모들의 높음이란 오히려 자녀들에게 모든 힘과 정성을 다 바치기 때문이지 군림하는 자리라서 높은 게 아니다. 부모는 자녀에게 모든 것을 주다 못해 하나뿐인 생명까지도 준다. 그런 마음의 스승이라면 어찌 제자들 위에 있겠는가. 스스로 높아지려는 사람은 누추한 곳으로 내려서야 한다. 그렇게 하는 것은 그럼으로써 높아지고 찬란해지게 되기 때문이 아니라 진정으로 누구나 그렇게 살지 않으면 안 되는 것이기 때문이다."

스님께서 또 말씀하셨다. "내가 아무리 안다 해도 모르는 이에게 어떻게 뒤집어 보일 수 있겠는가. 여러분이 100%를 알면 나도 100%를 아는 것이고,

백분의 일밖에 모른다면 나도 백분의 일밖에 모르는 것이다."

49. 스님께서 대중에게 말씀하셨다. "여러분들은 무엇에도 속지 말고 자신의 주인공을 역력히 발견하여야 하느니 나에게도 속지 않도록 하라. 나의 형상을 보고 따르려 하지 말고 내가 말하고 행과 뜻으로 보여 주는 진리에 대해 믿음을 가져야 한다. 구도자라면 모름지기 살얼음판 위를 걷듯이, 날을 세운 칼 위를 맨발로 딛고 가듯이 조심해야 하느니 인내와 희생 없이 도리를 알 수 있다고 생각하지 말라."

50. 한 불제자가 찾아와 여러 번 만에 비로소 스님을 뵙게 되었노라고 인사를 드렸다. 스님께서 말씀하셨다. "실컷 봐. 이 거죽만 보지 말고……. 이 고깃덩이는 아무리 여러 번 보았다 해도 흩어지면 그냥 송장이니 보려면 아주 진짜를 잘 보고 가기 바란다."

51. 미국의 한 신도가 법회 중에 여쭈었다. "스님께서는 더할 자리 없는 도인으로서 육신통을 하신 줄 아는데 무슨 인연으로 저희들과 한자리에 앉게 된 것입니까." 스님께서 웃으시며 말씀하셨다. "과거도 미래도 없는 지금의 인연이니, 이렇게 만난 게 인연이라 무슨 과거 미래를 찾겠는가. 그리고 내가 이런 말 하고 저런 일 해서 위대하다고 한 적도 없느니, 작으면 작은 대로 크면 큰 대로, 여러분이 작으면 나도 작고, 크면 나도 큰 대로 이렇게 둘 아니게 앉았는데 무슨 이름이 붙겠는가."

그러자 또 한 신도가 여쭙기를 "인연이 다하여 이승을 떠나신 후 언제 다시 뵙게 됩니까?" 하였다. 스님께서 말씀하셨다. "삼천 년 전하고 오늘하고 대어 보니까 짝이 꼭 맞느니, '삼천' 하니까 '하나'요, '하나' 하니까 '삼천'이 똑같노라. 사람들이 작년이다, 올이다 하는 것뿐이지 시공을 초월해서 마치 비행기 프로펠러 돌듯이 돌아가는데 어디 삼천 년이 붙고 오늘이 붙을 자리가 있겠는가. 그렇기에 내생에 인연이 된다, 안 된다 하는 것을 떠나서 둘 아닌 도리를 배우고 둘 아니게 나투는 도리를 알면 세세생생에 끝 간 데 없이 너이면서 나이고, 너 있고 나 있으면서 인연이 그대로 영원한 것이다.”

52. 제자들 가운데 스님의 색신이 멸할 그 이후를 걱정하는 이가 있었다. 스님께서 말씀하셨다. “육신이 떨어졌다고 내가 어디로 가느냐? 온 곳이 없으니 갈 곳도 없다. 이 선원은 한마음에 의해 운영되어 왔고 앞으로도 그럴 것이다.”

53. 스님께서 어느 때 또 말씀하셨다. “내 몸뚱이 없어진다 해서 일을 못하는 게 아니니 요구하는 사람 앞에 내가 나서게 되느니라. 꼭 육신이 있어야만 하는 게 아니라 다른 육신들이 있는 이상 한마음 도리에 들기만 하면 그가 원하는 대로 같이 첨부하기도 하니 바로 화하는 것이다.”

54. 스님께서 미국 알래스카 초청 법회에 참석하셨을 때 한 신도가 대중 가운데 일어나 말하기를, 스님께서는 지금 세계가 감당키 어려울 만큼 광대무변한 법을 실천하시고 계시므로, 스님께서 이 지구라는 원의 중심이 되어 세계를 연결하는 컴퓨터 포교망을 구축해 주십사 하고 청하였다. 스님께서 말씀하셨다. "그렇게 함으로써 미주는 물론 유럽, 아시아 각지가 서로 주고받으며 공부하게 되기를 오로지 바랄 뿐이나 세계적인 과제이므로 우선 이삼 년에 한 차례씩 모일 수 있는 체계를 갖추는 게 좋을 것이다."

55. 스님께서 어떤 사람의 속임수를 모른 척하고 넘기시자 한 신도가 여쭙기를 "스님께서는 눈이 밝으시면서 어찌 저러한 사람에게 속임을 당하십니까." 하였다. 스님께서 대답하셨다. "자기가 자기를 속이고 속임을 당한 것이지 나를 속인 것이 아니다. 설사 그가 나를 속였다고 생각하더라도 내가 내

손으로 나를 때린 격이나 같으니 어찌 내가 아프다
고 하겠느냐? 오히려 감사할 일이다."

56. 어느 때 학인 여럿이 찾아와 중구난방으로
법을 물었다. 스님께서 대답하시기를 "당신들이 요
만큼 알면 나도 요만큼 알고, 당신들이 이만큼 알면
나도 이만큼 아는 것이니 그렇게 알고 돌아가라."
하셨다.

그들이 돌아가고 난 뒤 한 제자가 여쭙기를 "한
번 내리치셔서 점검을 해 보심이 좋았을 줄 압니
다." 하였다. 스님께서 이렇게 대답하셨다. "그 철
퇴는 자비의 철퇴이니 웬만큼 아는 사람이라야 얻
어맞으면 맞는 대로 약이 되겠지만 그렇지 못하고
서야 생사람 고생시키는 일밖에 더 되겠느냐."

또 어느 때는 그와 비슷한 일이 있고 나서 스님께
서 말씀하시기를 "이 물건 딱 집어 삼킬 사람이 없
느냐?" 하셨다.

57. 한 제자가 스님께 '스님의 전생이 어떠했는지'를 여쭈었다. 스님께서는 "조금 아까도 전생이고 일 초 후가 또 전생인데 그것은 따져서 뭣해!" 하시며 가볍게 응대하셨다.

58. 한 제자가 여쭈었다. "가령 다른 곳에 마음을 깨친 분이 있다면 쓰임에 있어 힘을 합치는 도리는 어떤 것입니까?" 스님께서 말씀하셨다. "내려섬이 없이 한 계단 내려서서 법신으로 행할 때에도 전체로 돌아가기에 둘 아닌 생각을 하게 되느니, 그대들이 말없는 가운데 통하기도 하듯이 진리의 자리에서는 그쪽이 나이며 그들이 하는 게 이쪽에서 하는 것과 같다."

59. 스님께서 말씀하셨다. "합쳐지면 모든 것이 그대로 나 하나이기에 가만히 앉아 있을 수 있는 것이다. 모두가 벌어지고 흩어져 있는 채로라면 이것도 생각하고 저것도 생각하고 이것도 보고 저것도

가져야 할 테지만 나한테 다 갖춰져 있으니 묵묵히
있을 수 있는 것이다. 나의 잠재해 있는 창고 열쇠
를 내가 가지고 있으니 쓸 때가 되면 꺼내 쓸 것이
고, 때에 따라, 환경에 따라 맞춰서 쓸 수 있는 것이
다. 우주 전체의 보배가 전부 내 주인공 안에 있거
늘 왜 찰나찰나 꺼내 쓰지 못하고 가난하다, 고독하
다 하는가."

60. 한 신도가 스님께 스님 자신의 도력이 어느
정도인가를 여쭌 적이 있었다. 스님께서 이렇게 대
답하셨다. "나는 내가 마음공부를 대단히 많이 했
다든가 공부가 끝났다든가, 내가 대단한 스승이라
든가 도인이라든가 하는 생각 따위는 정녕코 하지
않는다. 나는 다만 한마음선원 원장을 하려고 십여
년 동안 산과 들을 홀로 헤매었던 게 아니라는 말을
할 수 있다."

61. 스님께서 어느 때 말씀하셨다. "나는 깨달았

으니까 큰스님이다, 큰사람이다, 이만하면 됐다는 생각이 전혀 없다. 그대로 열매 열렸을 뿐이고 그대로 무르익었을 뿐이고 그대로 맛볼 뿐이다."

62. 한 제자가 여쭈었다. "스님께서는 경계를 보심이 어떠합니까?" 스님께서 말씀하셨다. "그대들처럼 돌아다니면서 보는 방법도 있고 여기 앉아서 그리로 가거나 끌어다 보는 방법도 있으니 자기 요량대로 할 뿐이다. 가령 지구를 볼 때 내 정원을 내려다보듯 순간에 응하여 보고 듣고 판단하고 행하기도 하는데 그러는 중에 전체를 보려면 전체를 보고, 부분을 보려면 부분을 세밀히 볼 수 있다. 그러나 천차만별로 다양하게 돌아가고 별의별 것으로 쓰이기에, 쓰인다 쓴다 할 것도 없이 즉응하는 것일 뿐이다."

63. 스님께서 미국 샌프란시스코 법회에 참석하셨을 때 한 신도가 대중 가운데 일어나 여쭈었다.

"스님께서 도력이 높으시다면 한국에서 스님들끼리 싸우고 노사 분규가 일어나고 학생 데모가 심한 것을 왜 두고 보십니까?" 스님께서 웃으시며 말씀하셨다. "화산이 활동하는 것을 재료로 삼아서 과학이 얼마나 발전하게 되었는지를 아는가. 또 돌과 돌이 부딪치지 않으면 불이 일어나지 않듯이, 마찬가지로 그것은 싸움이 아니라 발전의 계기인 것이니 각자가 법거량을 하는 셈이다."

64. 스님께서 미국 포교 중에 담선 법회를 여신 자리에서 한 신도가 스님의 용에 대해 여쭈었다. 스님께서 말씀하셨다. "보이지 않는 것과 보이는 것을 한데 싸잡아서 활용하는 것, 그것이 중용이다. 한생각에 밥 한 그릇으로 일체 중생을 다 먹이고도 한 그릇이 되남는다고 하느니, 나는 어떤 때는 떡 한 그릇, 물 한 그릇, 향 한 개비로 천도를 하기도 하고 '그래, 알았어요.' 하는 말 한마디로 그뿐이기도 하고, 두루두루 나눠 주는 걸로 처리하기도 한다. 내

가 나를 위해 이렇게 한다면 나를 믿으라고 하겠지만 여러분의 주인공을 믿으라 하니, 부처님의 가르침이 그러하여 '내 골수를 얻으면 너와 내가 둘이 아니니라.' 하신 도리를 체험으로 말하는 것이다."

65. 한 신도가 여쭙기를 "스님께서는 저희들의 하소연을 들으실 때 '알았다' 하시면 그뿐인데 예를 들어 국가적으로나 군사적으로 큰일을 하실 때에도 그와 같습니까?" 하였다. 스님께서 말씀하셨다. "요리를 할 때 칼을 들었으면 그뿐이지 이렇게 한다 저렇게 한다는 말이 필요하겠는가. 더욱이 국가적으로 수많은 생명이 걸린 문제일 때는 물질적으로, 사량적으로 생각할 여지가 없는데 말이 따를 까닭이 없다. 그냥 마음법의 비밀이니 '알았다' 하는 말조차도 누설일 뿐이다."

66. 어느 해 여름, 신도들이 모여 앉아서 강력한 태풍의 상륙을 걱정하는 걸 들으시고는 스님께서

이렇게 말씀하셨다. "너희들이 그것을 모면케 해 보라. 태풍이 상륙해서는 안 되겠다고 생각한다면 가차 없이 먼 바다로 내모는 도리가 있은즉, '이건 이렇게 되어야 하겠구나.' 하고 한 점 딱! 찍고 간다면 그대로 통과인지라, 일체 만법을 그렇게 할 수도 있다."

67. 스님께서 말씀하셨다. "핵무기가 제아무리 거대하여 온 인류를 앉은 자리에서 몽땅 죽일 수 있다 해도 사람이 해 놓은 것이다. 고로 거기 생명이 있어 내 마음과 근본이 다르지 않으니 그것 또한 마음의 문제라, 이 광대무변하고 신묘한 도리를 알아 중생을 제도할 능력을 기른다면 걱정할 것이 없다."

68. 한 신도가 여쭈었다. "스님께서 상원사에 계실 때에는 정성을 들이기만 하면 전후 좌우 사정을 불문코 다 성사되었다 하는데 그때와 지금은 어떠합니까?" 스님께서 말씀하셨다. "그때는 내가 공부

를 가르치는 입장이 아니라 실험을 해 볼 때였느니, 상대방을 보기 이전에 우선 배고픈 걸 면해 주려는 생각이면 그뿐이었다. 아픈 사람이 오면, 예를 들어 고통이 열흘 갈 일이라면 한순간으로 축소해서 나을 수 있었지만 그것은 영원토록 자기가 할 수 있는 처지가 아니라 빌어먹는 격이나 다름없었다. 지금 공부하는 사람이라면 단축해서 뺄 것을 빼 버릴 수 있으되 스스로 털어 버리지 못하면 또 배고플 것이니 어찌하겠는가."

69. 어느 때 스님의 법랍을 캐묻는 이가 있었다. 스님께서 언급하셨다. "나는 오늘 이 시점에서 머리를 깎은 것이지 엊그제께 깎은 게 아니다. 승랍이 십 년, 오십 년이라 한다 할지라도 오 년으로 줄일 수도 있고 오천 년으로 늘릴 수도 있고 또 오 년을 닷새로 축소할 수도 있는 것이 마음자리이다. 그것을 확실히 안다면 눈 한 번 깜빡할 때에 은하계를 떼어다 놓고 보는 도리를 아느냐 하는 게 문제이다.

승랍이나 따지는 것은 사람들이 사량으로 하는 일
이다."

70. 한번은 스님께서 종단이 주도하는 불사에 크
게 동참하신 게 불교 신문에 소개된 적이 있었다.
그것을 보고 한 객승이 찾아와 은사 스님의 병구완
에 필요하다며 시주하시길 간청하였다. 스님께서는
예비된 자금이 있어서 불사에 동참했던 게 아니라
고 하셨지만 그 스님은 믿지 아니하였다. 무위의 크
나큰 힘을 믿지 못하는 이들의 태도가 대개 이러하
였다.

71. 스님께서 어느 때 담선 중에 말씀하시기를
"내가 지금 여기 이렇게 앉아 있으면서 다른 혹성
에도 존재한다면 믿겠는가?" 하셨다. 아무도 대꾸
하는 이가 없었는데 그 후 한 신도가 법회 중에 그
에 대해 여쭈었다. 스님께서 말씀하셨다. "상으로
서의 몸은 하나일지언정 마음은 찰나에 오고 가며,

넣고 빼어도 두드러지거나 줄지 않는다. 비유하건 대 뉴욕의 연극 공연을 서울에서도 보는 것과 같다 고 할 수 있다. 부처님께서 그렇게 하신 도리를 알 려거든 부지런히 공부해서 대학원 과정까지 올라가 보라."

72. 스님께서 어느 때 말씀하셨다. "때로는 내가 나를 뉘어 놓고 장승처럼 우뚝 서서 내려다보니 삶 이 그냥 지속된 꿈이라, 눈보라 치는 산길을 걷다 툭툭 털고 들어서면 금세 따뜻한 방 안이니 꿈을 꾸 면서 전자에 꿈꾸던 일을 생각하는 장승은 웃지도 울지도 않으며 묵묵히 내려다볼 뿐이다."

73. 스님께서 말씀하셨다. "내가 글을 잘 알았더 라면 이처럼 깨끗하고 사방이 툭 터진 이 물 한 그 릇 떠 먹어 보지 못했을 것이다."

74. 스님께서 어느 때 말씀하셨다. "내가 무슨

말을 해도 나는 말한 바가 없고 내가 무슨 공덕을
지어도 나는 공덕을 지은 바 없노라. 내가 무한한
힘으로 이 세상 모든 것을 건진다 해도 나는 아무런
칭찬도 받을 바 없고 내가 지금 이 순간에 물방울이
꺼지듯이 스러져 버린다 해도 내게는 아무런 아쉬
움도 없다. 나는 내가 아니기 때문이다."

75. 스님께서 말씀하셨다. "육도 윤회라고 하지
만 내게는 분별해서 좋다 나쁘다 할 것이 없다. 이
승이든 저승이든, 승천을 하든 못하든, 벌레든 사람
이든지 간에 어느 것은 원하고 어느 것은 배척하고
싶지 않다. 예컨대 뭐 하나가 설사 좋다 해도 그것
이 고정된 것이냐 하면 그게 아니라 곧 끝나고 마는
법이니 조금 기쁘다 말 것을, 그것이 무슨 대수이겠
는가."

76. 스님께서는 반야심경과 천수경을 순수 우리
말로 옮기시고 이를 법회 때 독송함은 물론, 늘 수

지하여 뜻을 살피고 실천하기를 당부하셨다. 신도들은 한결같이 반겼으나 선원 밖의 반응은 달랐다. 특히 종단 측에서는 이를 문제 삼으려 들기까지 했다. 종단의 간부 몇 사람이 이 일의 경위를 알아보려고 왔을 때 스님께서는 그들을 향해 그 이유에 대해서 소상히 들려주셨다. 그들은 아무 말 없이 돌아갔다.

77. 스님께서 반야심경을 풀이하실 때에 말씀하셨다. "어린아이들은 말할 것도 없고 어른조차도 알아듣기 어려우니 마음에 와 닿지를 않는다. 그러므로 외우기만 할 뿐 실천에 참고함이 적으니 이를 알기 쉽게 우리말로 푼 것이다."

78. 스님께서 말씀하셨다. "한 소녀가 어느덧 부모를 잃고 홀로 배고픔과 추위를 견디지 못해 닥치는 대로 불을 지피고 먹었다. 안팎으로 불을 꺼뜨리지 않고 지폈다. 그러다 보니 어느새 집마저 활활

타버려 그 불기둥이 천 길이나 솟고 둘레가 만 길이
나 되었다. 오는 사람 가는 사람이 모두 불을 쪼이
다 옷을 벗고 갔다. 그 불은 비바람이 쳐도 꺼질 줄
몰랐다. 그 소녀마저 타서 불기둥이 되니 사람들마
다 끊임없이 벗고 또 벗었다. 오가는 사람들의 광력
자력이 충만하니 그 불이 어찌 꺼지겠는가.”

79. 방한암 스님의 상좌로 계시다 나중에 오대산
월정사 방장이 되신 탄허 스님과 스님의 교분은 매
우 자별하신 데가 있었다. 두 분께서는 아무런 격의
없이 자주 법담을 나누곤 하셨는데 당대의 석학으
로 손꼽히던 탄허 스님께서는 특히 스님의 무위 세
계에 대한 말씀을 경청하셨다.

탄허 스님께서 제자들에게 이르시기를 “나는 그
분을 존경한다. 그러니 너희들도 그분을 비구니로
보아서는 안 되고 사숙이라 불러야 한다.” 하셨다.
그 후로 탄허 스님의 제자 되시는 분들이 스님께 와
서 법을 여쭙는 일이 자주 있었다.

　두 분이 마주 앉으시면 법담이 그칠 줄 몰랐고 항상 헤어짐을 아쉬워하셨다. 법담 중에 간혹 두 분이 함께 눈물짓는 경우가 있었는데 서로 말씀하시기를 "스님의 눈물이 내 눈물이고 내 눈물이 스님의 눈물입니다." 하셨다.

　한번은 탄허 스님께서 보름째 단식 중이시라는 말을 전해 들으시고는 스님께서 찾아가시어 오랜 시간을 계셨는데 그때 두 분 주고받는 말씀이 "당신께 주장자가 있다면 나의 주장자를 줄 것이요, 당신께 주장자가 없다면 그것을 빼앗을 것이오." 하셨다. 두 분의 만남이 대개 그러하셨다.

　80. 탄허 스님께서는 유·불·선에 두루 통달하셨고 주역에도 조예가 깊으신 까닭으로, 세간에서는 그분을 당대 최고의 학승으로 받들었는데 스님께서는 탄허 스님을 가리켜 "선의 경지에서도 그분만 한 도반이 없었노라." 하고 자주 말씀하셨다.

　스님께서는 탄허 스님에 비해 학문이 크게 부족

하셨으므로 법담 중에 대체로 비껴 서시는 입장을 취하셨고, 탄허 스님께서는 그럴 때마다 "학문이 무슨 소용이랴." 하시면서 오히려 스님의 말씀에 귀를 기울이시곤 하셨다. 탄허 스님께서 입적하시자 스님께서 게송 한 수를 지어 대중에게 보이셨다.

81. 스님께서 하루는 대중들에게 경허 대선사의 무애자재했던 삶에 대해 이야기하시고는 이렇게 말씀하셨다. "얼마나 허탈했으면 이름까지 버리고 산속으로 들어가 술로 세월을 보내며 아이들을 가르치다 그렇게 바람 따라 가셨을까. 그 득의 망심의 경지를 알아보는 이 없으니 무척 쓸쓸하셨을 것이다. 향촌의 달빛은/ 빛만 안고/ 온 누리를 내 마음과 함께/ 돌며 꽉 차 버리니/ 말동무가 없어/ 심심하고 적적해서 어찌했으랴."

82. 스님께서는 육조 혜능 선사와 한암 스님을 좋아하셨다. 법담 중에 가끔 그분들의 말씀을 인용

하시는 때가 있었는데 하루는 육조 스님께서 인가를 받는 계기가 된 게송을 되뇌이시다가 이렇게 말씀하셨다. "하나가 참되니 일체가 참이며 모든 경계가 스스로 여여하매 이 여여한 마음이 바로 한마음이다."

4. 감읍하옵니다

1. 스님의 선풍을 좇는 새 법도들이 하루에도 수십 명씩 늘어 갔다. 새로운 신도들이 앞을 다투어 귀의함에 따라 선원은 국내외로 날로 확장되었다. 스님의 교화력이 크고 높은 줄을 이로 미루어 알 수 있었다.

스님께서는 한 번도 대중을 불러 모으는 노력을 하신 적이 없었다. 그럼에도 스님의 회상엔 늘 많은 학인이 몰려들었다. 스님께서는 또 한 번도 명예를 내세우신 적이 없었지만 스님의 문전은 늘 저자거리처럼 붐볐다.

2. 스님께서 법석을 열지 않으실 때에도 안양 선원에는 진리를 구하고자 하는 사람들의 발걸음이

끊이질 않았다. 선원의 선실은 평일에도 발 들여놓을 틈이 없을 정도였다. 신도들 가운데는 스님을 친견치 못해도 가르침의 말씀을 듣는다는 사람들이 많았다. 명의의 문전에 병자들이 몰리듯이 마음의 위안을 찾는 이들이 그렇게 연일 몰려들었다.

3. 많은 사람들이 스님을 칭송하여 말하기를 정신과 육체의 병을 함께 고쳐 주시는 분이라고 했다. 스님께서는 언제나 선의 원리를 실천적으로 밝혀 드러내시고 묘법을 깨닫도록 가르치시니, 신도들마다 그 가르침을 따라 몸을 다스리면 각종 재난과 질병이 사라지는 것을 느꼈고, 마음을 다스리면 번뇌가 녹는 줄을 실감했다. 스님께서 신도들의 칭송을 듣고 말씀하셨다. "부처님 법으로 산천초목을 다스린다면 흉함이 변하여 길함이 되고 해로움이 변하여 이로움으로 바뀌느니라."

4. 한 제자가 스님에 대해 이렇게 말했다. "스님

의 설법은 이차적인 가르침이다. 스님께서는 스님의 존재 그 자체로서 늘 설법하고 계시기 때문이다. 스님의 말씀이 있기 이전에 그 거동 속에 대하 같은 설법이 있다."

5. 한 신도가 스님에 대해 이렇게 말했다. "스님께서는 수행으로 잘 조화된 비구니 특유의 맑음이 빛나는 얼굴로 밝게 웃는 모습이시다. 스님을 뵙는 순간 나는 왠지 모를 푸근함과 함께 흡사 구도자들이 늘 마음속에 소중하게 간직하고 있을 법한 참되고 영원한 것에 대한 가슴 설레는 그리움이 무연히 일고 있음을 느꼈다."

6. 스님을 처음 친견하게 된 신도가 뵙고 나서 이렇게 말했다. "스님을 뵙기 전까지만 해도 나는 저 덕산·임제 선사와 같이 눈이 시퍼렇게 빛나며 방·할이 벽력 같은 그런 분일 것이라고 생각했었다. 그러나 스님을 뵙는 순간 나는 그토록 순일하고 깨끗

한, 그렇다고 여성적이기만 한 것도 아닌, 남성적 이미지와 여성적 이미지가 자연스레 조화된 그런 분위기를 느끼게 되었다. 그것은 하나의 놀라움이었다. 나는 스님에게서 양성(兩性)을 동시에 보았던 것이다. 바로 보살의 모습이었다."

7. 한 기자가 스님을 뵙고 인터뷰를 가진 다음 이렇게 말했다. "스님의 언동이나 풍모는 여성이라 할 수도 없고 남성이라 할 수도 없는 그런 것이다. 어느 때 보면 깎아 놓은 석불처럼 요지부동인 대장부의 기개가 느껴지다가도 또 어느 때는 지극히 깊고 부드럽게 느껴졌다. 스님께서는 아예 비구, 비구니를 다 포용해 버린 듯하였다. 스님의 말씀은 비논리적인 듯하다가도 무엇인가 가까이 와 닿게 하는 직접적인 힘이 있었고 흔히 선사라는 분들께서 느껴지는 큰 봉우리 같은 기상보다 '평상심이 곧 도'라는 그런 맛을 보게 된다."

8. 한 신도가 말했다. "스님 앞에 나아가면 그렇게 마음이 편할 수 없다. '저분께서 모든 걸 다 알고 계시겠지.' 하는 생각이 들어서 숨길 게 아무것도 없었다. 언제나 청정하시고 지혜의 거울이 맑은 줄로 여겨지니 특별히 드릴 말씀도 없어진다. 마치 자애로운 어머님께서 말하기 이전에 벌써 자녀들의 심사를 다 헤아리고 있는 격과 같은 셈이다."

9. 한 신도가 말했다. "스님께서는 언제나 밝고 온화하시다. 그렇다고 항상 온후하시기만 한 것도 아니었다. 어느 때는 스님 특유의 칼날 같은 직설과 한 치의 흔들림도 없는 의연함이 빛나고 있었다. 스님께서 말문을 여실 때는 때와 장소에 관계없이 언제나 진리의 핵심을 명쾌히 찌르셨다. 단 한 말씀도 허공으로 떨어지는 법이 없으셨다."

10. 오래 된 신도일수록 스님께로 향하는 존경의 염은 더욱 돈독했다. 한 신도가 말했다. "처음에는

산골에 흐르는 냇물처럼 평범하고 작게 느껴졌다. 그러나 시간이 지나면서 점점 넓게 느껴졌다. 지금은 스님의 내면세계가 바다처럼 넓다는 것을 알게 되었다. 그저 놀라고 있을 뿐이다."

11. 선원의 상임 포교사가 담선 중에 대중에게 이렇게 말하였다. "스님께 여러 차례 감탄하면서도 사실은 아직까지 스님을 '누구'라고 단정 짓지 못한다. 스님을 뵙고는 '큰스님'이라고 부르지만 어떤 내용을 지녀야 '큰스님'이라는 호칭이 적당한지를 모르겠다. 너무 다양한 면모를 보여 주시니 금방 감탄했다가 때로는 회의하고, 그랬다가 다시 더 큰 경탄을 하게 된다."

스님께서 이를 듣고 크게 웃으시면서 말씀하셨다. "그게 아마 참말일 게다. 어디 나만 그렇던가? 우리가 사실 누구를 진정으로 알 수 있겠는가? 찰나로 나투는데 그렇게 알아 가고 배워 가는 것뿐이다."

12. 한 제자가 이렇게 말하였다. "나는 스님에 대해 회의감과 감탄 사이를 왕복한다. 어떤 때는 너무 범상하신 듯하여 의심이 들었다가도 며칠이 지나지 않아서 스님의 크나큰 자비심과 진실의 포용력을 느끼고는 의론과 언설이 막혀 버려 그냥 존경하는 마음에 엎드리게 된다."

13. 스님의 수행기를 쓴 한 작가가 이렇게 말했다. "나는 아직껏 스님께서 진리로부터 물러서시는 것을 보지 못하였다. 사소한 일상의 일로부터 지고한 설법을 행하실 때까지 그분은 언제나 법을 기준하고, 법에 의해 사시는 그런 분이었다. 스님께 어떤 것을 여쭈어도 그것은 귀일이었다. 그런데 그렇게 여법하심에 조금도 작위를 느끼지 못하는 점이 또한 경탄스러웠다. 진정으로 법에 의해 사시는 분이라면 무슨 작위가 있겠는가. 당연한 일일 것이다. 그리고 스님께서 살아가심을 보고 있노라면 하나의 겸손으로서가 아니라 진실로 모든 행위에 무엇을 행

한다는 마음, 공덕을 지었다는 마음이 없음을 느끼게 된다. 마치 불성의 거울, 아무런 얼룩이 없는 청정함 그 자체를 마주하는 느낌을 주곤 하신다."

14. 그 작가는 스님에 대해 이렇게 썼다. "스님이야말로 불가사의한 분이다. 아무리 훌륭한 분이라 하더라도 사생활을 보면 크나큰 에고가 뒤에 버텨 서 있음을 느끼고, 또 진심을 놓치는 경우가 종종 있는 법인데 스님만큼은 전혀 욕구라는 게 없는 분 같았다. 종일 선실에 나와 계셔도 지루해하거나 싫증 내시는 것을 보지 못하였다. 평소에 무엇을 특별히 선호하시는 게 없어 아예 욕구가 일어나지 않는 분이라고 느껴지니 부처님께서 말씀하신 무아법과 누진법의 실증이 아닌가 생각된다."

15. 한 제자가 스님의 가르침에 대해서 이렇게 말한 적이 있었다. "스님의 설법을 듣노라면 어딘지 논리가 결여된 듯하다. 좀 더 유창하고 명명백백

하게 칼로 끊듯이 말씀해 주시지 않는가."

그러나 그 제자는 서너 차례 설법을 듣고 난 뒤에 다시 이렇게 말했다. "스님께서 하시는 설법이 그 어느 설법보다도 좋다. 평범한 가운데 빼어남이 있고 비논리적인 듯한 그 속에 깊은 선미가 배어 있음을 느낀다."

16. 신도회 한 간부가 말했다. "참으로 깊은 뜻이 스님의 일상 행동 속에 숨어 있는 줄을 나는 오랜만에야 느끼는 경우가 많았다. 무심코 던진 듯싶은 한마디 말씀이 나중에 묵중한 의미를 지닌 화두가 되어 나를 이끌어 주곤 했다. 스님의 교화 방법은 대체로 그러하셨다. 스님 자신을 쑥 빼고 하시는 말씀이라서 처음에 나는 그 뜻을 헤아리지 못했던 것이다."

17. 종단의 한 포교사가 스님에 대해 이렇게 말했다. "선가 중심적인 한국 불교는 문수보살과 보

현보살로 상징되는 부처님의 공덕 중에서 비교적 문수 쪽으로 기울고 있는 것같이 보인다. 그런데 스님께는 중생의 아픔에 깊이 동참하는 뜨거운 눈물이 있다. 선사의 눈물이라니, 누가 감히 생각이나 해 볼 수 있겠는가. 그러나 실제로 대행 스님께서는 중생의 아픔에 동체로서의 아픔을 느끼시는데 나는 그 뜨거운 눈물을 직접 마주한 적이 많았다. 그것은 깊은 감동이었다. 스님의 보살 정신, 자비심에 여러 번 나도 함께 울고 말았다. 그 눈물에 어찌 '마음'이 담겨 있지 않겠는가. 나는 스님의 법명이 보현보살의 다른 이름임을 생각해 내고는 고개를 끄덕일 때가 많았다."

18. 한 제자가 말했다. "스님의 내적 세계는 엄밀하게 말해서 불교라고 하는 계보에서 배운 것이 아니라 스스로 눈 틔운 것이다. 그리고 그렇게 스스로 터득한 내적 세계가 불교의 가르침과 부합된다는 것을 발견한 것은 그 뒤의 일이었다. 스님께서는

어렸을 때 어머님을 따라 몇 차례 절에 가신 일이 있었고, 그 일로 한암 스님으로부터 계를 받으시기는 했지만 불법의 가르침을 구체적으로 접하지 않으시고 불법의 이치를 깨달으셨다. 이 일은 불자들에게 크나큰 의미를 시사한다."

19. 또 다른 제자가 말했다. "스님께서 해 오신 수행 과정을 보면 스님을 일단 독각의 경지로 볼 수도 있을 것이다. 스님께서는 경전이나 불교의 전통적 수행 방법을 통해 깨치신 게 아니라 산중에서 홀로 체험을 통해 깨달으신 점이 그러할 것이다. 그러나 본래부터 상주해 있는 우주의 크나큰 이법(理法), 광활하게 열려 있는 세계를 깨친 뒤, 소승적 한계를 넘어서서 체득한 바를 부처님께 회향함으로써 무량 광대한 불법의 대해에 무소득으로 귀명하신 스님의 세계는 바로 대승 보살의 경지일 것이다."

20. 한 제자가 말했다. "스님께 질문을 여쭙게

되면 어떠한 질문이라도 결론은 언제나 본존불에 대한 믿음, 자성불에 대한 믿음으로 귀결되었다. 조상 경배나 영가를 제도하는 일, 병에 대한 것 등 어떤 것을 여쭈어도 요컨대 믿음과 감사함, 그리고 주인공 자리에 모든 것을 회향시켜 돌려놓으라는 말씀을 하셨다. 스님께서는 늘 '거기서 나온 것을 거기로 들지 않게 하면 어떻게 하겠으며 거기로 들었는데 거기서 나오지 않으면 어떻게 하겠느냐?'" 하고 일러 주셨다."

21. 또 한 제자가 말하였다. "어떤 것을 스님께 여쭈어도 결론은 언제나 참된 마음, 간절한 자비심, 주인공을 향한 철저한 일심이거나 삼계를 하나로 보시는 확연한 삶의 시현으로 귀일하셨다. 그토록 철저한 귀일이 처음엔 다양성의 결여로 느껴지기도 했으나 오히려 그러한 철저함이야말로 확연한 깨달음의 경지라는 생각을 하게 되었다. 스님께서는 항시 부드러움과 자재하심 속에 변치 않는 일

미를 간직하고 계셨다. 스님께서는 '바로 이러함'을 직접 체득하셨기에 어느 누가 무엇을 고집하더라도 흔들림이 없으셨고 따라서 공부하는 입장에서 볼 때 진리의 증험자에게는 천만 권의 경전을 능가하는 힘이 있다고 믿게 되었다."

22. 선원의 법사가 이렇게 말하였다. "스님의 말씀은 오로지 법을 묻는 사람들의 마음의 눈을 열어 주시고자 하는 일념에서 나오는 것이기 때문에 이 말씀과 저 말씀이 때로는 모순되는 것처럼 들릴 때가 많았다. 그러나 알고 보니까 스님께서는 유를 여쭈면 무로써 대하시고 무를 여쭈면 유로써 답을 하신다. 그래야 중도의 뜻이 살아나서 마음의 눈을 틔우게 되겠으니까 그렇게 하시는 것 같다. 그 모두가 자비의 방편이라고 생각한다."

23. 한 신도가 말했다. "스님께서 아래로는 기복 신자들로부터 위로는 근기 높은 수행자들에 이르기

까지 아무런 낯가림도 없이 모두 제납하고 계시다는 사실은 참으로 깊은 뜻을 지닌 일로 믿어진다. 부처님의 법에는 감출 아무것도 없음을 행동으로 보여 주고 계신다고 생각했다. 스님께서는 가능한 많은 시간을 할애하시어 삼독심으로 더럽혀진 중생들의 마음을 씻어 주기에 여념이 없으셨다."

24. 한 신도가 말했다. "평소에 그토록 인자하시고, 또 남의 슬픔과 고통을 잘 이해하시는 분이 어느 때인가 엄청난 액수의 시주금을 요구하시는 걸 보고 무척 놀랐던 일이 있었다. 스님께서 평상시 신도들에게 늘 말씀하시기를, 덧없는 재화 따위에 매달려 왜 울고불고하느냐고 하셨는데 막상 스님께서는 그 덧없다는 재화를 요구하셨기 때문이었다. 스님께서는 나의 그런 심중을 헤아리신 듯 그냥 빙그레 웃으시기만 하셨다. 나중에 알고 보니 그 돈은 몇몇 가난한 신도들을 돕는 데 쓰여졌다."

25. 평생을 바쳐 원효 성사에 대해 연구해 온 한 학자가 어느 때 한국 불교의 뿌리에 관해 특강을 하면서 말하였다. "많은 스님들이 오로지 중국 불교나 인도 불교만을 말하고 한국 불교를 등한시하는 중에 스님께서 신라 불교의 전통 복원을 옳다 하시니 드문 일이라, 종단이 마치 물 뺀 저수지 같은 때에 한마음선원이 물을 담아 달님도 별님도 쉬어 가고 물고기가 크도록 하였으니, 여기서 부처님 세계로 수희 동참할 수 있는 길을 보게 되었다."

26. 스님께서 하시는 설법의 종지는 늘 여일하시나 겉으로 드러내시는 도리는 듣는 이의 근기에 따라 매우 다양하셨다. 스님의 설법을 접하고 신도들이 갖게 되는 느낌에 대해 어느 때 한 법사가 이렇게 분류하여 말했다.

"첫째, 왜곡된 자기 상에서 빚어지는 병리적 현상에 대해 그것이 오직 업식의 나툼일 뿐임을 자상히 일러 줌으로써 자기의 진면목을 찾게 하거나 생활인으로서의 온전한 육신과 마음을 갖도록 인도하심이다.

둘째, 진여의 본체로부터 무한히 흘러나오는 모성적인 사랑, 자비의 시현을 통해 대중으로 하여금 자신의 원형인 어머님 자리를 보고 느끼게 하고, 또 그럼으로써 모든 이의 의식 세계에 깊은 감동을 불어넣어 한마음 도리를 자청해서 배우도록 인도하심이다.

셋째, 누구나 다 불성이 살아 움직이는 존재로서 무한의 잠재력을 갖고 있으며 본래로부터 자재로운 존재임을 믿게 하여, 그 믿음을 통해 생활 속의 기쁨을 맛보고 나아가 자성의 위대성을 발견하도록 인도하심이다.

넷째, 배타적인 자아가 아니라 초월적 자아인 주인공 자리에 모든 것을 일임함으로써 실제적으로 참 나와의 상봉을 증험하도록 인도하심이다.

다섯째, 안과 밖이 본래로 둘이 아니며 생명의 실상은 시공을 넘어서서 공체·공식·공용·공심 하

고 있음을 알아 여여하게 나투는 도리를 깨닫도록
인도하심이다. 그러하니 스님의 설법을 듣고 감읍
하지 않는 게 오히려 이상하다고 할 것이다."

심인(心印)편

1. 제자와의 대화 … *413*

2. 학승과의 대화 … *508*

심인편

1. 제자와의 대화

1. 스님께서 늘 강조하시는 말씀이 있었다. "자기 자신의 부처 될 가능성을 믿어야 한다. 자신의 근본 마음, 주인공을 철저히 믿고 그에 귀의하라. 나는 수십 년간 오로지 이 말만 되풀이해 왔고 앞으로도 여전히 이 말만 되풀이할 것이다. 나는 그 오랜 시간 이 말을 해 왔어도 조금도 싫증을 내지 않았고 지치지도 않았고 이후로도 마찬가지일 것이다. 왜냐하면 그것이야말로 내가 진실로 믿고 있으며 알고 있는 단 하나의 진리이기 때문이다. 스스로를 부처로 알고 스스로에 귀의하여 성불하는 것, 이것이야말로 천만 번을 강조한들 지나치지 않을 가르침인 것이다."

2. 신도들 중에는 스님의 법력에 도취한 나머지 맹목적으로 스님을 따르는 사람들도 없지 않았다. 스님께서 어느 날 이렇게 말씀하셨다. "어떤 성급하고 미련한 정원사가 있어서 다른 나무에 달린 꽃을 따다가 제 나무에 붙여 놓는다고 한다면 여러분들은 웃을 것이다. 그런데 사실은 그런 사람들이 적지 않다. 위대하신 부처님이나 보살님, 큰스님들을 본받는다는 것은 그 정원사처럼 본받는 것이 아니라 그분들이 어떻게 자신의 불성을 계발하셨는지를 잘 살펴서 그 방법만을 배우는 것이다. 다른 나무의 꽃은 내 나무의 꽃이 아니다. 그리고 여러분은 죽은 나무가 아니다. 그러므로 어떻게 해서 꽃을 피우게 했는지 그 방법을 잘 알아서 내 꽃나무에도 그런 방법을 적용하도록 해야 한다. 꽃나무에 꽃을 피울 능력이 있으니까 올바른 정원사의 노력을 알아야 한다. 만약 부처님 공양할 줄만 알았지 자기 부처 귀한 줄 모른다면 그런 사람들은 부처님 뜻과 반대로 가는 사람들이다."

3. 스님의 가르침을 천금같이 믿고 받드는 이들을 향해 스님께서는 가끔 경책 삼아서 이렇게 말씀하셨다. "내가 여러분을 대신해서 죽어 줄 수도, 아파 줄 수도, 먹어 줄 수도, 잠을 자 줄 수도 없고, 대신 배설해 줄 수도 없다. 나를 믿지 말고 자신의 주인공을 믿어야 하느니, 나의 말과 행과 마음을 보고 따르는 것과 믿는 것은 다르다. 믿을 것은 오로지 여러분들의 주인공이다."

4. 한 제자가 스님께 법을 묻고자 배알을 요청했다. 그러나 스님을 뵙자 그 순간에 준비했던 질문을 모두 잊고 말았다. 그리고 침묵의 시간이 흘렀다. 얼마쯤 지나자 스님께서 조용히 말문을 여셨다. 그 말씀 속엔 그 제자가 준비했던 질문에 대한 답이 들어 있었다.

학인들 중에는 스님을 생각하기만 해도 품었던 의정에 대한 답이 절로 떠오른다고 하는 사람도 있었다. 그러한 경험을 한 신도들 중에는 처음에 그것이 사량이겠거니 했다가 나중에 스님께서 똑같은 설법을 하시는 것을 듣고서야 비로소 말 없는 말의 설법인 줄을 믿게 되었다고 했다.

5. 한 학승이 찾아와 스님께 오랜 시간 여러모로 법에 대해 여쭙고 돌아갔다. 제자들이 내내 문답을 경청하자 스님께서 제자들에게 이르셨다. "이 법이 너무나 광대무변하여 말로는 형용할 수 없으니 말로써 반을 얘기하지도 못할 것이요, 뒤집어 놓고 말로 해도 이해하기 어려울 것이다. 다만 물으니 대답했을 뿐이고 묻는 경지를 알아도 그런가 보다 할 뿐이니라. 대답을 하면서도 함이 없이 하는 그 도리를 알아야 짜냐 쓰냐, 방편이냐 아니냐, 도냐 아니냐 하는 문제가 붙질 않는 것이다."

6. 스님께서 하시는 설법은 물론 일체의 사사로운 언행까지도 상대하는 사람들이 느끼기에는 마치 꽃망울이 터지기를 기다리는 봄날의 따스한 미풍처

럼 여겨졌다. 스님께서 학인들을 점차로 성숙케 해 가시는 과정이 그러하셨다. 그래서 스님을 친견할 때면 남녀노소를 막론하고 울음을 터뜨리는 사람이 많았다.

7. 한 학인이 스님 앞에 나아가 간곡하게 여쭈었다. "제 마음의 은산 철벽을 도저히 어떻게 해 볼 수가 없습니다." 스님께서 대답하셨다. "삼라만상이 다 공한 것이라면 그대 육신도 공한 것이요 생각, 마음 또한 공한 것이니 거기에 무슨 의문이 있겠는가? 공한 세계에 왜 '나'라는 게 붙는가. 고뇌니 아픔이니 하는 그런 것에 한계가 있던가. 거기에 '나'가 붙으면 꼬리도 붙잡을 수가 없으니 곧바로 들어가라. 그리고 턱 놓으라. 바람이 불고 새가 울고 꽃은 피고 구름은 흐른다."
스님의 가르침은 대체로 이렇듯 자상하셨다.

8. 한 신도가 여쭈었다. "처음 몇 년 동안 공부할

때는 생동감이 있고 스스로 병도 고치는 등 진전이 있었는데 그 후로는 다시 꽉 막힌 듯합니다." 스님께서 말씀하셨다. "길을 가다가 막힌 지점에 이르면 돌아가야 하는 이치가 있듯이, 되는 것만이 법이 아니라 안 되는 것도 법이니 굴릴 줄 알아야 한다. 앞으로 가는 것은 부처님 법이고 뒤로 가는 것은 아니라고 한다면 어불성설이다. 오는 길이 있으면 가는 길도 알아야 운전을 할 수 있는 것이다. 안 되는 이치에서 또 공부를 해 나가면 꽃이 지고 과일이 익어 만 가지 맛을 낼 수 있게 된다."

9. 한 신도가 여쭈었다. "고기들이 물속에서 놀면서도 정작 물을 모르듯이 답답합니다. 방하착 하라는 말씀을 듣고 언하에 깨치신 분도 있다고 들었습니다만 그게 잘되질 않아서 때로는 경을 보았다가 때로는 염불을 하다가 기도를 하다가 그렇게 지냅니다. 차라리 뭔가 구체적인 방편을 주신다면 공부에 도움이 되겠습니다." 스님께서 대답하셨다. "화두

나 염불, 기도에 비하면 맡긴다, 놓는다 하는 게 처음엔 애매하고 막연한 것 같아도 차차 경험해 보면 좁아 보이던 길이 넓어져 마침내는 문 없는 문이 된다. 그러나 특별한 방편을 세우면 우선은 손에 잡힐 듯하다가도 결국은 벽 없는 벽에 부딪치게 된다."

10. 신도들 가운데는 공부하는 중에 갖가지 특이 현상에 대한 개인적인 체험을 하는 사례가 적지 않았다. 때로는 빛을 느꼈다든가, 때로는 안개 같은 것이 뭉쳐 보였다든가 또는 지옥, 극락의 어떤 상을 보았다고 하는 신도들이 있었다. 또 많은 신도가 특별히 슬픈 감정을 느끼지 않는 상태에서 눈물이 비 오듯 쏟아지는 체험을 하게 되었다고 말하곤 했다. 스님께서 말씀하셨다. "주인공에 놓는 공부를 하다 보면 빛을 느낄 때가 있다. 간혹 상이 보이기도 하나 그것이 바로 자기가 지은 모습이요 나툼인 것이니 둘로 보아서는 안 된다. 눈물이 하염없이 흐르는 것은 업장이 절로 녹는 것이다."

11. 선원의 상임 포교사가 어느 날 선원 내의 작은 연못 앞에서 스님과 마주치게 되었는데 스님께서 연못 속의 물고기들을 바라보며 포교사에게 물으셨다. "저 물고기들과 이야기해 본 적이 있는가? 말을 걸어 보라. 예를 들어서 이렇게, '용케도 겨울을 잘 견뎠구나. 네게도 사람 될 능력이 있고 부처될 능력도 있으니 다음 생에는 인간으로 태어날 마음을 내도록 해 보렴!' 하고 말이다." 스님께서 말씀하셨다. "그렇게 하는 게 바로 방생이다. 미물에게도 마음을 보내고 진실한 자비심을 갖는 게 방생이다. 그러다 보면 언젠가는 그 마음을 알고 물고기도 대답을 해 오게 된다."

상임 포교사는 마침 모 불교 단체의 방생 법회에 법사로 초빙되어 막 출발하려던 참이었다.

12. 한 신도가 화장실 앞에서 스님과 마주쳤다. 스님께서 말씀하셨다. "그런데 말이야, 먹으면 꼭 배설을 해야 한단 말이야. 먹기만 하고 배설치 않

는다면 될 일이겠어? 세상 이치도 그래. 보면 본 대로, 들으면 들은 대로, 갖게 되면 갖게 된 대로 놓고 가야지 그걸 붙들어 두려고 한다면 먹고 나서 배설하지 않는 것과 무엇이 다르겠어! 뒤탈이 안 나겠어? 먹으면 배설하듯 그렇게 마음도 편안히 놓고 가야 될 게 아니겠어?"

그 신도는 마침 타인과의 거래 관계로 고심 중이다가 스님께 해결책을 여쭈려고 찾아오던 길이었다.

13. 어느 날 스님께서 한 시자 스님을 대동하고 목욕을 가셨다. 스님께서 목욕탕 문을 막 밀고 들어서시면서 뒤따르는 시자 스님에게 불쑥 한 말씀 던지셨다. "이 문으로 아주 들어가랴?" 시자 스님은 그만 말문이 꽉 막혀 아무 대답도 못하고 말았다. 며칠을 끙끙 앓던 끝에 시자 스님은 불현듯 그 의미를 알아차리고는 스님께 고했다. 스님께서는 "그래 그래……." 하시며 고개를 끄덕이실 뿐이었다.

14. 스님께서 한 제자와 거리를 지나시다가 길가에 쭈그리고 앉아 신문을 파는 사람을 보시고는 그 제자에게 말씀하셨다. "어쩌면 길가에 쭈그리고 앉아서 불편한 몸으로 신문을 파는 저 사람이 보살의 화현일지도 모른다. 높다랗게 앉은 스승이 참 선지식일 수도 있지만 그렇지 않을 수도 있고, 버림받고 누추한 사람이 꼭 누추한 게 아니라 짐짓 보살이 그렇게 몸을 나투셨는지도 모른다. 부처님의 뜻은 크고 커서 크다는 모습조차 갖지 않기 때문에 오히려 작아 보이는 수가 있다. 오히려 너무 광대하기 때문에 찬란하지도 않고 평범해 보일 수도 있다. 부처님께서는 손 없는 손으로 중생을 교화하시기 때문에 그 뜻에 응하면 풀잎이 대군이 되기도 하고 그 뜻을 받들면 어린아이가 대장군이 될 수도 있다."

스님께서 제자들을 가르치심이 대개 이러하셨다. 스님께서는 어느 때나 막힘 없는 설법으로 제자들을 깨우쳐 주시곤 하셨다.

15. 스님께서 어느 때 제자들과 함께 공양을 드시려던 참에 한 제자에게 불쑥 질문을 던지셨다. "그래, 밥은 잘 먹었는고?" 질문을 받게 된 그 제자는 채 한 술도 뜨기 전인지라 순간 어안이 벙벙하여 아무 말도 아뢰지를 못하였다. 스님께서는 더 이상 말씀이 없으셨다. 얼마 후부터 그 제자는 싱글벙글 즐거워하였다. 곁에서 보고 그 사연을 묻자 하는 말이 "우리 큰스님께서 그토록 자별하시니 어찌 기쁘지 않겠는가?" 하였다.

16. 스님께서 어느 날 원행 길에 도살장으로 끌려가는 소 떼를 보시고는 한 제자에게 넌지시 물으셨다. "어떻게 해야 저 소에게 이익을 줄 수 있겠느냐?" 그 제자가 아무 말씀도 사뢰지 못하자 스님께서 말씀하시기를, "아픔 없이 옷을 벗으라고 무주상으로 마음을 냈을 때는 소의 마음과 너의 마음이 한마음이 되는 법이다. 그리되면 그 마음마저도 없어지고 소의 몸은 도끼로 내려칠 때라도 아픔을 느

끼지 않을 뿐 아니라 몸을 벗는 순간 인간으로 환생
하게 되는 도리가 있느니, 보지 못할 뿐이지 진실이
다." 하시더니 나중에 대중 설법을 하시면서 그 광
경을 보신 심정을 이렇게 말씀하셨다. "도살장에
끌려가는 소라 해도 어미와 새끼가 죽음의 이별을
슬퍼하는 모습은 인간의 마음과 조금도 다르지 않
으니 차마 두고 볼 수가 없다. 내 가슴이 천 조각 만
조각으로 찢어질 듯하여 차라리 이 몸을 가루로 만
들어 뿌려서라도 그런 일이 없었으면 한다. 어느 날
이고 눈물 안 흘릴 날이 없으니, 이것이 나의 애착
일 터이지만 그러므로 일체가 한마음으로 돌아가는
부처님의 뜻을 그대로 행할 때가 오기를 고대하지
않을 수 없다."

17. 스님께서 말씀하셨다. "나는 전부터 이런 생
각을 해 왔다. '모든 사람들이 마음에 깨침을 얻어
만법의 기능을 활용케 할 수 있는 법은 어떤 것인
가.' 하고 수십 년간 무척 사모해 왔다. 그렇게 함으

로써 우주의 모든 재료를 다 연구하여 수억겁을 거쳐 사람들에게 이익이 될 수 있는 그런 계기가 마련되기를 바라 왔다. 그리되면 여기가 우주 개발국으로 손색이 없게 될 것이다. 이런 생각을 욕심이라고도 하겠지만 육신통의 성능을 갖춘 컴퓨터라면 안 될 것이 없다. 어느 천년에 인공위성 띄우고 천체망원경으로 우주의 재료를 다 모을 수 있겠는가. 육신통의 컴퓨터라야 간단하게 할 수 있는 것이다."

18. 스님께서 말씀하셨다. "이 도리를 알게 되면 대천세계, 중천 세계, 소천 세계를 모두 종합해서 알아지기 때문에 이 지구에 관한 것도 세세생생을 알고 지구와 내 몸이 같은 줄도 알게 된다."

19. 스님께서 제자들에게 말씀하셨다. "그 맛을 보면 물러설 수가 없나니 세상을 다 준다 해도 바꾸지 않을 만큼 좋으니라. 찰나의 살림살이가 그만하면 떳떳하고, 인간으로 태어나 인간 속에서, 이 중

생 속에서 벗어났으니 수억겁의 헤아릴 수 없는 중생을 제도할 수 있다."

20. 스님께서 말씀하셨다. "이 도리를 알면 가고 옴이 없이 오가는 반면 말 없이 말을 듣고 말 없이 말을 한다. 설사 미국과 한국 간이라도 같이 말할 수 있고 같이 볼 수 있고 같이 들을 수 있으니 뼛속까지 다 알 수 있고, 유명을 달리한 사람까지도 그 족보를 낱낱이 알 수 있다."

21. 스님께서 말씀하셨다. "이 도리를 공부해 나가다 보면 너무 광대하니까 어떤 때는 입을 딱 벌리고 하늘 보며 껄껄 웃지 않을 수 없고, 또 너무 어마어마해서 산하대지를 내려다보고 한번 울지 않으면 안 되는 과정이 반복되기도 한다."

22. 스님께서 말씀하셨다. "이 도리를 안다면 대통령을 주어도 바꾸지 않을 것이니, 앉은 자리에서

이승 천자, 저승 천자가 될 수 있는데 어찌 심부름 꾼이 되어 애를 쓰려 하겠는가. 한 주먹 안에 이승 천자, 저승 천자가 다 들어 있다.”

23. 스님께서 말씀하셨다. “이 도리의 당당함이란 필설로 다 하기 어렵다. 그 능력 또한 얼마나 광대무변한지 법계에 두루 충만하여 저 태양보다도 위대하고 당당하다.”

24. 스님께서 말씀하셨다. “이 도리를 알면 시시각각으로 법계를 주름잡을 수 있기에 물 한 방울 탁 튀기면 다른 곳에 비가 쏟아지는 수도 있느니 지금도 그렇게 돌아가고 있거늘 여러분들이 모를 뿐이다.”

25. 스님께서 대중들에게 말씀하셨다. “시공 없는 도리를 알면 조금도 구애받음이 없이 자유자재할 수 있으니 목마를 때 물 마시는 이치와 같다. 그

러므로 여러분들도 모름지기 한생각 일으켜 자루 없는 도끼로 기둥 없는 기둥을 깎아 세워 하늘을 받칠 수 있는 불기둥이 되기를 바라노라."

26. 스님께서 말씀하셨다. "한 낚싯대로 만 강에 비친 달을 한 번에 다 건져 손아귀에 쥘 수 있어야 한다."

또 말씀하셨다. "날아다니는 새들의 말을 들을 수 있고 풀 한 포기와도 대화를 나눌 수 있고, 죽은 사람과도 마음이 통할 수 있어야 한다."

27. 스님께서 말씀하셨다. "위아래를 한 주먹에 쥐고 들이고 내며 베풀고 조절할 수 있어야 평화와 조화를 이룰 수 있다." 또 말씀하셨다. "유·무생의 만물이 항하사처럼 헤아릴 수 없이 많다 해도 한 주먹에 가지고 돌 수 있느니라."

28. 스님께서 말씀하셨다. "손을 번쩍 쳐들어서

우주를 들 수 있다면 바로 이 한생각이 우주인 것이고 또 우주가 한생각이라는 것을 알아야 한다."

29. 스님께서 말씀하셨다. "눈 한 번 깜짝할 사이에 삼천대천세계의 소용돌이를 한 번에 녹일 수도 있고 한 생각에 억겁 년을 끄달리면서 돌아갈 수도 있다."

30. 스님께서 말씀하셨다. "우주 전체가 하나인 줄 깨닫고 우주적 입장에서 살아간다면 무엇이 넘치고 무엇이 모자라겠는가. 우주 전체가 나 아닌 게 없으니 이 세상에 내 것 아닌 것이 하나도 없다. 그러하니 무엇을 더 가지려고 싸울 것인가. 자기가 자기 것 빼앗는 사람이 없듯이 그냥 쓸 뿐이나 쓴다 해서 줄지도 없어지지도 않는다."

31. 스님께서 말씀하셨다. "지금 다니는 것이 바로 다니는 게 아니니 머리에다 신을 이고 다닐 줄

알아야 양면을 다 무불통지할 수 있다. 우리가 사는 세계에만 매달려서 네가 옳으니 내가 옳으니 분별을 일삼는다면 죽은 세상엔 어떻게 가서 신을 거꾸로 신고 다닐 수 있겠는가?"

32. 스님께서 말씀하셨다. "무기가 천 개 만 개 있다 해도 한 사람의 한생각이 더 중요한 것이니, 설사 미사일이 일만 개나 떴다 하더라도 한 사람이 그것을 모두 자재할 수도 있다."

33. 스님께서 말씀하셨다. "여기 열 명의 군사가 있고 상대편엔 백 명의 군사가 있다고 할 때, 열이 죽는 것으로 끝나지 않고 그로 인해 나라가 무너진다고 한다면 어떻게 해야 하겠는가. 그때는 한 발 내려디뎌서 일을 하게 된다. 그래서 가만히 있으면 부처고 한생각 냈다 하면 법신이고 화신인 것이다. 물론 법신의 능력이 있어야 내려디딜 수도 있다."

34. 스님께서 말씀하셨다. "독수리가 무수히 덤벼드는데 내가 독수리가 되어야 완화가 되지 맞서서야 싸움밖에 더 되느냐. 살아나가는 이치도 그와 같으니 영계의 문제나 세균의 문제나 유전성, 업보성의 문제도 대동소이하다. 거기에 치이느냐 운전을 잘하느냐는 문제가 계속해서 돌아가고 있다."

35. 스님께서 말씀하셨다. "이 공부를 하면 이 세상에 나서 내가 어디서 왔는지, 어디로 가는지, 지금 어디 있는지, 무엇을 하고 있는지를 알고, 시간과 공간이 둘이 아닌 것을 알게 되니 대장부 살림살이가 그만하면 족하지 않겠는가. 발은 평발이 되어서 한 발로 디뎠고 손 없는 손이 온 우주에 아니 닿는 데 없고, 한 눈으로 어디 보지 못하는 데 없으니 대장부 살림살이 에서 더 무엇을 바라겠는가."

36. 스님께서 말씀하셨다. "자기 안에 세상의 무엇과도 바꿀 수 없는 참 보배가 있음에도 밖으로 헤

매며 보배를 찾는다 하니, 설사 소원대로 찾았다 하더라도 그것은 마음의 보배에 비할 수 없으리만큼 작은 것이다."

37. 스님께서 말씀하셨다. "어머니 배 속 문을 열고 자기 육신의 문을 열고 나오니까, 또 지구의 문을 열어야 되느니 우주 전체의 나툼을 알고자 하면 너무나 문 없는 문이 많다."

38. 스님께서 말씀하셨다. "무생이 있음으로써 유생이 있는 것이지 유생이 있어서 무생이 있는 게 아니다. 무생은 바로 귀신 방귀씨와 같은 것이다. 이 씨는 없으면서도 여전히 있고 여전히 있으면서 그렇게 천차만별로 돌아가도록 심봉을 딱 꽂아서 조금도 어김없이 돌아가게 되어 있다."

39. 스님께서 말씀하셨다. "우주 천하가 그대로, 큰 불바퀴 작은 불바퀴 둘이 아닌 줄 알았을 때 부

처님께서 삼천 년 전이나 지금이나 미래에나 말씀
하시고 계심을 보게 된다."

40. 스님께서 말씀하셨다. "마음대로 굴려도 떨
어지지 않는 법바퀴를 타고 다니면서, 불바퀴 물바
퀴를 굴리고, 용이 되어 들고 나며 수많은 물고기
를 다 먹이고 남기며, 꽃 피고 새 우는 가운데 앞뒤
없이 뚫린 피리를 부니 얼마나 멋지고 좋은가. 그
러나 체험 없이 이런 말을 한다면 모두 한데로 떨
어진다."

41. 스님께서 말씀하셨다. "이 몸은 살려 놓은
채 저승에 가서 죽은 사람과 이야기를 하고, 죽은
사람들이 사는 도리를 다 알 수도 있나니, 그렇지
않다면 산 사람을 똑바로 볼 수 없고, 바로 행할 수
도 없고, 바로 에너지를 베풀 수도 없다."

42. 스님께서 말씀하셨다. "내가 용을 한다고 할

때 만약 어디를 간다 하면 몸은 여기에 놓아 두고 화신이 가는 것이니, 어떤 모습으로든, 예컨대 군인의 모습으로 할 수도 있고 대장으로, 용왕으로, 물고기로, 가재로 할 수도 있고 파리의 모습, 버러지의 모습으로도 할 수 있나니 환경에 따라 여건에 따라 바뀌게 되느니라."

43. 스님께서 말씀하셨다. "마음이 밝으면 보현이 된다. 앉은 자리에서 화하여 직통으로 왕래를 해 보라. 얼마나 떳떳하겠는가. 그런 일이 어찌 있을 수 있을까 하겠지만 마음은 빛보다 더 빨리 왕래할 수 있으니 어찌 있을 수 없다 하겠는가."

44. 스님께서 지방 나들이 중에 땅이 메말라 등성마루가 허옇게 벗겨진 산을 보시고는 제자들에게 이르셨다. "저 땅 밑에 사는 생명들은 살기가 무척 어려울 것인즉, 때에 따라서는 부처님의 뜻으로 바꿔 놓을 수도 있는 것이니 너희는 너무 더운 곳의

기운을 떨어다가 저곳에 닿게 하는 일이 가능한 줄 아느냐? 부처님 품 안에는 모든 게 다 있으니 그게 가능한 일이라, 높은 데는 좀 누르고 얕은 데는 올리고 할 수 있는 것이다. 세계적으로나, 우주적으로나 모든 게 다 부처님 손아귀에 들어 있다."

45. 30년 가까이 스님 회하에서 불법 공부를 해 온 한 신도가 불법의 이치를 다시금 여쭈었다. 스님께서 말씀하셨다. "나는 버스 노선을 여러분께 가르쳐 주고 있다. 처음이나 지금이나 조금도 다름없이 그렇게 해 오고 있다. 버스를 타는 것은 여러분의 할 일이니 세세하게 가르쳐 주어도 자꾸 묻기만 할 뿐 수행을 하지 않는 사람이 있는가 하면 말 한 마디, 냄새만 맡고도 이치를 알아채는 사람도 있다." 그 신도는 더 이상 여쭙지 못하고 물러났다.

46. 한 제자가 불법의 교문과 선문에 대해 여쭈었다. 스님께서 말씀하셨다. "교문이 선문이고 선

문이 교문이라 따로 있지 않다. 말이 없다가도 속에서 말이 나와 말을 하게 되듯이 전부가 융화된 것이다."

47. 한 신도가 여쭈었다. "스님을 참 스승으로 모시고 공부하려 하니 한 말씀 해 주십시오." 스님께서 말씀하셨다. "나는 누구에게도 나를 스승으로 하라고 한 적이 없다. 잘난 부처보다 못난 네가 나으니라. 네 자신, 참 주인공을 스승으로 하라!"

48. 한 신도가 여쭈었다. "어느 것이 참 불법입니까?" 스님이 옆에 있던 물을 주시며 "이것을 먹으면 시원할 테지?" 하니, 잠자코 있다가 또다시 묻기를 "어느 것이 참 불법입니까?" 하였다. 스님께서 옆에 있던 물 한 그릇을 마저 건네셨다.

49. 한 작가가 '문학이란 도를 느끼게 하는 방편으로서 강점이 있다'고 말하고 스님께 도와 문학의

관계에 대해 여쭈었다. 스님께서 말씀하셨다. "문학이 도와 따로 떨어져서 존재하지 않고 도가 문학이외로 존재하지 않는다. 부처님 법이다, 문학이다, 과학 철학이다 하는 것도 모두 이름으로 분류된 것뿐이지 따로따로가 아니다. 도 안에 문학도, 과학 철학도 다 계합되어 돌아간다. 예컨대 봄이 오면 절로 꽃이 피는 것처럼 마음에 봄이 오면 거기서 문학도 나오고 철학도 꽃피는 것 아니겠는가. 나는 문학에 대해 모르지만 봄이 오는 것, 꽃 피는 것, 바람 부는 것, 낙엽 지는 것을 안다. 그런 걸 가지고 도라고 일컫는 것이지 어디 도가 따로 있겠는가."

50. 어느 때 한 신도가 "불성이 무엇이오니까?" 하고 여쭈었다. 스님께서 빙긋이 웃으시며 "그렇게 묻는 놈은 누구이더냐?" 하실 뿐이었다.

51. 한 신입 신도가 공부할 마음을 내면서도 한 편으로, 가르침은 가르침이고 생활은 생활이니 양

립하기가 쉽지 않다는 이야기를 하였다. 스님께서 들으시고 말씀하셨다. "생활과 불교가 둘이 아니라, 불은 영원한 생명의 근본이며 말하고 돌아가는 자체가 교이니 생활이 그대로 불법이다. 결코 따로 따로 생각할 게 아니고 그대로 근본이며 진리요 인간들의 법인 줄 알라."

52. 어느 신도가 여쭙기를 "흔히들 나는 없다고 말합니다. 그렇다면 말하는 것은 무엇입니까?" 하였다. 스님께서 말씀하셨다. "예까지 오는 동안에 한 발짝씩 옮겨 놓을 때 그 횟수를 세면서 왔는가, 아니면 그 발자취 거둬 가지고 왔는가? 그냥 무심으로 걸어왔듯이, 그와 같이 고정됨이 없고 함이 없이 하기 때문에 없다고 하는 것이다."

53. 한 제자가 여쭈었다. "스님의 믿음은 바늘 하나도 못 들어갈 정도로 견고해 보입니다만 그렇게까지 믿기 위해서는 스님께서 말씀하신 대로 모

든 것을 던져야 하는데 그게 용이하지가 않습니다." 스님께서 말씀하셨다. "그도 그럴 터이지만 누구든 그렇게 하여야만 하나니, 그것이 영원히 사는 법이요 영원히 자유로운 법이거늘 어찌 진리가 그와 다르다 하겠는가."

54. 어느 날 한 부인이 스님께 찾아와서 눈물로 자기 신세를 한탄했다. 남편의 구타가 자심하여 하루하루가 지옥 같아 살 수가 없노라고 하소연했다. 스님께서 말씀하셨다. "그 모든 게 다 주인공의 일이니 잘잘못 따지지 말고 마음에다 맡겨라." 그 말씀을 듣고 한 신도가 말했다. "스님, 때리는 사람의 주인공에 맡겨야지 왜 맞는 사람의 주인공에 맡기라 하십니까?" 스님께서 말씀하셨다. "이쪽 주인공과 저쪽 주인공이 따로따로가 아니다. 그렇게 둘로 보면 그르치게 되나니 눈앞에 전개되는 그 어떤 경계도 둘로 보면 그르친다. 자기 주인공에 간절히 맡겨 놓으면 그게 그쪽 주인공에 간절히 맡긴 것과 같

다. 마음의 향기가 전달되는 것이다."

그로부터 얼마 안 있어 그 부인이 스님께 찾아와 남편이 정색을 하며 사죄하더라는 이야기를 했다. 스님께서 웃으시며 말씀하셨다. "깊고 간절한 마음은 닿지 못하는 곳이 없나니 그것이야말로 참된 에너지이다. 그런 에너지 때문에 세상은 조금씩 좋아지고 진화를 하게 된다."

55. 스님께서 말씀하셨다. "사랑, 사랑 하지만 주인공의 참사랑 맛이란 정말 말로 하기 어렵다. 털어 주고 닦아 주고 어루만져 주기를 얼마나 지극 정성으로 하는지 맛을 보지 못한 사람은 억울할 것이다. 변소엘 가도 따라와서 뒤를 씻어 주는 그런 사랑, 죽어도 같이 죽고 살아도 같이 사는 그런 사랑이다."

56. 한 신도가 의아심을 가지고 스님께 여쭈었다. "문제가 밖에서 일어났는데 내 안에다 맡겨서

되겠습니까? 밖에서는 지금 치고받는 험악한 일이 벌어지고 있는데 마음을 거두어 맡긴들 무슨 일이 되겠습니까?" 스님께서 말씀하셨다. "그런 험악한 일을 같이 나서서 싸운들 무슨 일이 되겠는가. 설사 자기 뜻대로 된다고 해도 그것은 억지로 되는 것일 뿐이다. 자기 뜻대로 되었다면 분명 저쪽 사람에게는 불만스러운 결과가 되지 않겠는가. 또 저쪽이 만족하면 이쪽에서 불만일 것이다. 원한을 원한으로 갚고 싸움을 싸움으로 대하는 한 그 원한과 싸움의 고리는 끝없이 계속되게 마련이다. 그러므로 잘잘못을 논하기 이전에 주인공에게 맡기라는 것이다. 불법을 믿는 참된 수행자라면 양보는 이미 양보가 아니다."

57. 한 신도가 "스님의 가르침이야말로 생활 불교다."라고 하는 말을 들으시고는 스님께서 말씀하셨다. "생활 불교란 무엇이겠는가. 아침저녁으로 염불·독경을 착실히 한다 해서 생활 불교는 아닐

것이니 불자라면 모름지기 자신의 하루를 부처님의
뜻 가운데서 편안히 엮어 나갈 수 있는 힘을 기르는
게 바로 생활 불교이다."

58. 스님께서 어느 때 말씀하셨다. "6·25 때 보
니까 불상을 지고 가는 사람 하나도 없더라. 평소에
그렇게 매달리더니 한결같이 제 먹을 것, 옷 보따리
만 챙겨 들고 피난길에 나서기에 '왜 부처님을 지고
가지 않느냐?' 하고 물으니까 그걸 어떻게 지고 가
느냐며 꽁무니 빼는 걸 보았다."

59. 신도들 중에는 수행의 방법과 가르침의 체
계에 대해 아쉬움을 표시하는 이들이 있었다. 그에
대해 스님께서 이렇게 말씀하셨다. "바로 여러분들
이 살아 숨 쉬고 사는 삶, 그 자체가 그대로 불법이
고 진리이며 참선이요 길이다. 따로 체계가 있고 수
행의 방법과 단계가 있어서 배울 수 있는 게 아니라
여러분들이 지금, 여기에 있다는 그 자체 속에 불법

의 체계와 수행 방법이 있다. 불법은 따로 있는 것
이 아니다."

스님께서 또 말씀하셨다. "삼천대천세계에서 우
러나오는 일체의 소리가 가르침이다. 산새가 우는
소리, 바람 부는 소리, 낙엽 지는 소리도 다 부처님
의 청정 법음이다. 문자화되지 않은 설법이다. 다만
중생이 미혹해서 그것을 듣지 못하고 있을 뿐이니
그것을 듣기 위해서는 마음을 깨달아야 한다."

60. 스님께서 말씀하셨다. "삼계가 다 부처님의
나툼 아닌 게 없으니 부처 중생이 따로 없다. 그러나
근본이 비록 그러할지라도 실제 벌어진 양상에서는
깨달은 분이 있고 미혹한 중생이 있다. 수행법은 이
중에서 후자에 관한 것으로 아직 깨닫지 못한 중생
에게 주는 것이다. 나는 일체 경계를 주인공 자리에
몰락 놓으라는 것을 수행법의 요체로 삼는다."

61. 한 신도가 여쭈었다. "스님께서 해 오신 바

처럼 목숨 떼어 놓고 들어가지 않고 오직 주인공을 믿고 거기에 놓는 것만으로도 세 번 죽기가 가능합니까?" 스님께서 말씀하셨다. "주인공을 일심으로 믿는다면 누구나 가능하다. 놓고 또 놓아 나가면 더불어 돌아가는 도리를 알게 되고 만물이 둘 아닌 줄 알게 되고 둘 아니게 나투며 돌아감을 알게 된다."

62. 스님께서는 어느 때 법당에 들어가셔서 정례를 하지 않으신 일이 있었다. 한 제자가 그에 대해 여쭈었다. 스님께서 말씀하셨다. "너희들에게 눈이 있나 없나 보느라고 그랬다. 법당에 들어가 부처님 형상에 붙으면 절을 해야 마땅하겠지만, 내 안에 불바퀴로 뭉치면 하나이니 그때는 어디다 대고 절을 해야 하는가. 부처님 형상에 서려 있는 모든 사람들의 마음과 내 마음을 둘로 보아 절을 하는 것이나, 둘로 아니 보면 내 마음을 다 붙여도 두드러지거나 줄지 않으니 쫓아다니며 절을 해야 할 까닭이 없다. 그러나 도리를 모르면서 절을 안 하는 것은 스스로

를 욕되게 하는 것이다."

63. 어느 해 사월 초파일 행사를 마치시고 스님께서 이렇게 말씀하셨다. "생각해 보면 부처님께서 봄철에 오셨다는 것은 참으로 의미가 있는 듯하다. 흔히 세상 사람들은 부처님의 가르침을 허무주의라고 오해하기도 하지만 부처님은 오히려 크나큰 기쁨과 긍정을 가르치셨다. 아마도 허무주의를 가르치러 오셨다면 쓸쓸한 가을이나 황량한 겨울에 탄강하셨을지도 모르나 봄철에 오셨다는 게 그 가르침의 분위기와 아주 잘 어울리는 것 같다. 나는 부처님의 가르침을 '되돌려 긍정하라'는 관점에서 받아들였고 그것만은 양보할 수 없다고 믿는다. 불교는 세상을 저버린 종교가 아니라 오히려 세상을 참답게 보고 참답게 사랑하도록 이끄는 종교인 것이다."

64. 한 신도가 깨달음을 얻는 법에 대해서 여쭈었다. 스님께서 말씀하셨다. "옛날에 어떤 사람이

봄을 찾아 길을 떠났다가 결국 찾지 못하고 집에 돌아와 보니 집 뜰 매화나무에 꽃이 벙글어져 있더라고 했다. 찾으러 가면 찾아지지 않고 오히려 지금의 자기 자리에서 묵묵히 최선을 다하고 있다 보면 그 자리에서 꽃이 피고 향기가 나오게 되는 이치이다. 깨달음이란 어디서 오는 것이 아니라 내가 깨달음으로 꽃피어 나는 것이다. 그러므로 참된 수행자는 먼 수평선을 따라잡으려 하지 않는다. 내일 내일, 부처 부처, 깨달음 깨달음 하지 않느니 깨달음에 대한 집착도 집착이기 때문이다. 수평선이란 따라가면 또 그만큼 멀어져 언제나 저만큼에 있을 뿐이다. 사람들은 오늘, 여기를 불만족스럽게 여기고 언제나 내일, 저기, 그 언젠가, 그 어떤 곳에 뜻을 두고 그리워하나, 우리가 사는 것은 어제도 내일도 아니요 오늘뿐이며, 저곳도 그곳도 아닌 여기를 사는 것이다. 그러므로 깨달음을 애닯게 추구하기보다는 지금 여기서 할 수 있는 일부터 작다 말고 최선을 다하기 바란다. 사실 그토록 따라가려던 그 수

평선이란 바로 자기가 탄 배의 밑바닥인 것이다."

65. 한 학인이 스님을 뵙고 어떻게 하면 도력을 얻을 수 있는지를 여쭈었다. 스님께서 대답하셨다. "도력을 잡으려 말고 당신 자신을 잡으라. 당신의 마음이 곧 주인이니 당신의 마음은 태양보다도 더 크다." 학인이 다시 여쭈었다. "어떻게 해야 자기를 찾습니까?" 스님께서 대답하셨다. "일체를 마음의 주처에 놓고 나가야 한다."

66. 한 신도가 여쭈었다. "삭발을 하지 않고도 공부할 수 있을 터인데 어찌 입산까지 합니까?" 스님께서 말씀하셨다. "들어갔으면 나올 줄 알아야 하고 나왔으면 다시 들어갈 줄 알아야 하는 것이니 그 반복하는 이치를 길게 끌지 않으려고 그대로 제 한 몸 불사르고 들어간 것이다."

67. 한 신도가 여쭙기를 "스님처럼 그런 고행을

겪어야 깨닫게 됩니까?"라고 말했다. 스님께서 말씀하셨다. "꼭 고행을 겪어야 무언가 깨닫는 줄 아는 분들도 있겠지만 나는 그렇지 않다고 말하나니 모든 것이 생각에 달려 있다. 한순간에 십 년 고행을 할 수도 있고 십 년 고행이 한순간에 무로 돌아갈 수도 있는 것이다. 나는 아는 게 없어서 오래 떠돌았지만 여러분들은 현명하니까 생각을 바로 가지고 꼭 성불하기 바란다."

68. 한 제자가 스님께 '깨달음에도 머물지 않고 생사에도 걸리지 않는다'는 중도행의 도리에 대해 여쭈었다. 스님께서 말씀하셨다. "생사가 있다고 할 수도 없고, 없다고도 할 수 없나니 이는 곧 얽매이지 않는다는 얘기다. 누가 이 말에 대해 내게 묻기를 '바로 지금 네가 또는 네 자식이 죽게 되어도 그러하냐?' 한다 할지라도 나는 꿈쩍도 하지 않는다. 이 말은 억지가 아니라, 수없이 죽고 또 죽어 보았기에 꾸밈없이 하는 말이다. 죽는 이치도 알고 사

는 이치도 알기에 죽는다 산다에 얽매이지 말라고 할 수 있는 것이다.”

69. 한 제자가 스님께 “생각이 끊어진 자리가 부처라 했는데 그 말이 맞습니까?” 하고 여쭈었다. 스님께서 말씀하셨다. “끊어지긴 왜 끊어지는고? 끊어지지 않기 때문에 끊어짐이 있는 것이고 그렇게 운행되는 것이니라.”

70. 한 학인이 찾아와서 스님께 여쭙기를 “이제 비로소 자성의 자리가 맑고 깨끗한 줄 알게 되었습니다.”라고 하였다. 스님께서 그 학인에게 이르셨다. “맑고 깨끗한 게 청정이 아니다. 더럽다, 깨끗하다는 분별이 없이 둘 아니게 관찰할 때가 청정이다. 무엇인가 본 바가 있고 들은 바가 있다면 그것은 아직 제 원통에서 나오지 못한 것이다.”

71. 스님께서 미국 뉴욕에 가셔서 담선 법회를

여시는 중에 한 신도가 여쭙기를 "먹기 위해서 삽니까, 살기 위해서 먹습니까?" 하였다. 스님께서 웃으시며 되물으셨다. "목이 마를 때 냉장고 문을 열고 음료수를 꺼내 먹는데 그때 '이걸 살려고 먹나, 먹으려고 사나.' 하는 생각을 했느냐?" 그 신도가 대답하였다. "목 마르면 그냥 따라 먹고 볼 일이죠." 스님께서 말씀하셨다. "그와 같다. 그래서 풀한 포기라도 불법 아닌 바가 없다. 벌레 하나도 불교 아닌 게 없다."

72. 스님께서 어느 때 미국 교포들을 상대로 설법하시는 중에 이렇게 말씀하셨다. "여러분의 생활이 분초를 다투듯이 바쁜 걸 보니 그대로 참선인 게 여실하다. 차를 타고 출근하는 길에 빵으로 요기하고 카세트를 듣고 치장하고 하는 걸 보면서, 여러분에게 누가 아침이면 "주문 외워라", "좌선해라", "백팔 배 해라" 하고 말할 수 있겠는가. 그런 일이 공부하는 것이라 할 것 같으면, 생업에 바쁘고 가난해

서 더욱 짬이 없는 사람들은 기독교를 믿든, 불교를 믿든 승화하지 못한다는 말이 된다. 한생각에, 먹고 마시고 부지런히 뛰는 생활 속에 참선이 있다. 그리고 시간 여유가 있고 내가 앉고 싶다고 했을 때 앉아야 참된 좌선이 된다.”

73. 한 신도가 스님을 처음 뵙게 되었을 때 여쭈었다. “저도 불법과 인연이 있겠습니까?” 스님께서 대답하셨다. “내게 그렇게 묻는다면 그건 점이지 법이 아니다. 자기 자신에게 스스로 묻도록 하라. 자신의 마음이 나침반이다.”

74. 한 수행자가 스님을 뵙고 말씀 여쭈었다. “오랫동안 간경을 수행으로 삼다가 어느 선사로부터 ‘이 뭣고?’ 화두를 받아 정진하고 있으나 아직도 한 맛을 모릅니다.” 스님께서 되물으셨다. “지금 이 자리에서도 ‘이 뭣고?’를 찾고 있느냐?” 수행자가 대답했다. “놓치지 않으려고 노력하고 있습

니다." 스님께서 말씀하셨다. "일체 만법을 주인공
자리에 맡겨 두고 가라. 그리하여 무심이 되어야 하
느니 그렇게 되어야 사랑을 하고서도 사랑하지 않
은 것이요, 먹었어도 먹은 사이가 없고, 주었어도
준 바가 없으며, 죽어도 죽은 바가 없다."

75. 스님께서는 수행을 위해 특별히 어떤 방법을
강조하신 적이 한 번도 없었다. 화두 참선이나 좌선
에 익숙해져 있던 학인들이 찾아와서 굳이 한 방법
을 일러 달라고 조를 때라도 오로지 주인공을 믿고
거기에 모든 것을 놓으라고 하실 뿐이었다. 스님의
가르침은 이렇듯 간단명료하셨다. 스님께서 그에
대해 말씀하시기를 "과학 문명이 발달한 요즘 세상
에 곧바로 들어가야지." 하셨다.

76. 한 신도가 스님 앞에 나아가 말하기를 "여느
때는 말을 잘하는데 스님만 뵈면 말문이 막히고 눈
물이 앞을 가려 말씀을 드리지 못합니다." 하였다.

스님께서 말씀하셨다. "아직 배추, 무만 사다 놓았
지 양념을 해서 맛있게 버무릴 수 있는 계기가 되지
않은 때문이다. 지금 말 없이 말하고 가고 옴이 없이
오가는 공부를 하기 위해 수련하는 과정이니 모든
것을 놓고 공부해서 또 보임을 해 들어가야 한다."

77. 한 신도가 스님께 여쭈었다. "양면을 다 놓
으라고 하심은 중간을 취하라는 말씀이신가요? 그
리고 다 놓으면 허전해서 공부하는 것 같지를 않습
니다." 스님께서 말씀하셨다. "그것은 주인공을 몰
라서 하는 말이다. 우리는 본래 중생이 아니라 부처
이다. 우리의 중생심, 곧 나라고 하는 것은 마치 푸
른 하늘에 잠시 인연 화합으로 모인 뜬구름일 뿐이
니 정법으로 직시하면 머지않아 사라진다. 그리고
그것들이 사라져 버린 뒤에는 넓고 맑고 푸른 하늘
이 있다. 염려하지 말라. 다 놓아도 네가 사라지는
것은 아니다. 모든 것을 놓고 나면 영원하고 무한한
진실, 마음 든든한 무한의 진실이 드러난다. 그것이

주인공, 우리들 본래의 모습인 줄 안다면 망설임은 있을 수 없을 것이다."

78. 스님께서는 실생활 속에서의 체험을 통한 믿음을 중시하시고 가끔 개별적인 실험에 대해 언급하시는 일이 있었다. 한 신도가 말하기를 "부처님 법은 광대무변한데 어찌 생활 속의 자잘한 실험을 권하시느냐." 하였다. 스님께서 이에 언급하셨다. "자기 생활을 스스로 업신여기고, 자기 몸을 자기가 업신여기고, 제 마음을, 제 주처를 또 업신여기고 어디 가서 불법을 찾으려느냐? 허공에 대고 아무리 이름을 불러 보아도 대답 없는 허공이요 대답 없는 이름일 것이니 아무리 이론이 높다 해도 말뿐이라, 설사 부처님이 면전에 계신다 해도 높이 보지말 것이며 풀 한 포기, 개미 한 마리라 해서 업신여기지 말라."

79. 스님께서는 언제나 자기 자신이 화두라고 하

셨다. "육신 생긴 게 화두요 네 마음이 화두요 네 생활이 화두이니 화두가 따로 있는 게 아니다."라고 강조하셨다. 스님께서는 그 말씀을 후렴처럼 되풀이하셨다.

80. 스님께서 대중 법회 중에 말씀하셨다. "모두가 나 아닌 다른 곳에 태초를 두고, 나 아닌 다른 곳에 화두를 두고, 나 아닌 다른 곳에서 찾고 염원하니 이 일을 어찌하는가? 남의 집 아버지는 위대해 보이고 자기 집 아버지는 우습게 보이는지 자기 집의 부처는 모르고 달마 선사, 무슨 선사 하며 스승으로 모시니 참으로 어려운 노릇이다. 죽은 부처 만 개가 있다 하더라도 산 부처 하나만은 못한 것이다. '그때 그 시절 그 나무의 열매가 익어서 그 맛이 얼마나 좋았는지……. 그 맛을 아는가?' 하고만 있다면 참 자기는 언제 찾는가? 그때 그 열매가 익어 아무리 맛이 좋았다 하더라도 그때는 이미 지난 것이다. 지금 여기 우리가 이야기하고 듣고 하는 것이

그때와 둘이 아닌 것이다. 자기한테 나오는 것을 자기에게 모두 맡겨 놓는다면 어느 때인가 콧숨 한 번 쉬는 데 이 만법이 모두 나오게 되리라."

스님께서 또 말씀하셨다. "말 없이도 먹을 수 있고 말이 있어도 먹을 수 있었을 텐데 그 떡을 자기가 스스로 먹어 보지 못했기에 진짜 보이는 떡을 먹지 못했던 것이다."

81. 한 신도가 여쭈었다. "오고 감이 없다 함은 정지를 뜻하는 것입니까?" 스님께서 말씀하셨다. "찰나로 너무 빠르게 돌아가기 때문에 이것을 뭐라고 말로 표현할 수 없으니 오고 감이 없다고 한 것이다. 한순간도 고정됨이 없이 돌아가기에 생명이 수만 가지로 생기고, 한 생각 일어났다가 금방 다른 생각이 나는데 어느 것을 고정되었다고 하겠는가."

82. 한 제자가 스님께 수행의 공덕에 대해서 여쭙자 스님께서 말씀하셨다. "도를 이루어 도인이

되려 함이 아니니라. 문제도 내 안에 있고 대답도 내 안에 있은즉, 내 마음 안에 있는 영원한 보배, 그 보배의 참맛을 아는 이라면 도인으로 불리든, 큰스님이라 불리든, 산 부처나 보살이라 불리든 무슨 상관이 있겠는가. 칭찬과 경배가 따른다 할지라도 그것이 나를 행복하게 하는 게 아니거늘, 오직 마음의 샘, 진리의 맛만이 목마름을 적셔 줄 뿐이다. 전 우주와도 바꿀 수 없는 게 딱 한 가지 있다면 그것은 마음이라는 크나큰 안식처뿐이다."

83. 한 신도가 부처님 전에 회향하는 이치를 여쭈었다. 스님께서 대답하셨다. "사람이 이 세상에 날 때도 흙에서 나왔고 갈 때도 흙으로 돌아간다. 그와 같이 나올 때도 한 구멍에서 나왔고 갈 때도 한 구멍으로 들어가는 것이니 이 나옴과 죽음이 둘이 아니다. 그 둘 아닌 곳, 그 한 구멍에 만사를 돌려놓는다면 그것이 최상의 회향이다. 나는 이렇게 느낄 때가 많다. '이 감사한 마음을 이루 다 말로는

못하겠구나. 당신이 따로 없고 내가 따로 없지만 그러면서도 당신의 깊고 크나큰 맛은 무엇으로도 다 헤아릴 수 없을 만큼 많으니 어떻게 그 은혜를 갚으리까.' 하고 느낀다. '단 하나 그 길이 있다면 나는 당신의 뜻을 받아서 그 백분의 일, 천분의 일이라도 갚는, 아니 갚는다기보다는 내 몸이 가루가 된다 할지라도 영원히 이 길을 걸으리다.' 하는 생각, 이것뿐이다."

84. 한 신도가 여쭈었다. "어찌하여 부처님께서는 가없는 중생을 다 건지시겠다 하시고 한편으로 인연 없는 중생은 제도할 수 없다 하셨습니까?" 스님께서 말씀하셨다. "인과도 붙을 자리가 없다고 했거늘 어찌 인연 없는 중생은 어쩔 수 없다는 말이 붙겠는가. 그 말씀은 밖에서 구하지 말고 자기 안에서 스스로 구하라는 말씀이다. 부처님도 또한 길잡이에 지나지 않는다."

85. 한 제자가 인가에 대해 여쭈었다. 스님께서 이렇게 말씀하셨다. "주인공으로부터 열쇠 꾸러미를 받는 게 해인이자 인가라, 그때에 비로소 이 곳간 저 곳간을 마음대로 열고 부릴 수 있게 된다. 말하자면 주권을 가진 것이니 예를 들어 말한다면 아래로 명령하고 위로 상응할 수 있고 각을 이룬 사람끼리 한자리에서 회의를 가질 수가 있느니라. 그 자리에는 늙고 젊고가 없고, 애 어른이 없이 돌아간다."

86. 한 제자가 부동심에 대해 가르침 주시기를 청하였다. 스님께서 말씀하셨다. "설사 부동하다 하는 것까지도 '부동하다' 해도 아니 되고 '부동치 않다' 해도 아니 된다. 항상 나투기 때문에 그러하다. 만약에 부동치 않은 게 있다면 부동한 게 있고 부동한 게 있다면 부동치 않은 게 있게 되느니 이 또한 둘로 봄이라, 모든 게 항시 나투며 돌아가기에 가만 있으면 부처요 생각을 냈다 하면 법신이요 화신이라 하지 않는가."

87. 스님께서 말씀하셨다. "장갑이 더러워지면 벗어 버리듯이 이 모습도 한 철 지나가면 그뿐이다. 그러므로 늙어 허망하다 할 것도, 젊어서 뽐낼 것도 없다. 오로지 꾸준히 닦아 나가야 한다. 내가 온 자리를 알아야 갈 자리도 알 수 있게 되니 이 도리를 알아 차원이 높아지면 몸이 없어진다 해도 세상 사람들을 다 먹여 살릴 수 있는 자재권자가 될 수 있다."

88. 한 신도가 마음을 낸다는 의미로 용에 대해 여쭈었다. 스님께서 말씀하셨다. "일상생활이 그대로 용이요 천만 가지로 새록새록 변하며 돌아가는 게 그대로 용인데 그것을 어떻게 용이다, 아니다라고 말을 할 수 있겠는가. 다리 많은 벌레가 제 다리 움직이는 걸 의식한다면 발 하나 움쩍하지 못할 것이니 '용이다' 생각하면 이미 걸린 것이다. 나를 버려야 용 아닌 용을 할 수 있다."

89. 스님께서 말씀하셨다. "컴퓨터에 프로그램을 다양하게 입력해 놓고 단추 한 번 누르면 자료가 백방으로 전달되기도 하듯이 한생각이 한 번 빙그르르 돌면 전체가 같이 돌아간다. 세 번 죽고 나면 그 도리가 생기니 그대로 하면 그뿐이다."

말씀을 듣고 한 신도가 여쭈었다. "그것은 서산 대사께서 붓대를 던진 도리와 같습니까?" 스님께서 말씀하셨다. "그 붓을 붓으로 보면 안 된다. 그것은 만법을 굴리는 주장자라, 그 솔이 수만 가닥으로 이루어져 있으나 그 모두가 한마음에서 벌어지는 것을 표현함이다."

90. 한 신도가 어느 스님으로부터 전생의 죄가 무거우니 지장경을 오백 독 하라는 말을 듣고 고민 끝에 스님께 여쭈었다. "생업에 쫓겨 하루 두 번 보기도 어려운데 언제 오백 독을 하오리까?" 스님께서 말씀하셨다. "지장경이라는 글자에 신통력이 있는 게 아니니 그 속에 들어 있는 원리를 파악하여

그것을 마음에 새겨 수행하면 지장보살이 그대와 함께함을 알게 될 것이다. 그러지 않고서 경을 욀 뿐이라면 천 독을 하든 만 독을 하든 닦지도 못하고 벗어나지도 못한다."

91. 한 여신도가 스님께 사뢰기를 "제 남편이 보신에 좋다고 뱀탕을 즐겨 하는데 그 업보를 이루 다 어찌할지 걱정이옵니다." 하였다. 스님께서 말씀하셨다. "억만 마리를 잡아먹었다 하더라도 업보가 되지 않으니 둘 아닌 도리만 알면 그러하다. 고로 남편을 원망하고, 그 업보에 휘감겨서 가환이 든다고 생각지 말고 남편의 몸이 건강치 못해 부처님의 공덕으로 그 짐승들이 바쳐졌다고 생각하라. 우리도 부처님께 마음을 바치게 되어 있거늘, 서로 둘이 아닌 까닭이니라." 그러자 그 신도는 홀가분한 기분이 되어 갔는데 며칠 후 다시 찾아와서는 자기 남편이 이제는 안 먹겠다고 스스로 말하더라고 하였다.

92. 시장에서 닭을 잡아 생계를 유지해 오던 한 사람이 하루는 공부하기를 원하면서도 그동안의 무수한 살생 때문에 주저하는 모습을 보시고는 스님께서 말씀하셨다. "직업상 그런 일을 하더라도 진심으로부터 살생이 아니게끔 하는 도리도 있느니라. 따지고 보면 죽는 쪽도 불쌍하고 죽이는 쪽도 불쌍한데 어느 한쪽만을 지탄할 수 없느니, 그러므로 양쪽을 다 건져야 한다. 만약에 내가 그 일을 죄라고 자리매김 한다면 말이 법이 되어 평생을 무거운 짐에 눌려 지내야 하거늘 부처님의 자비스런 가르침이 어찌 그러할 수 있겠느냐."

93. 스님께서는 누가 괴로움을 하소연하는 경우라도 '업장이 두터워 그렇다'는 말씀을 한 번도 하신 적이 없으셨다. 하루는 어느 분이 하소연을 하는 가운데 웬 스님으로부터 '업이 무거워 그렇노라'는 말을 들었다고 하였다. 그 말을 듣고 스님께서 말씀하셨다. "내가 여러분들의 하소연을 듣고 하루에도

몇 번씩 마음이 너무 아파서 아예 가슴이 텅 빈 듯
한데 누가 그대들을 보고 업이 무겁다고 하는가. 자
식을 위해서 오는 사람, 육신이 병들어 오는 사람,
가환에 짓눌려서 오는 사람……, 그렇게 불쌍하고
괴로운 사람들에게 '너는 업보가 많아서 그렇다.'
라고 누가 말하는가. 왜 그대들에게 업보라는 무거
운 짐을 덧붙여 주려는가. 오죽 답답하면 부처님의
자비를 갈구하고 실오라기 하나라도 잡으려 하겠는
가. 그런 이들에게 짐을 뒤집어씌우는 일은 결단코
잘못된 일이니 나는 한생각 되돌리면 업도 붙을 자
리가 없다고 말할 뿐이다."

94. 한 신도가 신통력의 정체에 대해 여쭈었다.
스님께서 말씀하셨다. "신통력도 도가 아니지만 여
직껏 수억겁을 거쳐 내려오면서 한 번도 죽은 적이
없이 해 내려온 이치를 알고 보니까 모든 족보가 들
통이 난 것이라, 알기 때문에 둘이 아니게 되는 것
이다. 중생의 종 문서만 아니라 지구의 족보, 지수

화풍의 족보까지 밝혀지니 타심통이다, 숙명통이다 하는 말을 하게 될 뿐이다."

95. 스님께서 순회 포교차 미국을 다녀 오신 후 어느 날 대중 법회에 나오셔서 말씀하셨다. "진작에 안방에 앉아서 전 세계를 보는 세상이 되었으니 오신통이 그대로 생활 가운데 실현되고 있다. 부처님 말씀대로 가고 옴이 없이 가고 올 수 있고 모습 없이 화해서 천백억 화신으로 들고 나는 모습이 그러하다. 따라서 이 시대의 불법 공부는 마땅히 이론이 아닌 생활 속에서의 행으로 되어야 한다. 만법을 응용할 수 있고, 우리가 만법을 바로바로 찍어서 해결할 수 있는 경지가 되어야 한다. 말하자면 인공위성을 띄워서 무엇을 한다는 것보다 인공위성을 띄우는 그것 자체를 넘어서야 한다."

96. 한 신도가 보시에 대해 여쭈었다. 스님께서 말씀하셨다. "그것은 자신을 위함이 아니건만 자신

을 위함이니 그럼으로써 마음이 편할 뿐 아니라 모
든 마음이 한데 모여 시공 없이 돌아가니 어찌 너,
나가 따로이겠는가.”

97. 비교적 형편이 넉넉한 한 신도가 약간의 보
시금을 내놓으면서 스님께 조상 천도를 부탁드리자
스님께서 이를 물리치시며 말씀하시기를 “어찌 그
리 방생에 인색한가. 모든 이가 당신네들의 자식이
고 형제고 부모인 줄을 모르는가. 억겁을 거쳐 오면
서 서로 자식 노릇, 부모 노릇, 형제 노릇을 수없이
했거늘, 내 형제 자매 부모를 위한 일에 아까운 마
음이 든다면 그것으로 방생이 되겠는가.” 하셨다.
　스님께서 그와 유사한 경우에 또 이렇게 말씀하
셨다. “세간 법에도 물건을 살 때 돈을 주고 사는
게 도리이거늘 어찌 방생에 인색하랴. 다가오는 문
제를 어떻게 제 손으로 다 해결할 수 있다고 믿는
가. 마음을 너그럽게 써야 하느니라.”

98. 한 신도가 살림 형편이 어려워 평소에 시주하지 못하는 것을 부끄러워하자 스님께서 말씀하셨다. "이곳을 여느 절처럼 생각하지 말고 공부하는 강당으로 알라. 이 선원을 운영하려면 오고 가는 차비도 들고 먹고 자는 비용도 있어야 하겠으나 없으면 없는 대로, 있으면 있는 대로 할 뿐이니 시주하지 못함을 부끄러워하지 말라. 진심으로써 공부할 수 있는 사람이라면 내게는 그렇게 좋은 도반일 수가 없다."

그런 다음 제자들을 향해 말씀하셨다. "부처님의 뜨겁고 성스러운 뜻을 생각하면 눈물이 절로 날 지경인데 그 광대무변한 뜻을 저잣거리에서 물건 팔 듯 판다 하면 혀를 깨물고 죽어도 시원치 않을 것인즉, 살고 먹고 입는 데 쓸 요량으로 절을 운영해서는 천만 번 부당한 일이 되느니라."

99. 한 신도가 부처님 전에 부지런히 공양을 올리면서 복 짓기를 염원하였다. 그것을 보고 한 제자

가 기복 행위라고 탓을 하였더니 스님께서 이렇게 말씀하셨다. "설사 기복이라 할지라도 거기엔 부처님을 향하는 믿음과 감사의 염이 있을 것이니 그것을 어찌 탓하겠느냐. 비록 겉모습에 매여 그렇게 할지라도 받아들이는 마음이 그것을 공덕행으로 감싸서 무심으로 안으면 되느니, 양쪽이 까막눈이면 그냥 겉돌 뿐이다."

100. 어느 신도가 조상께 제사 드리는 문제로 고심하던 중 스님께 여쭈었다. 스님께서 말씀하셨다. "사람이 곧 하늘이라는 말이 있다. 그런가 하면 제사를 모실 때는 벽에다가 절하지 말고 너 자신 속에 위패를 모셔 놓았다 생각하고 절을 하라는 말도 있다. 모두 맞는 말이니 제사 모시는 일뿐만 아니라 매사가 그러하다. 왜냐하면 삼계가 모두 내 마음의 뿌리에 함께하는 것이기 때문이다. 그러므로 내가 밥을 먹으면 삼라 세계의 모든 생명이 함께 밥을 먹는 것이 된다. 거기에는 나를 아끼는 속 좁은 중생

으로서의 나는 이미 없다. 상하 좌우가 툭 틔어 허공 같은 내가 있을 뿐이다. 그런 마음이면 모든 행위가 다 보살행이요 공덕이다."

101. 한 신도가 여쭙기를 "사람이 죽으면 무서운 사자가 온다든가 천사가 와서 맞이한다는 애기가 있는데 어떠합니까?" 하였다. 스님께서 말씀하셨다. "네 컴퓨터에 다 입력이 되어 있으니 착하게 살았으면 착한 보살이 올 것이고 악마처럼 살았다면 마구니가 잡아갈 것이다. 그게 다 자기 자신의 보살, 마구니가 나타나는 것이다." 그 신도가 다시 여쭈었다. "사후에 까치집이 적멸보궁으로 보여 그리로 들기도 한다는데 아무 데도 안 들어갈 도리는 무엇입니까?" 스님께서 말씀하셨다. "주인공에 놓아라. 믿음이 깊어지면 천만금을 가지고 와서 좋은 것이라 해도 욕심이 일지 않는다. 살고 죽는 것을 전부 주인공에 일임하라. 적멸보궁이 거기에 있다."

102. 한 신도가 여쭈었다. "불교는 다른 종교에 비해 덜 배타적이고 포용력이 큼으로써 다른 종교까지도 포함할 수 있다고 생각합니다." 스님께서 말씀하셨다. "사람들이 생각이 다를 뿐이지 어찌 진리가 둘이겠는가. 왜들 이름을 가지고 싸우는지……. 같은 불교 안에서도 실은 사람마다 다른 식으로 믿고 있으니 어떻게 보면 다른 종교를 믿는 셈이나, 서로 이름이 다른 종교라도 진리가 하나인 줄 알면 같은 종교를 믿는 것과 다름없다. 나는 불교가 옳다, 기독교가 옳다는 따위의 말은 하지 않는다. 진심으로 내가 맞다고 믿는다면 오히려 겸손해질 터이니 너와 나, 나와 세상, 나와 우주, 나와 삼라만상이 더불어 좋은 게 도이다. 그 도에서는 네 종교 내 종교 따위의 이야기는 한 점 먼지와도 같다고 하겠다."

103. 스님께서 미국에 가셨을 때 오하이오 주립대학 석·박사 과정의 학생 80여 명을 위해 법문을

설하신 적이 있었다. 그때 한 기독교 신자가 스님
께 부활절에 대해 여쭈었다. 스님께서 말씀하셨다.
"초 초마다가 부활절이다. 여러분이 없다면 부활절
도 없을 것이나 여러분이 한생각 한생각 고정됨이
없이 돌아가니까 초 초마다가 그대로 부활절인 것
이다. 부처님 오신 날도 따로 있는 게 아니라 일 초
일 초가 부처님 오신 날이다."

104. 한 가톨릭 신자가 스님께 종교의 차이에 대
해 여쭈었다. 스님께서 말씀하셨다. "물건을 사려
는데 어디 가게가 하나둘이고, 상표가 한둘이더냐.
불은 영원한 생명이요, 교는 생활 그 자체이니 가톨
릭교, 기독교, 불교가 따로 있는 게 아니다."

105. 한 노부인이 스님께 찾아와서 며느리의 병
에 대해 하소연하면서 며느리가 기독교 신자라 함
께 뵈러 오지 못한 것을 송구스러워했다. 스님께서
크게 웃으시며 말씀하셨다. "가셔서 이렇게 말해

주세요. 네 주가 네 마음 안에 있으니 마음 안에다 대고 '심주여!' 하고 기도하라고 말입니다."

훗날 노부인이 다시 찾아와 말씀대로 일러 주었더니 며느리 말이 '참 편리해서 좋다' 하더라고 아뢰었다. 스님께서 말씀하셨다. "마음 안으로 심주를 부르면 그것이 바로 기독교도 버리지 않으면서 한마음 닦는 도리도 되지 않는가."

106. 어느 스님이 '예수, 공자, 석가모니가 모두 큰 도둑'이라고 한 말을 듣고 한 신도가 스님께 의견을 여쭈었다. 스님께서 말씀하셨다. "역설적으로 말하면 그분들을 크다고 전제한 말인데 도둑이라 하기 이전에 자기 능력 없어서 도둑질 다하지 못하는 것이니, 내 몸뚱이 하나 실오라기도 걸치지 말고 다 내놓아 나 아닌 게 없을 때에야 비로소 하나도 버릴 게 없이 된다. 둘 아닌 도리를 알아도 둘 아니게 나툴 줄 모른다면 설익은 도둑에 그치고 만다."

107. 신도 중에는 말법 시대, 종말론, 인류의 장래 따위에 관심을 갖는 이들이 적지 않았다. 한 신도가 마침 그 점에 대해 여쭙자 스님께서 말씀하셨다. "우주의 이법은 자재한 것이므로 예정된 미래란 없다. 그리고 그 자재법은 중생 누구에게나 다 갖추어져 있는 것이며 그 이법을 성취한 사람은 이 세계의 흐름도 자유로이 조절할 수 있다. 그러므로 후천 세계, 말법 세계도 다 예정된 바가 없다. 예언이란 것은 작은 바가지 안에서 계산하고 예측한 것에 불과하다. 그 바가지 밖에서 그 바가지를 통째로 움직이는 이법을 모르는 소치이다. 또한 설사 말세가 닥친다고 해도 하등 염려할 바가 없으니 끝 세상이 곧 처음 세상이기 때문이다. 뿐만 아니라 말세를 부르는 것도 나요, 나로부터 벗어날 수 있는 것도 나이므로 오직 나의 근본 자체를 알면 그 모든 의문과 두려움은 없을 것이다."

108. 스님께서 어느 때 한 신도의 청을 받아 계

룡산 쪽으로 나들이를 하신 일이 있었다. 그 신도가 말하길 "계룡산에는 산신이 셋이 있다 하더라." 하였다. 스님께서 이를 들으시고는 말씀하셨다. "둘로 보지 않는다면 모두가 하나다. 산을 보면 산신과 둘이 아니요, 나무를 보면 목신과 둘이 아니요, 물을 보면 수신과 둘이 아니니 그건 잘못된 말이다. 공부할 때에 간혹 '나는 아무 산 산신이다, 나는 무슨 보살이다, 대사다' 하고 별의별 게 다 성화를 부리기도 하지만 그게 다 자기로부터 나온다는 걸 모르고 속으니 탈인 것이다. 그러할 때에 나는 코웃음을 치면서 나오는 대로 삼켜 버렸다. 그렇다, 아니다 할 것도 없이 '어, 그래?' 하면서 '이걸로도 나오고 저걸로도 나오는구나.' 하고는 그대로 다 내 안에다 되돌려 턱 맡겼더니 그대로 다 없어지는지라, 모두가 둘이 아니기에 또 원통력을 발휘할 수 있는 도리가 있는 것이다. 그렇게 하는 것 또한 나를 죽이는 공부이니 스스로 항복받고 스스로 항복하고 그러는 것이다."

109. 한 무녀가 찾아와 산신각을 정리할 마음으로 상의 말씀을 여쭈었다. 스님께서 단호한 어조로 말씀하셨다. "불안한 것도 다 당신의 마음 작용일 뿐이다. 걱정하지 말고 모두 태워 버려도 아무 일 없을 테니 태울 건 태우고 담을 건 담고, 가져다 놓은 돈이 있으면 누구를 주려면 주고 쓰려면 쓰고 마음대로 하라. 마음에서 산신 상과 네가 둘이 아니라는 것을 안다면 그 형상을 도끼로 부숴 버려도 된다."

110. 한 신도가 가환을 막아 준다는 부적에 대해 여쭈었다. 스님께서 말씀하셨다. "한세상 살면서 걸리는 게 그리 많아서야 어찌 살려는가? 그대로 주먹 불쑥 내지르고 걸어가라. 나는 오늘 죽는다, 내일 죽는다 해도 걱정하지 않는다. 어차피 낙엽 지듯 떨어질 것이고……, 또 낙엽 진다고 나무가 죽는 게 아니고 봄이 오면 새잎이 나고 꽃이 피고 열매 맺고 그러할 터인데 무슨 팔자 운명을 따지는가. 그런 것이 붙을 자리가 없느니, 생각을 하면 붙고 한

생각 돌리면 붙질 않는다."

111. 한 신도가 집을 새로 지어 이사를 가려는데 삼재가 들어서 안 된다는 말을 듣고는 스님께 여쭈었다. 스님께서 말씀하셨다. "삼재 때문에 아니 된다고? 부처님 법이 사람에게 걸리적거린다는 것인가? 세상 법은 사람의 발을 묶어 불편스러울 때가 많지만 부처님 법은 그 반대이니 무엇이 막는다는 말인가. 내가 선 땅이 곧 법당이요, 내가 마음에 들어서 집 짓는 그곳이 바로 명당이다. 스스로 감옥을 만들고 그곳에 갇혀 사는 사람이 참 많다. 삼재라는 것도 마찬가지이니 그래서 나는 법당에다 수많은 부처님, 보살님, 칠성, 산신, 독성 따위를 모셔 두지 않는 것이다. 그 많은 신들이 다 한마음에서 나투지 않는 경우란 없다. 문수 따로, 보현 따로, 관음 따로, 지장 따로⋯⋯. 그래 가지고서는 참 불법을 알지 못한다. 생각 한번 옳고 바르게 세우면 그 순간에 스스로 지은 감옥이 거미줄 녹듯 녹아 버린다."

그 신도는 스님 말씀에 홀가분한 마음이 되어 집을 짓고 이사를 했다.

112. 한 신도가 여쭈었다. "삼재가 들어서 그런지 가환이 끊이지 않는 것 같습니다. 면할 길은 없는지요?" 스님께서 말씀하셨다. "삼재라니? 누가 그런 말을 해 주었든지, 그 사람도 모르니까 그런 말을 했을 터이고 너도 모르니까 곧이듣고 고민하지만 부처님 법은 그런 것이 아니다. 삼재가 들어 나쁘다는 그 생각 때문에 나쁠 뿐이다. 사람의 한생각이란 매우 중요한지라 한생각 돌리면 제불 보살이 다 내 한마음에 있으니 내가 이사 가는 날이 가장 좋은 날이다. 사람의 마음이 걸려서 걸리는 것이지 진리는 걸림이 없다."

113. 스님께서 말씀하셨다. "내 몸 하나 던지면 생사에 구애받지 않고, 계율이 붙지 않고, 욕심이니 착이니 망상이니 하는 게 따를 여지가 없고, 좋고 나

뻔 게 없이 남이 웃으면 그대로 여여하게 웃고 남이 울면 또 여여하게 울고, 그렇게 자연스레 생활할 수 있는 능력이 생긴다. 그러나 내 몸 하나 살리려 한다면 온갖 것이 다 붙어서 여여하지 못하게 된다."

114. 살림 형편이 넉넉한 한 신도가 자녀의 입시 합격 발원을 위해 백 일 동안 새벽 기도를 드릴 생각으로 스님께 상의 말씀을 드렸다.

스님께서 말씀하셨다. "댁의 가정부가 보살이요, 운전 기사가 큰 부처인 줄 모르는가? 부처님이나 보살님은 깊은 산속의 오래된 사찰이나 높다란 법당에만 계신 줄로 알면 안 된다. 불상은 예경의 상징물일 뿐이니 그 불상을 예경할 때에도 불상을 향해서가 아니라 자기 마음속으로 관해 들어야 한다. 그런데 그 상징물인 불상만 위하고 정작 살아 있는 이웃, 살아 있는 불보살을 섬길 줄 몰라서야 되겠는가." 스님께서는 새벽 기도 때문에 고역을 치르게 될 가정부, 운전 기사의 마음을 미리 살피시고 그렇게 말씀하신 것이었다.

115. 선원의 한 법사가 담선 중에 다음 생에는 출가를 하겠노라고 말하자 스님께서 말씀하셨다. "다음 생을 기다린다는 것도, 지나간 것도 없느니라. 지금 현실도 없으니 과거 미래가 어디 있겠는가. 만약 전생을 볼 줄 안다면 속인도 중이 됐었고 중도 속인이 됐었고, 비구가 비구니도 되고 비구니가 비구도 되니 도무지 내세울 게 없는 법이다. 지금 여기 앉아서 끝 간 데 없는 도리를 알아야 부처님 마음을 꿰뚫을 수 있다."

116. 한 청년 신도가 담선 중에 말하기를 "한 여자에게 구속되는 게 싫어 결혼하지 않겠노라." 하였다. 스님께서 말씀하셨다. "인간이 서로 만나 사랑하는 것은 좋은 일이다. 예를 들어 볏짚 단을 세워 놓았는데 볏짚 하나하나는 홀로 섰으면서도 같이 선 것이니 그게 삶의 섭리다. 또 이 도리에서 보

면 내 아내만이 아내가 아닌 것이니 물질적으로만 볼 일이 아니다."

117. 스님께서 또 말씀하셨다. "이 지구에 본시 큰사람이 있었더라면 큰 집이 되었을 텐데 큰사람이 없었기 때문에 큰 집이 되지 못했다. 그런데 이곳에 큰사람이 있다 해도 믿지 않고, 큰사람과 더불어 모두가 하나라고 하여도 믿지를 않는다. 일을 할 때 혼자 하는 일을 여럿이 같이 한다면 수월할 텐데 '나'라고 고집하니 같이 운력을 해 주려 해도 해 줄 수 없고, 운력을 해 준다는 것이 고작 유령, 악령, 유전성, 세균 따위이다. 주장자가 없는 빈집인 탓이다. 그런 까닭으로 고통이 와도 어디서 오는지 모르고 어디로 가는지도 모르고 받는다. 모르는 사람은 이것이 도대체 무슨 소리인가 하겠지만 이런 말도 들어 둬야 나중에 발로가 되었을 때 이런 것을 생각할 수 있는 것이다. 한번 봐 보아라! 눈 달리고, 코 달리고, 입 달리고, 남들에게 달린 것과 똑같이 달고

도 왜 못하는가? 수없이 많은 몸으로, 아니 사는 곳 없이, 내 발 닿지 않는 곳이 없이 그렇게 살고 있는데 왜 그렇게 못하는가? 먹고사는 것이 그렇게 급한가? 얼마나 살 것 같고, 얼마 동안이나 편안하고, 얼마 동안이나 사랑할 수 있을 것 같은가? 숱하게 고생을 하고 고통을 받으면서도 이 공부를 하지 않는다면 진실한 사랑도 할 줄을 모르는 것이다. 그런데 모두들 살아 있는 자기 부처는 찾지 않고 죽은 불을 스승으로 삼고서 찾고 있으니 이런 기막힐 노릇이 어디 있는가? 살아 있는 내 부처를 알아야 죽은 불(佛)도 나와 둘이 아니란 것을 알게 되는 것이다."

118. 스님께서 말씀하셨다. "그저 절에 다니면서 부처님에게 빌기나 하고, 이 부처 다르고 저 부처 다르다 하고, 또 부적이나 여기저기 붙이고……. 이게 귀신 짓이 아니고 무엇인가? 꼭 귀신이라야 귀신인가? 귀신 행을 하면 귀신이다. 그러면 살아서 귀신인데 죽어서는 귀신이 아닌가? 오늘

귀신 행을 하면 꿈에서도 똑같이 하고 다니는 것이고 그것은 죽어서도 마찬가지이다. 그것과 같이 꿈을 보면 생시에 자기가 어떻게 하고 다니는지 증명이 되는 것이다. 그래서 생시에 대상을 둘로 보지 않고 불성을 터득한다면 꿈에서도 아주 역력하고 똑똑한 것이다. 그러한데 우리가 항상 기복으로만 해서야 되겠는가? 기복으로 가르치고, 기복으로 배우고……. 이렇게 해서야 어떻게 불국토를 이루는가? 불국정토를 입으로 천만 번 부른다고 극락정토가 되는 것이 아니다. 내가 닦지 않고는 아니 된다. 내가 나를 한번 돌이켜보고, 내가 공했다는 그 도리를 알면 공한 도리에서 아주 역력하게 내가 나를 볼 수 있을 것이다."

119. 한 신도가 염화미소에 대해 여쭙자 스님께서 말씀하셨다. "전체가 포괄된 하나, 그 평상심에서 나툼이 있고 열반이 있고 자비가 있음을 드러낸 것이니 가섭 존자의 미소에 금빛 열매가 익어 한마

음이 되었음이다. 그러므로 모름지기 학인들은 말
귀에 걸려 빗자루를 쥐나마나, 쓰레기를 쓰나마나
가 되어서는 아니 되느니 안으로 돌려 그 의미를 참
구해야 할 것이다. 그렇지 않고서 부처님께서 이러
저러하셨고 말씀이 이러저러했노라고만 하면 말씀
은 말씀대로 생활은 생활대로 따로 떨어져 그 가르
침이 왜곡되고 만다.”

120. 한 제자가 스님께 말씀드렸다. “영산회상
에서 가섭 존자가 웃은 것을 가리켜 ‘가섭이 큰 죄
를 지었다.’ 하고, 석존의 장광설을 가리켜 ‘평지풍
파를 일으켰으니 두들겨패서 개에게나 던져 주리
라.’ 하였다는 말도 있습니다.” 스님께서 말씀하셨
다. “그것은 공부하는 사람들의 괴팍스런 트집이
다. 꽃을 들었으면 마음에 까닭이 있어서 들었고,
웃었으면 까닭이 있어 웃은 것이라 까닭이 있기에
진리가 드러난다. 우리가 공생·공심·공용으로 돌
아가는 것도 까닭이 있어 돌아가는 것이거늘 까닭

이 없다면 장롱 속에 넣어 놓고 있는 셈이니 성사될 것이 없게 된다. 가섭 존자가 웃은 것을 탓한다면 석존이 꽃을 든 것은 왜 탓을 하지 않는가. 팔만사천의 장광설이 평지풍파라 두들겨패겠다 하는데 팰 것이 어디 있어 두들겨팬다는 말인가. 그래도 선지식들이 나서서 그렇게라도 가르쳐 주지 않았다면 우리가 지금 이렇게 계발하지도 못했을 것이니 그 얼마나 고마운 일인가."

121. 어느 신도가 담선 중에 이야기하기를 "예전에 진묵 대사께서 솥 안의 물고기를 다 잡아먹고 냇가로 가 배설하니 그 고기가 모두 살아 돌아가더라." 했다. 스님께서 그 이야기를 들으시더니 이렇게 말씀하셨다. "그게 방편이라, 고기를 수억 마리 먹었어도 먹은 사이가 없고 뱉어도 뱉은 사이가 없다는 뜻이니라. 그러니까 언제나 위와 아래를 함께 거머쥐고서 쓰면 고기 한 점을 먹었어도 소 한 마리를 먹은 게 되기도 하고 소 한 마리를 먹었어도 고

기 한 점 먹은 사이가 없게 되느니라. 그러나 이왕 사람이 먹었으면 사람으로 내놓아야지 왜 고기로 내놓는가?"

122. 어느 스님은 법당에 올라가 삼천 배를 해야만 친견을 허락하더라는 이야기를 들으시고 이렇게 말씀하셨다. "이 도리를 공부하는 데에 그만한 인내와 희생도 필요하기에 방편을 쓴 것이다."

123. 한 신도가 여쭙기를 "삼세심 불가득의 진정한 의미가 무엇이오니까?" 하였다. 스님께서 말씀하셨다. "마음은 붙을 데도 없는 것이라 그대로 여여함이니 내 배 고프면 밥 먹는 게 불가득이지 어디 따로 있는 게 아니니라. 저녁에 배고파 먹는다 하더라도 점심이 될 수 있고 새벽에 먹는다 하더라도 배고파 먹으면 점심이지 점심 따로 저녁 따로이겠느냐."

124. 어느 때 교계에서 수행 방법을 놓고 '돈오 돈수냐, 돈오점수냐'로 설왕설래 중이라는 말을 들으시고 스님께서 말씀하셨다. "온갖 핏물, 구정물이 한데 모여 도랑으로 흘러내리는데 핏물이다 구정물이다 가릴 게 없으니 돈오와 점수가 거기 어디에 붙겠는가. 오직 젖을 뿐이니 그것은 방편이라, 말할 바도 못 된다. 높고 낮음이 다 상대적이어서 평등이요 자비일 뿐인데 사람들이 세상살이 중에 보고 듣는 것으로 관념을 지어 거기 박혀서 벗어나지 못하고 있음이다."

스님께서 어느 때 또 말씀하셨다. "돈오란 공한 자리에 '탁!' 한 점 찍는 것이고 점수란 지혜를 닦아 마음과 우주가 합일한 것을 말하는 것이니 거기에 돈오다, 점수다 하는 무슨 장광설이 따르겠는가. 무조건 끌고 물로 들어가듯, 불법을 믿는다면 무조건 따라야 하느니 장광설로 정법을 받는 이는 없다. 불법이란 총명하다 해서 알아지는 게 아니라 미련하더라도 무조건 믿고 따라서 한 점을 깨달아야 발견할 수 있다."

스님께서 또 말씀하셨다. "탑의 기단을 쌓아 올리는 게 점수라면 탑 정상을 들어 올려놓는 게 돈오다."

125. 한 신도가 여쭈었다. "만공, 혜월 두 스님께서 공양을 받을 즈음에 혜월 스님이 '할!' 하셨고 발우를 걷을 즈음에 만공 스님이 또 '할!' 하셨습니다. 이를 두고 대중 간에 쟁론이 끊이지 않자 한 스님이 '입을 놀려 말하고 싶지 않으나 여러 사람의 의심을 풀어 주지 않을 수 없노라.' 하시며 또 '할!' 하셨습니다. 대중은 더욱 어리벙벙해졌습니다."

스님께서 웃으시면서 말씀하셨다. "지금 그렇게 말한 것이 그대로 '할!'이니라. 그것을 말로 하면 잘못 돌아가기에 '할!' 한 것이니 말하는 입을 떠나 말을 한 것이다. 그 뜻이 판치생모나 간시궐과 같으니 눈 깜짝할 사이에 알지 못하면 찾을 길이 막연하다."

126. 한 신도가 스님께 '왜 역대 조사들처럼 방, 할을 쓰시지 않는지'에 대해 여쭈었다. 스님께서 말씀하셨다. "나는 그렇게 어렵게 하고 싶지 않다. 지금 시대는 뛰면서 생각하고 생각하면서 뛰지 않으면 안 되는 시대인데 도가 그렇게 어렵게 생각되어서는 곤란하다. 지금 자기 자신이 금방 화해서 나투고 돌아가니 공이면서 그대로 하고 있는 것이라, 믿음 속에 일체를 다 놓고 가다 보면 한두 가지 체험을 하게 됨으로써 '아, 이건 이렇구나.' 하며 확신을 갖게끔 하는 것이다. 이치를 알려거든 바로 지금 자기가 하고 돌아가는 그 자리에서 알라 하는 것이다."

127. 선원의 한 법사가 어느 때 '남전 스님이 고양이 목을 벤 도리'에 대해 여쭈었다. 스님께서 말씀하셨다. "말 한마디 땅에 떨어뜨릴 수 없으니까 베었지만 무명만 쳤지 고양이를 죽인 사이가 없다. 조주 스님이 신발을 머리에 인 것은 일체 유·무생이 공했기에 고양이마저 나온 사이도 들어간 사이

도 없다는 뜻이니라. 그렇게 발은 하늘로, 하늘은
발밑이 되니 뿌리 없는 나무는 온 누리를 누빈 것이
다. 입도 벙긋 안 하고 고양이를 살린 것이다.”

128. 한 제자가 부처님의 삼처전심 가운데 곽시
쌍부를 예로 들면서 부활의 이치와 다르지 않다는
말을 하자, 스님께서 들으시고 이렇게 말씀하셨다.
“부처님께서 발을 내보이신 것은 무한의 길, 영원
의 길을 말씀하신 것이니라. 죽지 않았다는 증거로
안다면 그것은 무한의 길을 걷고 있음을 상상조차
해 보지 못한 소견이다.”

129. 어느 때 한 학인이 찾아와 스님께 여쭙기
를, “하늘과 땅이 갈라지기 이전 소식은 어떤 것입
니까?” 하였다. 스님께서는 아무 말씀을 하지 않으
셨다. 다만 옆에 놓인 음료수 한 병을 꺼내 주시며
들기를 권하실 뿐이었다. 그 학인은 말씀이 없자 그
대로 물러갔다. 스님께서 좌중을 둘러보시며, “갈

라지기 이전이 바로 그 병 안에 있는데 뚜껑을 따고 마실 줄도 모르면서 나를 보고 따 달라 하니 그것을 어떻게 말로 하느냐?" 하신 뒤 한 법사에게 "그대에게 물었다면 뭐라 하겠는가?" 하셨다. 그 법사 대답하기를 "다만 희론일 뿐입니다." 하였다.

130. 한 신도가 담선 중에 역대 성인들을 보살의 10지에 맞춰 누구는 5지, 누구는 7지, 또는 8지에 해당된다는 글을 보았노라고 말하자 스님께서 들으시고는 말씀하셨다. "젊은 사람은 젊은이의 말을 할 것이고, 중년은 중년대로, 노인은 노인대로 말할 것이다. 아이는 아이대로 옳고, 어른은 어른대로 옳고, 노인은 노인대로 다 옳은 말이니 7지다 8지다 하는 말이 붙지 않는다. 가령 공자는 유위법을 말해서 그르다 하지만 공자는 화해서 노자가 될 수 있고 부처가 될 수 있으니 그분들이 남기고 간 것을 따질 게 아니라 내가 이 도리를 알면 그뿐이다."

131. 한 신도가 돌장승에 소원을 비는 사례에 대해 여쭈었다. 스님께서 말씀하셨다. "돌은 그냥 돌로서 가만히 있었는데 마을 사람들이 거기에다 대고 너도 나도 빌고 호소하니까 그 비는 마음들이 뭉쳐 집단을 이루게 된 것이다. 말하자면 도리를 모르는 사람들이 돌에다 착을 붙여 마음을 모아 놓았으니 빼지도 끼우지도 못하게 된 격이다. 그런데 그 마음의 차원이 낮다 보니까 무엇인가 가져다 놓지 않으면 오히려 불미스런 일이 생기기도 한다. 사람들이 스스로 미신을 만들어 놓았기에 두고두고 미신 짓을 하게 된 것이다. 그러므로 사람들이 미신을 거부하면 미신은 없는 것이다."

132. 한 신도가 여쭈었다. "예전에 선사들은 열반하실 적에 앉아서도 죽고, 서서도 죽고, 하다못해 물구나무 서서도 죽는데 스님께서는 어떻게 생각하십니까?" 스님께서 말씀하셨다. "사람들이 옷을 벗어 놓고 잠을 잘 적에 어떤 이는 옷을 차곡차곡 잘

접어 놓는가 하면 어떤 이는 벗어서 휙 던지기도 한
다. 그런 것이다."

133. 한 신도가 팔자 운명에 대해 여쭈었다. 스
님께서 말씀하셨다. "제 마음에 따라 팔자 운명이
다가오는 것이니 이 공부하는 사람에게는 절대로
그러한 것이 붙지 않느니라. 어디에다 그걸 떼고 붙
이겠는가. 붙을 자리가 있다면 나는 벌써 옷을 벗었
을 것인즉, 수많은 영가들과 한데 휩쓸리고 있는데
오히려 좋기만 하니라."

134. 한 학인이 주역의 팔괘에 대해 설명하는 걸
들으시고는 스님께서 말씀하셨다. "어제와 오늘과
내일이 한꺼번에 돌아가는데 어찌 팔방으로 갈라놓
는가. 이름은 각각일지언정 셋으로만 갈라놓아도
머리 따로, 발 따로가 되니 사람 행세를 어찌하려는
가. 임금이 있으면 신하가 있고 국민이 있듯이 셋이
한 번에 돌아가야 원만하지 따로 놀아서는 안 된다.

135. 마음공부에 열중인 신도들 가운데 스님을 송신기, 자신을 수신기라고 생각하는 사람들이 있었다. 마치 채널을 맞춰 놓으면 전파가 흘러 소리를 전하듯 잠자고 있을 때나 깨어 있을 때나 설법을 듣는 체험을 맛보게 된다고 했다. 스님께서 말씀하셨다. "우주 법계에 설법이 가득해도 통화 중이면 벨이 울리지 않는 법이니라."

136. 선원과 잠시 인연을 맺게 된 어느 법사가 자신도 이제 공부가 되었으니 법좌를 마련해 달라고 요청한 적이 있었다. 스님께서 이렇게 대답하셨다. "법좌는 누가 만들어서 차려 주는 게 아니다. 또 누가 주고 말고 하는 것도 아니다. 공부가 되었다면 형색으로만 보지는 않으실 텐데도 그런 말을 하는가. 법좌에 오를 분이라면 저절로 법좌에 오르게 된다. 누가 오르라 해서도, 자기가 오르려 해서도 아니다. 높다란 자리에서 높다란 이야기로 존경받고 싶어 하는 마음은 아만이다. 그런 생각이 드는

순간에 그 공부는 방향이 빗나간다. 마음공부를 누 굴 위해서 했던가? 자기에게 좋은 것이니 누가 알 아주든 알아주지 않든, 법좌에 오르든 오르지 않든 마음 쓰지 말라."

그 법사는 아무 말도 못하고 물러났다. 그리고 얼 마 안 있어 그 법사는 선원에 발길을 끊고 말았다.

137. 어느 때 종단 측에서 성도재일을 앞둔 일주 일의 경건 주간 동안의 정진 행사 계획을 작성, 통 보하라고 한 적이 있었다. 한 제자가 스님께 통보할 내용을 여쭙자 스님께서 말씀하시기를 "선원의 신 도들은 항상 등을 켜고 항상 정진하고 있기에 성도 일이라서 하고 아니라서 안 하는 예가 없노라고 통 지하라." 하셨다.

138. 사부 대중이 두루 참여하는 교계의 공식 행 사에서 몇몇 신도들이 선원의 입지에 대해 부심하 는 것을 보시고는 스님께서 말씀하셨다. "우리 선

원의 가족은 승려만도 아니고 신도만도 아니니라. 초목과 금수, 미물들까지도 오래 전부터 우리 선원의 가족이거늘 어찌 그만한 일로 마음을 썩이는가. 억겁 전 이래로 모두 나와 여러분들의 벗이었고, 스승이었고, 육친이었으며 억겁 미래까지도 또한 그러할 것이다.”

139. 스님께서 대중에게 말씀하시기를 “예전에 유마힐 거사가 병을 앓고 있는데 문수보살이 병문안을 와서 ‘어디가 그리 편찮으십니까?’ 하고 물었더니, 유마힐 거사는 ‘중생들이 아프기 때문에 나도 아프다. 중생들이 나아야 나도 낫는다.’라고 대답했다. 만약 그 자리에 여러분들이 있었다면, 어떻게 해야만 그 유마힐 거사의 병 뿌리를 빼 줄 수 있겠는가 말해 보아라. 그래도 모르겠다면 어떻게 해야 말 그대로 유마힐 거사를 병 문 안에서 병 문 밖으로 나오게 할 수 있겠는가 말해 보아라. 그래도 모른다면 자기한테 물어볼 일이다. 자기는 작년에

도 살았었고 또 유마힐 거사가 살아 있을 때에도 거기 그 자리에 있었을 테니 오직 자기한테 물어볼지어다." 하셨다.

140. 어느 때 스님께서 대중에게 물으셨다. "소동파가 승호 선사에게 법을 묻자 승호 선사께서 '할!' 하셨다. 그러고는 되묻기를 '이 할이 몇 근이나 되는고?' 하였다. 소동파는 그만 말문이 막혀 물러났는데 하산 길에 폭포 소리를 듣고 홀연히 깨쳐 삼 배를 올렸다고 한다. 그대를 보고 한마디 일러 보라 한다면 어찌하겠는가?" 한 신도가 아뢰기를 "저울이 있어 무게가 있습니까, 무게가 있어 저울이 있습니까? 두두물물이 법이고, 폭포도 법이고 소동파도 법이니 소동파의 눈이 이제야 밝았습니다." 하였다.

스님께서 말씀하셨다. "저울이 없으니 달 것도 없어라/ 폭포수 쾅쾅 흘러/ 깊숙이 스며 흘러 도누나/ 봄이 오니 봄빛은 밝아/ 온 누리를 비추누나."

141. 스님께서 또 어느 때 대중에게 물으셨다. "옛날 어느 선사께서 아침 죽 공양을 들고 제자들과 함께 들판으로 나가셨다. '내가 오늘은 배고프지 않고 배부른 도리를 가르쳐 주리라.' 하시며 커다란 체에다 죽을 솥째로 들어부으라고 했다. 그렇게 죄다 쏟아 버리고는 '이제 너희들에게 배고프지 않고 배부른 도리를 가르쳐 주었노라.' 하시며 들어가 아무 말씀이 없으셨다. 제자들은 '큰스님이 이제 노망하셨다.'고 불평이었는데 그 중 한 제자가 문득 깨닫고는 '그 죽물은 자비의 물방울이요 그 방울들은 온 생명들을 다 배불리 먹여 주셨네. 내 어찌 배고프다 하랴. 본래 자기가 배고프지 않은 것을 모르고 이렇게 울었구나. 내 울음소리는 울음소리가 아니라 온 누리 생명의 그 샛별 같은 비춤일세.' 하였다. 그 스님께서 죽을 쏟아 버린 연유를 아는가?"

한 신도가 이렇게 아뢰었다. "본래로 체와 죽이 둘이 아니니 이미 체와 죽이 서로 다투지 않네. 죽 아닌 죽 먹고 먹어도 줄지 않으니 아! 귀종 스님 참으로 자비하시어, 영영토록 내 집 가난 면케 하셨네. 산은 그냥 푸르고 물도 그냥 흐르니 온 천지간에 향기 가득하여라.”

스님께서 말씀하셨다. “너무 길다. 밥을 먹었으면 식기를 닦을 줄 알아야 하느니 이렇게 하면 어떻겠느냐? 본래로 체와 죽이 둘이 아니어라/ 서로 먹고 있는 것을 나는 알았네/ 온 천하에 물이 흐르고/ 새 울고 꽃이 피어 스스로 먹고 있네/ 아! 본래 배고프지 않은 것을/ 배 한번 두드리자/ 탕! 탕! 탕!”

142. 스님께서 어느 때 대중에게 물으셨다. “말이 새끼를 낳았는데 사방팔방이 불길에 둘러싸여 있다. 어떻게 하면 새끼와 함께 빠져나올 수 있겠느냐?” 아무도 대답하는 이가 없더니 이튿날 한 신도가 백지를 봉투에 넣어 스님께 드렸다. 스님께서 이를 보시고는 크게 웃으시면서 “그렇지, 그렇게 백지를 볼 줄 알아야지.” 하셨다.

143. 스님께서 대중들에게 물으셨다. "옛날 어느 선지식이 수좌들을 데리고 강가에 앉아 쉬다가 짚신 한 짝을 강물에 빠뜨렸다. 그러고는 수좌 보고 당장 짚신짝을 가져오라 하였는데 여러분은 그 깊은 강물의 짚신을 어떻게 가져오겠는가?"

144. 스님께서 한 신도의 공부가 무르익어 가는 것을 보시고는 말씀하셨다. "마른땅에서 싹을 틔우느라 애를 쓰다가 진통 끝에 쑥쑥 삐져나오는 모습들을 보노라면 절로 환희심이 인다. 출가해서 몇십 년이 지나도록 싹 틔우지 못하는 중들도 많은데 살림살이하면서라니 참으로 영광된 일이 아니겠느냐. 그럴 때면 나는 혼자서 싱긋이 웃고 어떤 때는 눈물을 흘리기도 한다."

145. 한 제자가 깨달음의 경지에 대해 여쭈었다. 스님께서 말씀하셨다. "눈을 번쩍 뜨고 보면 하루하루가 새로우니라. 귀가 번쩍 뜨이고 보면 세상

의 모든 영화가 헛되어 보이느니라. 마음을 모으고 있노라면 바위보다 더 단단하고, 마음이 나툴 때에는 우주의 끝이라 해도 이웃집보다 더 가깝다 할 수도 있느니라. 산다는 것과 죽는다는 것도 맑은 날의 아침 공기처럼 새로우니라. 그러나 마음대로 할 수 있는 이치만 있는 게 아니라 부처님의 가르침을, 부처님의 상호를 더럽히지 않기 위해 또 시집살이를 하는 도리도 있느니라."

146. 스님께서 어느 때 법회를 마치시며 대중을 향해 말씀하셨다. "고요한 달밤 아래 어부들은 어디 갔노. 고기들은 잠들어 있구나."

147. 스님께서 말씀하셨다. "참 대장부가 보고 싶노라. 이 넓고 넓은 천지에 오직 단 한 사람만이라도, 온갖 것 다 담을 수 있는 참 대장부가 보고 싶노라."

148. 한 신도가 서산 대사의 "선가귀감"의 한 대목을 인용하여 스님께 여쭈었다. "부처님과 조사가 세상에 나오심이 바람 없는데 물결 일으킴과 같다 하였는데 가령 스님께서 오심도 바람 없는데 물결 일으킴이라 할 수 있겠습니까?" 스님께서 말씀하셨다. "바람을 일으킴이 부질없는 짓이라고 하는 말이겠으나 파도에 비유한다면 바람이 파도를 일으켜야만 물이 순환되어 고기 떼가 살 수 있는 법이다. 그 말은 정에 들게 이끌어 주는 것인데 주먹을 쥐었다가 펼 줄 모르면 병신이요 폈다가 쥘 줄 몰라도 병신이다. 사람은 일으킴과 가라앉힘이 동시에 작용해야만 사람 노릇 하는 것이니 파도 일으킴이 곧 선근을 심어 주는 일이다."

149. 스님께서 말씀하셨다. "여기 이 도량에는 공부하려는 마음들이 운집해 있고 부처님들이 우글거리고 있으니 마음으로 직결되면 마치 충전이 되듯이 통하게 된다. 누가 무슨 말을 해 주고 안 해 주

고를 떠나서 마음으로 정성을 들이며, 하나하나 체험해 가다 보면 길을 가다가도 한생각이 그대로 법이 되기도 한다.”

150. 스님께서 말씀하셨다. “나라는 것 없이도 만법을 자재하는 도리는 불법밖에 없을 것이니 따로이 내세울 게 없으면서도 찰나에 우주를 왕래하고 모든 생명과 함께할 수 있느니라. 그러나 우주를 찰나에 보고도 본 바가 없다고 하는 것이거늘 신통묘용에 붙잡혀서는 아니 되느니 공부하는 과정에서 신통에 집착하면 부처님 등지기가 십상이다.”

151. 스님께서 말씀하셨다. “삼천대천세계를 거울 보듯이, 손가락 보듯이 다 볼 수 있는 반면에 서로 둘 아니게 나툴 수도 있으니 나 없는 고장이 없고, 손 없는 손이 어디고 아니 닿는 데가 없고, 평발이 되어서 아니 딛는 데가 없다.”

152. 스님께서는 요청을 받고 여러 차례 미국 각지를 도시며 포교 활동을 하셨는데 귀국하여 대중에게 말씀하시기를 "그 사람들이 앞으로 십 년을 내다보고 연구에 열중하는 것을 느꼈다. 그들은 정치, 경제, 사회 전반에 걸쳐 주도권을 쥐고 나갈 문제에 관심을 갖고 있었다. 여러분들도 더욱 정진하여 이후 세대들이 어떻게 세상을 끌고 나갈 것인지에 대해 깊이 생각해 두지 않으면 안 될 것이다."라고 하셨다.

또 말씀하셨다. "앞으로 십 년간 놓고 본다고 해도 우리가 이 도리를 알아 앉아서 모든 것이 법계로 통신이 되며 행할 수 있지 않으면 안 된다. 이 도리에서 보면 법계 전체로 통하는 데 아무런 이유가 붙질 않는 것이니 그대로 이것이다 하면 그것으로 귀결되는 것이다."

153. 스님께서 말씀하셨다. "외국인 가운데도 마음속에 생산처가 있다는 것을 알고 공부하는 이

들이 많다. 우리로 말하면 동양의 조그마한 계란 노른자위인데 인류의 미래를 좌우할 정신적인 보물을 여러분들이 쥐어야 하고, 그래서 서양 사람들에게 나눠 줄 수 있어야 한다. 언제까지나 그들의 뒤만 따르며 얻어먹고 살아야 하겠는가?"

154. 스님께서 말씀하셨다. "인간이 마음법을 활용치 않고 물질 위주로 하는 모든 활동은 어차피 망상에서 출발한 것이라 공해를 면할 길이 없다. 공해를 일으키지 않는 길은 마음밖에 없는데 마음이라는 게 워낙 광대무변하여 대부분의 사람들은 볼 수도 만질 수도 없고 느끼지도 못하니 우선 보이는 것부터 생각하게 되니까 그런 사람들에게 마음법을 알려 주기가 참으로 지난한 일이다. 그래서 생각하기를 우선 가깝게 보이는 게 병이니 무위법의 병원을 세우는 게 좋겠다고 느꼈다. 이 공부를 한 사람들이 가운을 입고 의사가 될 수 있게끔 한다면 매우 파격적인 병원, 믿음도 길러 주고 공부도 하고 아픔

도 나을 수 있는 불국토의 병원이 되지 않겠는가.”

155. “세계가 부패된 것은 마음에서 나오는 염파 때문이니 세계를 안정시키려면 솟은 것은 내리고 가라앉은 것은 올려서 균형을 맞춰야 하는데 그 핵심의 축은 바로 여러분들의 마음에 있는 것이다. 그러므로 여러분들은 가고 옴이 없는 무심의 축지법으로 모든 사람의 머리가 돼 줄 수 있어야 한다. 지금 이 시대는 이론으로 따져 이것이 옳다, 저것이 그르다 하고 앉아 있을 시기가 아니다. 바로 핵심을 쥐고 나갈 수 있어야 한다.”

156. 스님께서 말씀하셨다. “내가 보고 돌아간 것은 이야기할 수 있지만 직접 한 것은 무엇으로 증명해 보일 수 있겠는가. 다만 말할 수 있는 것은 그림자 속에서 수만의 보살이 나갈 수 있고 수만의 군사도, 의사도 나갈 수 있으며 순리를 어기지 않고도 그렇게 할 수 있다는 점이다. 왜냐하면 한마음, 한

조상, 한 형제인 인간인지라 사랑·의지·도의 같은 인간으로서의 도리를 지켜 가면서 진화할 수 있게 하는 것인 까닭이다. 가령 인간의 생명을 존중할 줄 모르고 제 욕심을 채우기 위해 전쟁을 일으키려 할 때 생명을 중히 여기는 사람들을 보호하기 위해 영계의 힘을 빌릴 수도 있는 것이다."

157. 스님께서는 가끔 제자들에게 마음공부를 열심히 해야 나라도 편하고 세계도 편하다는 말씀을 하셨다. 그렇다고 특별히 나라의 앞일에 대해 말씀하시지는 않으셨다. 다만 "네 앉은 방석이 편해야 너도 편할 게 아니냐."라고만 하셨다.

158. 스님께서는 드물게 시국에 관한 말씀을 하실 때가 있었다. 간혹 이를 의아하게 생각하는 신도가 있었는데 스님께서 이에 대해 말씀하셨다. "목탁만 두들겨야 하는 게 아니다. 정치가 따로 있지 않아 그대로 마음이거늘, 데모 이야기와 민주화 이

야기가 어찌 정치일 뿐이라 하겠는가. 우리 국민의 한자리가 부처님 자리이고, 전 세계적으로나 우주적으로나 생명과 마음을 빼놓으면 무엇이 있겠는가. 머리 깎고 앉아 목탁이나 치고 경이나 읽는 게 중이 아니라 들고 나며 세상을 관하여 '이것은 이렇게 되어야 하겠구나.' 하고 점 하나 딱 찍어 실천에 옮길 수 있어야 하느니라."

159. 스님께서 어느 때 승가대학 건립 기금으로 거액을 희사하신 일이 있었다. 그때 말씀하시기를 "마음 도리를 배운 승려야말로 한국 불교를 살릴 수 있다." 하시며 승가대학에 앞으로 간호학과를 신설하는 게 좋겠다는 의견을 제시하셨다. 스님께서는 평소에도 교계에 병원이 없을 뿐 아니라 의사, 간호원의 양성 기관이 없는 것을 안타까워하셨는데 종단의 움직임에 상관하지 않고 선원의 힘으로 병원을 건립하실 뜻이 있음을 밝히셨다.

2. 학승과의 대화

1. 한 수행승이 만행 중에 소문을 듣고 찾아와 스님께 간곡히 법을 여쭈었다. 스님께서 말씀하셨다. "내가 산으로 떠돌 그때가 참으로 고귀하고 좋았다. 왜냐하면 나 하나 죽기는 차라리 쉽고 편했기 때문이다. 그러나 여러 사람하고 같이 또 나를 죽이기에는 발목이 무거울 정도로 어렵다는 것을 느꼈다. 그래서 한때는 이런 생각을 했었다. '자기 하나 죽는 것은 말할 것도 없구나. 세상 사람들하고 더불어 죽기가 이렇게 어려우니 이래도 뭘 안다고 할 것인가.' 했다. 공부하는 분들 덕분에 오늘에 이르고 보니 모두가 둘 아닌 것일 뿐이다. 보이는 생명, 보이지 않는 생명이 한데 어우러져 둘 아니게 돈다는 것을 실감했다."

2. 어느 학승이 스님께 여쭙기를 "스님께서는 성품을 보셨습니까?" 하였다. 스님께서 보았노라고 대답하시자 그 학승이 이번에는 "보신 게 있으시면 학인들에게도 보여 주시기 바랍니다."라고 하였다. 스님께서 말씀하셨다. "나는 스님이 바로 걸어 들어오는 것을 보았고 또 손으로 옷을 여미는 것을 보았고, 앉는 것을 보았고, 냄새 맡는 걸 보았고, 말하는 것을 보았다. 그리고 지금 이렇게 가만히 앉아 있는 걸 보았다."

나중에 대중들이 그 일로 화제 삼는 것을 들으시고는 다시 말씀하셨다. "그렇지만 나는 말이 많았다. 만약에 같이 돌과 돌이었다면 부딪칠 때 불만 번쩍 하고 말았을 것을 그렇지 못한 고로 말이 길었다. 다만 말 한마디 한 사이가 없을 뿐이다."

3. 스님께서 어느 때 다른 사찰에 가셔서 이삼 일 유숙하신 적이 있었다. 그때 그곳의 한 스님이 묻기를 "한마음선원에선 어떻게 하는가?" 하였다. 스님

께서는 그 스님의 손을 잡아 주시며 "이 도리죠."
하셨다.

그 후 그 스님이 편지를 통해 "누워 계신 부처님
은 어디서 보았습니까?" 하고 여쭈었다. 스님께서
답장을 쓰셨다. "밥그릇 안에 밥 한 그릇을, 황금 쟁
반에 황금 수저로 다 잡수시고, 밥 한 그릇이 되남는
것을 본, 황금 새는 너울너울 춤을 추었소이다."

4. 하루는 태백산에서 수행 중이라는 비구 스님
여러 명이 찾아와 스님께 청하기를 "몸을 오래 보
전하셔야 할 터이니 함께 산으로 드시자." 하셨다.
스님께서 말씀하셨다. "나는 본래 태어남이 없기에
죽을 것도 없으니 내가 산다고 생각한 바도 없고 또
무엇을 주었다, 가졌다고 생각한 바도 없다."

5. 한 학승이 여쭈었다. "우주가 갈라지기 전의
면목과 부모님 태중에 들어가기 전의 면목이 같습
니까, 다릅니까?" 스님께서 음료수 한 병을 집어

주시며 "네가 모르면 이 음료수 한 병도 허탕으로 떨어지느니라." 하실 뿐이었다.

6. 스님께서 한 비구 스님과 담선하시던 중에 달마 대사가 짚신 한 짝을 석장에 꿰고 서쪽으로 간 이야기를 들으시고는 그 비구 스님께 반문하셨다. "그러면 스님은 지금 그렇게 꿰고 다니지 않습니까? 제 주장자에 제 몸을 꿰고 다니는데……." 그러자 비구 스님이 좋아라 하며 이번엔 무덤에 신발 한 짝을 남겨 둔 도리에 대해 여쭈었다. 스님께서 말씀하셨다. "무위 세계와 유위 세계를 통틀어 중도를 보인 것이라, 한 발은 하늘을 딛고 한 발은 땅을 디딘 것이다. 양 무제에게 만약 무위 세계에 내가 없고 유위 세계에만 내가 있다면 정치를 제대로 할 수 없음을 일러 주기 위한 방편이었다."

7. 한 학승이 스님께 여쭈었다. "만약에 석가께서 꽃 한 송이를 들었다면 스님께선 어떻게 대답하

시겠습니까?" 스님께서 웃으시며 말씀하셨다. "무슨 말대답이 필요하겠는가. 눈 한번 찡긋하면 됐지. 그러나 그것조차 안 해도 되는데 꽃을 들었으니 그렇게 한번 해 줄 뿐이다."

8. 한 학승이 어느 때 스님을 찾아뵙고 말하기를, "말을 해도 삼십 방망이고 안 해도 삼십 방망이인데 한마디 일러 보라 한다면 스님께서는 어찌시겠습니까?" 하였다. 스님께서 이르셨다. "그런 케케묵은 소리 하지 말라. 그것은 공한 도리를 알라고 한 것인데 예전엔 사람들이 워낙 순수하니까 그렇게 했지만 지금은 곧바로 들어가야 한다. 조사들이 공부하는 사람들의 기미를 떠보고, 길잡이 삼아, 혹은 주춧돌 삼아 그렇게 낚싯밥을 던져 놓은 것이니 마음을 체득하지 못하고서 말대답이나 하려 해서는 안 된다."

9. 하루는 백수에 가까운 노승 한 분이 찾아오셨

다. 그분은 스님께서 오대산 상원사 인근 산야를 떠도실 때 늘상 스님을 반겨 주시던 분이셨다.

그 노승이 말씀하시기를 "내가 나이는 먹었어도 나보다 윗자리니 찾아오지 않을 수 있나." 하셨다. 두 분이 법담을 나누던 중에 노스님께서 말씀하셨다. "용을 찾았는데 물이 없다." 그러자 스님께서는 앞에 놓인 과일 한 쪽을 내미시며 "자, 물 드시지요." 하셨다. 노승께서 아무 말씀을 못하시자 스님께서 말씀하셨다. "아니, 물이 있기에 예까지 오셨고 이렇게 말을 하시지 물이 없다면 말은 어이하고, 예까지는 어찌 오셨습니까. 그대로가 흐름이요, 화함이요, 용이요, 나툼이요, 자기에게 물이 있으니 흘러옴도 흘러감도 없이 돌고 있지 않습니까?" 말씀을 듣고 노승께서 한동안 통곡을 하시다가 돌아가셨다. 얼마 안 있어 노스님께서는 옷을 벗으셨다.

10. 한 선객이 찾아와 스님께 법을 청하는 예를

갖추고 나더니 문득 목소리를 높여 "큰스님!" 하고 불렀다. 스님께서는 아무 대꾸도 하지 않으신 채 그대로 계셨다. 선객이 다시 큰소리로 "큰스님!" 하고 불렀다. 스님께서는 여전하시었다. 선객이 또 "큰스님!" 하고 불렀다. 그래도 스님께서는 여전하셨다. 그러자 그가 공손히 삼 배를 올리고는 말했다. "큰스님! 잘 배우고 갑니다."

11. 한 비구 스님이 뵙고 여쭈었다. "아침에 풀 잎 끝에 맺혀 있는 이슬을 이슬로밖에 보지 못하고 풀뿌리는 하나의 풀뿌리로밖에 보지 못하니 수행이 되는 것인지 몰라 답답합니다." 스님께서 말씀하셨다. "그런 것을 알려 하지 마시오. 알려고 하면 잘 못 가니까." 비구 스님이 다시 여쭈었다. "그러면 어찌 되었든 이렇게 한번 바람 쏘이러 와 봤다 합니까?" 스님께서 말씀하셨다. "그러고 가면 되지 않겠는가. 내가 예전에 돌아다닐 때에 어느 여름날 한 농가를 지나치는데 어른들은 모두 들일 나가서 없

고 아이들만 마당에서 뒹구는 걸 보니까 마당이 온
통 오줌, 똥투성이라 악취가 이만저만 아니었다. 아
이들은 달마 대사 닮은 배를 까 놓고는 뭘 먹고 있
었는데 내가 다가가니까 사람 몰골이 아니었던지
자꾸 피하려 들었다. 어찌나 우스웠던지……."

12. 한 수행승이 뵙고 여쭙기를 "육조 문하에
서 법을 구하던 지통이라는 스님이 읊은 게송 가운
데 '수행을 일으킴은 모두가 망동이요, 머물러 지킨
다 해도 참이 아니라' 했는데 어떤 경지를 이르오니
까?" 하였다. 스님께서 그 수행승을 "이리 가까이
오라." 하시더니 그 수행승의 손바닥을 한 번 내리
치셨다. 그가 합장하고 물러갔다.

13. 티베트 불교를 공부했다는 한 학승이 윤회에
대해 여쭈었다. 스님께서 말씀하셨다. "윤회를 말
하려면 윤회라는 언어도 붙지 않는 자리를 알아야
하는 법이거늘 얼음이 먼저라 해야 옳으냐, 물이 먼

저라 해야 옳으냐?" 그 학승이 여러 말로 둘러대자 스님께서 다시 물으셨다. "어느 분이 주장자를 가지고 와서 토지세를 내라고 했는데 당신에게 토지세를 내라 하면 뭐라고 대답하겠소?" 그 학승 아무 말씀도 여쭙지 못하고 물러났다.

14. 하루는 한암 스님의 제자가 찾아와 담선하던 중에 이르기를 "한암 스님께서 떠나신 지 오래인데도 그리움이 크다." 하였다. 스님께서 말씀하셨다. "마음이 이렇게 한 배를 타고 앉았는데 자리를 이리 돌리든 저리 돌리든 무슨 상관이겠소. 아쉽거든 한암 스님과 더불어 같이 자시구려."

15. 한 수행승이 찾아와서 스님께 화두를 청하였다. 그 수행승은 '이 뭣고?'를 들고 참구하던 중에 '이것은 과거 조사님들이 들어서 안 것으로 죽은 화두일 뿐'이라는 생각이 들어 '자기 화두'를 찾는다고 하였다. 스님께서 "주인공!" 하셨다. 그 수행승

이 얼른 알아듣지 못해 의아해하는 걸 보시고는 이르셨다. "나투고 돌아가는 원리가 다 스스로 가진 바이니 주인공이라 세워 놓고 모든 것을 거기에 일임하고 놓으시라." 그래도 그 수행승이 되묻자 스님께서 말씀하셨다. "아비를 아비인 줄 모르고 그 자식이 고아로만 다니다가 어느 날 아비를 만나 열쇠 꾸러미를 다 받아 보니 자기한테 자기가 인가받는 도리가 있노라."

16. 한 학승이 스님께, 공안 가운데 '달마 대사가 수염이 없는 까닭'에 대해 여쭈었다. 스님께서 평하시기를 "누가 그런 공안을 들이대면 수염을 확 잡아채야 맞는 말이 되겠지만 평상심을 말하는 것이기에 수염이 하나도 없는 것이니 공연히 흉내나 낼 일은 아니니라." 하셨다.

17. 한 학승이 찾아와 스님의 법력으로 깨침을 얻기를 간청하였다. 스님께서 말씀하셨다. "내가

밥을 먹고 그대의 배가 부를 수 있다면야 좋겠는데 내가 먹으니 그대가 굶어 죽게 생겼다. 내가 상을 차려 드릴 테니 스스로 먹고 배를 불리시지요."

18. 한 수행승이 뵙고 여쭙기를 "제가 인연 닿을 장소가 어디면 좋겠습니까?" 하였다. 스님께서 대답하셨다. "나는 그런 것 모른다. 중생을 제도해야 한다, 안 해야 한다 그런 것도 모른다. 흘러가고 흘러옴도 없이 흐를 뿐이다. 닥치는 것 마다하지 않고 가는 것 막지 않고 내가 부처 되려 하지도 않았고 중생 되려고 하지도 않았다."

19. 한 객승이 스님께 "어떤 것이 처음 마음입니까?" 하고 여쭈었다. 스님께서는 바로 대답하시질 않으시고 이 얘기 저 얘기로 한담하실 뿐이었다. 한 신도가 이를 의아해하자 스님께서 말씀하셨다. "삼세심이 또 마음인데……, 그것마저도 공했는데 어떤 게 처음 마음이고 어떤 때 미래 마음이며 과거

마음이라 하겠는가. 우리가 하루 생활하면서 다양하게 살고 있는데 어떤 때에 나라고 하겠는가? 그대로 여여한 것이니 군더더기 붙여서 병통으로 삼지 말아야 한다."

20. 어느 날 한 스님이 내방하여 담선 하시던 중에 말하기를 "세상 사람들은 모두 눈이 없고 귀가 없어서 보지를 못합니다."라고 하였다. 스님께서 말씀하셨다. "모른다고만 하시지 말고 스님의 그 불기운을 모두에게 주실 수만 있다면 모두가 스님을 알아볼 수 있습니다." 그러자 그 스님이 대꾸하였다. "그렇지요. 남이 못 본다고 애태워할 일이 아니지요." 스님께서 말씀하셨다. "남이 못 본다고 애쓰기 전에 무연중에 중생들을 다 제도함으로써 알게 해야 하겠지요."

21. 한 학승이 뵙고 여쭈었다. "만일에 내가 아닌 도리를 알았을 때 그것을 어떻게 하면 지켜 나갈

수 있겠습니까?" 스님께서 대답하셨다. "지켜 나가기는 무엇을 지켜 나가시렵니까. 그냥 밥 먹고 소화시키시고, 배설 잘하시고, 잠 잘 주무시면, 그 세 가지만 잘해도 그대로 여여하지 않겠습니까?"

22. 오랜 기간 입산 수도를 했다는 한 수행승이 뵙고 사뢰기를 "하산하는 길에 스님께 법을 구하고자 왔습니다." 하였다. 스님께서 이르셨다. "하산을 한 게 어디 있고 입산을 한 게 어디 있더냐. 한 배를 타고 엉덩이를 이쪽으로 붙이든 저쪽으로 붙이든 마찬가지이거늘 수도한다고 산으로 들든 산을 나오든 그게 무슨 소용이더냐. 결국은 그 배조차도 없고 물조차도 없거늘 왜 지렁이 해골 속은 드나들지 못하는지 모르겠노라. 어느 때 산 위로 물 가고 물 위로 산 가는 도리를 알려는가." 그러자 그 수행승 한마디 더 여쭙지도 못하고 물러갔다.

23. 한 학승이 스님을 뵙고는 청하기를, 주역을

풀어 보니 올해는 자기가 물귀신에 잡혀갈 수라 방편을 일러주십사 하였다. 스님께서 웃으시면서 "당신이 물귀신에 말려 죽는다 생각하면 죽을 것이요, 걸리지 않는다면 물귀신이 따로 없을 것이오." 하셨다.

몇 년 후 그 학승이 다시 찾아와 말하기를 "스님께서 틀렸습니다. 그때 제가 물가에 가기를 극력 피했는데 하루는 설법 부탁을 받고 한 신도 집에 찾아갔다가 물청소를 한 계단에서 넘어져 허리를 다치는 바람에 몇 년을 누워 지냈습니다." 하였다. 스님께서 말씀하셨다. "그렇게 지혜가 모자라 허공에 바늘구멍도 안 날 정도의 마음을 가졌으니 어찌 말려들지 않았겠는가." 그 말씀을 듣고 학승은 예를 갖추고 물러났다.

24. 한 수행승이 눈썹이 자꾸 빠지는 것을 걱정하여 스님을 뵙고 한 말씀 여쭈었다. 스님께서 말씀하셨다. "알지 못하는 곳에서 나오는 일이라면 알

지 못하는 곳에서 해결해야 한다. 보이지 않는 이치라 보이지 않는 데서 해결해야 괜찮은 법이거늘 그것이 그대의 숙제이다. 결국은 내 몸이 따로 있고 그것이 따로 있는 게 아니며, '무'라고 한 것이 없어서 무라 한 게 아닌 줄 안다면 무에서 나온 것, 무에서 해결해야 된다. 다시 말해 바로 나올 게 없는 데서 나올 게 있었으면 나올 게 없는 것을 해결해야 한다는 말이다. 스스로 법신 화신이 죽 매달려 있고 털구멍마다 신장이 앞뒤로 떡 버티고 있는데, 그래서 스스로 해결할 수 있음이 엄연한데 꼭 어떻게 해야 한다고 고집한다 하면, 보이지 않는 데서 나오는 것을 보이지 않는 데서 해결해야 하는 도리를 모름일 뿐이다."

25. 한 학승이 스님께 사뢰기를 "행이 부족해서인지 장작개비 하나 제대로 붙잡지를 못했습니다."라고 하였다. 스님께서 말씀하셨다. "본래가 그게 장작개비일 텐데……. 잡지 못했다고 생각하기 때

문에 잡지 못한 것뿐이다. 불은 항상 자기에게 충
만한 법이고 장작개비도 모두에게 당당하게 있다."
그 학승은 조용히 예를 올리고 물러갔다.

26. 한 수행승이 스님을 뵙고 "모양 있는 부처는
많고 여여한 부처는 없습니다."라고 하자, 스님께
서 "모양 있는 부처가 있어야 모양 없는 부처가 있
는 것이다." 하셨다.

27. 한 수행승이 스님과 담선 중에 말하기를 "같
은 말이라도 역시 제 말로 해야 맛이 납니다. 여자
는 여자다워야 되고 남자는 남자다워야 되겠지요."
하였다. 스님께서 그 비구 스님에게 물으셨다. "아
주 잘생긴 남자하고 사랑을 나눠 보셨습니까?" 그
수행승 대답이 "미남하고요? 아직 인연이 안 닿아
서……." 하였다. 스님께서 웃으시며 말씀하셨다.
"미녀를 만났을 때는 미남이 되고, 미남을 만났을
때는 미녀가 되고……. 양쪽이 다 한쪽이요 그 한쪽

마저도 없으니 나는 중성이라, 어저께 놀려면 어저께 놀고, 내일 놀려면 내일 놀고, 오늘 놀려면 오늘 놀고……. 나는 중성이라 맛이 안 날 테니 어쩝니까?" 그 스님 말이 "때가 되면 저도 중성이 되겠지요." 하였다.

28. 어느 날 한 객승이 찾아와 뵙고 말하기를, 자신이 새 절을 짓고 있는데 앞날이 염려된다고 했다. 스님께서 말씀하셨다. "좋은 절터, 나쁜 절터가 따로 있는 게 아니니 앞으로 잘 운영이 될 것인지 걱정하는 마음도 놓고 가시라. 거지라도 하루 세 끼는 먹게 마련인 것이니 욕심을 내지 않고 진심으로 운영한다면 걱정할 일도 없는 법이니라."

29. 한 스님이 부자 상봉의 도리를 여쭈었다. 스님께서 말씀하셨다. "백지 한 장을 뚫어라. 은산 철벽이 무색하리라."

30. 어느 수행승이 스님께 견성하는 길을 여쭈었다. 스님께서 말씀하셨다. "욕심을 부리려거든 빗장을 열어 놓아라. 어찌 빗장도 열지 않고서 큰 욕심을 부리려느냐. 도둑질을 하려 해도 대문부터 열어 놓아야 하느니라."

31. 한 학승이 스님께 법을 여쭙자 스님께서는 "서쪽을 한번 치니 소쩍새가 우는구나." 하시면서 "네가 '아비 자식이 따로 없으니 어찌 막이 있겠습니까.' 하고 한마디 이를 줄 아느냐." 하시었다. 다시 말씀하시기를 "마음을 밝혀야 하느니, 책을 보아서 선지식의 말씀을 이해한다고 해도 그것이 깨침은 아니니라." 하셨다. 그 학승이 말씀을 듣고 "아직 사이사이에 책이 있고 막이 있습니다." 하자 스님께서 "터지지 못한 소리이니 공에 무슨 막힘이 있고 막이 있겠는가. 이론으로 밝아지면 근본으로 들 수 없다." 하셨다.

32. 한 수행승이 뵙고 여쭙기를 "그야말로 한 점 먼지도 없는 허공같이 탁 트인 경지를 맛보지 못해 답답할 뿐이옵니다." 하였다. 스님께서 말씀하셨다. "네가 대나무 방귀씨를 참구하고 그것을 찾거든 대나무 방귀털을 길러 먹여야 할 것이니 더 먹여도 안 되고 덜 먹여도 안 되느니라."

33. 한 학승이 스님께 말하기를 "비구니로서는 당대 성불은 불가능하고 일곱 번 몸을 바꿔야 한다." 하였다. 스님께서 말씀하셨다. "삼세가 공하였는데 당대가 어디 있으며 색신이야 남·여가 둘일지언정 마음이 어찌 둘이겠는가. 남자의 마음과 여자의 마음이 다르다면 내놓아 보라."

34. 어느 때 한 학승이 찾아뵙고 말하기를, '자신은 여러 대덕 스님들로부터 인가를 받았노라.' 하며 스님으로부터 다시 인가받기를 원하였다. 스님께서 말씀하셨다. "몇 수십 사람에게서 인가를 받았어도

2. 학승과의 대화 527

나한테서 내가 인가를 받지 못하면 무효다.”

35. 어느 스님이 편지로 사여(四如)에 대한 설명을 물어 왔다. 스님께서 답장을 보내신 뒤 말씀하셨다. “무여라든가, 여여, 일여, 즉여를 따로 보지는 않는다. 물어 오니까 답을 했을 뿐이지만 음식 맛을 어찌 말로 할 것인가. 종을 치니까 온 누리에 퍼진 종소리를 들었으면 됐지 그 종이나 타종 방망이 또는 종 치는 사람을 문제 삼을 것은 없다.”

2.

大行 스님

원리(原理)편

제1장 위대한 가르침 ··· *533*

제2장 한마음 주인공 ··· *555*

제3장 나의 실상 ··· *584*

제4장 둘 아닌 도리 ··· *616*

제5장 공의 나툼 ··· *625*

제6장 마음의 도리 ··· *648*

제7장 인연과 업보 ··· *682*

제8장 윤회와 진화 ··· *705*

제9장 과학과 우주 ··· *729*

제1장 위대한 가르침

1. 영원한 감로의 법

1. 불교란 특정한 가르침이 아니다. 다른 종교와 비교되는 그러한 종류의 가르침이 아니라 진리 그 자체이다. 그러므로 '불교'라 함은 이름이다. 참으로 불교를 배우고자 하면 종교로서의 불교가 아니라 진리에 대한 가르침으로서의 불교를 알아야 한다. 부처님께서 가르쳐 주신 도리를 좇아 부처가 되는 것이 불교 공부이다. 〈불은 영원한 생명이요, 교는 진리를 설하여 놓은 좋은 말씀이다.〉

2. 불법은 우리에게 인생의 목표를 밝혀 주고 길을 가르쳐 준다. 우리는 우리 자신이 무엇인지를 알

지 못한다. 무엇인지를 알지 못하므로 무엇을 근거로 해서 살아가야 하며 왜 살아가야 하는 것인지를 알지 못한다. 불법은 우리에게 '나는 누구인가'를, '인생이란 무엇인가'를 가르쳐 준다.

3. 불교를 배운다고 하는 것은 먼저 내가 누구인지를 밝히는 것이고, 나를 밝히는 것은 나의 근본으로 돌아가는 것이다. 우리가 '나'라고 생각해 온 그 '나'가 아닌 참 나에 귀의하는 것이다. 지금까지 '나'라고 믿어 온 그 '나'를 잊을 때 있는 그대로의 존재인 참 나는 드러난다.

4. 불교는, 살아가는 이치가 즐겁고 환희에 찬 내 마음 하나에 일체가 더불어 자유스럽게 살 수 있다는 사실을 바로 알게 해 준다. 불교가 지향하는 것은 스스로 진리를 깨달아서 무와 유가 둘이 아닌 한마음으로 자유자재할 수 있는 자유인이 되는 것이다. 〈그러므로 불교는 살아서 깨닫고 살아서 부

활하는 가르침이다.〉

5. 누구든지 불법을 배울 수 있다. 누구든지 불법의 진수를 맛볼 수 있다. 세간의 높은 지식처럼 누구에게는 이해가 되지만 누구에게는 이해가 되지 않는다면 진리일 수가 없다. 마치 태양의 광명이 누구에게나 고루 비치듯이, 또 공기가 누구에게나 호흡을 허락하듯이 진리는 어떤 특정인의 전유물이 아니라 누구든 가리지 않고 자신을 드러낸다.

6. 세상에는 하고많은 종류의 사람들이 있어 태어난 곳, 자라온 환경, 이해력의 정도, 성격, 나이 등이 모두 다르고 생각도 천차만별이지만 빛과 공기가 그런 차별에 아랑곳하지 않듯이 참된 가르침 또한 그러한 차별이나 근기의 높낮이에 관계없이 누구에게나 참된 가르침인 것이다. 불법이 학력 증명서나 출신 증명서를 따지는 자격 시험과 다르다는 점은 아주 중요하다.

7. 불법의 진수를 만나기가 억천만겁이 지나도록 쉽지 않다는 말은, 불법을 이해하기 어려워서가 아니라 중생의 마음이 스스로 어렵게 만들기 때문이다. 세상의 많은 가르침들이 어렵다고 해도 불법은 어렵고 높아서 훌륭한 게 아니라 오히려 단순하고 누구에게나 쉽게 진실을 보여 주는 것이기에 훌륭한 것이다.

8. 불법이란 사생이 사는 모든 곳에 있다. 부처님에게만, 선지식들에게만, 또는 어느 특정한 장소에만 있는 것이 아니라 일체의 만물만생, 즉 태로 낳는 것, 알로 낳는 것, 질척한 데서 낳는 것, 화해서 낳는 것이 사는 모든 곳에 있다. 〈사생에 다 영원한 생명이 있으니 불이요, 사생이 다 생각하고 움직이니 법이다.〉

9. 불법은 일체 중생을 버리는 법이 없다. 어떤 조건이나 이유도 없이 오직 일체 중생을 고통에서

구제하기 위해 아름다운 향기로 모든 중생을 감싸 준다. 그러기에 불법은 항시 중생과 더불어 있다고 하는 것이다.

10. 사람이 존재하는 한 불법은 결코 쇠퇴할 수가 없다. 왜냐하면 사람의 살림살이가 모두 다 불법이기 때문이다. 생명계가 존재하는 한 불법은 결코 쇠퇴할 수가 없다. 왜냐하면 전 생명계의 살림살이가 모두 다 불법이기 때문이다. 삼계가 존재하는 한 불법은 결코 쇠퇴할 수가 없다. 왜냐하면 삼계의 이법(理法)이 그대로 다 불법이기 때문이다.

11. 불법은 따뜻한 봄바람과 같다. 얼어붙은 마음, 가슴 아픈 마음을 훈훈하게 녹여 준다. 불법은 거대한 용광로와 같다. 모든 잡것들을 흔적없이 삼켜 버리며, 다시금 빛나는 순금으로 재생시켜 준다.

12. 불법은 일체를 덮어 교화하고, 일체를 실어

지탱하고, 일체를 나투어 실현하며, 비법으로부터 일체를 지켜 준다.

2. 마음속의 부처

1. 부처는 나의 마음에 있다. 우주를 감싸고 삼세를 덮는 부처님, 조사와 선지식들, 일체 생명이 다 내 마음 가운데 있으며, 누구든, 조상님들도 다 내 마음 가운데 있다. 〈무엇이 있어 밖에서 찾을 것인가.〉

2. 부처란 말이 깨달은 사람을 지칭할 때도 있다. 그러나 깨달은 사람이 있어서 부처가 있는 게 아니며, 그의 가르침이 있어서 진리가 성립하는 것도 아니다. 그 가르침이 마음을 발견하는 최상승의 법이라도 진리는 깨달은 이가 있든 없든 진리이니 부처라는 말에는 부처가 없다고 하는 것이다. 〈그

러기에 석가모니 부처님께서 법등명 자등명을 말씀
하셨다.〉

3. 부처님은 한 분이다 할 수도 없고 많다고 할
수도 없다. 아니 계시다 할 수도 없고 수없이 계시
다 할 수도 없다. 누구나 깨달으면 이이도 부처, 저
이도 부처, 수만 명이 부처인 것이나 모습은 달라도
깨달음의 마음은 다 하나요, 궁극에는 그 하나조차
도 없다 할 것이니 이렇다 저렇다 말할 수 없는 것
이다.

4. 사생이 다 부처라면 어떤 분만을 부처라 하겠
는가. 다 부처이기에 "부처는 없는 게 부처다."라
고 하는 것이다. 모습 모습 화해서 돌아가는 일체
만법이 다 부처의 모습 아닌 게 없고 그 마음, 그 도
량 아닌 게 없다. 〈우리가 이렇게 살아 있고 생동력
있으며 푸르게 움직이는 한 부처는 있다.〉

5. 부처란 이름 없는 것을 부처라 하지 이름 있는 것을 부처라고 하지는 않는다. 부처란 부처로 가만히 있는 게 부처가 아니다. 모든 중생을 위해 수없는 모습으로 그 몸을 나투기에 사생자부인 것이다. 진짜 부처는 자유자재함을 이름한다.

6. 부처님이 있다고 하면 부처님은 없는 것이다. 일체를 포함하기 때문에 부처님이라고 이름 지은 것이다. 우러러볼 뿐이라면 그런 말 속에 부처란 없다. 부처란 아무것도 내세울 게 없는 게 부처다. 우리가 찰나찰나로 돌아가는 살림살이를 하는 가운데 어느 것 할 때의 나를 나라고 할 수 없듯이 부처님은 없는 것이다. 〈그러하기에 '똥 친 막대기'라고 하기도 하는 것이다. 그러나 시공을 초월해서 찰나로 돌아가기에 부처님이라는 이름이 나온 것이다.〉

7. 부처가 없다고 함은 내 마음 근본의 주인공에 같이 있어 따로 부처라 할 수 없기에 없다고 하는

것이다. 〈그러므로 밖으로 드러난 형상으로 부처를 찾는다는 것은 그러면 그럴수록 부처를 잃게 되는 결과를 낳을 뿐이다.〉

8. 부처는 전체다. 산신·지신·용신이 따로따로 이지만 다 부처의 품 안에 있다. 비유하여서 산신·지신을 눈·귀라고 한다면 부처는 얼굴 전체이다. 눈이 가고 귀가 갈 때 얼굴이 따로 도는 게 아니듯 산신·지신도 부처의 일부로 돌아가는 것이다.

9. 부처는 하나의 완성이 아니라 전체가 합쳐진 완성이다. 영원불변의 진리인 법신이다. 그러므로 어떤 것이 아니 되는 게 없고 아니 미치는 데 없고 아니 듣는 데가 없다.

10. 부처란 개별적인 어떤 존재를 말하는 게 아니라 전체가 한마음으로 한데 합쳐 평등하게 돌아가는 것을 말한다. 또 부처에겐 과거·현재·미래도

없다. 과거불·현재불·미래불 하는 것은 다만 이름일 뿐이다.

11. 부처란 일체를 포함하여 아무것도 내세울 수 없기에 부처이다. 부처라는 칭호를 붙여 우러러 존경하기에 부처가 되는 것은 아니다. 부처다, 보살이다, 선지식이다 하여 높은 자리에 있다면 어떻게 이 우주 법계에 두루 하겠는가. 참 부처는 결코 중생의 사량심이나 중생의 육안에는 보이지 않는다. 색도 상도 없으므로 비교할 수도 없다. 〈도인이다, 명안종사다, 큰스님이다, 선지식이다, 보살이다, 부처다 하는 것은 족히 의지할 바가 못 된다. 왜냐하면 부처라는 말 속에는 부처가 없기 때문이다. 그러나 가르침을 깨친 자는 어디서나 부처를 뵐 수 있다.〉

12. 중생이 있는 것만큼 부처가 있고, 부처가 있는 것만큼 중생이 있다.

13. 내가 있기에 부처가 있다. 부처의 형상이 내 형상이며 부처의 마음이 내 마음이며, 불성 또한 다를 바 없다.

14. 모든 부처의 몸은 하나의 법신, 하나의 마음이다. 모든 부처의 국토는 평등하고 장엄하다. 〈그러나 중생들의 업이 다르므로 보는 바도 같지 않다. 부처는 자재함이기에 중생의 마음과 업·과보에 따라 각기 모습을 달리하기도 한다.〉

15. 하나가 만 개로 돌아가고 만 개가 하나로 돌아가고, 또 만 개가 제각기 흩어졌다가 하나가 되니 부처라는 이름도 없는 것이다. 그것이 바로 부처이다.

3. 부처님 세계

1. 부처님의 세계는 형언할 길이 없다. 무한하다, 장엄하다는 말로도 그 크기를 표현할 수 없고 신묘하다, 불가사의하다는 말로도 그 참맛을 전할 수 없다. 부처님은 일체와 더불어 계시면서 일체를 초월해 계신다. 또 수없는 방편으로 중생을 교화하시는 부처님의 공덕은 삼계를 덮고, 삼계를 싣고, 삼계를 꿰뚫고, 삼계에 나투신다.

2. 부처님은 자재하시고 무량하시다. 일체 만물에 응하시고 일체 만물을 제도하신다. 부처님은 지옥에도 계시고 극락에도 계신다. 삼계에 아니 계신 곳이 없다. 깨끗한 곳에만 계신 게 아니라 질척하고 더러운 곳, 똥통 안에도 계신다. 〈왜냐? 구더기를 건지려면 구더기가 되어야 하고 짐승을 건지려면 짐승 속으로 들어가야 하기 때문이다.〉

3. 우리들의 마음에 따라 부처님은 항상 나투신다. 사람에게만 나투시는 게 아니라 짐승들, 일체 만물만생에 나투신다. 세상의 온갖 것들을 다 따르고 온갖 것에 다 응해 주시면서도 결국은 세상의 온갖 것을 다 제도하신다. 삼계의 어느 구석 한군데라도 비워 두시지 않는다. 그러기에 삼십이상이 구족했다 하고 삼십이응신이 구족했다고 하는 것이다. 내고 들이는 데 조금도 걸림이 없기에 구족했다고 한다. 아니 디디시는 곳이 없기에 평편족이라 한다.

4. 부처님의 손이 닿지 않는 데가 없고, 팔이 닿지 않는 데가 없다는 것은 진실이다. 우주의 어느 혹성과 어느 은하계라 할지라도 그 구석구석 어느 틈이건 평등하게 나투어져 있다. 어느 곳에서 누가 무슨 소리를 하고 무슨 생각을 하는지를 다 안다. 뿐만 아니라 어느 생명의 차원과 어떤 혹성의 발전된 단계와 정신적 능력의 정도를 훤히 알고 있고, 또 발전시켜 줄 수도 있고 낮춰 줄 수도 있을 뿐

만 아니라 이곳의 능력을 저곳에다 심어 줄 수도 있는가 하면 저곳의 능력을 이곳에 맞춰 줄 수도 있는 것이다. 〈이처럼 부처님이 중생의 마음에 자유자재로 들락날락해도 중생들은 모른다. 제 주장자가 있어야 주장자를 얻을 수도 있고 줄 수도 있다.〉

5. 부처님의 자비는 모든 생명에 대한 크고도 넓은 자비이다. 고로 대자대비라 한다. 또 그 대자대비는 중생과 근본으로부터 한 몸이 되신 것이기에 동체대비라 한다.

6. 부처님의 가르침은 중생으로 하여금 바르고 고통 없는 경계에 들어가게 하는 것이다. 부처님의 가르침은 우려내고 우려내어도 끝없이 진한 국물이 나오는 뼈다귀라 할 수 있다. 일체 중생이 배불리 먹고 나서도 부족함이 없다. 얼마나 감사하고 또 감사해야 할 일인가.

7. 부처님의 세계만이 영원하다. 부처님의 법은 결코 효력이 상실되는 법이 없다. 부처님은 영원한 생명이며 한량없는 빛이며 모든 것의 본질이기도 하다.

8. 부처님께서는 마음 발견하는 것을 전하려 몸을 나투셨다. 부처님께서는 법계에 충만하여 중생 앞에 두루 안 가는 곳이 없지만 그러는 중에도 진리를 가르치고자 몸을 나투셨다.

4. 불성은 누구에게나 있다

1. 부처님께서는 '일체 생명에 불성이 깃들어 있으니 일체가 다 부처'라고 선언하셨다. 〈이 얼마나 감격적인 말씀인가. 부처님께서 가르쳐 주신 이러한 평등과 긍정의 정신은 너무도 광활한 것이어서 크다느니 높다느니 하는 말조차 초라하다.〉

2. 우리에게도 위덕을 구족하신 부처님과 동등한 불성이 있다는 사실은 세상에서 듣는 그 어떤 소식보다도 기쁜 소식이요 놀랍고 신비스러운 소식인 것이다.

3. 나의 불성이나 석가모니 부처님의 불성이나 역대 조사님들의 불성이나 불성은 똑같다. 〈그러므로 따로 불성을 찾겠다고 다닐 일이 없다.〉

4. 사람에게는 남·여의 차이가 있고, 학식의 차이가 있고, 출신의 차이가 있고 모습에 차이가 있을지언정 불성에는 그러한 차이가 없다. 남·여의 차이가 없고, 모습에 차이가 없고, 학식에 차이가 없고, 출신에 차이가 없다.

5. 거룩하신 부처님을 배신했던 데바닷타나 아흔아홉의 사람을 죽인 앙구리마라까지도 부처를 이룬다 했으니 모든 생명은 비록 타락해 있더라도 본래

는 부처요 불성은 물들지 않아 밝고 꿋꿋할 뿐이다.

6. 자기의 본래 성품은 불성과 둘이 아니다. 누구나 본성 자체는 부처이다. 〈따라서 이 자기 부처가 참 부처이니 만약에 본래 성품이 불성과 다르다 하면 어디 가서 참 부처를 구할 것인가.〉

7. 아침 해가 뜰 때에 헤아릴 수 없이 많은 햇살이 퍼져 나가 비추어 주지만 모든 햇살이 하나의 해에서 나오는 것처럼 우리의 근본적인 실상도 다 불성에서 나온 것이다.

5. 불성, 영원한 생명

1. 불성은 천지가 생기기 전에도 있었고 설사 우주가 무너지고 허공이 없어지는 한이 있더라도 사라지거나 죽어질 수 없다.

2. 불성은 말이나 생각으로 잡히지 않는 미묘 불가사의한 것이다. 한 점 찍어서 맛을 볼 수도 없는 허공처럼 형상과 감각을 초월해 있다고 말할 수 있다.

3. 불성은 언어와 명상을 초월하여 홀로 뚜렷이 밝으며, 난 바도 없고 그리하여 무너질 바도 없다. 당당하고 밝고 꿋꿋하다고 말할 수 있다. 불성은 말을 떠나 있고 이름을 떠나 있고 글자를 떠나 있고 형상을 떠나 있고 변화를 떠나 있으니 평등하고 동일하여 변화나 차별이 없다.

4. 불성은 이름해서 붙일 자리가 없다. 흘러옴도 없고 흘러감도 없고, 붙을 자리도 안 붙을 자리도, 그 말조차도 붙을 자리가 못 되기 때문에 바로 붙일 자리가 없다고 말하는 것이다.

5. 생명이 있는 것은 모두 불(佛)이니 불성이라는 것은 나의 근본 생명, 영원한 생명, 이 우주 전체를

싸고 있는 근본처를 말한다. 〈그런데 자기가 그 근본처에 들어 있는 줄을 모른다. 따라서 불이 중생을 미혹케 한 것이 아니라 다만 중생이 불을 미혹케 한 것이다. 자기 성품 중의 불성을 깨달으면 중생이 바로 부처인 것이다.〉

6. 분명코 있기는 있는데 보이지 않는다. 그러나 거기서 조금 빠져나온 것을 이름하여 유전자라 할 수 있다. 이 유전자가 자꾸 변전하니 나투어 돌아간다. 만법이 불성으로부터 벌어진 것이다. 불성은 유전자 그 이전이다. 불성은 마음내기 이전의 마음이다.

7. 불성이 만법을 머금고 있으니 큰 것이나 불성이 사람의 성품 중에 있으니 만법은 또한 자성 가운데 있다.

8. 얼핏 생각하기에 불성이라면 산 넘고 물 건너

갖은 고난을 다 겪은 다음에 어디 머나먼 낯선 곳에서나 찾을 수 있을 것 같겠지만 그렇지 않다. 바로 내 안에 그 참 보배가 있어 설사 무식하다 할지라도 부처를 이룰 수 있는 것이니 그러하기에 누구나 성불할 수 있다고 하는 것이다. 〈그렇지 않고 참 보배가 어디 머나먼 험한 곳에 숨겨져 있다면 어찌 누구에게나 부처님과 동등한 불성이 있다고 하겠는가. 불법은 평등하고 광대무변한 것이다.〉

9. 퍼내어 써도 줄어듦이 없고, 퍼부어도 결코 한 방울도 더 늘어나지 않는 이 무량 광대한 진리의 맛은, 때로는 공공적적하여 고요하기 이를 데 없다가도 찰나에 이치에 응하여 모든 것을 바로 세운다. 평온한가 하면 일어나 소소영영하게 살아 있고, 움직이는가 하면 어느 사이엔가 측량할 길 없는 무한으로 되돌아간다. 〈그 아무에게도 보이지 않는 참 생명이기에 산다 죽는다 하는 것까지도 진리이며 자비인 것이다. 그렇게 위력 있고 그렇게 광대무변

한 줄은 맛을 보지 못하고는 결코 알 수 없다.〉

10. 불성은 무한의 모든 것을 다 내도 줄지 않고 모든 것을 다 넣어도 두드러지지 않는다. 만약 삼천대천세계 우주 전체를, 아니 그것뿐만이 아니라 천차만별로 되어 있는 사생을 다 운집케 해도 두드러지지 않는다.

11. 불성은 물들지 않는다. 똥통에 들어간 구더기의 몸은 더럽게 물들지언정 구더기의 본성은 물들지 않는 것처럼 부처의 본성, 나의 본성, 구더기의 본성인 불성은 물들지 않는다.

12. 해가 뜨기도 하고 지기도 하는 국토에서는 해가 뜬다 진다 하는 개념이 있겠으나 해가 본래 떠 있기만 하는 국토에서는 떴느니 졌느니 하는 말이 있을 수 없다. 불성도 그와 같아 항상 밝아 있으니 사실은 밝힌다는 말이 있을 수 없다.

13. 불성은 영과 다르다. 영은 보이지 않는 모습을 말하는 것이며 모습 없는 마음을 말하는 것이다. 영혼은 각자 생각 내는 그릇에 따라 좌우된다. 그러나 불성은 더함도 덜함도 없이, 움직이지 않으면서도 돌아간다.

제2장 한마음 주인공

1. 우주 근본은 한마음

1. 불성이란 우주를 감싸고 있는 대원리이다. 이 우주 삼라만상에 불성으로부터 비롯되지 않은 것이 없다. 불성은 무시이래로 있어 왔고 지금도 있으며 영원토록 있을 것이다. 불성은 진리요 영원이요 모든 것이다. 불성은 개별적인 것이 아니라 일체의 근본이다.

불성은 오직 하나라는 의미에서 한마음이요, 너무나 커서 한마음이요, 전체라서 한마음이다. 일체 만물이 그로부터 비롯되니 한마음이다.

2. 한마음은 누구의 것도 아니면서 모든 생명의

것이다. 일체 중생의 마음인 것이다. 한마음은 전체이다. 허공같이 원대하고 광활하다.

3. 한마음은 너무나 커서 이쪽이니 저쪽이니 하고 말할 수가 없다. 허공을 가리켜 동쪽에 있다거나 서쪽에 있다거나 북쪽, 남쪽에 있다거나 가운데 있다고 말할 수 없는 것과 같다. 그러므로 나누고 나누는 데서 한마음을 구하지 말라. 모든 것을 포용하는 데서 우리는 한마음에 다가가게 된다.

4. 한마음 속으로 들면 하나도 없다. 그러나 한마음 속에서 질량이 나오면 헤아릴 수 없이 광대무변하게 나올 것이다. 그래서 불성은 바로 만법을 들이고 낸다고 하는 것이다.

5. 형상이 있기 이전의 한마음에서 수만, 수억의 부처가 나타날 수 있다. 〈일만 부처가 하나의 털구멍에서 비롯되었다는 뜻이 바로 그것이다.〉

6. 석가모니 부처님께서 나시기 이전에도 한마음은 있었고 부처님, 보살님들의 마음이 그 한마음을 여읜 일이 없으며 온갖 중생의 마음도 그와 더불어 있는 것이니 중생들에게도 또한 한마음이 있다.

7. 부처님이 무한의 모든 것을 다 내도 줄지 않고 모든 것을 다 넣어도 두드러지지 않는다고 말씀하셨듯이 한마음은 삼천대천세계 우주 전체, 사생의 천차만별로 되어 있는 것을 다 포섭하고도 그것을 다시 좁쌀 한 알갱이에 다 넣을 수 있으며 그러고도 그 좁쌀 한 알갱이가 작다 하지 않는다.

한마음은 크다 하면 우주를 다 삼키고도 남음이 있을 만큼 크고, 작다 하면 바늘 끝이 넓을 만큼 작다고 할 수 있다.

8. 한마음은 온 법계를 한 구석도 빈 데가 없이 한 발로 밟았으니 평발이요, 온 세상 하나도 버릴 것 없이 전부 쥐니 평손이요, 높고 낮음 없이 전부

보니 평눈이다.

9. 한마음은 시공을 초월한다. 한마음은 온 만물의 시작 이전부터 있었고 만물의 끝남 이후에도 있다. 한마음에는 어제 오늘이 따로 없고 크고 작음이 따로 있지 않다. 모든 물줄기가 바다에 이르러 하나가 되듯이 이 세계의 모든 것은 다 한마음에 포섭된다. 한마음은 바로 만물이 비롯된 근원이요 돌아갈 고향이다.

10. 한마음 속에는 모든 것이 포함되어 있다. 부처도, 관세음보살도 한마음 안에 살아 계시며, 지장보살의 대원력도 한마음 안에 함께한다.

11. 한마음 안에는 일체 제불이 존재한다. 한마음 안에는 삼라대천세계의 진실이란 진실은 다 모여 있다. 한마음 안에는 불보살들의 모든 원력이 다 깃들어 있다. 〈그러니 그러한 한마음이 무엇인들

해내지 못하겠는가.〉

12. 태양 빛은 온 누리를 다 비추고도 부족함이 없다. 한마음의 빛도 그러하다. 삼계를 다 비추고도 부족함이 없다.

13. 한마음은 우주 전체의 힘이며 공덕이다. 마음이 진실로 텅 비어 유무와 호오의 양면을 떠난 중도에서 한마음의 힘은 드러나게 된다.

14. 이 세상 모든 생명의 마음은 하나이다. 모든 생명들끼리는 사실 너와 내가 없다. 본래로 생명은 하나이다. 본래 생명은 부처이다. 그러므로 본래 생명의 마음을 일컬어 한마음이라고 한다. 〈생명체들이 제각기 육신을 갖고는 있으나 본래 둘이 아닌 것이다.〉

15. 만 사람이 모여도 본존불은 하나이다. 그것

은 체가 없기 때문이다. 각자에 다 본존불이 있어 자기의 본존을 마음의 주인이라 한다면 각자의 마음의 주인은 다 한마음인 것이다. 한마음은 어느 한 편이 아니다. 나누고 나누는 데에서 한마음을 구하지 말라.

16. 우주 전체가 생명의 근본 마음, 인간의 근본 마음에 직결되어 있고 세상살이 돌아가는 이 자체가 내 근본에 가설되어 있다. 우주 삼천대천세계가 그냥 하나로 통해 있다는 말이다. 벽도 없고 봇장도 없으니 일체 제불의 마음이 곧 내 한마음이고, 일체 제불의 법이 곧 내 한마음의 법이며 생활인 것이다. 〈이 전구 저 전구에 들어오는 전기가 다 똑같듯이 만물은 다 한마음에 하나로 가설되어 있는 것이다.〉

17. 바로 우리 모두가 부처요 보살이다. 우리 모두의 한마음이 부처요 보살이다. 〈무 하나로 요리를 할 때 국을 끓일 수도 있고 김치를 담글 수도 있

고 갖가지 요리를 할 수 있으나 김치를 담근 무, 국을 끓인 무가 본래의 무를 떠난 게 아니듯이 삼계의 모든 유위법은 그 본원이 한마음인 것이다.〉

18. 한마음에서 비롯된 전체적인 우주의 섭리, 연관성이 바로 우리 마음에 직결되어 있다. 그러므로 우리는 생각하게 되고 말하게 되고 움직이게 된다. 근본적인 마음에서 비롯된 전체가 우리 마음에 직결되어 있다면 그 속에 누구인들 없겠으며 무엇인들 없겠는가. 제불보살도 다 그 자리에서 나타난 화현이다.

19. 모든 부처와 중생은 한마음이다. 한마음이기에 부처와 중생에 차별이 없다고 하는 것이다. 그러므로 누구나 한마음으로 돌아가면 부처가 스스로 나타나기에 중생이 곧 부처인 것이다.

2. 영원한 주인공

1. 발전소에서 내 집 전등에 이르도록 전선을 가설해 놓고서 스위치를 올리자 불이 들어오듯이, 나의 마음은 한마음과 연결되어 있어 그 근본이 다르지 않으니 나의 근본이 곧 만법의 근본이라, 이름하여 주인공이라 한다. 〈그러나 주인공이라고 부르지 않아도 생각하고 움직이고 말했을 때 벌써 근본 자리에서 알고 있으니 그래서 참 부처요, 자성불이요, 참 보배가 있다고 하는 것이다.〉

2. 주인공이란 영원한 자기의 실상이다. 영원한 생명의 실상이다.

3. 주인공은 생명의 근본이다. 그 영원한 생명의 근본은 우주와 직결되어 있고 이 세상 만물과도 가설이 되어 있어서 일체는 다 같이 공심으로 돌아가

고 있다.

4. 근본의 주인공은 꺼지지 않는 영원한 불, 영원히 돌아가는 자가 발전소와 같아서 항상 안으로 불이 켜져 있기 때문에 켜졌다, 꺼졌다 하는 말조차 붙지를 않는다.

5. 주인공이란 생각나기 이전의 마음 중심, 바로 나의 기둥이라 할 수 있다. 그러나 개별적인 기둥이 아니라 전체적인 기둥이다. 〈전체적인 기둥이므로 무엇이든 한생각 내는 대로, 불을 켜려면 켜고 밥을 지으려면 짓고 모터를 돌리려면 돌리고 하는 식으로 다양하게 끌어 쓸 수 있다. 그것도 아주 자동적으로 할 수 있다. 마치 배고프면 밥 먹고 목마르면 물 마시듯이, 무심으로 그렇게 할 수 있다.〉

6. 우리 마음의 기둥, 그것은 바로 적멸보궁, 전체 우주를 싸고 돌리는 기둥과 같다. 맷돌에 심봉이

있어 아래 위가 맞물려 돌아가며 곡식을 갈아 내듯이 우리 마음의 기둥이 심봉이 되어 우주 전체가 돌아간다.

7. 주인공은 진리요, 빛이며 영원이요, 생명이며 부처요, 보살이며 청정하며 긍정이다. 거기에는 어둠도 없고 죽음도 없고 더러움도 없고 부정도 없다. 주인공은 진리이니 빛보다 더 밝고, 진리이니 행복보다 더 기쁘며, 진리이니 허공같이 크고 영원하며, 진리이니 텅 비고 고요하여 자취도 없다.

8. "주인공!" 하면 거기엔 지렁이의 생명도 포함되고 올챙이의 생명도 포함된다. 일체의 생명이 다 포섭된다. 물의 생명도 포섭되고 불의 생명도 포섭되고 돌의 생명, 흙의 생명도 다 포섭된다. 주인공은 일체 만물 만법의 원소이며 핵이며 에너지이다.

9. 주인공은 밝고 영원하고 지극하다. 그 주인공

은 천지가 생기기 이전에도 있었고 설사 우주가 무너지고 허공이 없어지는 한이 있더라도 사라지거나 죽지 않는다. 〈그런 주인공을 일컬어 '한마음'이라고도 하는데 그 한마음은 말이나 생각에는 잡히지 않을 만큼 미묘 불가사의하다.〉

10. 주인공을 불성이라고도 하고, 자성이라고도 하고, 또 여러 가지 다른 이름으로 부르기도 하는데 바로 이 주인공이 있음으로써 중생은 노예에서 벗어나 참 자유인이 될 수 있는 것이다.
〈그러니 얼마나 고마운 일인가. 모든 것을 다 쉬고 맡기게 되면 대자유를 누리게 되는 이치도 주인공 그가 본래 자유스럽기 때문이다. 주인공은 텅 비어 걸릴 것이 없다.〉

11. 주인공은 본디 태어나는 일도 없고 죽는 일도 없다. 주인공은 육안으로 볼 수 없고 생각으로 잡히지 않지만 영원하고 크나큰 나이다. 위대한 지

혜의 빛나는 힘이 있고 청정하여 변함이 없다. 또한 헤아릴 수 없는 능력을 갖춘 나이다. 중생은 모습이 다르고 이름이 다르고 차원이 다르고 나고 죽고 하지만 주인공은 다만 하나가 만 개로, 만 개가 하나로 도는 가운데 여여하니 이를 일컬어 또한 부처, 자성불이라 하는 것이다. 그러므로 주인공을 통해 중생과 부처가 만나고, 둘이 아니라 하는 것이다.

12. 주인공은 나의 근원이지만 동시에 모든 것의 근원이다. 주인공은 나의 주인이자 모두의 주인이요, 삼계의 주인이다. '주' 한 것은 근본 자리를 말하고 '공' 한 것은 고정됨이 없이 돌아가는 것을 말한다. 주인공 자리엔 무엇 하나를 고정되게 세워서 '나'라고 할 수도 없고 무엇 하나를 세워서 활용이라 할 수도 없고 무엇 하나를 세워서 부처라 할 수도 없고, 무엇 하나를 세워서 늙은이다 젊은이다, 여자다 남자다, 아비다 자식이다 할 수도 없다.

3. 나의 시작이자 끝

1. 중생은 본래 성품인 주인공에 근거해서 존재한다. 비유하자면 나무가 땅속의 뿌리를 근거로 하는 것과 같다. 또 비유하자면 허공은 영원토록 결코 무너지는 일도 없고 다시 생겨나는 일도 없고 육안으로 잡히지도 않는데 그 속에서 바람이 불고 구름이 일어나며, 또 바람 그치고 구름 스러지듯이 중생은 주인공에 근거한다.

2. 나무에 비유하여 내가 열매라면 주인공은 열매를 있게 한 꼭지와 같고, 내가 꼭지라면 주인공은 그 꼭지가 매달린 가지와 같으며, 내가 가지라면 주인공은 그 가지가 돋아나온 줄기와 같다. 내가 줄기라면 주인공은 비유하건대 뿌리와 같으니 뿌리는 나무가 있게 된 근본이라 그로부터 줄기와 가지와 잎과 열매가 나왔듯이 나의 모든 생각, 나의 모

든 활동, 나의 모든 공덕이 그 주인공으로부터 나오지 아니한 것이 없다. 〈주인공은 나의 참된 근본이다. 내 몸, 내 생각은 돋아났다가 곧 스러지는 가지, 잎과 같으니 뿌리는 가지와 잎이 떨어지고 꺾이면 새로운 가지와 잎을 돋게 하듯이 주인공도 그러하다.〉

3. 그렇다고 나의 주인공이 나무의 뿌리처럼 고정되어 있다고 생각해서는 안 된다. 또 육안으로 보여지는 그 무엇이라고 생각해서도 안 된다. 부처님께서 이르시기를, 만약 모양이나 음성으로써 부처를 구한다면 필경 여래를 볼 수 없다 하였으니 눈 아닌 눈으로 보아야 한다. 주인공은 차라리 뿌리 없는 나무라 할 것이며 한 점 찍어서 맛볼 수도 없는 허공같이 형상과 감각을 초월해 있다고 할 수 있다.

4. 주인공은 나의 진정한 면모로서 모든 것을 알고 모든 것에 자재로운 나의 참 주인이자 이 세계의

참 주인이다. 〈일컬어 자성이라고도 하고, 본래면
목이라고도 하고, 불성이라고도 하고, 여래장, 진
여, 참 나라고도 하며 주인공이라고도 하는 이 나
는, 중생이 흔히 나라고 생각하는 그것과는 천양지
차로 다른 것이라 할 수 있다.〉

5. 주인공은 광대하고 적적하면서도 그 신령함
이 내 안에 남김없이 깃들어 있다. 그러므로 주인공
은 크다 하면 삼라대천세계에 차고도 남고 작다 하
면 티끌보다도 작다. 그리하여 나는 거대한 주인공
의 품에 싸여 있고, 내 안의 작은 불씨 하나는 거꾸
로 온 우주를 포함하고 있다.

6. 주인공은 나의 시작이며 끝이요, 나의 궁극이
며 목적이다. 나를 있게 한 이도 주인공이며 나를
데려갈 이도 주인공이다. 나를 곤경에 빠뜨리는 것
도 주인공이며, 나를 그 곤경에서 구해 주는 것도
주인공이다. 주인공은 '내 속의 나' 또는 '참 나'라고 말할 수 있다.

7. 수억겁 전부터 우리는 모습을 이렇게 바꾸고 저렇게 바꾸고 여기로 왔다가 저기로 갔다가 하면서 오늘에 이르렀는데 나를 끌고 온 주처는 과연 누구인가? 다름 아닌 주인공이다. 〈우리는 여직껏 수억겁을 거쳐 내려오면서 한 번도 죽어 본 일이 없다.〉

8. 나를 형성시킨 것도 주인공이고 이끌고 가는 것도 주인공이다. 수억겁 진화의 길을 끌고 온 근본이 주인공이다. 지금 자기 육신을 끌고 가는 것도 주인공이다. 인간의 뿌리는 체가 없어 보이지 않으나 마음내고 말하고 보고 듣고 걷는 일체의 행동을 하게 하는 것도 주인공이다. 〈그러므로 주인공이란 자기 육신이라는 배에다 몸속의 온갖 중생들을 싣고 다니는 선장과 같다.〉

4. 무한량의 자재권

1. 모든 사생의 일체 만물만생의 근본이 하나로 뭉쳐서 시공 없이 돌아가는 그 자체를 한마음이라 하니 내 한마음 주인공은 전체로 가설된 자가 발전소와 같아 무한량의 에너지가 주어져 있다. 〈그 에너지야말로 내 몸이 아프면 의사가 되어 주기도 하고 약사보살이 되기도 하며 지장보살이 되어 내 명을 이었다 붙였다 할 수 있다.〉

2. 주인공은 자재권을 가졌으므로 삼천대천세계의 어느 것이든 내가 아니 되는 것이 없고 일체 생물이 다 될 수 있으며, 살아 있는 것만이 아니라 죽은 세상에도 내 자리 아닌 게 없듯 유무가 합쳐진 자리인 것이다. 주인공은 내 속에 갖춰져 있으면서 법계에 충만하여 아니 미치는 데가 없다.

3. 지구상에 있는 온갖 진귀한 보배를 다 합쳐도 바꿀 수 없는, 무한히 값진 진리가 곧 주인공이다. 그리고 그 주인공은 다른 누구도 아닌 자신이다. 〈그렇거늘 그렇게 무한한 보배를 갖고서도 이것저것 걱정이 많다. 그것은 마치 억만장자가 당장의 끼니를 걱정하는 것과 같다. 얼마나 우스운 일인가.〉

4. 주인공은 광대무변한 불법의 뜻을 그대로 발현할 수 있는 능력을 가졌다. 수억겁을 거쳐 나왔기에 그 경험을 살려 이끌어 갈 수도 있고 자유인이 되게 할 수도 있다. 주인공은 천백억 화신으로 공존한다. 주인공 속엔 역대의 일체 부처님이 들어 계실 뿐 아니라 일체 중생이 다 같이 들어 있다.

5. 주인공은 우주 천체, 태양계의 혹성들과도 마음이 직결되어 있다. 그러므로 수억겁을 거쳐 물질적으로 되나오고 또 되나오며 인간으로 진화하면서

살아온 습성도 거기서만 해결할 수 있다. 〈주인공 은 마치 업의 용광로와 같다.〉

6. 한마음 주인공만이 나를 이끌어 줄 수 있고 과 거의 업을 녹여 줄 수 있고 위로는 부모, 조상의 묵 은 빚을 갚아 줄 수 있고 아래로는 자녀들에게 햇빛 을 비춰 줄 수 있다. 주인공만이 그런 능력을 줄 수 있다.

7. 주인공은 거대한 용광로이다. 이 보이는 세계 와 더불어 함께하는 일체 제불의 보이지 않는 절실 한 대원력이 언제나 함께하는 용광로이다. 그러한 용광로가 내 속에 있다. 어떤 쇠든지 용광로에 들어 가면 다 녹아내리듯 그 어떤 눈물도 자비로 화하고, 그 어떤 아픔도 감사의 염으로 되살아나게 하는 용 광로가 있다. 나를 고통스럽게 하는 어떤 업도, 어 떤 환난도 그 앞에서는 한 점 눈송이일 뿐이니 주인 공은 누구에게나 있는 마음의 신묘한 비밀이요 모

든 생명이 갖고 있는 불성으로서의 불가사의한 힘이다. 그것이 바로 주인공의 위덕이다.

8. 주인공은 무한량의 에너지, 무한량의 능력일 뿐 쓰고 안 쓰고 하는 것은 중생의 마음이 하기 나름이다. 〈그러므로 중생심을 끊고 참 나를 얻는 게 아니라 도리가 그러함을 발견함으로써 거짓의 나 또한 참 나의 한 나툼임을 알게 되는 것이다.〉

9. 주인공은 금강 같고 여여하고 원만하고 달처럼 해맑고 태양처럼 밝고 맑다. 그런 자성이 누구에게나 들어 있건만 온갖 대상, 제멋대로의 상념이나 견해, 욕망 따위에 끄달리고 얽매이니 중생은 마치 항아리 속에 불을 켜 놓은 것과 같다. 스스로 불 켜 있는 줄도 모르고 밖을 비추지도 못한다.

10. 나 없는 참 나, 주인공에겐 길 아닌 데가 없어 산도 길이요 들도 길이요 허공도 길이요 길이 없

는 데도 길이니 어느 한구석 손 안 닿는 데가 없고 발 안 닿는 데가 없다. 그래서 평발이요 평손이다. 부처님의 발을 평발, 평편족이라 하는 것은 아니 닿는 데 없기에 그렇다. 주인공은 만법의 근원이기에 평발이다.

11. 인간을 보고 만물의 영장이라고 한 것은 참 자기, 주인공이 무한의 능력을 가지고 있다는 사실, 모든 재료가 다 갖춰져 있다는 사실, 여여하고, 청정하고, 자유자재할 수 있다는 사실, 일체 만법을 들이고 낼 수 있는 근본이 갖춰져 있다는 사실에서 비롯된 것이다. 〈그러나 인간은 말로는 만물의 영장이라 하면서도 소견을 작게 쓰고, 따로따로 가르기를 일삼으니 지혜가 넓어지지 못하는 것이다.〉

12. 꿈이다 생시다, 시간이다 공간이다, 생사다 윤회다 하는 말이 붙지 않는 자리, 그 자리에서 그대로 여여하게 내가 나를 이끌어 가며 상신하고 하

달할 수 있는 그러한 능력이 누구에게나 갖춰져 있다. 〈누구나 지금 지장 행을 하고 있고, 누구나 지금 관세음의 삼십이응신을 하고 있다. 누구나 본래 그러한데 다만 그 이치를 깨닫지 못하고 한정된 자기에 속박되어 있는 것이다.〉

13. 태양은 내 빛을 받아야 한다고 말하지 않는다. 지붕 없고 벽이 없으면 태양은 그대로 비춰 준다. 주인공도 그러하다. 〈예를 들어 우리가 자동차를 몰고 갈 때에 운전하는 사람이 어떠한 사람이든, 착하든 그렇지 않든 간에, 또 차를 몰고 가는 목적이 무엇이든 간에 엔진에 기름이 공급되듯이 참 나는 가화합의 나에게 에너지를 줄 뿐이지 따로 있어서 가고 오는 것, 그르다 옳다 하는 것에 관여하는 것은 아니다.〉

5. 전체이자 공

1. 왜 주인공이냐? 나의 참 주인이니까 주인공이요, 또 텅 비었기에 '빌 공 자' 주인공이다. 주인공이란 뜻은 내가 그것을 근거로 있게 되었다는 의미이다. 〈'부모로부터 몸 받기 전에 나는 무엇이냐?' 할 때에 인간이 다만 정자와 난자의 결합으로 태어난 것이 아니라는 바로 거기에 주인공이 있다. 그것은 마치 나무가 살아 있는 것은 뿌리가 있기 때문이라는 말과 같다. 줄기·가지·꽃·열매는 보이나 뿌리는 보이지 않아도 땅 밑에 뿌리가 있어 나무가 존재함을 아는 것에 비유할 수 있다. 그러나 뿌리처럼 고정되어 있다고 해서는 안 된다. 주인공은 나의 근거이자 동시에 모든 것의 주인이므로 '부처님'이라 할 수도 있다. 모든 불보살과 일체 선지식과 모든 생명의 근본이 되는 주인공을 깨달아야 참 부처를 알 수 있는 것도 그래서이다.〉

2. 또 주인공은 마치 허공과 같아 무너지는 일도, 변하는 법도 없으면서 삼계의 모든 것에 나투고 모든 것을 기르고 되돌려 거두어들이기도 한다. 〈그러므로 주인공엔 나와 너의 나눔이 없다.〉

3. "주인공!" 하면 거기엔 일체 만물이 다 포함된다. 그리고 공한 것이다. 헤아릴 수 없이 수많은 생명이 다 합쳐지는 거기, 만물만생이 다 합쳐져서 부동한 자리이자 공한 그 자리가 일컬어 주인공이다. 〈경계와 거짓 나와 참 나가 하나이다.〉

4. 모든 것을 다 싸잡아서 "주인공!" 한 것이다. 그 모든 것 속에서, 그 모든 것과 더불어 사는 것이고 또 그 모든 것 자체인 것이니 일체가 다 들어 있으나 내가 있음으로써 근본이 되고 중심이 되고, 모든 사물이 나로부터 벌어져 주장이 되고, 또 그것이 화두가 되므로 바로 주인공이라 한 것이다.

5. "주인공!" 할 때는 벌써 전체가 궁그른다. 각자는 제각기 '주인공'이라고 하니까 개별적인 그 무엇으로 생각하기 쉬우나 주인공은 곧 전체이다. 〈그러므로 "주인공!" 하면 태양보다 더 크고 더 소중하고, 위력이 당당하고 신비하고, 말로 뭐라고 할 수 없이 도도한 것이다. 내 주인공, 네 주인공의 나눔이 있는 줄 안다면 그것은 병통이다.〉

6. 주인공은 찻잔도 될 수 있고 컵도 될 수 있고 접시도 될 수 있고 책상도 될 수 있고 의자도 될 수 있고 사람도 될 수 있고 짐승도 될 수 있다. 주인공은 다 해당될 수 있다. 주인공은 이름이지만 그대로가 우주 법계, 생명의 실상이다. 모든 것은 원소 자체가 흘러감도 흘러옴도 없이 흐르는 허공 속의 나툼인 것이다. 고로 그것을 자세히 파악해서 고정된 관념을 그냥 모조리 타파하여 내 마음이 허공같이 돌아갈 수 있으면 그대로 여여한 것이다.

7. 내어놓을 수도 없고 쥘 수도 없고 볼 수도 없는 그 근본 자기, 주인공은 어디에 국한된 게 아니라 이 우주의 광대무변한 이치를 모두 포섭하고 있다.

8. 근본의 주인공은 텅 비었으면서도 말을 하게 되고 생각을 하게 되니 꺼진다 켜진다 하는 말이 붙지 않는 자가 발전소로 비유할 수 있다.

9. 주인공은 빛깔도 없고 잡을 수도 없고, 그러면서도 여여하게 온다 간다는 말도 없이, 끝도 시작도 없이 돌아가고 있다. 그래서 공이요 무요 나툼일 뿐이다.

10. 주인공은 다른 곳에 있는 게 아니라 주인공을 발견코자 하는 그 속에 있다. 〈우리가 요리를 할 때에 먹고 싶은 대로 재료를 준비해서 오븐에 넣으면 맛있는 음식이 되듯이 필요한 대로, 원하는 대로 움직이는 그 살림살이 가운데 주인공의 면목은 드

러나 있다.〉

11. 본래 있으니 발견해 보라 하니까 사량으로 주인공을 찾고자 하는 사람들이 있다. 〈'주인공이다' 하면서 주인공의 탈(가면)을 잡는 결과가 되어서는 안 된다.〉

12. 본래로 한 물건도 없다 했으니 주인공 또한 이름일 뿐 공하다 하겠으나 그것을 문제 삼지 말라. 참으로 알 것을 알아야 참으로 그 아는 것을 버릴 수 있고, 있는 그것을 참으로 알고서야 없는 이치가 자명해지는 것이니 주인공을 문제 삼지 말라. 〈참 자기를 모르고서는 참된 무아가 실현될 수 없다.〉

13. 주인공의 이름을 그냥 아빠라 해도 좋고 엄마라 해도 좋다. 심주라 불러도 좋고 평상심이라 해도 좋다. 청수, 생명수라 해도 좋고 심봉이라 해도 좋다.

주인공을 한 물건이라 해도 좋고 본래면목이라 해도 좋다. '한 놈도 없는 그놈'이라 해도 좋다. 아미타불이라 해도 좋고 본존불이라 해도 좋다. 포괄적인 주처이므로 하느님이라 불러도 좋고 나의 님이라 해도 좋다.

주인공은 무엇이든 다 될 수 있어서 도무지 고정됨이 없다. 주인공은 어버이이자 자녀이며, 가장 높은 이이자 가장 낮은 이이다. 주인공은 이름이 무엇이든 자신을 이끄는 참 자기인 것이다. 주인공은 '나의 나'요 내 '마음의 마음'이다.

14. 자기의 참 부처를 발견하려면 생각나기 이전의 근본에 부합되어야 하나 말로써 부합시킬 수 없으니 나고 드는 자리를 한마음 주인공이라는 하나로 세운 것이다.

15. 주인공이라고 하니까 개별적인 '나'로 알면 안 된다. 주인공이라 하면 이미 전체를 의미한다.

일체 법을 감싸고 일체 법을 지탱하며 일체 법을 굴리는 그 자리를 주인공이라 하는 것이니 어찌 네 주인공이니 내 주인공이니 나눔이 있겠는가.

제3장 나의 실상

1. 누가 주인인가

1. 우리는 어디서 왔는가. 바로 참 나인 주인공으로부터이니 오직 참 나를 찾기에 노력해야 한다. 〈참 나가 이날까지 같이하여 왔고 이날까지 같이 돌아왔는데도 그것을 모르니까 그 모든 것이 참 나에서 비롯되었음을 발견하라 하는 것이다. 육신은 참 나에서 나타난 싹, 잎사귀, 가지와 같은 것이라 뿌리를 놓아 두고 어찌 가지나 잎사귀를 자기라 할 것인가. 그 뿌리를 알라.〉

2. 먼저 나를 잘 알지 않으면 안 된다. "나는 누구인가? 나는 무엇인가?" 하는 문제는 아주 중요하

다. 왜냐하면 중생의 본래 성품은 원만하고 공적하여 태어난다든지 죽는다든지 하는 어느 한편에 기울어지는 법이 없으나 중생의 실제 생활을 보면 삼독심에 물들어 마침내는 생사의 윤회를 벗어나지 못하기 때문이다. 그러므로 본래로 원만공적한 참성품이 구족해 있다는 이 문제가 풀릴 것 같으면 불법의 참맛을 알았다고 할 수 있다. 〈나야 그냥 나이지 무어겠느냐 싶을지도 모르나 그렇게 간단한 문제가 아니다. 나는 어디서 왔는가. 부모로부터 왔다는 것은 부모의 정자와 난자의 결합에 의해 형성되었다는 뜻인데 나는 그런 물질적 결합일 뿐인가. 아니다. 그러한 나가 아닌 진정한 나가 있다. 그것은 어디서 왔을까? 그 수학을 풀어야 한다.〉

3. 만약에 내가 없다면 태초가 어디 있으며 우주가 어디 있으며 현상계는 어디 있다고 하겠는가. 도무지 실감이 나지 않을 것이다. 내가 없다면 부처도 불법도 또한 그러할 것이니 먼저 자신을 알라고 하

는 것이다.

4. 내가 세상에 나고서 세상은 벌어졌다. 나로부터 이 세상이 생겼고 나로부터 가정이 생겼고 나로부터 상대가 생겼으니 내가 나오면서 이 세상 우주 전체가 벌어진 것이다. 나를 빼놓고 무엇을 이 세상이라 하며, 무엇을 진리라 하며, 무엇을 가르침이라 하겠는가. 그러므로 나의 참모습, 진짜 자기의 뿌리와 씨를 알아야 한다. 〈보고 듣고 앉고 서고 말하고, 어느 때 어느 곳에서든 소소영영하게 응대하는 이것이 무엇인가.〉

5. 내가 이 세상에 나왔기에 일체 만법이 나로 인해서 들고 나며 상대성 원리로서 돌아가는 것이지 내가 없다면 아무것도 없다. 그러므로 자나 깨나, 앉으나 서나, 일을 할 때나 쉴 때나 주인공이 있어 그렇게 하는 것인 줄을 알아야 한다. 〈천상천하 유아독존이라 함은 한마음으로 하나가 나왔으니 독존

이요, 나로부터 벌어졌으니 유아독존인 것이다. 개별적인 나로서의 독존이 아니라 한마음으로 묶어 '나' 하나가 나왔으니 독존이요, '나' 나온 것 모두를 합해서 독존이다.〉

6. 그 무엇이 싹을 틔워서 지금의 내가 되었는가. 나를 싹틔운 그는 누구인가? 곧 참 나, 주인공이다. 〈그럼에도 중생은 그 씨앗을 잊고서 '지금의 나'에게만 매달리기 때문에 온갖 고에 휘말리는 것이다. 그렇다고 '과거의 씨'를 찾아야 하는 것은 아니다. 그 최초의 씨앗은 이제 지금의 나로 형성되어 있기 때문이다. 나에게서 열매가 영글었다면 그 열매는 곧 처음의 씨앗과 다르지 않으니 지금의 나 속에서 참 나를 찾아야 한다.〉

7. 자기로부터 우주의 근본이 나오므로 자기를 알아야 한다. 우주의 어떠한 작용이 위대하다 할지라도, 지구를 집어삼킬 힘이 있다 할지라도 자그마

한 자기의 내놓을 수 없는 마음의 근본보다 더할 것이 없다. 광대하고 적적하면서도 신령함이 내 안에 남김없이 깃들어 있으니 내 안의 불씨 하나가 온 우주를 다 감싸고도 남는다 할 것이다.

8. 사람의 뿌리는 모습이 없어 알기가 어렵다고 한다. 그러나 나무의 뿌리는 보이지 않지만 누구도 그 뿌리가 있는 것을 부인하지 않는다. 근본이 보이지 않는다 하여 자기의 뿌리가 없다고 단정할 것인가. 〈목수는 자기 마음대로 집을 설계하여 짓지만 인간은 그렇게 하지를 못한다. 마음먹은 대로 자식을 낳지는 못한다. 어떤 부모라도 목수가 집을 설계하듯 그렇게 자식을 만들지는 못한다. 그렇다면 나는 누가 설계한 것인가. 도대체 나는 누구인가. 우리는 이러한 의문이 제기하는 삶의 비밀을 알지 않으면 안 된다.〉

9. 우리가 집을 짓고 들어가서 사는 이치를 보

라. 집을 지어 놓고 우리가 그 속에서 주인으로서 살고 있는 것이지 집이 있어 우리를 살리는 게 아니다. 그와 같이 이 육신을 지어 놓고 들어가 사는 주인이 누구인가를 보라.

10. 나의 육신은 마치 내가 헌 옷을 새 옷으로 갈아입듯이 영원치 않아 무상하다는 것을 지켜보라. 나의 의식 또한 그러하다는 것을 지켜보라. 지켜보면서 과연 자기라고 하는 존재는 이 세상 어느 구석에서 나왔다가 어느 구석에서 사라지고 마는 허망한 존재이면서, 그나마 고에서 벗어나지도 못하고 고통받다가 멸망하는 존재에 불과한 것인지를 밝게 알아야 한다. 정말로 그러한가. 헌 옷을 벗고 새 옷으로 갈아입는 주재자, 참 자기가 있다.

11. 육신이 나인가, 의식이 나의 주처인가, 의지가 나의 주처인가. 육신도 내가 아니고 의식도 내가 아니고 의지도 내가 아니다. 그러한 나는 비록

애지중지해 왔다 해도 다 비실재요 가화합이요 인연 소산일 뿐이다. 그러므로 허망하다 함도 당연하다. 중생은 여직껏 그러한 나를 위해 살았고, 그러한 나가 나인 줄로 아는 그릇된 소견을 갖고 있었기에 말이다.

12. 열매는 씨앗에서 생겨났고 그 씨앗은 이전의 열매에서 생겨난 것이며, 그 이전 열매는 또다시 그 이전의 씨앗에서 생겨난 것이니 거슬러 올라가면 그 시작을 알 수가 없다. 마찬가지로 지금의 열매는 미래로 또 그렇게 이어져 갈 것이니 그 끝을 알 수가 없다. 어느 때의 열매를 "이것이 열매다" 하겠는가. 고로 끝 간 데 없이 이어지는 열매의 참 성품을 찾으라는 것이다.

2. 자기 속의 성품

1. 나무를 살리려면 뿌리에 영양분을 주어야 하듯이, 사람이 참 사람이 되려면 먼저 본래 성품 자리를 밝혀야 한다. 본래 성품 자리인 주인공이야말로 곧 사람의 뿌리이기 때문이다. 〈나를 있게 한 이도 주인공이요, 나를 데려갈 이도 주인공이다.〉

2. 가을에 잎 떨어진다고 나무가 뿌리째 죽는 것은 아니다. 뿌리는 그대로 살아서 봄이 오면 다시 잎이 돋고 꽃이 핀다. 나무가 그러한 자기 뿌리를 보지 못하듯 인간도 제 뿌리를 보지 못한다. 그러나 체가 없는 뿌리이지만 말하고 움직이게 하는 근본이 있기에 그렇게 하는 것이니 먼저 참 자기부터 알아야 한다. 〈과거로부터 수없이 탈바꿈을 해 가지고 자기 형상을 형성시켰건만 그것을 모른 채 지금 현실의 나만이 내 실상인 줄 알고 애를 쓰고 있으니

사람의 도리를 지키지 못하면서 갖가지로 고통을 받게 되는 것이다.〉

3. 보고 듣고 앉고 서고 말하고, 어느 때 어느 곳에서든지 소소영영하게 보는 이것이 무엇인가. 우리는 먼저 내가 있으니까 상대도 있듯이, 바로 내가 있음으로 해서 일체가 있고 또 우주 천지와도 직결되어 있음을 알아야 한다. 〈그렇다고 이 몸을 '나'라고 하는 것은 아니다. 눈 한번 깜짝하는 사이, 빛보다 더 빠르게 우주 천지 어디든지 연결되어 비춰 볼 수 있는 신통 묘용의 한마음 주인공이야말로 바로 나의 진면목인 것을 알아야 한다.〉

4. 내가 지금 말을 했다. 내가 지금 움직였다. 말하고 움직인 것을 내가 한 것이라고 붙들고 있는가? 내놓아 보라면 내놓을 수 있는가? 말하고 움직인 그것을 누가 했는가? 바깥을 아무리 둘러보아도 감지할 수가 없다. 그 근본을 주인공이라고 한다.

한마음 주인공이라고도 하고 참 자기라고도 한다.

5. 자동차는 운전자의 뜻에 따라 움직인다. 그런데 어떤 사람이 자동차를 주인이라 하고 운전자를 그 하인이라고 생각한다면 얼마나 어리석고 우스운 일이겠는가. 주인공을 모른다면 그와 조금도 다르지 않다.

6. 숨을 들이고 내쉬는 것을 보라. 들이쉬고 내쉬지 못한다면 죽을 것인데 그것을 누가 하고 있는가. 그와 같이 생활 속에서 일체 만법을 들이고 내는 것도 자기가 있으니까 들이고 내지 않는가? 수억겁 광년 전으로부터 끌고 왔고 지금도 끌고 가고 있는 근본, 이런 근본이 주인이 아니라면 주인이 있다는 것은 증명도 못할 것이다.

7. 우리가 숨을 들이쉬고 내쉴 수 없다면 죽을 것이요 또 내쉬고 들이쉴 수 없다면 죽을 것이다. 그

양면이 교차하는 그런 틈에 그대로 살아 있는 그 무엇이 있으니 그것이 있음을 증명하는 것도 바로 그놈이다.

8. 중생으로서의 나(我)가 부정된 그 지점에 중생의 나가 아닌 영원한 그 무엇이 있다. 바로 참된 나의 주인공, 한 번도 나지 않았으므로 아예 죽을 바가 없는 무량겁의 나, 더러움에도 아예 물들 줄 모르고, 괴로움이란 것으로부터도 홀연히 초월하여 불생불멸, 부증불감, 불구부정의 지고지락한 나가 있는 것이다. 그러나 중생은 관념의 틀을 벗어나지 못함으로써 그 영원한 나를 만나지 못하고 있다. 〈그 영원한 나는 언어나 문자로 수식할 수도 없고 의론을 통해 드러나는 것도 아니므로 관념으로 알고자 하는 것은 통 속의 놀음에 지나지 않게 된다.〉

9. 자기 배 속에 있는 자기 씨를 찾아라. 사람들은 수박씨를 찾으라고 하면 지금 수박 속에 들어 있

는 씨를 찾으려 하지 않고 작년 씨를 생각한다. 작
년 수박씨는 화하여 이미 지금의 수박이 되었으니
씨는 제 배 속에 있다.

3. 나의 의식과 주인공

1. 나의 의식이 주인이라 한다면 이렇게 저렇게
하고 싶다, 혹은 이런저런 일들이 성사되었으면 하
고 바라는 일들이 뜻대로, 의지대로 되어져야 한
다. 그러나 뜻대로 할 수 있는가. 되어지는가. 그렇
지 않다. 오히려 괴로움과 고통이 따르는 경우가 많
다. 〈그러므로 육신과 마찬가지로, 나의 의식이라
는 것도 나의 진정한 주인은 아님을 알 수 있다. 그
것은 진정한 나의 실체가 아니라 만들어진 환상일
뿐이다. 그런데도 중생은 그러한 나를 참 나로 알아
거기에 깊고 진한 집착을 두어 그 나를 중심으로 모
든 언행을 짓고 있다. 가화합에 불과한 것을 중심에

두니 자연히 고가 따르게 되는 것이다.〉

2. 우리는 노예가 되고자 태어난 것이 아니다. 사람들은 자기의 사량심을 자기인 줄 알고, 그 사량심을 붙들고 육신과 더불어 아둥바둥 사는 경우가 많다. 그러한 '나' 말고 진정한 나, 주인공이 있음에도 바로 나를 있게 한 그 근본을 제쳐 두고 '나 아닌 거짓 나'를 참 나로 알고 있는 것이다. 〈미생물에서부터 끝 간 데 없이 탈바꿈을 거듭하여 오늘의 자기가 형성되었건만 그것을 모르고 현실의 내가 바로 나인 줄 알고 급급해하니 사람의 도리조차 지키지 못하는 것이다.〉

3. 사실 모든 번뇌의 씨앗은 중생으로서의 '자기 사랑'이 반영된 것에 지나지 않는다. 중생들의 기쁨과 슬픔, 분노와 회한, 환희 등은 모두 중생의 자기 사랑일 뿐이니 어찌 그것을 진정한 자기 사랑이라 하겠는가. 자기를 진정으로 사랑하려면 자기에게

영원한 기쁨과 만족을 주어야 할 것인데 오히려 번뇌와 고통을 안겨 주고 있으니 결국은 자기를 위한다면서 자기를 저주하는 격이 아닐 수 없다. 이것이야말로 전도몽상, 뒤집힌 헛꿈인 것이다.

4. 언제부터인가 중생들은 꿈같이 뒤집힌 생각을 내게 되었다. 그것이 어둠이 되어서 본래부터 밝고 맑았던 한마음을 가리게 되었다. 그것은 마치 밝은 태양과 맑은 하늘이 구름에 가려 보이지 않게 된 것과 같다. 그리하여 중생은 태양이 없는 줄로 알아 태양을 잊었고, 하늘이 어둠으로 덮인 줄 알아 맑은 하늘을 잊었다. 그러므로 중생이 돌아가야 할 곳은 본래로 부처였던 그 성품, 그 태양과 하늘이다. 지금의 내 생각과 육신은 본래의 나에게 일어난 한 점 먹장구름인 것이다. 〈그러므로 스스로 '나'라고 믿어 온 것의 실체는 없다고 하는 것이다. 그러나 아주 없어서 없는 게 아니라 어느 때의 나를 나의 실체라고 내세울 게 없으니 없다고 하는 것이다.〉

5. 원래 참 나인 주인공의 성품은 영원히 밝고 청정하여 걸림이 없음에도 다만 중생심, 번뇌심, 삼독심 등의 망념으로 말미암아 가리어져 있으니 마치 맑고 밝은 하늘이 구름에 덮인 것과 같다. 〈그러므로 문득 바람이 일어 구름이 흩어지듯 망념이 사라진다면 주인공 성품은 그대로 여여할 것이다.〉

6. 주인을 모르면서 환상에 불과한 나를 주인으로 알고 '나', '나의 것'에 매달려 서로 다투고 애태우는 중생의 모습이 하도 측은해서 보다 못해 부처님이 나오신 것이다. 공한 자리를 바로 알아야 한다.

7. 거짓 나가 주인공 앞을 막아 서 있다. 흔히 세상 사람들은 자신을 믿는다 하면서 참다운 자기가 아닌 중생심, 이기심, 자만심에 빠진 자기를 믿고 있으니 참 나가 드러나지 않는 것이다. 거짓 나를 비켜나게 해야 참 나인 주인공이 드러난다.

8. '나'라는 생각은 현재 의식이다. 참 나는 현재 의식과 잠재의식이 둘 아니게 나오는 해맑은 마음 자리이다.

4. 사대 화합의 육신

1. 중생이 자나 깨나 평생을 두고 위해 온 '나'는 사실 가(假)화합에 지나지 않는다. 그것은 하늘의 뜬 구름처럼 인연에 의해 일시에 지어진 것일 뿐 견고한 실체가 없는 것이다. 〈사실 육신이라는 것은 부모의 정혈이 모여진 것이요 사대의 집합에 불과한 것이다. 그러한 육신을 나의 실체라고 믿는다 할 때 그 육신은 영원치 못한 것이어서 언젠가는 멸망하게 마련이니 어찌 내가 영원하다 할 수 있겠는가.〉

2. 이 육신도 실체가 아니다. 꿈속에서 내가 여러 가지로 행을 할 때 그 꿈속의 내가 실체가 아닌

것처럼 나의 육신도 알고 보면 실체가 아니다. 꿈속의 허상과 다르지 않다.

3. 육신이 나의 주인이라 한다면 "이렇게 되어라. 저렇게 되어라. 이렇게 되어서는 안 된다. 저렇게 되어서는 안 된다." 하고 뜻대로 할 수 있어야 한다. 내가 주인이라면 집이 헐어지는지, 고칠 곳이 어디인지, 어느 부위에 고장이 일어났는지쯤은 소상히 알아 해결할 수 있어야 하지 않겠는가.

4. 육신은 하나의 껍데기이다. 육신을 움직이는 그 무엇은 따로 있다. 그럼에도 많은 사람들은 그 육신을 아주 실재적인 '나'로 느끼고 있다. 그러나 실은 그 '나'라는 것은 포대 자루에 불과하다. 여기저기 헐고 닳아서 쓰레기장으로 가게 될 때에 그동안 '내 것'이라며 이것저것 주워 담은 것이 다 무슨 소용이겠는가.

5. 육신이란 본래 공한 것이어서 한 철 살다가 어느 날 한 찰나에 구름 흩어지듯 흩어지는 것이다. 그러므로 이 육신을 '나'라고 고집할 것이 무엇이겠는가. 〈이 육신이 '나'라는 욕심 때문에 모든 일들이 어긋나고 있다. '나'라는 욕심만 없다면 보다 넓게 볼 수 있고 넓게 들을 수 있고 넓게 일할 수 있고 지혜의 샘물이 철철 넘쳐 아주 싱그럽게 살아갈 수 있는 것이다.〉

6. 구름이 한데 모였다가 흩어지고 다시 다른 구름하고 모이듯이 인간도 언젠가는 사대로 흩어져 원점으로 돌아갔다가 어느 계기에 다시 모여 부모의 뼈와 살을 빌려 태어난다. 그러므로 사대가 흩어지는 것을 허망하다 할 것이 아니라 먼저 흩어지고 다시 모이는 이 도리를 알아야 할 것이다. 〈수행자에게는 이 세상만사가 무상한 것을 아는 중에 오히려 도리를 알고자 함이 있으니 세상이 허망하지 않다.〉

7. 지·수·화·풍 사대로 이루어진 이 몸은 다만 사대의 일시적인 화합이기에 인연 따라 모였다 인연 따라 흩어지는 것일 뿐으로 생멸을 반복하고 있다. 생멸하는 것은 참다운 실상이라 할 수가 없다. 영원히 불변하고 불생불멸하는 진실상이 아니라면 어느 것이든 한낱 가상에 불과하다. 고로 육신은 가화합이요, 환이라고 하는 것이다.

8. 지·수·화·풍 사대를 모아 내 육신을 만든 그것이 바로 주인공의 신통 묘용이다. 육신이란 주인공의 시자요 아들이다.

9. 중생이 가화합에 지나지 않는다고 하면 참 나인 주인공은 어디에 있는가. 이 가화합의 존재와 따로 있는가. 아니다. 그 주인공은 거짓 나와 떨어져 따로 있는 것이 아니다. 오히려 거짓 나의 근본이 되는 그 자체를 참 나인 주인공이라 할 수 있다. 본래의 나, 참 나는 내 육신을 형성시켜 놓고 깊숙이

있으면서 삼천대천세계와 상응하며 진리로서 회전하고 있다. 〈그러면 참 나는 어디에 있는가? 팔에? 다리에? 가슴에? 머리에? 그 어디도 아니다. 신체의 어느 부분을 관찰해 보아도 내가 소재하는 근거는 찾을 수가 없다. 어느 곳에 있는 것도 아니면서 깊숙이 있으니 참으로 미묘한 그인 것이다.〉

10. 그러나 소도 언덕이 있으니까 비비듯이 내가 있기에 상대가 있고 부처가 있고 모든 경계가 있는 것이다. 내가 없으면 그 무엇이 있겠으며, 내가 없으면 어떻게 내가 나를 시자 부리듯 부리겠는가. 이 육신은 다만 주인공의 시자이니까 거기에 순응해서 따라갈 뿐이다.

11. 육신은 사대가 뭉친 것이지만 육신이 있어야 불법을 알 수 있다. 육신이 없다면 더함도 덜함도 없으니 육신을 다만 허망하다 하여 그 모습을 버리면서까지 불법을 알려 한다면 극히 잘못된 생각이

다. 만약 육신이 없다면 혼백만 있는 것이니 계발할 수도 없고 지혜를 넓힐 수도 없어 부처를 이룰 수조차 없다. 아들이 있음으로써 아비를 알게 되고 시자가 있음으로써 주인을 알게 되며 유위법, 무위법이 같이 움직이는 도리를 알 수 있는 것이다. 몸 떨어지고 나면 무엇을 보고 듣고, 부딪치고 생각하겠는가. 나무나 열매가 있음으로써 씨를 알고 뿌리를 알듯이 사대가 뭉친 인연이 있음으로써 육신이 비록 영원한 실체는 아닐지라도 한 생명, 한자리, 한마음 주인공을 알게 되는 것이다.

5. 중생의 국토

1. 육신을 나라고 하지 말고 몸속의 중생들과 같이 한마음이 된 선장이 나인 줄 알라. 그 '나'라는 것도 공해서 돌아가기 때문에 '나'라는 것이 없는 나, 개별적인 나가 아닌 포괄적인 나, 바로 주인공

인 것이다.

2. 자신의 몸일지라도 '나의 것'은 아니다. 공동체이다. 지금 이 지구 안에 별의별 짐승들이 많듯이 내 몸속에도 별의별 생명체들이 그득하다. 그러기에 자기 몸이면서도 '나의 것', '내 몸'이 아니라 공동체인 것이다. 중생들은 이 육신의 나를 자기만의 것으로 생각하지만 심장, 간, 위와 같은 장기 하나하나에도 수억의 중생들이 있어 자동으로 돌아가고 있다. 〈그러므로 나의 육신은 그대로 소우주의 꾸러미와 같아 오장 육부의 기능이라는 게 그대로 우주의 기능과 같다. 거기엔 천체 물리학, 지리학, 모든 과학과 철학이 다 들어 있다.〉

3. 사람의 몸뚱이 하나에 수많은 중생들이 우글우글 공생하고 있으니 이 몸은 겉으로 보아 하나의 중생 같을지라도 실은 수많은 중생의 국토인 것이다. 그리고 그 중생들은 억겁을 거쳐 온 의식으로

뭉쳐서 몸을 집 삼아 돌아가고 있다. 〈그러므로 이 한 몸 깨달으면 육신 속의 수십억 중생이 함께 제도 되며, 그 중생이 그대로 호법 신장도 되고 금강역사 도 된다.〉

4. 수억의 정자 중에 선택된 하나가 난자와 합쳐 질 때에 나머지 5억 마리에 잠재해 있던 심성은 그 하나에 모두 포함된다. 그렇게 해서 육신의 구석구 석 소임을 맡아 가지고 제각기 살면서 그 능력으로 나를 움직이게 하니 참으로 묘용이 아닐 수 없다.

5. 몸뚱이 속에 든 수십억의 생명들이 한데 합쳐 작용을 해 주는 바람에 말하고 걸어 다니고 '나'라 는 생각도 하게 되는 것이다.

6. 사생이 외부에만 있는 게 아니라 내 몸 안에 또 사생이 있고 그 사생 속에 또 사생이 있으니 그 숫자를 이루 말하기 어렵다. 수십, 수백억의 중생들

이 있어 '나'라고 하는 그 육신을 이리 끌고 저리 끌고 다니는데 그 움직이는 모습들이 헤아릴 수 없다. 그러므로 마치 '육신의 나'라고 하는 것은 인형극의 꼭두각시 같다고 할 수 있다. 〈그러나 숫자는 많아도 근본 의식은 같으니 하나라고도 할 수 있고 하나라고도 할 수 없는, 숫자 없는 숫자인 셈이다.〉

7. 내 몸속의 중생들은 우리가 지구 속에서 그렇게 살듯이 아마도 사대를 달처럼, 해처럼 생각하며 살아갈 것이다. 또 몸속의 생명들이 그렇게 운행하고 있기에 이 육신도 운행하고 진화할 수 있는 것이다.

8. 지구를 내 몸뚱이로 비유한다면 우리가 지금 지구가 어디로 어떻게 돌아가는지를 모르듯이 몸속의 중생들도 여길 왔는지 저길 갔는지 모르고 따를 뿐이다. 그러므로 주인공 자리를 알아야 중생들도 제도될 수 있는 것이다.

9. 육신 안에 들어 있는 사생이 바로 공심, 공체라는 것을 알게 되면 그대로 보신이 되고, 무시하면 세균도 되고 해충도 된다. 가령 육신의 한 부분만 폐허가 되어도 그대로 죽게 되는데도 몸속의 뭇 생명들, 각자 소임에 충실한 일꾼들을 무시하고 흔히들 자기가 산다는 생각을 한다. 마치 회사 내에 사장 한 사람만 있다고 주장하는 것과 다르지 않다. 그러나 수없는 생명체가 공생하고 있는 줄 안다면 어찌 '나'라고 세울 수 있겠는가. 〈내 몸에 십대 제자가 있다〉.

10. 내 몸이 뭇 중생들의 주둔지이듯 현상계도 그와 같이 공체로서 공심·공용·공식·공생 하고 있으니 벌레 한 마리, 풀 한 포기를 보더라도 남이 아니라 바로 '나 아닌 게 없다'고 생각해야 한다.

11. 우리 몸속에 있는 세포 하나하나가 상전이다. 먹고 싶은 것 대 줘야 하고 춥고 더운 것 가려

줘야 하고 가고 싶은 데로 데려다 줘야 하니 내가 사는 게 아니라 수없이 많은 세포들을 살리고 있는 것이다. 마치 부모가 자식을 기를 때 그 자식들이 상전 노릇은 다 하고 부모란 그저 윗사람이라는 꼬리표만 달고 있는 것과 같으니, 이 몸속의 중생들이 병이 나면 나도 병이 나고 죽으면 나도 죽는다. 그러기에 어찌 내가 산다고 하고 내가 먹는다 하고 내가 잠잔다 할 것인가. 그 중생들이 바로 나와 둘이 아니라 내 육신은 공체로 공생하고 공식하고 공용하고 있는 것이다.

12. 상구보리 하화중생이란 내 몸을 이끌고 다니는 근본이 무엇인지, 그 근본의 나부터 알아야 된다는 말이다. 나의 근본을 알면 내 육신을 제도하게 되는 뜻도, 내 육신을 이루고 있는 헤아릴 수 없이 많은 세포의 마음까지도 알 수 있다. 이 육신도 마음이 만들었기 때문이다. 상구보리라는 것은 자기의 근본을 깨닫고자 함이요, 하화중생이라는 것

은 자기의 몸을 이루고 있는 수억의 중생을 제도함을 말한다. 〈그러나 본래 위와 아래가 둘이 아니기에 "상구보리" 하면 "하화중생" 하게 되는 것이요, "하화중생" 하면 "상구보리" 하게 되는 것이다.〉

13. 우리 몸은 겹겹으로 되어 있으면서 내장마다 수천억의 세포가 있고 세포 안에 다시 수없는 미생물이 있고, 장마다 수많은 세균이 살아 있으니 어찌 다 헤아릴 수 있겠는가. 그와 같이 우주도 헤아릴 수 없는 별들로 이뤄지고 그중 하나의 혹성인 지구에 또 수없이 많은 생명체가 우글거리고 그중 하나인 인간의 육신 속이 또 그러하니 생명의 숫자는 그야말로 불가량이다. 〈그렇지만 움직이는 근본 하나만 깨닫는다면 그 근본은 일체의 모든 생물과 둘이 아니니 그대로 우주 온 법계의 작용을 알게 될 것이다.〉

6. 삼합 - 생명의 실상

1. 영원한 생명과 마음과 육신이 삼각으로 둥글게 돌아서 인간을 이룬다.

2. 한 생명이 세상에 출현하기 위해서는 부모의 정자와 난자가 합쳐진 때에 영원한 자기의 불씨가 같이 들어야 한다. 아무리 부모의 정혈이 합쳐진다 해도 영원한 생명의 불씨가 합해 들지 않는다면 자기가 이 세상에 출현할 수 없다. 그러므로 한 생명의 탄생은 아버지의 뼈를 빌리고 어머니의 살을 빌려 거기에다 자기의 억겁을 거쳐 온 마음과 생명이 계합되는 것이라 말할 수 있다.

3. 사람 하나 태어나자면 삼합이 이뤄져야 한다. 그러기에 네가 나온 자리로 다시 들어가 보라고 하는 것이다. 나온 자리를 모르고는 자신이 누구인지

를 알지 못하는 것이다.

4. 내 몸과 마음내는 것과 마음내기 이전이 삼합이 되어 공전하기에 모두 한마음으로 돌아간다고 하는 것이다.

5. 삼합이 공존하니까 주인공이라 했다. 정자와 난자가 결합했다 해도 영원한 생명이 없다면 합일이 되지 않는다. 달리 보면 주인공이란, 삼합이 공체로서 공존·공용·공식 하는 진면목이다. 〈주인공은 일체 만법을 들이고 내는 능력을 갖고 있다. 보이는 나는 안 보이는 나의 생리적 도구이다. 주인공은 빛깔도 없고 쥘 수도 없으나 자기를 움직이게 하는 주장자이다.〉

6. 영원한 생명과 생각을 낼 수 있는 분별, 그리고 움직이는 육신, 이것이 바로 법신이요 화신이니 삼위일체로 회전하면서 자기가 바로 선장이자 길잡

이이자 그렇게 되어 있는 것이다. 〈그러므로 보이지 않는 나의 무전자와 더불어 유전자, 유전자와 더불어 물질인 육신이 삼합으로 공존하면서 광대무변하기 이를 데 없는 줄을 알아야 하는데 그러지 못하고 지금 살고 있는 이 몸뚱이, 생각, 의식들이 전부인 줄 알아 그냥 그렇게 살아서야 되겠는가.〉

7. 생명이 한데 합쳐서 돌아가는 그 에너지, 마음의 별이라 할 수 있는 그로부터 우리가 생겨난 것이다. 그래서 사람이 죽으면 "큰 별이 떨어졌구나." 하듯이 이 마음의 별이 아니고는 태양도 형성시키지 못했을 것이고 자기도 형성시키지 못했을 것이다.

8. 소가 있고 마부가 있고 달구지가 있다. 달구지의 입장에서 보니까 자기를 끌고 다니는 소가 있다. 또 소만 있는 게 아니라 이리 가고 저리 가고, 섰다가 갔다가 하는 것을 조정하는 마부, 나침반을

쥔 운전수가 있다. 고로 달구지는 움직이더라도 소
에 의해 끌려다니니 움직인 사이가 없다.

소의 입장에서 보면 능력을 갖고 있으되 마부가
하자는 대로 능력을 내줄 뿐이다. 소는 잠재된 능력
이고 마부는 현재 의식인 셈이다. 마부는 마음을 낼
뿐이다. 그런데 이 마부가 달구지와 마부를 자기라
고 한다. 소가 있어 달구지를 끌고 다니는 줄은 모
르고 있다. 50%밖에 모르는 것이다.

현실 세계는 소와 마부와 달구지가 삼합이 되어
돌아간다. 그걸 아는 게 현명한 마부이다. 〈마부
의 입장에서는 달구지에 실린 짐에 대해서도 잘 알
고 소의 능력도 알아야 고삐를 쥔 채 "이랴! 이랴!"
"워! 워!" 하면서 달구지를 잘 몰 수 있다. 오다가
다 짐을 싣고 부리고 자재로이 할 수 있다. 고삐를
쥔 것은 '주인공이 다 하는 것이라는 믿음'을 말하
고 "이랴 이랴", "워 워" 하는 것은 놓고 맡김을 뜻
한다. 채찍은 주장자이다. 짐을 싣고 부리고 하는
것은 연방 돌아가며 생활하는 것과 같다. 달구지와

자기만을 전부인 줄 알았던 마부가 소와 둘이 아님을 알았을 때 소의 능력에 감사하는 것은 당연하다. 마부로 생겨났으면 마땅히 소를 부릴 줄 알아야 진정코 마부답다고 할 것이다. 소가 있고 마부가 있고 달구지가 있다. 삼합으로 돌아간다.〉

9. 참 나는 만법의 근원이라 마치 임금이 있어 신하들이 모든 일을 처리해 나갈 수 있듯이 참 나가 있음으로써 오관을 통해 움직이는 내가 있는 것이다. 말하자면 보이는 나는 안 보이는 나의 신하로서, 또는 시자로서 작용을 하고 있는 것이다. 육신이란 참 나의 시자일 뿐이다. 그러므로 거짓 나를 나로 알지 말고 참 나를 발견하라 하는 것이요, 모든 것을 참 나인 주인공에 일임하라 하는 것이다. 시자는 시자일 뿐이니 주인을 믿고 따르면 그뿐, 주인을 제쳐 두고 제가 나서서 주인 행세를 하는 한에는 고통과 액난이 따르게 마련이다.

제4장 둘 아닌 도리

1. 현상계

1. 세상은 거대한 한 그루의 나무이다. 그 근본은 뿌리, 즉 주인공이요 부처의 당체이다. 그 뿌리로부터 수많은 가지와 잎들이 나타난 것이 곧 현상계이다. 그러나 이것도 방편으로써 나누어 설명하는 말을 빌렸으니 그러할 뿐이지 사실은 하나라고 바로 알아야 한다. 각각의 잎을 생명체로 비유할 수 있지만 뿌리와 잎이 본래 따로따로인 것은 아니다.

2. 예를 들어 바다에 파도가 일어 물방울이 수없이 일어났다 하더라도 그것이 가라앉으면 다 바닷물 그대로이다. 이 경우에 물방울은 형상을 가진 중

생이고 바다는 근본 자리라고 할 수 있다. 작은 물
방울 하나가 튀어 오른 것은 중생의 태어남이고 스
러지는 것은 중생이 몸을 벗고 근본으로 돌아간 것
과 같다. 그와 같이 근본의 자리에서는 너와 나의
나눔이 없다. 네 조상 내 조상의 나눔이 없다. 생명
의 근본은 그렇게 크고 넓으면서 하나이다. 바다처
럼 잔잔한 물로 한자리 하고 있다가 때에 따라 작게
도 크게도 나투면서, 물방울이 바람 따라 나타났다
스러지듯이 그런 이치로 들고 나며 삶과 죽음이라
는 것을 보여 주기도 한다.

　3. 전체 물질이 모두 지·수·화·풍 사대에 의지
한 것이니 우주 전체가 지수화풍의 집이다. 작은 찻
잔 하나라도 사대가 아니면 이 세상에 출현할 수가
없다. 미생물도 그렇고, 나 자신도 그렇고, 허공에
꽉 찬 생명들도 그렇고, 저 우주의 별들도 그러하
다. 〈그러므로 우주의 모든 것이 사대로 연관되어
나 아닌 게 없다. 모두가 한마음인 것이다.〉

4. 지·수·화·풍이 우리 육신을 구성한 근본이다. 우리는 지수화풍을 가지고 살며 이것을 먹고 산다. 지수화풍의 근원이 있어서 일체의 물질적인 것들이 나왔다. 지수화풍은 생명체의 고향이다. 〈지수화풍이 바탕이 되어 있기에 육신통이 가능하고 광력·전력·자력·통신력을 충만히 쓸 수도 있는 것이다.〉

5. 지혜의 눈으로 본다면 어떤 체계가 없는 것 같으면서도 일체 만법이 다 보이지 않는 하나의 체계 속에서 질서정연하게 쉼 없이 돌고 있는 게 우리들의 생활이기도 하다. 〈고로 틀 없는 틀을 볼 줄 알아야 하며 체계 없는 체계를 따를 줄 알아야 한다. 또 그것을 알았으면 행할 수 있어야 한다.〉

6. 모든 움직임이 바로 한마음에 있다. 모두가 지·수·화·풍을 바탕으로 하기 때문이다. 따라서 너와 나의 몸뚱이만 그런 것이 아니라 우주 전체가

나와 연관되어 있고 나 아닌 게 없다. 〈고로 사생이 둘 아니게 통신이 되고 안팎으로 법망이 쳐져 있으며 허공에도 길이 있고 우주 전체에 생명들이 꽉 찼다고 하는 것이다.〉

7. 사대가 원천이기에 생명과 생명, 우주 전체는 공생·공용·공식·공체라고 할 수 있다.

8. 사대가 원천이기에 또한 유위법 무위법이 같이 돌아가고 있는 것이다.

9. 모든 생명이 둘이 아니요 마음이 둘이 아니며 모습조차 둘이 아닌 까닭에 그토록 많아도 걸림 없이 돌아간다.

2. 근본은 불이(不二)

1. 부처님의 뜻으로는 모두가 자식이요 부모요 나이다. 모두가 내 아버지, 내 형제, 내 가족이다.

2. 부처님 마음과 내 마음이 둘이 아니고, 부처님 생명과 내 생명이 둘이 아니며, 부처님 몸과 내 몸이 둘이 아니다. 일체 만물의 생명과 나의 생명, 일체 만물의 마음과 내 마음, 일체 만물의 몸과 내 몸도 둘이 아니다.

3. 석가세존이나 단군 할아버지나 조상님들이 전부 한 분이지 두 분이 아니다. 나까지도 둘이 아니다. 내 조상이 본래 자성불이다.

4. 유정 무정과 역대 조상 모두가 다 나 아닌 게 없으므로 둘로 보지 말고 둘로 생각하지 말고 둘이

한다는 생각조차도 하지 말라. 한생각 안에 다 같이 공전하고 있다.

5. 내가 먹으면 부처님, 조사님이 다 먹고, 산신이 먹고, 용신이 먹고, 지신이 먹고, 토신이 먹고, 일체가 다 먹는다. 내가 차 한 잔 마시면 우주 전체와 함께 먹는 것이다. 내가 잘 먹으면 잘 먹는 대로 못 먹으면 못 먹는 대로 항상 함께한다. 〈내 중생 하나 구원할 수 있다면 남의 중생도 전부 구원이 된다. 나 아닌 게 없기 때문이다. 그러기에 한 몸이 청정하면 다른 사람이 청정하고 다른 사람이 청정하면 한 국토가 청정하고 한 국가가 청정하면 일체 중생이 청정하다 하는 것이다.〉

6. 일체 대상을 내 몸과 같이 보는 게 불심이다. 대상을 높게 볼 것도 없고 낮게 볼 것도 없다. 평등하게 보라. 같다고 보라. 둘이 아니라고 보라.

7. 꽃 한 송이가 남이 아니고 풀 한 포기가 남이 아니다. 곤충 한 마리가 남이 아니고 새 한 마리가 남이 아니다. 모두가 나이다. 마음내기 이전의 마음, 나의 마음과 더불어 육신을 다독거리는 이 마음이 있음으로써 한마음이 될 수 있고 모두가 다 남이 아닌 사랑이 되는 것이다.

8. 너와 내가 모습만 각각일 뿐 둘 아니게 돌아가는 것을 안다면 작거나 크거나 낮거나 높거나 다 받아들일 수 있으니 벽도 봇장도 없이 사방이 다 터진다. 너·나 없는 도리를 알 때에 너·나를 분명히 안다.

9. 한 배를 타고 있으면서 누가 어디서 왔느냐고 묻는다면 무어라 대답하겠는가.

10. 우주 일체가 모두 나와 더불어 둘이 아니다. 고로 내가 나를 해칠 수 없는 것이니 예를 들면 여

느 풀조차도 약초가 된다. 문제는 마음자리에서 진정으로 깊이 응하느냐에 있는데 시비를 가리고 득실을 헤아리는 그런 마음자리로는 크나큰 한마음에 부응할 수 없다.

11. 일체는 같이 돌아가고 있기에 천지의 근본이 내 마음의 근본이니 둘이 아닌 까닭에 둘이 아니게 나툴 수 있어 나 아닌 게 없다.

12. 현상계에서 보면 뚜렷하게 둘이면서도 근본자리에서 보면 둘이 아니다. 근본으로는 둘이 아니면서도 색으로는 둘이다. 그러므로 "산은 산이요, 물은 물이다"라고 하는 것이다.

13. 찰나로 돌아가는데 어떤 것일 때의 나를 나라고 할 수 없고 어떤 것일 때의 너를 너라고 할 수 없으니 둘이 아니요 공이라 하는 것이다. 가령 종을 쳤는데 소리만 났을 뿐 잡을 수도 없고 종을 친 사

이도 없는 것처럼 어느 때의 무엇을 '이것이다'라고 할 수 없으니 산은 산이요 물은 물이라고 하는 것이다. 예컨대 요리를 해서 접시에 담을 것은 접시에 담고 대접에 담을 것은 대접에 담을 때 물은 물이요 산은 산인 것이다.

14. 그런데 사람들은 앞면에 글씨 써 있는 것만 알고 뒷면의 백지는 모르니 한 종이인데도 뒤집어 쓸 줄 모른다. 우리가 사는 것도 앞뒤가 같이 붙어 돌아가는 것이라서 둘이다, 둘이 아니다라고 할 것조차 없이 무궁무진으로 닿지 않는 데 없고 쓰지 않는 데가 없다.

산 사람과 영계의 문제도 그렇게 종이의 앞뒤처럼 되어 있다고 할 수 있다. 그럼에도 그것을 모르니까 산 위로 물 가고 물 위로 산이 간다고 뒤집어 놓기도 하는 것이다.

제5장 공의 나툼

1. 오직 나툼이요 공이다

1. 진리란 찰나도 멈추지 않는 흐름, 곧 흘러 통하는 것, 살아 있음을 말한다. 세상에 고정된 것은 없다. 오직 흐름이 있을 뿐이다. 시발점도 종점도 없이, 온다 간다도 없이 그냥 여여하게 걸림 없이 흐르는 유수 같은 흐름이 있을 뿐이다. 유수같이 흐르니 썩은 내 난다고 말할 사이도 없다. 〈그러므로 흐름을 붙잡아 두려면 죽이는 수밖에 없다.〉

2. 일체는 본래 공하여서 잠시도 쉴 사이 없이 나투며 돌아가고 있을 뿐이다. 만약 나투지 않는다면 이 몸이나 우주 법계가 형성될 수도 없고 또한 바뀔

수도 없다. 이렇듯 쉴 사이 없이 바뀌며 돌아가기에 어느 때를 꼭 집어서 "이것이다", "나이다"라고 할 수 없으니 공이요, 오직 나툰다고 할 뿐이다.

3. 둥근 톱니가 서로 맞물려 돌아갈 때에 어디에서 끊어지고 어디에서 이어진다고 할 수 없듯이 진리는 그렇게 돌아가고 있다. 우리가 찰나찰나 생활하듯이 그렇게 돌아간다. 그러기에 우리가 살아가면서 한 걸음 내딛고 말하고 행하는 것이 그대로 여여하여 그대로 진리인 것이니 우리의 생활만이 그런 게 아니라 전체가 그러하다.

4. 우리는 진리 안에 살고 있다. 마치 물고기가 물에서 살듯이 우리의 살림살이 가운데 진리는 있다. 진리를 먼 곳에서 구하고자 한다면 그것은 물고기가 물 밖에서 그 무엇을 찾으려는 것과 같다. 한 번도 멈추지 않고, 쉬지 않고 돌아가는 이 시공 없는 진리는 마치 각자 숨을 들이쉬고 내쉬며 멈추지 않는 것

과도 같다. 끊임없는 탑돌이라고 할 수도 있다.

5. 부동한 것도 부동치 않은 것도 항상 같이 나투기 때문에 부동하다 해도 아니 되고 부동치 않다 해도 아니 된다. 무엇이든 삼합이 되어 삼각 원형으로 돌아가고 있을 뿐이다. 앞뒤 없는 피리처럼 안이나 밖이나 어디에고 머무름이 없이 찰나로 돌아가고 있다.

6. 현상계의 모든 것은 맞물려 돌아간다. 이것이 있으면 저것이 있다. 생과 사, 남과 여, 선과 악, 높은 것과 낮은 것, 동과 서 등등이 따로 있는 게 아니다. 현상계에는 고정불변의 어떤 실체가 있는 것이 아니다. 다만 한마음 주인공이 개별적인 하나로가 아니라 포괄적인 하나로 돌아가고 있을 뿐이다. 고로 공했다고 하는 것이다.

7. 실상은 가리어져 있다. 아니, 본래로 가리어

져 있다기보다 중생의 눈에는 가리어진 것처럼 보인다. 실상은 본래 태양 아래 드러난 사물처럼 명명백백한 것이지만 중생에겐 그런 실상이 보이질 않는 것이다. 〈알고 보면 불법이란 모든 사물의 실상을 바로 보는 것이 그 전부인지도 모른다. 부처님께서 팔정도를 가르치실 때에 맨 처음으로 '바로 보라'는 말씀을 하셨다. 바로 보면 반야요, 반야면 해탈인 것이니 중생이 바로 볼수만 있다면 눈앞에 펼쳐진 수많은 고통과 번민, 부조리와 갈등은 사라지고 만다. 그런 것들은 본래 뿌리가 없어 공한 것이며 근본 모습은 소소영영하게 영원하다는 것을 알 것이기 때문이다.〉

8. 현실에서 보아도 무의 세계, 유의 세계가 따로 있는 게 아니다. 유에서 무로 갈 때, 무에서 유로 올 때가 한 찰나이다. 〈사람들은 모두 이 한 찰나의 교차로에서 막혀 있다. 그러므로 이 교차로의 막을 타파해야 하는데 이 막을 타파하려면 유나 무나, 긍

정이나 부정이나 이 양쪽을 다 거머쥐고 돌려 둘 아
닌 줄 알아야 한다.〉

9. 모든 이법(理法)이란 들이면 내고, 내면 들이
고 한다. 그래서 전체로 보자면 든 것도 낸 것도 없
이 전체로 꽉 찬 것이다. 다만 그것을 말로 하려니
까 들인다, 낸다 그러는 것이다. 그래서 이(理)와 사
(事)를 한데 합치면 항상 켜 있는 마음의 등불인 것
이다.

10. 퍼내어 써도 줄어듦이 없고 퍼부어도 결코
한 방울도 더 늘어나지 않는 무량 광대한 진리의 맛
은 때로는 공공적적하여 고요하기가 이를 데 없다
가도, 찰나에 이치에 응하여 모든 것을 바로 세운
다. 평온한가 하면 소소영영하게 살아 있고 움직이
는가 하면 어느 사이엔가 측량할 길 없는 무한으로
되돌아가는 것이 진리요 참 생명이다. 〈그러기에
죽는 것까지도 진리이며 자비인 것이다.〉

11. 주인공은 말없이 모습을 나투고 말없이 일을 한다. 마음은 체가 없기에 화해서 무엇이든 될 수 있다. 중생이 보기에는 고정적인 형상이 있는 것 같지만 절대라는 것은 없다. 오직 끝없는 나툼이 있을 뿐이다. 〈그러하기에 부처님은 삼십이응신이 구족하다 하는 것인데 중생의 마음에 따라 무엇으로든 나투신다.〉

12. 나온 자리, 형성된 자리도 공, 사라질 때도 공, 이러하다면 이 두 자리가 다 정통의 자리인데 어디 가서 또 찾을 데가 있다 하는가. 이것이 있으면 저것이 있고 저것이 있으면 이것이 있고……. 너무 많아서 말로 이루 다 할 수 없기에 '공'이라 한 것이다. 고로 '공'이라는 말 한마디에 우주 전체가 포함된다. 〈그런데 공인 줄 모르고 '인'을 지으니 '과'가 있게 된다.〉

13. 공은 무가 아니다. 유로 살리기 위한 공, 유

나 다름없는 공이다. 유로 창조되어 머물지 않고 유로 나투는 공인 것이다. 살면서 죽고 죽으면서 사는, 그야말로 단 한순간도 고정됨이 없이 흐르고 도는 모습을 말하는 것이다. 공은 죽은 공이 아니라 살아 있는 공이다. 〈텅 비었다 함은 꽉 찼다는 뜻이다. 너무 다양하게 많으니 이루 다 말할 수 없어서 "무!" 하기도 하고, 그것으로도 안 되니까 다시 또 "무!"라고 한 것이다.〉

14. 생과 사가 쉴 사이 없이 돌아가는데 어느 곳에 생이라 붙이고 어느 곳에 사라고 붙이겠는가. 그러기에 "생사에도 걸림이 없다. 생사가 둘이 아니다."라고 하는 것이다.

15. 어느 구석이고 간에 헛된 데가 하나도 없다. 그러므로 내버릴 게 없거니와 가질 것도 없다. 일체는 공한 것이기에 차별이 있는 가운데 차별이 없는 것이니 평등이요 불이(不二)인 것이다.

16. 처음과 끝이 따로 없다. 시발점이 종점이고 종점이 시발점이다. 염주알을 돌릴 때 몇 번 굴리면 다시 제자리에 오듯이 처음과 끝은 둘이 아니다. 천부경 81자에선 처음에 "일시무시일" 했고 나중에 "일종무종일" 했다.

17. 찰나찰나 변한다는 것은 한편 찰나찰나 죽어 간다는 뜻이 되지만 다른 한편으로는 찰나찰나 되살아난다는 뜻도 된다. 어리석은 사람들은 찰나로 변하는 이치를 덧없이 죽여 가며 살지만 현명한 사람은 같은 이치를 갖고도 찰나로 살려서 자유롭게 써 가며 산다.

18. 세상에 고정된 것은 없다. 나는 지금껏 수많은 곳을 돌아다녔을 것인데 그 돌아다닌 걸음들은 지금 어디 있는가. 세상의 모든 흐름도 그와 같아서 고정된 바가 없다. 앞뒤 없는 피리처럼 안이나 바깥이나 어디에고 머물지 않고 찰나찰나 돌아간다. 이

것은 진리이다.

19. 찰나로 살아 움직이기에 공이라 한 것이다. 고정되게 듣는 게 없고 고정되게 보는 게 없고 고정되게 말하는 게 없고 고정되게 가고 오는 게 없고 고정되게 먹는 게 없고 고정되게 만나는 게 없으니 생각해 보면 무엇 하나 공하지 않은 게 없다. 〈그러므로 생활 속에서 나도 공했고 법도 공한 이치를 똑똑히 알아야 한다.〉

20. 한 발을 떼어 놓으면 지나간 발걸음은 이미 없다. 오로지 지금 막 딛는 발걸음이 있을 뿐이다. 그런데 그 발걸음조차도 있는가 하였더니 순간 떼어 놓게 되어 또 잡을 길이 없다. 고정됨이 없는 법리는 이러한 발걸음과 같다.

21. 그릇 뚜껑을 뚜껑으로 쓰기 위해 내놓았을 때는 창조지만 수없이 덮어 주는 뚜껑이기에 창조

가 아니라 나툼이다.

22. 유의 나툼이 무의 나툼이요, 무의 나툼이 유의 나툼이다. 소공과 대공은 넓이도 똑같고 크기도 똑같다.

23. 찰나 중에도 어느 것 하나 고정됨이 없고 오직 화하여 나툴 뿐이니 짊어질 것이 하나도 없다. 그러므로 자기 없는 자기에겐 고라는 것조차도 없다. 다만 하나도 짊어진 게 없음에도 의식에서 짊어진 게 있다 하여 고정관념으로 묶어 두고 있는 것이다. 모든 것이 공해서 찰나찰나 돌아가는 것을 안다면 붙들고 늘어질 게 없어, 색이 공이요 뜻이 공이요 말이 공이요 이름이 공이요 일체가 공인 것이다.

24. 일분일초가 멀다 하고 너무 빠르게 돌아가기 때문에 오고 감이 없다고 하는 것이다. 말로서는 뭐라고 표현할 수 없이 빠르게 돌아가니까 오고 가고

가 없다고 한다. 그렇기 때문에 붙을 자리가 없다고 하는 것이다. 그런데도 사람들은 자꾸 생각을 지어 내고 지어 낸 대로 자기가 걸려들고 있다.

25. 부처님께서 49년을 설하시고도 "나는 한마디도 설한 바가 없다." 하신 것은 프로펠러 돌듯이 막 돌아가는데 어디 이전이 있고 이후가 있겠느냐, 어디에 붙을 자리가 있겠느냐는 말씀이셨다. 말하자면 공해서 돌아가고 있다는 사실을 알려 주기 위함이니 곧 평등 공의 가르침이다.

26. 색즉시공 공즉시색이라는 말은 고정됨이 없이 찰나찰나 나투며 시공 없이 돌아가는 진리를 표현한 것이다. 나 아닌 게 없기에 색이 공이요, 공이 색이라 하였다. 알고 보면 내 육신도 실존하는 것이 아니다. 몸뿐만이 아니라 모든 경계도 실은 마음의 그림자일 뿐이다. 모든 경계란 경험적으로는 있을 수 있는 것이지만 실상에서는 없는 것이니 만물의

상이 공이요 만물의 성품이 공이다.

27. 중생은 유에 사로잡혀서 현상계에 집착하므로 "색은 곧 공이다."라고 하는 것이다. 그러나 공을 아무것도 없는 것으로 잘못 알기 십상이기에 "공은 곧 색이다."라고 하는 것이다.

28. 나타난 일체의 형상에는 보이지 않는 그 짝이 있다. 눈에 보이거나 소리로 들리는 것을 부처나 진리로 보아서는 안 된다. 〈보이지 않는 데서 오는 것은 보이지 않는 데서 녹일 수밖에 없다. 마음 작용이다.〉

29. 이 마음, 생명수와 같은 마음이 우주 전체를 싸고 돌아가니 한생각에 삼천대천세계로 벌어지기도 하고 삼천대천세계가 하나로 돌아가기도 한다. 그러기에 모든 것이 다 한곳으로 나고 든다고 하고 나고 드는 그것마저도 공하였다고 한다.

2. 나도 공이다

1. 이 세상에 태어났으면 모든 게 자기로부터 벌어졌는데 왜 나는 없다고 하는가? 고정되게 먹는 것도 없고 고정되게 보는 것도 없고 고정되게 듣는 것도, 말하는 것도, 생각하는 것도 없기에 어느 때의 나를 나라고 할 수 없어 없다고 하는 것이다.

2. 처음에 콩씨 하나로 나왔다고 하자. 그 콩씨 하나가 화해서 다시 수십, 수백의 콩씨로 나오니 콩씨 하나에는 지금 수백의 콩씨가 함께하는 셈이다. 그러할 때에 어떤 것을 집어서 "이것만이 콩씨다." 라고 할 수 있겠는가. 어느 하나를 콩씨라고 내세울 수 없으니 없어서 공이 아니고 같은 콩씨가 너무 많아 공이라 하는 것이다.

3. 어느 때의 나를 '나'라고 할 것인가. 일어설 때

다르고 앉을 때 다르고 움직일 때 다르고 머물 때 다른데 어느 때의 나를 나라고 할 것인가. 친구를 만났을 때의 나와 형제를 만났을 때의 나가 다르니 어느 때의 나를 나라고 할 것인가. 어린애 적의 나를 나라고 할 것인가, 늙어서의 나를 나라고 할 것인가. '나'라는 것조차 고정됨이 없으니 그래서 한 물건조차 없이 공하다고 하는 것이다. 〈그러나 없어서 공한 게 아니라 꽉 차서 공하다고 해야 옳다.〉

4. 우리에게 따로따로 불리는 이름은 있을지언정 따로따로 있는 것이 아니다. 어느 때는 남편이 되어 "여보!" 하면 "응!" 하고 대답했다가 금세 아들이 되고 아버지가 되기도 한다. 행과 뜻이 자동적으로 여여하게 조금도 궁색하지 않게 돌아간다. 내가 그렇게 변하겠다고 해서 변하는 게 아니라 자동적으로 변하면서 움직인다. 고정됨이 없이 화해서 나투며 돌아간다.

5. 예를 들어 하루의 생활에서 밥 짓고 빨래하고 청소하는 일, 직장에 나가 궂은 일 좋은 일 닥치는 대로 하고, 이 사람 저 사람 만나고 먹고 마시고 하는 일 중에 자신이 여러 역할을 하는 것이 모두 한 주처에서 나온다. 자신이 신중 노릇, 칠성 노릇, 용왕 노릇, 부처 노릇 할 수 있는 것도 다 마음에서 비롯되는 것이다.

6. 몸은 똑같은 몸인데 아버지가 되었다가 아들이 되었다가 남편이 되었다가 사위가 되었다가 한다. 분주하게 돌아가고 있는 것이다. 보는 것, 듣는 것, 먹는 것, 입는 것, 자는 것, 만나고 헤어지는 것, 이 현상계의 여러 모습이 모두 고정된 모습이 있는 게 아니다. 그러기에 옛 물도 옛 산도 옛 사람도 없고, 너와 나도 없고, 다만 포괄적인 하나로 돌아감만이 있을 뿐이다. 〈거기엔 병 붙을 자리도, 업보가 붙을 자리도 없고 온갖 번뇌와 공포, 삶과 죽음 따위가 붙을 자리도 없다.〉

7. 그림을 그리는 화가가 이 물감 저 물감을 자재로이 쓰듯이 우리도 세상을 살아가면서 순간순간 이 생각 저 생각을 일으켜 가며 여러 가지로 일을 한다. 그러면 어떤 생각을 했을 때의 나를 나라고 할 수 있겠는가. 또한 내가 일상생활 중에 찰나찰나 나투는데 어느 때의 나를 진정한 나라고 할 것인가. 〈비유컨대 나는 아버지가 되었다가 금방 아들이 되고 형님, 동생이 되고, 또 남편이 되었다가 금방 사위가 되고 친구가 되고 한다. 내게는 그런 호칭이 많다. 그 많은 이름 중 어느 이름으로 불릴 때를 나라고 할 것인가.〉

8. 왜 공이라 했겠는가. 우리의 생활을 보면, 오는 대로 받고 버리고 받고 버리면서 돌아가고 있다. 어디서 흘러옴도 어디로 흘러감도 없이 그렇게 돌아가고 있는 것이다. 색은 공에게, 공은 색에게 서로 주고받으며 돌아가고 있는데 예를 들어 내가 어딜 가야겠다고 생각하면 육신은 벌써 옷을 입고 그

냥 일어서는 것이 바로 공과 색의 주고받음이라 할
수 있다. 〈내가 무엇을 할 때에 하겠다고 마음 먹은
단계에서는 다른 사람들이 모른다. 그러다가 설계
를 하는 단계에 몇몇이 알게 되고 완성하게 되면 모
두가 알게 된다. 그러므로 무루에서 유루로, 유루에
서 세상으로 나오는 것이 어찌 둘이겠는가.〉

9. 우주 삼천대천세계가 지금 나투며 돌아가고
있는데 왜 공이라 했겠는가. 멀리 볼 것도 없이 가
까운 데를 보자. 우리가 하루 24시간 동안 고정된
생각 속에서 고정된 행을 하고 있는가, 아니면 이
사람을 만나면 이런 언행, 저런 대상을 만나면 저런
행동을 하고 있는가. 우리는 24시간 잠시도 고정됨
이 없이 경계와 더불어 말하고 생각하고 행동하면
서 마치 시계추가 일분일초도 머무름이 없이 움직
이듯 가는 줄 모르게 가고 있는 것이다. 그렇게 나
투며 화해서 돌아가기에 이렇다 저렇다, 있다 없다
할 것조차 없는 것이니 공이라 한 것이다.

10. 내 몸속에 헤아릴 수 없이 많은 모습들이 있지만 마음이야말로 그보다 더 다양하게, 마치 항하사 모래알처럼 많은 나툼이 있어 끝 간 데가 없다. 그러니 어느 것을 했을 때의 마음을 내 마음이라 하겠는가. 천차만별로 일체 만법이 꼬리에 꼬리를 물고 들고 나는데 어떤 것을 생각했을 때, 어떤 말을 했을 때, 어떤 행을 했을 때 내가 생각했고 말했고 행했다고 하겠는가.

11. 내 몸이 공했고 사생이 공했고 우주 삼천대천세계가 다 공했다고 하는 것은 멈춰서 공했다는 게 아니다. 심봉이 완벽하게 끼워져서 바퀴가 굴러가듯 하니 공한 것이다. 〈예를 들어 바람이 부는데 어디 끊어진 자리가 보이던가. 폭포수가 내리쏟는데 어디 끊어진 자리가 보이던가. 프로펠러가 돌아가는데 어디 끊어진 자리가 보이던가. 그와 같이 한 시도 머무름이 없기에 '공하다' 하는 것이다. 그야말로 있는 것 같으면서도 없고, 없는 것 같으면서도

있는 것이라 할 수 있다.〉

3. 삼세도 공이다

1. 오직 나툼일 뿐이니 시공이 없다고 하는 것이다. 찰나에 수만 가지로 벌어지고 찰나에 수만 가지 행이 나오고 찰나에 나고 죽는데 그 어떤 것으로 나툰 것을 꼬집어서 무엇이라고 세울 수 없으니 시공이란 말조차도 붙지 않는다.

2. 한 찰나도 실은 없는 것이기에 한 찰나라고 한다.

3. 삼세 조상이 나와 더불어 같이하고 있다. 모두가 한자리요 한마음이다. 그러므로 세상 법으로는 할아버지가 아버지보다 먼저 났다고 해야 맞지만 진리의 자리에선 선후가 없다. 근본 자리에서는

먼저 나고 나중 난 사람이 없이 모두가 할아버지요, 모두가 아버지요, 모두가 자손이요, 모두가 나이기 때문이다. 고로 진리의 자리에선 시공이 없다.

4. 과거는 몽땅 자신의 컴퓨터에 짊어지고 나왔으니 없고 미래는 아직 오지 않았으니 없고 현재는 찰나로 돌아가니까 없다. 고로 삼세가 공했으니 어느 때의 나를 '나'라고 할 수도 없고 어떤 일, 어떤 생각을 할 때의 나를 '나'라고 할 수도 없어 공했다고 하는 것이다. 〈그러므로 우리가 사는 것이 종소리 울린 것과 한가지라고 할 수 있는 것이다. 소리만 났을 뿐 잡을 사이가 없는 것이다.〉

5. 옛 사람도 따로 없고, 옛 물도 따로 없고, 옛 산도 따로 없다. 삼천 년 전 부처의 마음과 역대 조사들의 마음과 조상의 마음과 나의 마음이 고정되어 있지 않으니 옛 부처의 마음이 내 마음이다. 그대로 묵묵히 작용하면서 생명의 실상은 영원히 살

아 있기에 옛것이다, 옛것이 아니다 하는 말이 붙지를 않는다. 사람들이 살다 보니까 이 육체를 기준으로 옛날이다, 지금이다, 조상이다, 자식이다 하고 말들을 해 놓은 것뿐이다.

6. 옛날이나 지금이나 똑같다. 벌레의 세계든, 짐승의 세계든, 인간의 세계든, 우주든 그 섭리의 살림살이는 똑같다.

7. 전생이 현생이다. 현생은 전생과 더불어 지금 같이 살고 있다. 사람들은 "나오기 이전의 본래면목을 찾아라." 하니까 어제의 나를 더듬어 찾는데 어제의 나는 이미 오늘의 나 속에 있으니 오직 오늘이 있을 뿐이다. 작년의 씨가 이미 화하여 오늘의 내 속에 올 씨로 있으니 어디 가서 씨를 찾을 것인가.

8. 오직 오늘만이 계속된다. 오직 오늘만이 있을 뿐이다. 석가모니 부처님께서 오신 그날이 곧 오늘

이다. 옛날 부처가 없어진 것도 아니고 또 그 옛날 부처가 있기 이전에 부처가 없었던 것도 아니다. 부처님은 삼천 년 전에도 그러했고 삼천 년 후에도 그러할 것이다.

9. 순간이 곧 영원이다. 삼천 년 전 석가모니 부처님의 마음이 지금에도 살아 계신 것이며 우리의 마음 역시 삼천 년 전 석가모니의 마음과 함께 살아 있다. 그래서 과거다 현재다 미래다 하는 모든 것이 바로 영원한 오늘일 뿐이므로 석가가 곧 미륵이며 미륵이 곧 아미타인 것이다. 나투는 모습만이 다르고 나투신 장소만이 다르게 보일 뿐이지 그 근본은 하나이기 때문이다. 그래서 각자의 마음이 곧 미래의 마음이며 내 마음이다.

10. 우리는 하룻밤에도 몇 차례씩 시공 없는 세계에 머물러 있다가 아침에 눈을 뜨면 바로 시간을 따지며 살아간다. 따질 필요 없는 것인데 왜 따져

야 하느냐? 여러 생명들이 천차만별로 살아가니까
그렇게 하지 않을 수 없어 시간 정하고 날짜 정하고
햇수 정해 놓은 것뿐이다.

제6장 마음의 도리

1. 만법의 근본

1. 천지의 근본이 마음이요, 태양의 근본이 마음이요 인간이 일체 만법을 운영하고 행하는 것도 마음이 근본이다. 마음이야말로 선악을 초월해서 모든 것을 만드는 전지전능한 창조자이다.

2. 이 우주의 근본도 인간 마음이요 태양의 근본도 마음이요 세상의 근본도 마음이다. 마음의 씨가 아니라면 어느 것 하나도 형성시키지 못했을 것이다. 〈고로 이 마음을 깨쳐 알 때에 삼세에 공한 마음이 탁 터지게 된다. 그래서 과거도 알고 미래도 알 수 있는 것이다.〉

3. 마음이 있음으로써 태양도 형성되었고 지구도 형성되었고 우리 몸도 형성되었다. 그렇게 만들어 놓고 지구 안에다, 육신 안에다 마음으로 또 갖가지로 정원을 꾸며 놓은 것이다. 그러기에 이 세상 이치가 그대로 팔만대장경이요 진리라 하는 것이다. 그러기에 변화무쌍한 현실 속에 영원한 참모습이 있다고 하는 것이다. 그러하기에 생활을 떠나서는 진리를 찾아낼 수 없다고 하는 것이다. 〈사생의 모습, 자기 자신의 울고 웃는 생활 속에서 자기 자신이 실체로서 있는지를 자세히 살펴보라.〉

4. 모든 것은 마음이라는 바탕 위에 세워져 있다. 마음이 없다고 하면 하나님도 부처님도 없고, 마음이 없다고 하면 기쁨도 슬픔도 행복도 불행도 없다. 천국도 지옥도 다 마음이 있은 뒤에야 있는 것이다. 하나님이 있다, 부처님이 있다, 천국이 있다, 지옥이 있다 하는 것은 있느니 없느니 하기에 앞서 마음이 스스로 그러한 것들을 불러들인 결과

이다. 〈문제는 있느냐 없느냐가 아니라 마음이 무엇에 묶여 있느냐 하는 것을 알아 그로부터 자유로워지는 데 있다.〉

5. 우주 삼라대천세계에 마음이 두루 하고 있으니 진수성찬이 마음에 있다. 천당도 지옥도 다 마음자리에 있다. 창조주다, 하나님이다, 신이다, 부처님이다, 보살이다 하는 이 모두가 다 마음 안에 갖춰져 있다. 마음이야말로 선악을 초월해서 모든 것을 가능케 하는 전지전능한 창조주인 것이다.

6. 마음으로부터 만 가지 법을 내놓을 수도 있고 들일 수도 있다. 마음으로부터 만 가지 모습을 할 수도 있고 거둘 수도 있다. 또 마음으로부터 내가 만 가지 사람이 될 수도 있고 만 가지 사람이 나 하나가 될 수도 있다.

7. 삼천대천세계와 삼계가 마음의 근본에 하나로

통하였으니 일체가 공체요 공생·공용·공식 하는 것이다. 마음은 수천수만 리 밖이라도 어디든 걸림 없이 넘나들 수 있으니 우주 만물은 모두가 한 정원에 오손도손 모여 사는 것과 같다.

8. 앞뒤 없는 피리 소리가 우주 삼천대천세계에 두루 하면서 요리를 하고 있다.

2. 마음의 정체

1. 마음은 체가 없어서 못 미치는 곳이 없다. 아무리 깊은 곳 높은 곳이라도 못 갈 일이 없고 아무리 넓은 곳 좁은 곳이라도 들어서지 못할 일이 없다. 은산 철벽이라도 뚫지 못해 못 간다고 할 일이 없다. 다른 혹성이라 해서 멀다 할 것도 없다. 〈그러하기에 마음 도리만 알면 무궁무진한 자재권이 절로 갖춰진다.〉

2. 마음의 향기는 막을 수도 없고 더럽힐 수도 없다. 그것은 또 빛보다 빠르다. 그것이 도달하지 못하는 곳은 없다. 마음은 우주 전체를 감싸고도 남는다고 말할 수 있다. 마음은 무한대이다. 체가 없으므로 지붕도 없고 벽도 없으며 천지를 탐험해도 손색이 없다. 그런데 그런 마음의 향기는 모든 생명이 자기의 근본으로 이미 다 갖추고 있다. 그러므로 부처님께서는 이 도리를 알면 그대로 삼십이상이 구족하고 삼십이응신으로서 천백억 화신으로 나툰다고 하신 것이다.

3. 마음이란 눈에 보이는 세계든, 보이지 않는 세계든 도달하지 못하는 곳이 없다. 또 지상의 일이든, 천상의 일이든 하지 못하는 것이 없다. 마음의 향기는 모든 생명이 자기의 근본으로 다 갖추고 있지만 그것을 밝혀 쓰는 대장부와, 그것을 모른 채 어둠 속을 헤매는 미혹한 사람이 있을 뿐이다.

4. 저 태양은 굽은 구멍 속을 비출 수 없지만 인간의 마음은 아무리 깊은 물속이나 땅속, 깊은 구멍 속이라도 비춰 줄 수가 있고 둘 아니게 통신이 된다. 마음에는 길이 없고 문이 없고 구멍이 따로 없다. 마음에서 탁 트려면 트이고 오므리려면 오므려지고 열려면 열리고 막으려면 막히고, 그야말로 마음대로인 것이다. 이리 가도 문이요 저리 가도 문이고, 이리 가도 길이요 저리 가도 길이니 그대로가 왕래요, 그대로가 도량이요, 그대로 한자리인 것이다.

5. 마음이란 죽는 것도 없고 사는 것도 없다. 불 속에 들어가도 뜨거운 게 없고 물 속에 들어가도 빠져 죽는 게 없다. 차고 더운 것이 없다.

6. 마음이란 또 시공을 초월해서 본래로 있는 것이라 있다 없다 하는 의론은 중생들이 벌이는 소동일 뿐이다.

7. 마음이란 어디든 갈 수 있다. 사방에 일체의 걸림이 없다. 그럼에도 사람들은 그토록 위대한 것을 생각조차 하지 못하고 항상 가난한 마음으로 살아가고 있다.

8. 마음은 본래 신령해서 오고 감이 없이 오고 간다. 비유하자면 미국이라 할지라도 문지방 밖이요 저승이라 할지라도 문지방 너머이다. 그러나 말로 하자니 문 밖이라 할 뿐 안도 바깥도 없으니 그냥 이 자리가 바로 오고 감이 없는 자리인 것이다. 세계뿐 아니라 태양계, 이 우주가 동네 집이다.

9. 마음은 언제나 충만하여 마치 허공 중의 태양빛처럼 항상 비출 수 있고 마음은 언제나 여여하고 원만하여 안으로나 밖으로나 그 능력이 끝 간 데 없다. 그것은 어느 누구도 꺾지 못할 것이요 파괴시킬 수도 없다. 일체 신이 다 있다 하더라도, 또는 부처님이 이 자리에 계신다 할지라도 내 마음의 근본은

파괴시킬 수 없다. 또 태양이 아무리 찬란하고 우주
가 아무리 광대무변하다 할지라도 내 마음의 빛만
은 못할 것이며 내 마음의 능력만은 못할 것이다.

10. 눈 깜짝할 새에 혹성을 징검다리처럼 디디고
다닐 수 있고 눈 깜짝할 사이에 우주 전체를 알 수
있는 게 마음이다. 그러하기에 광대무변하다는 말
이 오히려 군더더기인 셈이다.

11. 한 발짝 떼어 놓는 것이 바로 다른 별나라에
갈 수 있는 한 발짝이 될 수 있다. 마음은 빛보다 더
빠르다.

12. 마음의 촛불은 아무리 뇌성벽력이 치고 비바
람이 불어도 꺼지지 않는다. 마음의 촛불, 마음의
향, 마음의 염주, 마음의 손이 제일이다.

13. 마음은 허공이다. 그러나 도리를 안다면 허

공이라는 소리마저도 걸림이다.

14. 마음에는 벽도 없고 천장도 없어서 서로 합치면 그대로 하나가 된다. 만약 어떤 두 사람이 한 마음이 되어 종일 이야기를 한다면 거기엔 너와 내가 없어 둘이 하나가 된 것인데 더 깊이 들어간다면 그 하나마저도 없게 된다. 마음에는 구멍이 없어도 구멍이 나 있다. 반면 구멍이 났어도 구멍이 안 난 것이기도 하다.

15. 마음은 하나라고 할 것이나 마음내는 것은 수억, 아니 이 우주 삼천대천세계에 꽉 찰 만큼 많다고 할 수 있다. 그렇기에 내가 어느 누구라도 될 수 있고 어느 누구도 내가 될 수 있다. 뱀도 내가 될 수 있고 개구리도 내가 될 수 있고 새도 내가 될 수 있고 대통령도 내가 될 수 있다.

16. 마음 도리란 스스로 물이 흐르듯 어디에고

손색없이 상응하는 것이니 시대 상황에 따라 사람으로서 살아가는 도리나 우주적으로나 차별이 없다. 얕은 데서도 똑같고 높은 데서도 똑같고, 아주 적은 데서도 똑같고 많은 데서도 똑같고, 없는 데서도 똑같고 있는 데서도 똑같아질 때 아주 다양하면서도 평등하다고 할 수 있다.

17. 마음은 색채도 없고 형체도 없고 위치도 없고 시작과 끝도 없다. 마음은 이런 것이다, 저런 것이다라고 말할 수도 없고 안에 있다, 밖에 있다라고도 말할 수 없다. 마음은 분리될 수도 없고 어디에 흡수되거나 파괴될 수도 없다. 시간도 초월하고 공간도 초월하고 모든 것을 초월한다.

3. 마음의 묘용

1. 마음 근본의 자가 발전소는 원자력 발전소라

할 수 있다. 아니 태양보다 더한 빛으로 충만해 있다고 할 수 있다. 용도에 따라서 무한으로 쓸 수 있다. 빛으로 쓰려면 빛으로 나가고 능력으로 쓰려면 능력으로 나간다. 안팎으로 여여하게 해 나갈 수 있는 능력이 충만해 있다. 〈누구에게나 그런 원력이 주어져 있으니 이것은 부처님 법이기 이전에 우리의 법이기에 부처님께서 그렇게 말씀하신 것이다.〉

2. 각자 마음의 능력이라는 것은 이 세상을 다 주고도 바꿀 수 없는 보배이다. 스스로 마음을 계발해서 자기와 자기가 계합함으로써 무한 능력이 있음을 안다면 일체의 사생을 보살로 화하게 할 수도 있고, 나는 미사일도 떨어뜨릴 수 있다. 그럼에도 많은 사람들은 마음의 능력을 믿지 못하여 '어떻게 해야 하나.' 하고 우왕좌왕하거나 회의감에 빠지곤 한다.

3. 마음 하나로 우주를 조절하고 세상을 조절하고, 세계 평화, 남북 통일, 당면한 수많은 문제들을

조절할 수 있다. 정치가나 과학자들에게 마음의 등불을 켜 주어 나라의 문제들, 인류의 문제들이 아주 이익 되게 돌아가도록 조절할 수도 있고 새로운 역사를 엮어 나가게 할 수도 있다. 대자연의 문제도 해결할 수 있고, 지구의 수명, 인류의 장래도 마음으로 좌우할 수 있다. 우주 법계가 모두 한마음인 때문이다.

4. 깊고 간절한 마음은 미치지 못하는 곳이 없다. 그것이야말로 참된 에너지이다. 진화를 낳고 세상을 개선케 할 에너지이다. 그러나 믿지 않기 때문에 그런 에너지를 활용하지 못하고, 그러기에 현실로 발로가 되질 않아 실감하지 못하는 것이다.

5. 마음은 자력·광력·전기력·통신력을 다 갖추고 있다. 무한의 능력을 가졌기에 자력으로 끌어오기도 하고 통신력으로 통하기도 하고 자재롭게 주고받을 수 있는 것이다. 그러므로 나를 내세움이 없

는 가운데 아주 역력하게, 당당하게 두루 할 수 있는 것이다. 하고 싶으면 하고, 안 하고 싶으면 안 하고, 하느니 못하느니에도 끄달리지 않는다. 그러므로 우리는 그대로 내 근본에서 빛보다 더 빠른 종합된 에너지가 나와서 법계에 두루 통하고 있음을 알면 된다. 그냥 컴퓨터의 키보드 누르듯이 자재롭게 하면 되는 것이다.

6. 누구든지 자재롭게 살 수 있는 능력을 소유하고 있다. 따라서 마음공부를 하게 되면 우주 삼천대천세계를 다 볼 수 있고 상대의 속을 알 수 있고 오고 가는 도리를 알 수 있다. 나아가 만 가지로 나투며 조절할 수가 있다. 〈사대로 뭉쳤기 때문에 광력·전력·자력·통신력의 재료를 다 갖추었고 따라서 오신통도 갖고 있다.〉

7. 레이더망이 위에 있고 그 기둥 밑에 컴퓨터, 천체 망원경, 천체 무전통신기, 탐지기, 팩시밀리가

붙어 있다. 기둥은 움직이지 않은 채 능력만 지니고 있고 나머지는 돌아간다. 각각 누진통, 숙명통, 천안통, 천이통, 타심통, 신족통을 이름이다. 돌아가는 까닭은 사대가 받치고 있기 때문이다. 일체의 모든 것은 지수화풍으로 되지 않은 게 없다. 사대가 뭉쳐 있음으로써 이차적으로 전력·자력·통신력·광력이 대두된다. 움직이는 이치가 마치 사장의 지시에 따라 직원들이 움직이며 물건을 만들고 사업을 운영해 가는 것과 같다. 마음을 내면 자동적으로 현실화할 수 있도록 재료를 갖추고 있는 것이다.

8. 에너지와 질량이 둘이 아니기에 우리는 천차만별로 되어 있는 법을 그대로 응용할 수 있는 능력, 원심력을 갖고 있다. 〈우리는 오관을 통해 연방 들이고 내고, 내고 들이면서 세상 살림살이를 보고 듣고 냄새 맡고 맛보고 느끼는데, 그렇게 하는 순간 즉각적으로 인식을 하고 있지 않은가. 그런 작용을 종합해서 가진 것이 인간이거늘 어찌 실상을 바로

보지 못할 것인가.〉

9. 중생은 중생이로되 빛이 있다면 남도 충전시킬 수 있고 자신도 언제 어느 때나 용량에 따라 충전해서 쓸 수 있다. 그렇게 마음대로 할 수 있는 능력을 누구나 다 지니고 있다.

10. 물 한 바가지 퍼 올리면 고작 한 바가지의 물일 뿐이다. 그러나 바다로 뛰어들어 보라. 전체가 물이니 그 힘이 가히 얼마이겠는가. 내 마음 네 마음으로 나누는 좁은 소견을 버리고 한마음 속으로 뛰어들라. 내 마음이 그대로 한마음이니 그 능력이 광대무변하다. 〈고로 만일 어디가 아프다 하면 전체가 합쳐져서 의사가 되어 줄 것이다.〉

11. 어느 것 하나 이심전심으로 말 안 듣고 말 안 하는 게 없다. 그러하기에 우리가 부처님을 상징으로 모시고 한자리에 앉았을 때 모두 부처님에게로

합쳐지기도 하고 부처님이 내게로 합쳐지기도 한다. 또 모셔 놓은 영가의 위패를 내 마음에서 둘 아니게 한마음으로 돌린다면 영단을 치워 버릴 수도 있고, 목신·지신을 둘 아닌 마음에다 넣는다면 나무를 자르거나 산을 헐어 내도 아무 일이 없게 된다. 이러한 도리는 예를 들어 기계에도 통하니 내 마음을 기계로 합쳐 주면 나도 기계가 될 것이고, 기계를 내 마음으로 한데 합쳐 둘 아니라고 볼 때는 둘이 아닌 까닭에 무난히 작업이 잘될 것이다.

12. 우주 정거장을 세운다, 미사일을 띄운다 할 때에 물질이 그렇게 움직인 게 아니라 마음이 거기에 종합했기에 가능한 것이다. 새가 나는 것도 마음이 있기에 난다. 꽃도 마음이 있기에 피고 바람도 마음이 있기에 솔솔 분다. 일체 만물의 근원을 알면 마음으로 상응하고 감응할 수 있다. 〈고로 이 천지가 다 손 안에 들어 있다고 말할 수 있는 것이다.〉

13. 죽은 사람 산 사람, 유생 무생이 둘이 아니고 풀 한 포기에도 불성이 있으니 이를 응용하기에 따라서는 하나가 만이 될 수 있고 만이 하나로 될 수도 있다. 그러므로 오백이 일천을 당적하고 오만이 십만을 상대할 수 있는 이치가 있다. 마음의 손자병법인 것이다.

14. 기적이란 없다. 모든 중생이 본래로 전지전능한 능력을 다 갖추고 있다. 몰라서 못하고 몰라서 못 쓸 뿐이지 기적이 따로 있는 게 아니다. 병이 고쳐지고 안되던 일이 좀 이루어졌다 해서 능력을 받았다, 기적이 일어났다고 하지 말라. 좁은 소견에 불과하다. 기적은 없다. 모든 생명에게는 완전성이 있으므로 오히려 기적이 당연한 것이요, 유한하게 산다는 것이 오히려 기이한 것이다. 기적은 없다. 오히려 자유자재하지 못하는 중생이 대다수이기에 기적이 특별하게 보일 뿐인 것이다. 〈꽃이 피어 아름다우니 기적이요, 새가 지저귀니 기적이다.〉

15. 전체 생명들을 다 합쳐서 꽃꽂이를 해 놓는 다면 어떻게 될까. 우리가 꽃꽂이를 할 때 이 꽃 저 꽃을 마음대로 골라 꽂듯이 천차만별로 되어 있는 마음의 꽃들을 한데 모아 한번 꽃꽂이를 해 보자.

4. 마음 쓰는 도리

1. 모든 존재는 마음의 차원대로 그 수준에서 각 각 살아가게 마련이다. 아이들이 어른의 세계를 이 해하지 못하듯이 같은 중생 간에도 더 높은 차원에 서 사는 사람의 뜻을 낮은 차원에서 사는 사람들은 알지 못한다. 마찬가지로 중생은 보살의 세계를 이 해하지 못한다.

2. 마음으로 사람이 지옥고에 떨어지기도 하고 바로 승천하기도 한다. 마음 한 번 잘못 쓰는 데서 바로 구덩이에 빠질 수도 있고 구덩이에서 나올 수

666 원리편

도 있다. 그러나 중생들은 마음 씀씀이 하나하나가 얼마나 중요한지를 모르고 산다. 천상의 복, 지옥의 죄가 다 한생각에 의해 좌우된다.

3. 사람의 마음에는 수천만 가지의 층하가 있다. 그런데 사실 그 층하란 무엇이겠는가. 그것이 곧 관념이다. 자기의 생각 여하에 따라 마음의 차원이 달라지므로 한생각이 참으로 중요하고 중요한 것이다.

4. 중요한 것은 말할 나위도 없이 마음이다. 육신이 죽어도 죽어질 수 없는 마음, 자기가 지은 행위로부터는 그 어디로도 도망칠 수 없는 마음, 그래서 마침내 깨달을 때에 가서야 해탈이 되는 이 마음의 진화만이 가장 소중한 단 한 가지 일이다. 목숨과 바꾸어도 아깝지 않을 만큼 소중한 것이다. 〈그럼에도 거꾸로 마음을 타락시키느라 애쓰는 사람들이 많다.〉

5. 모든 고통과 기쁨은 마음에 있다. 중요한 것은 사실이 아니라 마음이다. 예를 들어 행복이란 잘나고 못나고에서 비롯되는 게 아니라 잘났다고 생각하거나 못났다고 생각하는 마음에 달려 있다. 잘나려고 하기보다는 그 잘나려고 하는 마음까지 내려놓고 푹 쉬어 보라. 참된 행복이란 잘난 기쁨 그 이상의 것이다. 양면을 초월한 중도의 기쁨이 참다운 기쁨이다.

6. 부처님 법에서는 현실 세계와 이상 세계가 둘이 아니다. 사바가 즉 정토요 번뇌가 즉 보리인 것이다. 내 마음이 청정하면 이 세상이 그대로 불국토인 것이며 번뇌와 보리를 둘로 보지 않고 그 실상을 직시하고 나면 본래로 번뇌가 없는 영원한 실상에 안주케 되는 것이다.

7. 마음 도리를 알면 모든 게 화평하게 돌아간다. 신체적으로는 누구나 다 자기를 이끌어 갈 능력

이 있음을 발견하게 되니 그렇고, 가정적으로는 주인공의 발현으로 에너지가 조화를 이루게 되니 그렇고, 사회적이나 정치적으로는 질서와 조화 속에 앉은 방석을 지키는 이치가 밝게 이끌어지니 그렇다.

8. 부처는 어디 있으며 보살은 어디 있느냐 하는데 자기 마음 가운데 있으니, 요술 주머니 속에서 오색 보물을 꺼내듯이 자기가 마음 쓴 대로 보살로도 나와서 자기를 친견하고, 부처로도 나와서 친견한다. 또 신장으로 나와 친견하기도 하고 마구니로 나와 친견하기도 한다.

9. 바로 지금의 내 모습이나 꿈에 보는 모습이나, 또는 부처님의 모습이나 관세음보살의 모습, 기도 중에 나타나 보이는 보살의 모습 등이 모두 자기가 화해서 나타나는 모습인 것이니 바로 자기가 생각 내는 그 마음자리에서 나타난 것이다.
또 사람이 산신이 있다고 생각하면 산신이 있는

것이고 신장이 있다, 용신이 있다고 하면 신장과 용신이 있는 것이다. 그러므로 "그대가 귀신 짓을 하면 귀신이 있고 귀신 짓을 안 하면 귀신이 없다."라고 말하는 것이다.

10. 마음이 앞에 가면 그 어떤 보화라도 뒤를 따른다.

11. 마음은 중생계인 이 육신, 즉 수없이 많은 생명과 오대양 육대주를 가지고 있는 그 세계를 형성하고 주재하는 주인이다. 모든 중생들을 이끌고 가는 선장이다. 따라서 선장이 마음 쓰는 대로 오장육부의 중생들도 거기에 따르고 있다. 선장이 '죽겠다'고 하면 몸속의 생명체들도 '죽겠다'고 응하게 된다.

12. 우리 인간들도 삐뚤어진 사람, 똑바른 사람, 높게 올라간 사람, 땅에 붙어 자라지 못하는 사람,

옆으로 누운 사람, 가지각색의 사람들이 허다하다. 모습은 그렇지 않은데 마음이 그러해서 행동도 삶도 그렇게 돌아가는 사람이 많다.

13. 만약 군대의 장수가 지혜롭고 강하다면 그 부하들도 역시 강하고 지혜로워 외부의 적을 잘 막아 낼 수 있듯이, 자기의 마음이 금강과 같다면 자연히 육신을 구성하는 각 세포의 마음도 금강과 같아지므로 육신은 항상 빛을 발하게 되고 외부의 적들도 침범할 수 없게 된다. 이러한 이치는 육신에만 국한된 것이 아니라 한 국가, 이 지구나 우주에도 해당된다.

14. 자기 한 주먹 안에 오온이 들어 있고 십선이 들어 있고 팔정도가 들어 있다.

15. 마음이 항상 봄이라야 한다. 봄이라야 저 산천초목이 생동력 있게 푸르듯 마음이 항상 청새처

럼 푸르면서 지혜로워, 강물이 도도히 흐르듯이 그
렇게 당당하게, 삶의 보람을 느끼며 살 수 있다.

16. 마음에 모든 게 충족하게 있으니 마음내는
것도 자유고, 불을 켜는 것도 자유고, 끄는 것도 자
유고, 같이 돌아가는 것도 자유다.

17. 마음이 육신을 끌고 다니는 것이니 마음과
몸은 마치 장갑을 낀 손과 같다. 고로 몸뚱이 탓을
하지 말라. 소가 달구지를 끌고 가는데 소는 놓아
두고 달구지를 친다 해서 소가 가겠는가. 〈그러므
로 소의 능력을 믿어 마음자리에 모든 것을 놓아라.
몸은 마음의 시자일 뿐이다. 마음으로써 위로는 일
체 제불과 일체 조상을, 아래로는 자손들과 수억의
중생들을 계합해서 주인공 자리로 돌려놓으라. 그
래야 조상의 업도 녹고 자식의 업도 녹는다.〉

18. 육신을 아무리 씻어 본들, 먹을 것 못 먹을

것을 아무리 가려 본들 마음보다 더 깨끗하겠는가.

19. 바람이 불면 풍차가 돌듯이 마음이 일어나면 몸이 따른다.

20. 오직 마음이 아니고는 온갖 금은보화로도 부처님의 눈짓 한 번 훔쳐 낼 수 없다.

21. 이 지구에 사는 중생들은 이 지구대로의 생각이 꽉 박혀서 지구식으로 생각하게 된다. 예를 들어 지구식이라면, '공기가 있어야 산다, 물이나 불 속에 들어가면 어떻게 된다' 하는 생각에 묶여 있는데 보다 넓고 높은 의식 차원에 다다른 사람들은 다른 혹성, 다른 세계에 지구와 전혀 다른 삶의 방식이 있음을 알게 된다.

22. 굼벵이나 구더기들도 그들의 세계 안에서 나름대로의 보람과 즐거움을 느끼고 산다. 그리고 그

것이 전부인 줄로만 알고 있다. 그런 사정은 인간의 경우에도 마찬가지이다.

23. 기어 다니는 벌레들은 땅 넓은 줄만 알았지 하늘 높은 줄은 모른다. 마찬가지로 인간은 이 지구 안에서만 살아 지구 방식의 습에 젖어 거기에 착을 둘 줄만 알았지, 지구를 벗어나 우주로 나가 지구를 볼 줄은 모른다. 또 이 중세계에서 체를 갖고 살기 때문에 체가 못 살면 생명도 못 사는 줄만 알았지 체가 못 살아도 생명이 사는 줄은 모른다. 그러기에 마음을 떠나서는 공부랄 게 하나도 없다고 하는 것이다.

24. 만약 사람의 마음이 차원에 따라서 즉시즉시 그림처럼 나타나거나 텔레비전 화면의 겉모습으로 비춰질 수 있다면 참으로 볼 만할 것이다. 아마도 그렇게 된다면 비슷비슷한 육신의 조건과는 달리 마음의 무게에 엄청난 차이가 난다는 사실에 많

은 사람들이 놀라 자빠질 것이다.

25. 우리의 마음은 찰나찰나 바뀌면서 자동적으로 돌아간다. 어디에 뭉쳐 있거나 매여 있는 게 아니라 자유자재할 수 있는 여건을 가진 자동기이다. 과거의 습 때문에 얽매여서 쩔쩔매고 있으나 본래는 어디나 걸림 없이 통과할 수 있다. 비유하건대 주장자 하나 들고 거기에 동그란 마음의 고리 하나 달면 어디에고 그대로 통과 통과 할 수 있다.

26. 이 세상에 안전한 피난처란 없다. 다만 마음이 바르면 그보다 더 좋은 피난처가 없는 것이다.

27. 마음에서 불이 치밀면 그것이 그대로 화탕지옥이라 천당도 지옥도 마음자리에 있다. 집착하는 마음을 탁 놓았을 때가 바로 보살의 마음이요 부처의 마음이다.

28. 무명이 달리 무명이 아니다. 도리를 모르니까 무명이다. 무명도 내 마음에서 나오는 것이고, 무명이 붙지 않는 것도 내 마음에서 나오는 것이다.

29. 인간 세계에서 큰 파탄이 일어나고, 어느 때는 굶어 죽고, 싸워서 죽고, 화산이 터져서 죽고 하는 것은 보이지 않는 마음의 세계에서 싸움이 일어난 까닭이다.

30. 오랑캐를 물리치려면 장성을 두터이 쌓아야 하겠지만 생각이 좁고 마음이 어두운 것은 그렇게 해서 치료가 되지 않으니 실은 좁고 어두운 생각이 가장 두려운 오랑캐요 적인 것이다.

31. 마음이 밝으면 밝은 것일 뿐 운명 때문이 아니다. 마음이 어두우면 어두울 뿐 팔자 때문이 아니다. 부처님 법에는 팔자 운명이란 없다. 삼재니 팔난이니 하는 것도 없다. 부처님 법은 시원한 법이다.

32. 수억겁을 거쳐 오면서 끄달리고 메말라진 그 마음, 가난한 마음에서 가난한 살림살이를 해 나가고 있으니 무슨 풍족한 샘물이 솟겠는가. 그러나 가난한 중에도 샘물이 있는 것을 앎으로써 그 가난은 무너지고 풍부한 대진리를 깨달을 수 있는 것이다.

33. 낮아질수록 넓어진다. 마음도 그와 같아서 나를 낮추어 남을 더 생각하면 넓어져 더욱 향기로워진다. 실제로 그렇게 해 보면 흐뭇하고 기쁘고 보람된 것임을 알게 된다.

34. 우리가 천야만야한 낭떠러지 길에 우뚝 서 있다면 오금이 저려 한 발짝도 떼어 놓을 수가 없겠지만 평전에 서 있다면 아주 활보할 것이다. 바로 마음이다.

35. 원효 대사가 해골 속의 물을 마셨을 때 보지 못하고 시원하게 마신 게 옳은가, 보고 나서 구역질

한 게 옳은가.

36. 마음이 흔들리니까 "깃발이 움직인다.", "아
니다. 바람이 분다." 하면서 서로 다투었다. 깃발도
공하고 바람도 공하고 마음마저 공했으니 그 자리
가 무슨 자리인가.

5. 물들지 않는 마음

1. 마음속에 마음이 있다. 본래로 청정하여 물들
지 않고 여여한 근본의 마음이 있는가 하면, 그러한
것이 있는 줄조차 모르고 생멸하는 번뇌 망상을 나
의 마음인 줄로 알아 생사윤회의 근본 인이 되는 그
런 마음이 있다. 그러나 이치가 그렇더라도 그것은
둘이 아니다. 본래로 마음이란 생겨나지도 없어지
지도 않는 것이면서 현재 의식 가운데 여러 가지 생
각으로 말미암아 차원이 갖가지로 달라지는 것일 뿐

이다. 그러므로 마음 안에서 마음을 찾을 일이다.

2. 마음은 그 본성이 거울과 같아서 맑고 깨끗하다. 맑은 거울에 형상이 비칠 때 거울은 낱낱이 역력하게 응하다가 형상이 사라지면 아무 흔적도 남기지 않듯이 마음 역시 낱낱이 응하면서도 어떤 파문, 어떤 얼룩도 남기지 않는다. 다만 마음의 본성이 그러한 줄 모른 채 거울 위에다 여러 가지로 그림을 그려 놓고 덧칠을 해서 중생들이 스스로 어려움을 겪는 것이다. 그러므로 가장 자연스러운 우리의 본성으로 되돌아가면 실상은 여여하게 절로 드러날 것이다.

3. 중생의 마음이라도 그 바탕은 아무런 더러움에도 물들지 않아서 밝아 있다. 예를 들어 아무리 때가 낀 거울이라 해도 바탕만은 오염되지 않은 것과 같다. 거울이 때만 닦아 내면 다시 밝듯이 본바탕의 성품도 밝고 맑다. 그러므로 중생의 마음이 아

무리 탐진치에 물들고 온갖 죄업에 찌들어 있다 해도 본래의 자성불, 주인공은 청정하다. 실은 본래로 물들지 아니하므로 청정하다, 청정하지 않다고 말할 것도 없다.

4. 먹구름이 아무리 짙다 해도 하늘을 더럽힐 수 없듯이 나쁜 마음도 본성을 더럽힐 수는 없다. 먹구름이 아무리 두텁다 해도 걷히는 때가 있게 마련이고 그때에 보면 하늘은 구름 끼기 전과 다름없이 맑고 높다. 또 먹구름이 끼어 비를 퍼붓고 있을 때라도 하늘은 가리어져 있을 뿐 구름 뒤에서 맑고 푸른 채로 있다. 그와 같이 무명이 아무리 두텁다 해도 참마음은 물들지 않고 맑고 밝은 채로 있다.

5. 마치 텅 비어서 중심점이 사라진 빈 통 같은 거기에서 마음의 미묘한 작용이 일어난다. 텅 비었기에 헤아릴 수도, 묘사할 수도 없고 너, 나를 초월한다.

6. 잠재의식과 현재 의식이 둘이 아니다. 이를 불교적 표현으로는 불과 법이 둘이 아니고 마음과 몸이 둘이 아니라 그대로 불법승이라 하는 것이다.

7. 식(識)이라고 하는 것은 사물을 인식하는 주체로서 흔히 마음이라고 하는 것인데 5식이 경계를 비추면 6식이 분별하여 알고 7식이 그것을 '나'로 인식하여 8식을 요동케 한다. 그러나 이는 한편으로 모든 경계가 마음에서 비롯된 것임을 알지 못한 말이니 8식이 공하므로 9해탈이 되는 것이다. 그런데 해탈마저도 증득함이 없을 때 그 경지를 구경 열반이라 한다.

8. 자기 마음 가운데 마음이 또 있으니 마음과 마음 아닌 마음이 상봉을 해야 한다. 우리가 수천수만 가지로 마음을 낸다 하면 그것은 자의 마음이고 마음내기 이전의 마음은 주동자 격인 부의 마음이라, 부자가 상봉해야 한다.

9. 부 속에 자가 들어 있고 자 속에 부가 들어 있다. 그것을 증명해 줄 수 있는 근본은 주인공밖에 없다.

10. 가만히 있으면 생각 내기 이전 부처요, 생각을 냈다 하면 법신·문수요, 움직였다 하면 보신·화신이요 보현이다.

11. 마음의 병에는 두 가지가 있다. 하나는 나고 죽는 생멸이 어리석은 마음, 즉 중생심에서 비롯되고 있음에도 이를 알지 못하고 그런 마음을 본성이라고 아는 것이고, 다른 하나는 본래로 청정한 마음이 제게 갖춰져 있음을 알지 못하는 것이다.

제7장 인연과 업보

1. 진리의 그물

1. 이 우주에는 진리의 그물이 쳐져 있다. 비유하자면 그물 같고 체와 같은 법망이 있다. 그것은 곧 인연의 그물이요 업의 법칙의 그물이다. 우리가 하는 행위 하나하나, 말 한마디 한마디, 짓는 생각 하나하나가 빠짐없이 다 이 그물에 포착된다.

그 그물에는 귀가 없어도 한마디 놓치지 않고 빠짐없이 다 듣는 '귀 없는 귀', '귀 아닌 귀'가 있고, 눈이 없어도 하나도 빠짐없이 다 볼 수 있는 '눈 아닌 눈'이 있다. 천수천안으로 표현되는 그 신비한 원리는 곧 불법의 근본인 것이다.

2. 남들이 보지 않는 데서 남들이 모르게 했다고 해도 모르는 게 아니다. 자기가 한 것을 자기가 알고 있으니 이미 입력이 된 것이고, 내 속의 중생들이 다 알고 있으니 입력된 것이며, 그럼으로써 우주간 한 마음 법계가 전부 아는 것이다. 일체 만물이 다 가설되어 있으니 '나만 아는 일'이란 있을 수 없다.

3. 낮 말은 새가 듣고 밤 말은 쥐가 듣는다 하였으니 무슨 뜻이겠는가. 새라 해서 새가 아니고 쥐라 해서 쥐가 아니다. 그것은 우주 법계의 귀와 눈을 말한다. 우주에는 진리의 통신망이 빈틈없이 가설되어 있다.

4. 우주와 인간계는 하나이다. 우리의 육신이 수많은 세포들로 그물을 짜 놓은 것처럼 그렇게 가설되어 있듯이 지구는 물론 우주 전체도 꽉 짜여진 그물처럼 질서정연하게 가설되어서 모두가 계합된 채 돌아가고 있다. 그러므로 내가 알면 우주 법계가 알

고 부처가 알고, 그래서 전체가 안다.

5. 말 이전에 뜻이 앞서는 법, 이미 나의 참 주인이 먼저 알고 있다.

6. 내가 들이고 내는 그 일은 들여놓는 대로 한 치도 샐 틈이 없고 내놓는 대로 한 치도 샐 틈이 벌어지지 않는다.

7. 마음의 작용이란 거대한 컴퓨터에 비유할 수 있다. 한번 일으켜진 생각은 빠짐없이 수록이 된다. 생각한 사람은 그 생각이 사라졌으므로 그만이라고 여기겠지만 그 생각은 어디 밖으로 나가 버린 게 아니라 어김없이 자기 마음 안에 입력된다. 그렇게 해서 잠재되어 있다가 다음번 생각을 일으키는 데 동원된다. 그러므로 두 번째 생각은 첫 번보다 더 의지적인 생각이 되는데 가령 처음 생각이 나쁜 것이었다면 두 번째 생각은 조금 더 나빠진 것이 된

다. 그와 같이 연거푸 입력되면서 꼬리에 꼬리를 물고 계속되는데 마음이란 이렇듯 자주 생각 내는 쪽으로 기울게 되니 스스로 다잡지 않으면 생각은 점점 자라 마침내 행동으로 옮기게 된다.

마음이 움직여 한번 생각을 일으킨 것이면 하나도 빠짐없이 수록이 되는 것이므로 모든 마음 작용은 현재 의식만이 그 전부는 아니다.

8. 숙명통을 컴퓨터라고 한다면 그 컴퓨터에는 이제껏 지내오면서 지은 모든 것들이 자동 입력 되어 있다. 알고 지은 것이나 모르고 지은 것이나 선한 것이나 악한 것이나 지은 그대로 뭉쳐 있다. 그러다가 인연 따라 하나하나 다시 나오게 된다. 불의 심판이란 마음의 심판, 인연법의 심판을 말한다. 안에서 일어나는 심리적 고통이나 갈등, 밖에서 부딪쳐 오는 병고액난은 모두 이 입력 작용에 의해 발생되는 문제들이다.

9. 마음은 하늘에서 알고 땅에서 알고 법계에서 안다. 거기엔 한 치의 오차나 한 치의 빈틈도 없다. 고로 마음이 진실하지 않다면, 한 치의 거짓이라도 있다면 용납되지 아니한다. 진실한 마음이 아니면 진리의 곳간 열쇠를 받을 수 없다.

10. 거짓이란 바로 자기가 자기를 속이는 것이다. 속이는 것도 자기고 속임을 받는 것도 자기이다. 주인공은 결코 속일 수 없고 속지도 않는다. 주인공이 바로 하늘이요 우주 법계이니 거기엔 티끌 하나만큼의 빈틈도 없다.

11. 생각 하나, 말 한마디, 행동 하나하나 공허한 것은 없다. 엄연하고 빈틈없는 게 법계의 원칙이다. 설사 천하의 사람들을 다 속일 수 있다 해도 법계의 눈은 속일 수 없다. 법망의 세밀함이란 차라리 두렵기 그지없다고 할 것이다.

12. 삼계는 법의 망으로 인연 지어져 있다. 그러므로 나무 한 그루라도 온 우주와 떼려야 뗄 수 없는 관계로 파악된다. 〈하나의 씨앗이 자라서 나무가 되려면 갖가지 인연 공덕이 있어야 가능하다. 땅과 물과 햇빛과 거름이 있어야 하고 그밖에도 헤아릴 수 없는 많은 인연이 서로 어울려서 한 그루의 나무가 자라고 꽃 피고 열매 맺으니 어찌 우주와 무관하다 하겠는가.〉

2. 인과의 철칙

1. 남의 따귀를 한 대 때렸으면 언젠가는 그 따귀 한 대가 되돌아온다. 남에게 밥 한 그릇을 주었으면 언젠가는 내게 밥 한 그릇이 되돌아온다. 그런 되갚음은 철칙이다. 철두철명한 법칙이다. 무심코 떨어뜨리는 생각 하나하나라도 결과가 없는 법은 결코 없다.

2. 업이란 밖에서 안으로 들어와 마음속에 쌓이는 게 아니다. 그것은 한생각을 따라 일어나 채곡채곡 쟁여진 것이다. 본래 주인공 자리는 공하여 업이라는 실체가 없고 그럼으로써 업이 붙을 자리도 없건만 공한 사실을 모르기 때문에 놓을 줄 모르고 생각으로 지어서 제 등짐을 쌓아올리는 것이다. 〈그저 자기가 자기인 줄만 알고 '나' '나의 것' 하면서 쌓아올려 놓고서는 업에 치이고 윤회에 말리고 하는 것이니, 말하자면 제 손으로 제 살을 갈갈이 뜯어 놓고는 아프다 하고 약 발라야 한다고 하는 것과 같다.〉

3. 불성이 있기에 만법에 응용이 되는 것이다. 그러니까 사람의 마음이 어떠냐에 따라서 자동적으로 원리 자체가 응보를 하고 사람의 행이 어떠냐에 따라서 자동적으로 원리가 응보하는 것이다. 사람이 되었다, 벌레가 되었다, 소가 되었다 이러는 것도 자동적으로 그렇게 되어지는 원리가 있기 때문

에 그러는 것이다. 그러기에 마음이 중요하다.

4. 세간을 이해하는 데는 '원인 없이 과보가 있을 수 없다'는 엄정한 인과 법칙처럼 정확한 것이 없다. 동시에 인연 법칙을 아는 것이 부처님의 가르침을 아는 것이다.

5. 오직 부처님만이 인과법 위에 영원의 길이 드넓게 열려 있음을 보시고 가르치셨다. 인연의 법칙은 곧 영원한 진리요 영원한 가르침이다. 〈인연법으로 그냥 쏜살같이, 그냥 직선으로 들어가라.〉

6. 자기가 먹은 것에 걸린다. 자기가 행한 것에 걸린다. 자기가 말한 것에 걸린다. 육체에 걸리고 삼독심으로 또 걸리고 하니 그렇게 쌓이고 쌓인 것이 어디로 가겠는가. 그러니까 코뚜레 뚫린 소가 되어 가지고 음매 음매 하면서 자기가 한 것을 다 되풀이하게 되는 것이다. 그러므로 소가 될 양이면 코

뚜레 뚫리지 않는 소가 되라 하는 것이다.

7. 인과는 썩지 않는 씨앗과 같다. 선한 씨를 뿌리면 선과가, 악한 씨를 뿌리면 악과가 온다. 인과의 씨는 썩지 않고 나고 또 나며 돌고 또 돈다.

8. 업이라는 것은 머리카락 한 올만큼의 어긋남도 없다. 〈그러므로 제 앞에 닥친 고를 원망하고 탄식할 게 아니라 자신을 되돌아보는 마음을 가져야 한다.〉

9. 자기가 지은 대로 자기가 받는다. 그래서 옛 가르침에 "그릇에 삼독이 꽉 찼는데 어떻게 자비를 받을 수 있겠느냐." 한 것이다.

10. 번연히 알면서도 지키지 못하는 것은 알면서 받고, 몰라서 지키지 못하는 것은 모르게 받는다.

11. 선업도 업이다. 일단 기록된 이상 그 입력이 거꾸로 나를 지배하게 된다. 악업은 나쁜 과보를 낳고 선업은 선한 업보를 낳을 뿐이지 윤회에서 벗어나지 못한다는 점에 있어서는 선업과 악업에 아무런 차이가 없다. 비유해 보면 둘 다 노예이기는 마찬가지이다. 다만 한 경우는 나쁜 주인을 만나서 갖은 고생을 하는 노예라면 한 경우는 좋은 주인을 만나서 상대적으로 편안하게 살아가는 노예인 것이다.

12. 과거로부터 지고 나온 습을 채곡채곡 쟁여 놓는다면, 비유하건대 저 달나라까지 가기만큼 그렇게 많고 무거울 것이다. 그것을 짊어진 채로 살고 있으니 억겁 동안 쌓인 노비 문서에 짓눌려 사는 꼴이나 다름없다. 〈그럼에도 자기의 노비 문서가 제일이라 하고, 그것을 무거운 줄도 모르고 좋다고 애지중지하고 있으니 그것이 사는 모습인가. 중생들은 그게 사는 것이라고 하나 창살에 갇히고 천야만야한 벽에 갇힌 것이 어찌 사는 것이랴. 자유권을

갖고 자재롭게 살지 못하면서 닥치는 일마다 하나 하나에 끄달려 지내니 기가 막힐 일도 많고 불이 날 일도 많은 것이다.〉

13. 수억겁 년을 거쳐 오면서 죄를 지었든 안 지었든, 좋은 일을 했든 궂은 일을 했든 미생물에서부터 살아온 습으로 말미암은 업식이 뭉치고 뭉친 게 이 육신이다. 이 몸을 집 삼아서 수없는 생명이 지금 회전하고 있는데, 이 생명체들이 악업 선업으로 뭉쳐 천차만별의 경계를 만들어 내고 있다. 그러면서 인연 따라 내 앞을 탁탁 가로막고 나서니 때로는 고통이 따르고, 때로는 잠시 잠깐 웃을 일이 생기고, 싸울 일이 생기고, 흥했다가 망했다가 하는 것이다.

14. 과거로부터 인연 지어 온 업이 세포 하나하나, 위장·심장·간장·소장·대장·신장·척추 등 구석구석에 집을 짓고 소임에 따라 운행하는데 악업

은 악으로만 나가는 반면 선업은 또 선업으로만 나
간다. 그러니 악이 많고 선이 적으면 마음속에서,
몸속에서 악의적인 문제가 수없이 술술 나오게 된
다. 하던 일이 잘 안되게 하고 남을 미워하고 싫어
하게 하니 그것이 악행의 원인인 것이다. 〈악행이
라면 남에게 해를 주는 것만 생각하기 쉬우나 항상
둘로 보아 남을 원망하여 내 탓으로 돌릴 줄 모르는
것도 마찬가지라 내가 괴로운 게 악업의 과보인 것
이다.〉

  15. 즐거운 것 괴로운 것, 잘되는 것 안되는 것,
기쁜 것 슬픈 것, 좋은 것 싫은 것, 잘생긴 것 못생
긴 것, 똑똑한 것 똑똑지 못한 것, 우환과 액난, 행
복, 그런 모든 일들은 다 자기가 마음으로 지은 결
과이다. 자기가 저지른 것이 천차만별로 들어 있다
가 인과로서 술술 풀려 나와 살아가는 내 앞길에 가
로놓이는 것이다.

16. 배우가 역을 맡았을 때 연출가가 써 준 대본에 따라 대사도 외고 연기도 해야 하듯이 우리도 짊어지고 나온 인과응보의 대본에 따라 배우 역할을 하고 있는 것이다. 그러므로 대본이 싫든지 좋든지 간에 오늘의 나에게는 한 발짝 떼어 놓기 전까지의 습에서 한 치의 에누리도 허용되지 않는다. 〈그런데 전자의 습이 수미산만 하게 쌓여 있으니 이를 어찌하겠는가. 공부하는 사람들은 그 업보, 팔자 운명을 부수고 나가야 할 것이다.〉

3. 업이 녹는 도리

1. 우리 속에는 악업·선업이 다 들어 있다. 그리고 악업·선업의 의식들은 잘되고 잘못되고를 모른다. 고로 다스리는 사람의 생각이 거기까지 미쳐야만 같이 따라 준다. 그래야만이 모든 중생들이 보살로 화할 수 있고 현실의 재입력을 통해 과거의 업장

이 다 무너져 자유인이 될 수도 있다.

2. 나쁜 인연은 질기기가 삼줄 같다. 그러나 좋은 인연은 부드럽기가 고요히 타오르는 불과 같다. 삼줄은 불을 묶을 수가 없으나, 불은 삼줄을 태워 버릴 수가 있다.

3. 금은 금끼리 은은 은끼리 금은방에 모이고, 무쇠는 무쇠끼리 무쇠전에 모이고, 넝마는 넝마끼리 넝마전에 모인다. 싸전에 가 보면 팥은 팥대로, 콩은 콩대로, 쌀은 쌀대로 모아 놓았다. 과거의 인으로 해서 현재의 과가 엮어지는데 이치가 그와 같아서 예를 들어 병을 앓는 사람과 그것을 지켜보고 고통받는 사람이 다르지 않다. 그러나 주인공은 무쇠, 잡쇠 다 녹이는 용광로와 같아 주인공 자리에 되놓으면 업조차도 붙을 자리가 없는 법이다.

4. 모든 것이 한생각에 달려 있다. 이 한생각에

오장 육부의 생명의 씨가 형성된다. 그러므로 금이냐 넝마냐, 그것은 오직 생각의 차원에 따라서, 어떤 사람은 금처럼, 어떤 사람은 넝마처럼 그 과보를 받는다. 그리고 금은 금방에, 넝마는 넝마전에 모이듯이 차원에 따라 모여 사는 것이 바로 인간의 모습이다.

5. 수억겁 년 동안 쌓인 죄업이라도 한생각에 다 녹일 수가 있다. 왜냐하면 죄업도 본래는 공한 것이기 때문이다. 예를 들어 수억 년 동안 빛 한 점 들지 않던 컴컴한 동굴 속일지라도 어느 때 한 줄기 빛이 새어들면 어둠이 순간에 사라지는 것과 같다. 빛이 어둠을 몰아내는 것은 그 어둠이 얼마나 오래 되었느냐는 것과는 아무런 관계가 없다.

6. 내 몸 안에 수많은 생명들이 돌아가고 있으나 각기 인과가 같지 않다. 그게 모두 업식으로 뭉친 것이기에 때에 따라서는 화를 일으키고, 때에 따라

서는 질병이 오게 만들고, 때에 따라서는 환난이 들게 하고 별의별 짓을 다 한다. 그러기에 나오는 대로 되놓고 되놓으라는 것이다. 한 번 놓는 데 지옥고가 찰나로 무너져 끝내는 수없는 지옥고가 다 무너짐으로써 밝은 본성이 드러나는 것이다.

7. 아버지의 뼈를 빌리고 어머니의 살을 빌려서 이 몸뚱이를 받아 가지고 나올 때 수억겁의 선업·악업이 뭉친 고의 덩어리를 짊어지고 나왔으니 모두 자기 탓이라 팔자 운명을 한탄할 것이 없다. 수많은 생명들이 의식의 차원에 따라 내 육신으로 결집되어서 입력되었던 대로 현실에서 나오는 것인데 차원이 높으면 높은 대로 낮으면 낮은 대로 얼마나 많은 업을 지었겠는가. 그 업은 독 안에 들어도 면치 못하는 법이니 모르고 지은 것은 모르게 받고 알고 지은 것은 알고 받게 된다.

그러나 그것을 주인공 자리에 합쳐 버리면 내가 따로 없기에 모든 업식도 한 컵의 물이 된다. 이 도리를 모르기에 팔자 운명이 있다고 하는 것이다.

8. 자기가 강도 짓 하고 자기가 붙들려 들어갔다면 누가 그 죗값을 치러야 하겠는가. 결국 자기가 했으므로 자기가 치러야지 누가 대신해 줄 수는 없다. 그런데 다라니 찾고 관세음보살 찾는가. 관세음보살, 다라니가 없는 게 아니라 이름 아닌 이름이니 자기가 마음으로 마음을 비워서 부처를 만들었을 때 비로소 관세음보살도 다라니도 다 함께 돌아가는 것이다.

9. 업이 있다면 그것은 과거에 매여 있는 것도 아니며 미래를 결정짓는 것도 아니다. 확실한 지금의 내 안에 있을 것이다. 지금의 내 안에 과거의 모든 선업·악업이 잔뜩 실려 있으니 어떻게 해야 자유인이 될 수 있겠는가. 단번에 그 짐들을 다 부려 버리면 자유인이 될 것이다. 지금 크게 한생각 일으켜 진실로 놓아 버린다면 업의 테이프는 빈 테이프가

될 것이다.

10. 녹음이 되어 있는 테이프에 다시 녹음을 하면 앞서의 녹음 내용은 지워지고 새 내용이 녹음된다. 그러므로 악업보다는 선업을 녹음해야 한다. 그러나 선업을 녹음하기보다는 악업도 선업도 모두 쉬고 이 도리를 알아 진리에 맡겨 둠으로써 공 테이프를 만들어라. 비유하자면 그것은 오랜 세월 동안 먼지에 뒤덮인 거울일지라도 한번 닦아 냄으로써 당장 깨끗해지는 것과 같다.

11. 업을 짊어지고 나와서 지금 살아가고 있는데 나오는 대로 거기다 되넣고 또 되넣고 하면 앞서의 것은 새로 넣는 대로 없어진다. 그러므로 업이 붙을 틈이 없게 된다. 육조 혜능 선사께서 "먼지 앉을 틈이 없는데 어찌 털고 닦을 게 있느냐?" 하신 것은 몰락 되놓으면 공 테이프 본래의 모습일 뿐이라는 이야기이다.

짊어지고 나온 것을 몽땅 맡겨 놓아 그게 모두 없어지면 그 다음엔 채워지고 비워지고, 채워지고 비워지면서 채우고 비우고가 없이 본래로 맑을 뿐이니 더러운 그릇을 수돗물이 콸콸 쏟아지는 데다 갖다 놓았을 때 자연적으로 넘치고 또 넘치고 해서 더러움은 싹 가시고 맑은 물만 고이는 이치와 같다.

12. 업이라는 것은 터럭 한 올만큼의 어긋남도 없는 것이므로 자기 앞에 닥친 문제들에 대해 원망하거나 탄식할 것이 아니라 그 뿌리를 캐고 들 줄 알아야 한다. 조급하게 굴거나 안타까워할 것이 아니라 한 발 물러서는 여유와 겸허함을 가지고 자신을 되돌아볼 줄 알아야 한다. 〈설사 현실이 괴롭고 외롭고, 그래서 살고 싶지 않은 생각이 들더라도 현실의 내가 그렇게 하려고 해서 그런 것이 아니라 인과로 인해 그렇게 나오는 것이니 나오는 자리를 보고 거기에 되돌려 놓을 줄 알아야 한다.〉

13. 사람들은 인과응보에 얽힌 업을 사량심으로 풀려고 한다. 그것은 마치 추운 겨울에 커다란 얼음 덩어리를 녹여 보겠다고 끓는 물 한 바가지를 들어 붓는 것과 같아서 잠시 녹는 듯 하다가도 이내 부은 물까지 덧얼어 얼음덩어리만 더 키우고 마는 것과 같다. 〈그러므로 모든 반연에 얽매이지 말고 스스로의 마음으로 돌아가 절로 녹게 해야 한다. 제아무리 큰 얼음덩어리라도 봄이 오게 되면 자연스럽게 다 녹을 것이니 마음의 근본으로 돌아가는 것은 추운 겨울을 보내고 봄을 맞는 것과 같다.〉

14. 잠재의식 속에 얽히고설킨 업의 거미줄, 수억겁 년 동안 쌓이고 쌓인 업의 뭉치들은 무위의 금 칼이 아니면 도저히 끊을 수도 녹일 수도 없다. 그 인연줄이란 마음에서 나온 것이니 마음으로 끊을 수밖에 없는데 끊는다고 하면 또 주와 객이 있어 둘로 되는 경우가 나오니까 놓으라고 하는 것이다. 그것은 "당신이 한 것이니 당신이 해결하라." 하는 것

과 같다. 무위의 칼로써만이 끊을 수 있다.

15. 그러므로 마음이 한생각 잘하고 잘못하느냐에 따라 더 무겁게 짊어지느냐, 아니면 수억겁 년 동안 잠재의식 속에 얽히고설킨 것을 몰락 벗어 던지느냐 하는 문제가 좌우된다. 내 앞에 닥쳐 오는 모든 경계를 주인공 자리에 공으로 되돌려 놓는다면 그것은 무이다.

16. 죄 붙을 자리도 없고 업 붙을 자리도 없고 팔자 운명 붙을 자리도 없다. 모르기 때문에 죄가 있고 팔자 운명이 있고 업이 있는 것이지 알고 보면 업이 붙을 자리조차 없다. 그러므로 모르는 게 약이 아니라 아는 게 약이다.

17. 전깃불이 항상 켜져 있다면 껐다, 켰다 하는 말이 소용없다. 항상 밝아서 끄달리지 않는다면 윤회가 있느니 없느니 하는 말도 할 것이 없다. 한생

각에 억겁의 얼음덩이를 녹일 수 있으니, 윤회가 있
다 없다는 말을 잘 생각해 보라.

18. 불(佛)이란 글자는 사람 인(人), 칼 도(刀), 활
궁(弓)이 합해서 된 글자이다. 이 뜻은 사람이 본성
인 칼을 선한 마음으로 쓰면 선한 칼이 되고, 악한
마음으로 쓰면 악의 칼이 되어 주니, 불법은 바로 활
궁법이자 금강도검법이기도 하다는 뜻이다. 그러니
그 심판은 과연 누가 하는 것인지를 생각해 보라.

19. 시시때때로 닥쳐오는 모든 문제들을 어떻게
해야 하느냐 하면 자기에게서 나온 것이니 다시 자
기 주인공에 일임하는 작업을 해야 한다. 그것이 재
입력이니 나온 것을 다시 입력한다면 인과성·유전
성·영계성·세균성 등의 고통이 무너지게 된다.

20. 모든 것은 근본을 축으로 해서 한마음으로
돌아가고 있으니 돌아가는 그 자리에 다시 놓는다

면 자신의 인과 업보만이 아니라 부모·조상의 인과 업보도 몰락 없어질 수 있다. 그러므로 제도할 수 있다.

21. 자기가 땅에 엎어졌으면 엎어진 자리를 딛고 일어날 능력도 자기에게 있는 것이다. 자기가 지어 놓은 것 자기가 풀어야 하고 자기에서 나온 것 자기가 거두어야만 한다. 달리 보면 우리는 고와 낙을 연방 만들어 내는 생산 공장이자 동시에 그것을 거두어들이는 수집가이기도 한다. 고로 나온 곳에 되돌려 놓으라는 것이다.

22. 팔자 운명이 따로 없다. 모든 게 마음먹기에 달려 있다. 집착을 떼지 못하니까 업이 되고 응보가 있고 유전이 있게 되는 것이다. 모든 것은 마음으로 짓고 받는 것이니 행복과 불행의 열쇠는 바로 마음먹기에 달려 있다.

제8장 윤회와 진화

1. 업식

1. 이 도리를 모르고 옷을 벗는다면 눈도 없고 귀도 없으니 '식'만 있지 분별이 없다. 눈 아닌 눈, 귀 아닌 귀가 있어야 하는데 그게 없으니 생시에 좋은 것만 찾던 식만 남아서 돌 틈을 보고도 그게 고래등 같은 기와집인 줄 알게 되고 굴 속을 보고도 대궐 같은 집인 줄 알아 그리로 들어가게 된다.

2. 일체 만물만생에 다 불성은 있으나 살아온 습과 인과로 인해서 자기 차원이 무슨 차원인지도 모른 채 그 차원대로 살게 된다. 왜냐하면 앞 못 보는 장님과 같기 때문이다. 캄캄하여 보지를 못하니까

잠재의식에 깃들어 있는 습대로 이리도 들어가고 저리도 들어가고, 저절로 차원에 따라 들어가 살게 된다.

3. 무쇠로 만든 연장이 못 쓰게 되면 어떻게 되는가. 무쇠전으로 모였다가 용광로로 들어가 다시 무쇠로 재생이 되어 나온다. 금붙이라면 금방으로 모였다가 금 제품이 되어서 다시 나온다. 그와 마찬가지로 살아생전의 마음 그 차원이 금이냐 무쇠냐 깡통이냐 넝마냐에 따라 더하고 덜함도 없이 되나오게 된다. 영은 자기 차원대로만 보게 되므로 다 자기가 짓고 만들어서 그렇게 되는 것이다.

4. 마음공부를 하지 않은 사람은 죽게 되면 그 의식 그대로 눈 멀고 귀 멀어 캄캄한 가운데 전혀 분간을 할 수 없기에 돼지 집으로도 들어가고 까치 집으로도 들어간다. 그러나 마음공부를 한 사람은 밝디 밝아서 온 방 안을 고루 비추니 자기뿐만 아니라 그

법을 모르는 같은 식구들도 밝게 살게 될 것이다.

5. 사후의 일이란 물을 것도 없다. 스스로 자기의 잠재의식이라는 일기장에 하나도 빠뜨리지 않고 꼼꼼하게 적어 놓은 그것이 바로 사후 문제를 결정한다.

6. 사대가 흩어져 원점으로 되돌아가도 몸이 있었던 인과로 인해 업식은 몸이 있는 줄 알며, 악업·선업으로 뭉쳐진 업고가 그림자처럼 확대되어 일어나기 때문에 거기에 걸려 한 발짝도 여여롭게 딛고 나가지를 못하게 된다. 불바퀴에 타 죽을까 봐 건너지 못하고 물바퀴에 빠져 죽을까 봐 한 발도 떼어 놓지 못한다.

'나'를 놓지 못해 업식에 밟혀서 꼼짝을 못하는데 수백 년을 기다려 보아도 물바퀴 건네줄 배가 오질 않으니 어찌할 것인가. 그것은 육신이 있을 때에 인연을 따라서 쌓이고 쌓였던 업이 일어나는 것과 같으니 귀신을 믿어 귀신의 환상이 나타나는 것과 조금도 다르지 않다. 그러하기에 육신 있을 때에 도리를 알지 못하면 몸 떨어지고 나서 그 도리를 알 수 없다고 하는 것이다.

7. 사람이 죽고 난 다음에 업식이라는 것은 사람으로 사는 것인지 구렁이로 사는 것인지 그것을 모른다. 새의 몸으로 사는 것인지 벌레의 몸으로 사는 것인지 그것을 모른다. 그래서 생전에 개 짓 많이 했으면 개로, 독사 짓 많이 했으면 독사 굴로 들어가는데 그냥 두 부부가 사는 줄로만 알아 그대로 들어가 뼈와 살을 빌려 태어난다. 그러니 그 모습을 어찌하겠는가.

벌레가 되었다면 벌레대로, 두더지가 되었다면 두더지의 몸으로 살아야 하겠지만 인간으로 살던 습이 남아 있으니 그 답답함이란 오죽하겠는가. 그게 바로 지옥이다. 그런가 하면 그 모습 따라 살면서 또 습이 붙으니 어느 때 그 모습에서 벗어날지

까마득하여 몇백 년이라 할까 몇만 년이라 할까, 그
토록 헤어나기가 어렵게 된다.

8. 살아생전에 아귀 축생의 마음을 자주 냈으면
죽어서도 아귀 축생계를 면치 못할 것이고, 살아생
전에 천상에 오래 있었던 이는 죽어서도 극락에 갈
것이다. 그것은 누가 보내고 싶어서, 누가 가고 싶
어서 그런 것이 아니라 자신이 짓는 대로 엄연한 법
칙에 따라 그리되는 것뿐이다. 상천·중천·하천 세
계가 체로 거르듯이 돌아가고 있으니 천당·지옥이
따로 없다. 인간이 하천으로 떨어져 두더지 집에 들
어간 게 지옥이다. 그러므로 살아서 천상에 태어나
지 못하는 사람은 죽어서도 천상에 태어날 수 없다.

9. 몸을 벗어도 의식은 남는다. 그러나 자기의
육신이 없다는 생각을 하지 못해 살아 있는 상대방
이 보지도 듣지도 못하는 줄을 몰라서 제 욕심만으
로 상대를 괴롭히는 경우가 있다. 그리되면 원인을

알 수 없는 병이 생기고 가정이나 사회에서 알 수 없는 불화가 일어나기도 한다. 육신을 가지고 살아 있을 때 진실로 마음 닦는 공부를 했더라면 갈 때도 홀가분하게 갈 수 있을 것이다. 그렇지 못하면 죽어서도 부모다 자식이다 하여 얽히고설킨 게 다 붙어 돌아가니까 오도 가도 못하고 중음신으로 떠돌게 되는 것이다.

10. 옷을 벗었다고 해도 옷만 벗었지 영혼은 그대로 있다. 그러다가 에너지가 부합되면 다시 옷을 입고 생산이 된다. 그렇게 다시 재생하려면 에너지, 즉 광자가 있어야 하는데 그것은 우리가 발전소에서 전력을 끌어 쓰는 이치와 같다. 이 도리에서 보면 모든 것이 에너지의 충만이니 내가 태양이 되었다가 태양이 내가 되었다가 할 수도 있는 것이다. 모든 별들도 한마음으로 돌아가면서 다시 재생하려면 수명의 길고 짧음에 관계없이 이 에너지가 충만해야 한다.

11. 스님네들도 한 생을 껍데기로 중노릇하며 말한 마디, 생각 한 번 잘못하면 그냥 어느 틈으론가 들어가 구렁이 의복을 갈아입을 수도, 뱀이나 돼지가 될 수도 있는 것이다.

12. 하나의 업식이 인연에 의해 수많은 분신이 되기도 하고 또 하나로 결합되기도 하기 때문에 죽은 뒤에 영혼이 윤회하는 것을 개체 윤회라 할 수도 없고 다체 윤회라 할 수도 없다. 참으로 불가사의하여 공이라 한 것이다.

2. 윤회

1. 죽음은 육신이라는 옷을 벗는 것과 같고 태어남은 육신이라는 옷을 갈아입는 것과 같다. 헌 옷을 벗고 새 옷으로 갈아입는 것과 같다. 헌 옷을 벗고 새 옷으로 갈아입는 것을 싫어하는 사람은 없는

데 헌 몸 벗고 새 몸 받는 것을 좋아하는 사람은 드물다.

죽음이란 변치 않는 나의 근본 마음, 주인공이 옷을 한번 갈아입는 것이다. 우리가 입던 옷이 낡아지면 새 옷으로 갈아입듯이 주인공도 쓰던 육신을 옷 갈아입듯이 바꾼다. 그러므로 죽음이 고통, 슬픔인 것은 헌 옷의 입장에서 그러한 것뿐이다. 새 옷의 입장에서 보면 죽음은 기쁜 탄생인 것이다.

2. 죽음은 탄생에서 오는 것이다. 우리는 태어났을 때 이미 사형 선고를 받고 나온 셈이다. 그런 만큼 사는 것은 즐겁고 죽는 것은 슬프다고 할 수는 없다. 사는 것이 귀하고 즐겁고 가치 있다고 하는 것은 반드시 죽음이 있기 때문이다.

3. 구름이 모였다가 바람 불면 흩어지고, 또 다른 구름하고 다시 모이듯이 우리는 이 집에서 한 철, 저 집에서 한 철 살아가는 식으로 돌아가고 있

다. 자식이 되었다가 형제가 되었다가 부모가 되기도 한다. 지금 금방 내 부모가 돌아가셔서 바로 이웃집에 태어난다 해도 모를 것이다. 그러므로 같이 산다 해서 내 자식, 내 부모요, 따로 산다 해서 네 자식, 네 부모라 단정할 수도 없다. 찰나로 인연 따라 만나고 헤어지면서 그렇게 뒤섞여 가며 수억겁을 거쳐 왔으니 내 부모 네 부모, 내 자식 네 자식 가릴 게 없는 것이다.

4. 사람의 씨는 사람을 낳는다. 그렇게 얼마 동안을 가다가 사람의 모습으로 다시 나올 수 없는 때도 있다. 새가 알을 낳고 알이 새가 되기를 쳇바퀴 돌듯 하다가 모습을 바꾸는 수도 있다. 그 과정이 수삼 년일 수도, 수백 년, 천 년일 수도 있는데 자기 마음의 차원대로 바뀌게 되는 것이다.

5. 사람이 새가 되는 일도 있고 새가 사람이 되는 일도 있다. 마음 씀씀이에 따라 천차만별로 좌천하

는 수도 있고 승진하는 수도 있다. 거기엔 식물에서 동물로, 미물에서 고등 동물로 별의별 층층이 다 있으니 모두 한집안 통속이라, 내가 잘났느니 네가 잘났느니 할 것도 없다. 문제는 지금 이 육신, 이것도 동물이니 여기서 벗어나야 한다는 점이다.

6. 마음이 물질 본위로만 돌아가니까 거듭거듭 다시 태어나야 하고 거듭거듭 무리지어서 나와야 하는 것이다. 상을 상으로만 보는 한은 축생 같은 하등 동물도 되었다가 벌레 같은 미물도 되었다가 사람도 되었다가 한다. 그래서 바로 중생이라 하는 것인데 물질에 얽매여 있으니 되나와서도 전자의 습에 따라 남의 것을 빼앗고 다투고 죽이고 하게 된다. 그렇게 하는 자기를 가다듬어 자재할 줄 모른다면 또 그런 업연에 따라 윤회의 길에 들어서 꼬리에 꼬리를 물고 풍덩풍덩 하는 꼴이 되고 만다.

7. 불보살들이 계속해서 중생을 제도하고 중생도

끊임없이 자신을 향상시키지만 여전히 밑으로부터 올라오는 중생, 올라오다가 도로 미끄러지는 중생이 있다. 감옥에 가 보면 계속 내놓지만 계속 가두어야 하므로 비어 있는 적이 없는 것과 같다.

8. 사람으로까지 진화되어 태어났으면 사람의 궤도를 지키는 게 도리이다. 그렇지 못하고 옛날 살던 습을 놓지 못하면 다시 퇴화하게 된다.

9. 인간 이하로 사는 사생의 모습을 보라. 화탕 지옥이니 독사 지옥이니 오관 지옥이니 하는 것이 따로 있는 게 아니다. 한번 독사 굴에 들어가면 그것이 독사 지옥이요 짐승으로 태어났다가 끓는 물에 들어가면 그것이 화탕 지옥인 것이다. 수억겁 년을 거쳐 오면서 여기 가서 태어나 한 철, 저기 가서 태어나 한 철을 살아오는 동안 독사 지옥, 화탕 지옥을 다 거쳐 인간으로 진화한 것이다.

10. 예를 들어 인간까지 올라온 것도 천 년의 공을 닦아서 온 것이다. 사람 하나 되기가 그렇게 어렵다고 하는데도 불구하고 사람이 되어서도 살던 습을 못 놓고 항상 자기 자신, 자기 것만 아니까 고가 끊일 새가 없다.

또 그렇게 살다가 진화해서 승진하기는커녕 끝간 데 없이 세세생생을 쳇바퀴 돌듯 빙빙 돌거나 아니면 좌천하여 짐승의 허물을 뒤집어쓰기도 한다. 한번 짐승의 허물을 쓰게 되면 먹고 먹히는 처절한 삶을 살게 되므로 한생각 해 볼 겨를조차 없어 수억 겁을 가도 그 허물을 벗기가 어려워진다.

11. 우리가 이 세상에 태어난 것 자체가 벌써 부처님의 뜻이다. 자성불의 뜻으로 왔으니 부처님의 뜻인 것이다. 그런데 부처로 나기는 났어도 예전에 살던 업연으로 인해서 자꾸 이 마음이 생겼다 저 마음이 생겼다 하며 때에 따라서는 순한 양과 같다가도 금세 악한 언행을 하기도 한다. 아직도 성숙되기

엔 멀었기 때문이다. 그러므로 부처 되기까지는 거듭거듭 태어나야 한다. 나를 구성하고 있는 사생이 다 한마음으로 순응하게 되어야 한다.

12. 늙으면 늙어 가는 대로 다시 젊어지고 있다는 것을 알아야 한다. 바로 모습을 바꿔서 어린애로 탄생한다면 지금 우리는 삶을 통해 마음공부의 기초를 닦고 있는 것이 된다. 말하자면 새 집 짓고 옮겨 갈 준비를 하는 것과 같다. 닦아서 또 태어나고, 또 닦아서 다시 태어나고 하는 준비 과정인 셈이다.

13. 사람이 나고 죽는 게 윤회이지만 태어나서 늙는 것도 윤회이고 사계절이 돌아드는 것도 윤회이다. 물방울이 돌고 돌면서 천차만별로 생명체를 먹여 살리는 것도 윤회이다. 별들의 생성과 소멸도 윤회이다. 일체 만물만생이 다 그렇게 하며 산다. 살다가 그냥 없어지는 게 아니라 끝 간 데 없이 돌아가고 있다. 그런 윤회의 고리가 없다면 아마 진리

라는 말도 하기 어려웠을 것이다.

14. 사람이 빛이 시들고 늙어 껍데기를 벗는다는 것은 마치 약해진 별성이 강렬해지고 다시 태어나는 것과 같다.

15. 윤회와 업은 나고 죽는 이 중생계를 지배하는 불변의 법칙이다. 그러나 불변의 법칙이기에 얼마나 다행스럽고 고마운 법칙인가. 만일 피와 땀과 눈물로 지내는 우리들의 삶에 윤회와 업의 법칙이 없다고 하면 얼마나 허망하고 한스럽고 무의미한 삶이 되었겠는가.

16. 중생계의 법칙으로서는 업과 윤회가 실재하는 것이지만 근본 자리에서는 그 또한 공한 것이다. 그러므로 그것들까지 모두 근본 자리에 놓고 가면 그대로 자유인인 것이니 거기엔 먼지 한 점 붙을 여지도 없기 때문이다.

텅 빈 자유의 세계, 우리는 그 자유를 믿어 성취해야만 하는데 그러한 성취로 가기까지 업과 윤회는 우리를 단련시키는 스승이요 길잡이요 벗인 것이다. 생과 사, 번뇌와 고통이라는 것도 우리를 진화시키는 벗이니 참으로 다행스럽다.

17. 윤회가 없다면 진화도 없다. 윤회는 성불케 하는 힘이다. 따라서 윤회는 업보에 의한 시달림이 아니라 진화의 과정이요 수행을 가능케 하는 바탕이다.

지금 살아가는 순간에도 죽고 나기를 되풀이하고 있는 것이니 죽음이란 것도 그런 윤회의 한 마디에 지나지 않는다. 언제나 죽었기에 오늘을 살게 되듯 산다는 것과 죽는다는 것은 언제나 동반 관계요 함께 일어나는 일이다. 그러므로 죽음 속에 이미 삶이 있고 삶 속에 이미 죽음이 있으니 찰나로 변해 돌아가는 이것, 윤회야말로 나를 갈고 다듬어 성불케 하는 힘인 것이다. 윤회가 없다면 부처가 될 수 있는 길도 없는 게 된다.

18. 인연의 법칙을 벗어나서는 발전도 없을 뿐
아니라 중생도 없고 성불도 없다.

19. 하나의 종자로 수만 생을 다 먹이고도 그 씨
는 되남아서 또 이듬해 열두 달을 다 먹이고 되남으
니 ‘윤회에 끄달리지 않는다’는 말을 음미해 보라.
그것이 철칙이 아닐까.

20. 깨달은 사람에겐 나툼이고 깨닫지 못한 사람
에겐 윤회이다. 일체 만물만생이 잠시도 머무름이
없이 나투고 돌아감을 모르는 사람에게 그것은 윤
회일 것이나 깨치면 나툼일 뿐이다.

3. 진화

1. 세상을 살펴보면 살아 있는 모든 것들은 쉴 새 없이 움직이고 있다. 새는 새대로, 산짐승은 산짐승 대로 바삐 움직이고 온갖 벌레와 미물들도 나름대로 부산하게 움직이고 있는데 이는 모두가 좀 더 진보하고자 하기 때문이다.

모든 생명에게는 차원의 높낮이는 있다 할지언정 나름대로의 마음이 있다. 그 마음은 육신의 주인이요 자동차의 운전사와도 같으니 육신은 다만 마음이 하고자 하는 대로 움직일 뿐이다. 그런데 그 마음은 어제보다 더 나은 오늘, 오늘보다 더 나은 내일을 바라며 노력하고 궁리한다. 그러한 마음의 공덕으로 생명은 진화를 거듭하게 된다.

2. 기어 다니는 벌레가 한번 날기를 바랐을 때에 그 날고 싶다는 마음은 진화력인 것이니, 마음의 차

원이 높아져 육신의 기능이 발달하여 드디어 몸을 벗고 나비로 훨훨 날 수 있게 되었을 때 그러한 드러냄을 창조라 할 수 있다. 말하자면 마음의 설계에 의해 밖으로 내놓은 것이다.

그러나 창조되고서도 고정된 생각, 고정된 행에 머물지 않으니 창조는 그대로 나툼인 것이다. 마음이 진화와 창조를 이루는 것이니 진화와 창조는 둘이 아니다. 퇴화도 또한 마음이 하는 것이다. 다 마음의 나툼인 것이다.

3. 벌레나 축생을 볼 때 그러한 존재는 스스로 생각한 것이 그것밖에 안 되었기에 그런 그림을 그려 가지고 나온 줄 알아야 한다. 진화의 과정에서 보면 생물들이 환경의 영향을 받아 적응하는 일면이 있지만 보다 근본적인 것은 의식에 달려 있다.

예를 들어 꼬리가 있었는데 그 꼬리가 불필요하다고 느끼게 됨으로써 꼬리가 사라졌고, 날개가 필요하다고 느끼게 됨으로써 날개가 생긴 것이다. 참으로 신기한 일이 한두 가지가 아니다. 인간의 경우도 마찬가지인데 지금부터라도 우리가 현재의 모습을 싫어하여 변화를 바라는 마음이 강해지면 미래의 인간 모습도 변모할 것이다. 〈모든 존재의 형태는 마음에 의해 형성된 것인데 그렇게 할 수 있는 힘은 무엇이겠는가. 주인공의 참마음인 것이다.〉

4. 진화와 창조가 다 한마음의 나툼이다. 진화란 마음의 차원이 높아지는 것을 뜻한다. 마음의 차원이 달라짐으로 해서 육신의 기능도 발달하게 되고 모양 역시 달라지는 법이다. 옛날에 살던 몸집이 크고 흉하게 생긴 동물들이 없어진 까닭은 사는 동안에 마음의 차원이 밝아진 까닭이다. 창조란 곧 마음의 설계에 의해 밖으로 내놓음을 말한다. 마음의 설계가 있음으로 해서 진화된 몸이 겉으로 나온 것이니 진화이면서 창조요, 창조이면서 진화인 것이다.

5. 농약을 뿌려 벌레를 없앤다 했을 때 얼마 안

가서 그 약에도 죽지 않는, 면역성을 지닌 벌레가 등장한다. 약을 뿌려 죽이면 죽고 난 뒤에 다른 모습으로 나올 때 약에도 안 죽는 껍질을 쓰고 나온다고 할 수 있다. 그렇게 진화를 하기 때문이다. 〈그러므로 과학적으로 당적해 내는 데는 한계가 있다. 마음 도리를 알아야 당해 낼 수 있는 것이다.〉

6. 중생이 자기의 차원에 대한 부자유를 느끼는 순간, 차원을 바꿀 수 있는 진화의 가능성이 싹튼다. 쏘가리가 쏘가리의 마음인 채로 있는 한 쏘가리 모습을 바꾸지 못한다.

7. 무명에 의해 지·수·화·풍 사대를 좇아 생명체가 생겼고 그로부터 진화를 거듭하여 가장 늦게 인간이 되었으며 인간이 됨으로써 비로소 수억겁 세월 전에 있었던 불씨를 알아내게 된 것이다. 〈그러므로 인간으로 태어나 인간이 다인가 보다 하고 그냥 살아서는 안 된다.〉

8. 우리도 전자에는 미생물이었다. 벌레였고 구더기였다. 그로부터 수억겁을 거쳐 진화해 왔는데 그것은 육신 속에 수없는 중생이 존재하는 것만 보아도 알 수 있다. 몸속의 중생들이 운행하고 있기에 혹성 같은 이 큰 몸뚱이가 움직일 수 있는 것이다. 아무튼 우리가 인간이 되기까지엔 수없는 변모를 거듭해 온 것이므로 어떤 짐승을 보더라도 그것이 나의 진화의 한 단계, 과거의 나의 모습인 줄 알아야 한다. 〈그래서 그 모든 존재를 알아야 비로소 사생의 자부가 될 수 있는 것이다.〉

9. 인간의 입장에서 볼 때 쓸데없고 하찮은 것들이 왜 생겼을까 하지만 모든 존재는 진화의 과정에 있는 것이다. 따라서 그것은 우리의 과거 모습이자 옛 친구들이며 인간에 이르는 진화 과정의 증명들이다. 사생이 미물에서부터 진화되어 가는 것을 보면 연달아 줄을 잇고 있는 것과 같고 또 생명체마다 그 몸 안에 사생이 각기 있어서 몸 안에서 또 진화

하고 있으니 어디가 중심이고 누가 기준점이냐 하
기도 어렵고 어디가 시발점이고 어디가 종점이냐고
하기도 어렵다. 〈세상 모습을 보면 시발점도 종점
도 없으니 그대로 중용이라 해야 옳다.〉

10. 때가 되면 왜 옷을 벗고 죽음에 드는가. 그것
은 차원을 바꾸기 위한 절차이다. 애벌레가 자라서
나비가 되고 매미가 되는 과정처럼 더 차원을 높여
서 제 몸을 형성시키고자 하는 절차인 것이다. 예를
들어 다리가 짧으면 더 길게 만들고 길면 짧게 만들
기 위해 그렇게 하는 것이니 실은 자유자재로 해 나
가는 것이다.

인간에 있어서 그러한 절차가 왜 필요하냐 하면
그것은 물리가 터지고 지혜가 샘솟게 하는 과정이
기 때문이다. 사람이 경험을 통해 삶의 모든 것을
익히고 늙었을 때 벼 이삭이 익어 고개를 숙인 것과
같으니 살아가면서 불편했던 것, 하고 싶었던 것,
그런 것들을 모습을 바꿔 그대로 반영해 가지고 되

나오게 된다. 〈그러므로 수억겁을 거쳐 인간의 몸을 받기에 이르렀는데 다시 좌천해서야 되겠는가.〉

11. 우리는 진화를 거듭한 끝에 마침내 이 귀중한 인간계에 태어났다. 그동안의 뼈아픈 나날들이야 오죽했겠는가마는 인간계에 태어나서 어찌 오밀조밀한 잔재미나 보면서 세월을 보낼 것인가. 지금 깨달아 이 세상을 제도하면 부처, 보살이 될 것이요 한생각 잘못 일으키면 축생, 아귀, 지옥계로 전락할 수도 있을 것이다. 어찌 일분일초인들 헛되이 살 것인가.

12. 진화란 보다 나은 상태로 나아가는 것이다. 진화의 원동력은 욕구라는 마음 작용이니 그러한 진화에의 욕구가 없었다면 이 세상은 재미없고 삭막했을 것이다. 그러나 그러한 욕구 중의 마직막 욕구는 보리심, 즉 깨닫고자 하는 욕구이다. 그러한 욕구가 있어야 인간은 진화한다. 수억겁 년 동안 살

아 볼 양으로 발버둥 치며 쫓고 쫓기면서 피나는 세월을 첩첩으로 넘겨 온 우리들이니 이제 인간의 몸을 받아서 어떤 마음을 가져야 하겠는가.

13. 진화는 활동력이다. 활동력이 없으면 자재력도 생기지 않는다. 창조력도 생기지 않는다. 그런데 중생들은 고정된 생각에서 헤어나지 못하는 경우가 많으니 마음도 계발 못하고 새 설계를 내놓을 줄도 모른다. 창조력도 없게 된다. 그러므로 부처님의 엄청난 말씀을 알지 못한다.

14. 진화의 완성은 대자유, 무량 공덕의 부처가 되는 것인바, 그러므로 모든 생명은 그 완성으로 가는 과정에 있다. 따라서 모든 생명은 우리와 같은 구도의 형제들이며 삼계는 그런 구도자로 가득 찬 대도량이라 할 수 있다.

제9장 과학과 우주

1. 심성과학

1. 개구리 알 하나에서 원리를 찾더라도 그 가짓수는 무한이라고 해야 할 정도이다. 그러하니 인지의 과학이 그 원리를 모두 밝힐 수 있겠는가. 오로지 부처님 지혜의 심성과학만이 그 모든 것을 규명할 수 있다.

2. 현대 과학 문명이 아무리 고도화되었다 할지라도 지금 벽을 뚫고 나갈 수 없는 상황에 이르렀다. 기필코 마음을 계발해야만이 이 벽을 뚫을 수 있다. 마음을 계발하지 않는다면 점점 살기 어려운 시대가 다가오게 된다. 왜냐하면 물질과 정신의 발

달이 병행해야 할 텐데 지금은 물질로만 치달아 막다른 골목으로 들어가는 형국이기 때문이다.

3. 의학이 발달되었다 해도 바로 말하면 문제를 30%밖에 해결하지 못하고 있다. 나머지 70%는 어디서 보충을 할 것인가. 과학이란 어차피 반쪽만을 다루는 것이니 50%를 넘지 못한다. 그러므로 나머지 반쪽을 채우려면 마음법, 즉 과학이란 이름을 빌리자면 심성과학을 계발하여야 한다. 마음법은 심성 의학, 심성 물리학, 심성 천문학이요 심성의 공학, 지리학, 생물학 등이 다 된다. 〈잠재의식과 현재 의식이 계합되어 일심으로 돌아가지 않고서는 완전한 연구를 해낼 수 없다.〉

4. 물질이 사람을 끌고 가는 게 아니라 사람의 마음이 물질을 끌고 가는 것이다. 이 근본을 모른다면 물질과학엔 한계가 있다. 그러기에 심성으로 되돌려 들어가야 한다. 각 분야의 과학의 바탕은 일체

마음으로부터 나오는 것이기에 아무리 많은 과학자들이 분야별로 다양하게 연구를 한다 해도 마음을 알아야만 계속해서 발전할 수 있다.

5. 과학의 힘도 무시할 수는 없겠지만 그러나 그것은 부처님 당시에 말씀해 놓은 것이나, 지금 우리가 생활 속에서 마음으로 대처해 나가는 것의 일부분을 설명하고 증명하는 데 불과하다.

6. 지금은 육신 무예를 해야 할 때가 아니다. 예를 들어 축지법을 배우지 않더라도 누구든 차를 타고 쉽고 빠르게 가고 싶은 곳에 갈 수 있기 때문이다. 예전에는 육신으로다 한 시오 리쯤 주름잡아도 괜찮았는데 지금은 어떻게나 바쁜 세상인지 날아다녀도 더디다. 빛의 속도로 간다 해도 더디다. 그전과 지금을 비교해도 진리는 다 같은데 사람의 마음이 돌아가는 게 그만큼 빨리 돌아가니 시대도 발전하고 변천하는 것이다. 참된 무예란 모든 존재의 궁극의 원

소, 유전자의 그 이전을 찾아서 아는 것이다.

7. 지금 아무리 과학자들이 많다 해도 우리가 어디서 와서 어디로 가는지 그것을 모르기 때문에 신비적인 일이라고 생각하지만 심성과학에서 보면 그것은 신비가 아니다. 현대 과학은 보이지 않는 영적인 세계를 몰라 50%를 넘지 못하는 반쪽 과학이라, 마땅히 한마음 법을 공부해야 한계를 넘을 수 있다.

8. 이 세상에서 가장 빠르다는 빛도 마음보다는 빠르지 못하다. 그러므로 마음을 깨치게 되면 모를 것이 없고 닿지 못하는 데가 없다. 현대 과학이 낳은 훌륭한 발명품들로도 부처님의 위대하신 법력은 짐작도 하지 못하는 바가 있다. 지금 현대 과학이 맞닥뜨려 있는 한계도 마음의 신묘한 힘을 빌린다면 얼마든지 뛰어넘을 수 있을 것이다. 〈예를 들어 마음을 깨친 이들에게는 수성이나 화성, 목성, 금성 등을 가서 살펴본다는 게 그렇게 어려운 일은 아

니다. 뿐만 아니라 불치병으로 분류되는 질병도 고치지 못할 바가 없고 차원도 사차원이 아니라 시공을 뛰어넘는 초차원의 경지를 넘나들 수 있다. 부처님께서는 그런 일이 사람들을 미혹하게만 할 뿐 아무 이득이 없음을 아시고 조심하셨던 것뿐인가 한다. 마음의 힘을 간절하게 믿고 깨쳐 들어간다면 육안으로 포착되지 않는 영의 문제나 신의 문제까지도 자세히 살펴질 것이다. 마음법이야말로 묘법 중의 묘법이다.〉

9. 부처님 법을 말하기 이전에 현대 과학 문명이 오신통은 한 셈이다. 단 한 가지, 마음을 계발하지 못하고 있다. 그러기에 물질을 만들어 놓고 자기들이 그 물질로 인해 죽거나 고통을 받고 있다.

10. 과학 문명의 발달로 물질을 쪼개는 기술 수준도 높아져 더 이상 쪼갤 수 없는 단계에 이르렀다고 하는데 인간이 유의 세계의 궁극에 이르러 무의

세계로 넘는 문을 발견할 수 있는 길은 부처님만 가르치신 게 아니라 단군, 성인들이 다 가르치셨다. 숨을 들이고 내쉬는 교차로에 삶과 죽음이 있듯이 물질 문명이 고도로 발달된 지금은 거꾸로 돌아서 정신세계의 교차로를 넘어서야 한다. 그것은 한마음 도리에 달려 있다.

11. 지금 과학자들이 외계인과의 전파 교신에 큰 기대를 걸고 있다고 하지만, 우리는 물질세계의 50%를 가지고 장차 정신세계로 내디디려는 교차로에 놓여 있으니 전파를 통해 외계인과 연락한다 함은 근본 도리를 모르는 처사이다. 모름지기 나를 떠나서는 통로가 막혀 있으니 마음으로부터 나의 무선 전화를 가설해야 통로가 바로 트이고 연락이 된다. 그렇게 물리가 터지면 두루 보고 두루 들을 것이며 두루 파악할 수 있게 된다. 〈스스로 마음속의 통로를 알면 벽도 천장도 없으니 그대로 부처님의 평발이다.〉

12. 사람들은 인간의 처음 모습은 어떠했으며 지구의 나이는 얼마나 되는가를 궁금해하는데, 우리가 비록 태생이지만 몸속의 온갖 중생도 태생이던가? 그림자 붙듯이 의식이 붙어 모두 화해서 태어난 것이다. 그러나 이 껍데기를 벗는다 해도 죽는 게 아니며 생명이 여기에만 있는 게 아니라 별들에도 있으니 그대로 불성이라, 생기고 돌아가는 이치가 같아서 이 우주를 한 회사라고 비유해도 과언은 아니다. 그러니 지구의 나이가 세 살밖에 안 된다고 해도 틀린 말이 아니다. 〈열심히 공부해서 스스로 어디 살고 있고 어디를 그렇게 돌아다니는지 정체를 알아보라.〉

13. 인간은 어떻게 모습을 드러냈는가? 사대가 뭉쳐 사생으로 나투는 중에 원숭이로부터 되었다, 고릴라로부터다, 곰으로부터다 하는 얘기가 있지만 어느 하나로 규정할 수 없다. 왜냐하면 유전자의 진화력에 의해 구르고 구르면서 억겁을 거쳐 갖가지

체로 나투었던 때문이다. 축생이라 해서 그 모습 그대로 있는 게 아니고 인간이라 해서 인간대로 고정됨이 없으니 마음으로 자기의 체를 자기가 형성케 한 것이다.

14. 사대가 다 독특한 맛을 가지고 있으나 그 자체로서만 있을 때는 암흑이라 했을 것이다. 그러다가 사대가 합쳐 공존케 되자 아니 닿는 데 없는 그 에너지, 공기 또는 향기와 같은 에너지에서 유전자가 탄생하여 온 우주로 확산되었을 것이다. 그리고 거기에서 생명체들이, 수많은 별성의 체가 비로소 발생되었을 것이다. 동시에 유전자의 묘법이 차원대로 찰나찰나 나투며 돌아가게 되었을 것이다. 고로 사생이 벌어지고 진화력에 의한 유전이 시작되었을 것이다. 그러기에 지수화풍 사대가 뭉친 거기에 영원한 무전자의 능력, 유전자의 묘용이 다 들어 있는 것이다. 또 그러하기에 물질과학만으로는 전체를 알 수도 없고 움직일 수도 없다고 하는 것이다.

15. 사람들은 법망이라는 것을 모르나 법망은 엄연히 있어서 법계의 허가 없이 우주선을 띄웠다고 할 때는 분명히 잘못되는 수가 있다. 그것은 과학만으로는 해결할 수 없는 일이니 설사 과학으로 우주선을 허공에 띄울 수 있다 해도 마음법만이 문제점을 근본적으로 해결할 수 있다.

2. 우주

1. 팽이가 운동 중심이 잘못되면 똑바로 돌지 못하고 미치광이처럼 돌듯이 은하계도 무전자의 삼각 받침대가 없다면 똑바로 궤도를 돌 수가 없다.

2. 가령 외계에서 지구에 생명체가 있는지 없는지 알고자 탐사하러 왔다가 북극 지방만 보게 되었다면 지구에는 생명체가 없다는 결론을 내리기 십상이다. 장님이 코끼리 만지는 격일 테니 지구는 얼

음으로 뒤덮인 혹성에 불과하게 된다. 그와 마찬가지로 우리가 다른 혹성을 그렇게 보고 있다. 전체를 내려다보지 못하고 한쪽만 보고 있는 것이다.

3. 이 우주 안에는 버러지 수효만큼의 은하계가 있다. 〈그 무수한 하천 세계와 상천 세계에 상응하지 못한 채 말로만 떠든다면 무슨 일이든 무허가로 그치게 마련이다.〉

4. 은하계와 통하려면 상대를 하나로 통하고, 유생 무생을 다 통하고, 삼세를 다 통하고, 나아가서는 혹성까지 통하게 되어야 전부를 통할 수 있는 것이다. 〈그래야 바람 쐬러 나갔다 하면 한생각에 억만 회순이라도 다 통하고 전체 구정토를 왕래하고 별성과 더불어 운행하고 공존할 수 있다. 또 그래야 손가락 하나 벌려서 다른 혹성을 옮아올 수도 있는 것이다.〉

5. 부처님의 손발은 아니 닿는 데가 없어 어느 혹성, 어느 은하계의 구석진 틈이라도 평등히 다 알 뿐 아니라 생명의 차원이나 발전 단계, 정신적 능력의 정도를 소상히 알고, 따라서 곳곳의 능력에 맞춰 발전시킬 수도 늦출 수도 있다. 우주가 아무리 크고 혹성들이 혹은 뜨겁고 혹은 차고 하더라도 다 생명이 있기에 서로 무심의 왕래가 있는 법이다. 〈예를 들어 마음을 깨친 이에게는 수성, 금성, 화성, 목성 등을 가서 살펴본다는 것이 그렇게 어려운 일은 아니며, 의학적으로 불치의 판정이 난 병이라도 고치지 못하는 병만은 아니게 된다. 뿐만 아니라 시공을 뛰어넘고, 과학의 한계를 넘어 지혜의 계시를 줄 수도 있다. 다만 세상 사람들을 미혹하게 하면 아무런 득이 없을 것이기에 그런 능력을 함부로 사용하지 않을 뿐이다.〉

6. 생명 하나하나의 삶은 저마다 참으로 눈물겨운 데가 있으니 모든 생명들이 다 제 차원이라고 하

는 병 속에 갇힌 채 그것을 벗어나려고 저도 모르는 노력들을 하고 고통을 당하기도 한다. 그러나 이곳뿐이 아니라 까마득한 우주의 머나먼 저쪽에서도 이곳과 다름없는 살림살이가 펼쳐져 있으니 중생의 눈과 손과 생각이 미치지 않는 세계의 살림살이는 각양각색이다.

7. 어느 별의 살림살이는 이곳과 아주 달라서 아이를 낳는 데도 일일이 수태하여 낳지 않고 마음에 따라 만들기도 하며, 여럿이 할 일이 있으면 한생각으로 여럿이 되어 일하고 할 일이 없으면 다시 하나로 합쳐 버리기도 한다. 그들의 땅은 마치 보석처럼 빛나고 밤낮이 따로 없이 늘 휘황찬란하다. 〈거기에 비하면 지구는 마치 거르는 체와 같아 마음의 차원에 따라 상천으로도 가고 하천으로도 가니 바로 중세계인 것이다.〉

8. 우주에는 보이지 않는 생명이 충만해 있다. 이

지구에만 우굴우굴한 게 아니라 다른 혹성에도 우굴거린다. 생명체에 있어서 동맥·정맥을 통해 피가 돌고 오장 육부가 다 맡은 바 책임을 다하듯이 은하계도, 지구도 그렇게 빈틈없이 운행하고 있다. 별 속에 별들이 있어 질서정연하게 돌아가고 있는 것이다. 서로가 서로를 의지해 안정할 수 있는 마음이 있기 때문이다.

9. 인간의 재생이나 별들의 재생이나 똑같다. 껍데기의 수명이 길고 짧은 차이가 있을 뿐이다. 어떤 사람의 내력을 알려면 이름을 대야 하듯이 우주의 각 성에 대해서 알려고 하면 역시 그 이름을 밝혀야 한다. 무정국, 오토국, 혹은 강서수기성 등……. 수성 너머에 있는 외성을 예로 들면, 크기는 지구의 1/3쯤 되면서 길이로는 3배나 되는데 이것이 지그재그로 삼각형을 그리며 돌고 있다. 여기 말로는 수성의 외성이라 할 수 있는데 거기서는 이름조차 없는 공업국인 셈이다.

10. 우주 전체를 금강 자석이라 한다면 이 금강 자석의 힘에 의해 지구가 돌아간다. 그렇지 않다면 지구는 멸망한다. 다른 모든 혹성들도 같다. 〈그렇다면 자석과 같은 힘은 누가 가졌느냐? 우리 마음들이다. 우리 마음의 별성이다. 바로 우리의 능동적이고 활용적이고 움직일 수 있는 무한의 능력을 가진 이 생명줄이다. 그래서 불성이라 이름했다. 우주는 불성에 의해 균형을 잡아 안정되어 있는 것이다.〉

11. 사람들이 여기서 서로 빼앗고 빼앗기듯이 혹성 간에도 그런 상황이 벌어지고 있다. 그러나 빼앗기는 줄조차 모르고 있다. 못 배우고 어리석으면 당하고도 하소연할 곳조차 없으니 능력을 키워야 방어라도 해 볼 수 있을 것이다. 〈우리가 마음공부를 하면 여기서도 살고, 거기서도 살고, 하나로, 열로, 천으로, 만으로도 사니까 밖에서 무엇이 와도 비로소 나 아닌 게 없이 다 자비롭게 조절할 수 있을 것이다.〉

12. 우리가 사는 은하계는 크기가 중간치 정도이다. 도솔천의 은하계는 우리 은하계와 같은 것을 2,970개 정도 합쳐 놓은 것만큼 방대하다.

13. 과학자들은 단순히 지·수·화·풍이 모여서 삼라만상이 벌어졌다고 할지도 모르겠지만 '한 생명'이 없다면 이루어질 수가 없다. 바람이 불고 물과 먼지가 한데 합치면 마치 퇴비를 모아 놓았을 때 뜨거운 열과 가스가 나오고 쓰레기에서는 벌레가 생기듯, 생명 있는 것들이 한데 합치니 능력이 폭발되는 것이다. 이때에는 좋다 나쁘다도 없다. 그저 폭발되었을 뿐이다.

이렇게 해서 생긴 생명체들이 밝음을 알게 되고 그것이 반사되어 자기의 분수를 알게 된다. 이것이 진화이자 창조이다. 이러한 것이 불성의 조화가 아니라면 어떻게 될 수 있겠는가? 이렇게 지수화풍이 합치면서 큰 성주를 이루었다는 것은 지수화풍이 합쳐서 힘이 솟았다는 것이고, 힘이 솟았다는 것은 화(化)하였다는 것이다. 이렇게 화하고 나니 지수화풍이란 말도 나올 수 없게 된 것이다. 즉, 지수화풍이 바탕이 돼서 성주를 이룬 것이다. 곧 우주를 이루었다는 말이다. 그러다가 어느 날 홀연히 한생각을 하여 우주를 셋으로 나누었다. 그 가운데 부분이 우리가 통상 우주라고 하는 것이다.

14. 우리는 우주가 하나인 줄 알지만 실은 종합해서 대천세계, 중천세계, 소천세계로 나눌 수 있다. 비유로 계속 설명한다. 그 세 우주를 아들에게 나누어 주었는데, 세 아들이 바로 아버지이고 아버지가 바로 세 아들이다. 이것은 깨달은 사람이 아니면 알 수가 없다. 그 세 아들 중 첫째 아들은 칠 형제를 낳고, 가운데 아들은 삼 형제를 낳고, 셋째 아들은 오 형제를 낳았다. 그리고 그 가운데 아들이 낳은 삼 형제가 다시 칠 형제를 낳았는데 그 중 삼 형제는 생명을 불어넣어 주는 책임을 맡았고 나머지 사 형제는 물질을 만드는 책임을 맡았다. 처음에

물질을 만들 때는 경험이 없는 까닭으로 집을 짓더라도 길쭉하게 상투 하나 있는 것처럼 삼각형으로 모양만 겨우 냈었다.

그런 식으로 집을 짓고 생명을 불어넣고 하다가, 세 칸 집이 다섯 칸 집이 되고 방대해지니 길을 닦아야 할 필요가 생겼다. 길을 닦아서 그것에 생명을 불어넣으니 수많은 분야가 생기고 다양해지면서 수많은 자식들, 즉 수많은 별들이 생기게 된 것이다.

그러나 그 수많은 자식들이 서로 다른 것이 아니고 성주가 삼 형제이고, 삼 형제가 칠 형제이고, 칠 형제가 수많은 자식인 것이며 수천, 수십만이 되어도 성주 하나인 것이다. 이렇게 수없이 만들다 보니 모든 물질이 나오고 태양이 나왔다. 근본에서 근본이 나온 것이다. 이러한 은하계, 태양계는 수없이 많다. 우리는 우리의 태양계가 대단한 줄 알지만 그렇지는 않다. 우리 식으로 이야기하자면 시골의 변두리 정도이다. 〈그런데 그렇게 은하계가 많고 태양이 많고 별들이 많다 할지라도 바로 이 한 점의

생각으로 모든 것을 쌀 수 있다면 얼마나 위대한 것인가.〉

15. 중세계의 사람들은 부처 될 권리를 갖고 있다. 권리는 있지만 무한의 능력을 쓰지 못하기 때문에 못 쓰는 것뿐이다. 그러니 자기 깊숙이 있는 한 점의 자기를 찾았을 때 그 금궤를 찾게 되는 것이다. 지구에 사는 사람들은 지구에서 보았던 것밖에는 알 수 없고 그것밖에는 상상할 수도 없다. 다른 나라, 다른 물은 모르기 때문이다. 연못에서 놀던 고기가 바다를 알 수 없듯이…….

16. 어떤 혹성에서는 생각만으로 모든 것을 처리한다. 먹고, 입고, 만들고, 없애는 이 모든 것이 한 생각으로 처리되는데, 예를 들어 어린애를 갖고 싶으면 배로 고통스럽게 낳지 않아도 어린애가 생기고 없애려면 생각 한 번에 없어진다. 오장 육부의 지저분한 피, 똥, 고름, 오줌을 배 속에 넣고 다니

지 않아도 청정하고 깨끗한 인간의 모습을 여여하
게 가지면서도 선신 세계의 맛을 볼 수 있다. 물론
그렇게 여여한 모습으로 선신 세계에 산다 해서 부
처인 것은 아니다.

17. 목성에서는 지구의 사람들처럼 허리띠를 졸
라매고 이렇게 처참하게 살지는 않는다. 그곳은 밤
낮이 따로 없는데, 보석들이 반사되어 달빛처럼 밝
게 비춰 준다. 투명한 밝음으로써 안에서 스스로를
밝힌다. 스스로에게 자가 발전소가 있는 것을 알기
때문에 자기 마음대로 켠다. 여기처럼 전기가 나갈
걱정이나 전기값을 걱정하지 않고 편리하게 살아
간다. 그러니 그곳에는 '밤', '낮'이란 단어가 없다.
〈우리들이 왜 그렇게 하지 못하는가 하면 자기를
못 믿고 그 도리를 못 믿기 때문이다. 그 도리를 안
다면 왜 여기서만 살겠는가? 여기서 이렇게 공부하
면서도 저쪽 동네로 가서도 살 수 있는 것이다. 불
성이란 어디에 가고 와도 가고 옴이 없다. 그 동네

에 가서 살면서도 여기에서 또 산다. 나 아닌 것이 없기 때문이다. 그 수효는 모래알처럼 많다. 하나가 되려면 하나가 되고 둘이 되려면 둘이 되고 천이 되려면 천이 되고 만이 되려면 만이 된다. 또 하나도 없으려면 없다. 자유자재이다. 얼마나 좋은가?〉

18. 세 개의 우주 뒷면에는 도솔천국, 즉 어마어마한 범천이 있다. 범천이라는 것은 너무나 어마어마하고 광대하다. 우리가 사는 은하계는 아주 작은 지방 정도이다. 〈이런 것을 그냥 알 수는 없다. 내 마음을 두루 깨쳐서 다 성장되어 아주 하얗게 깨쳐 알아야 한다. 만약 범천이 있다면 범천과 더불어 같이할 수 있고, 대치해서 막을 수 있고, 뚫을 수 있고, 서로 상응할 수 있어야 한다. 이것의 속 내용은 일일이 말로 할 수는 없다. 가고 오는 사이 없이, 행하는 사이 없이 행하는 자연스러운 그것, 그것을 깨닫지 않고는 알 수 없다.〉

19. 그 은하계 안에는 양쪽으로 사람의 유방처럼 불쑥 나와 있는 것이 있다. 그것들의 역할은 모든 곳의 무전을 송수신 하는 것이고, 그 은하계를 돌고 있는 12개의 외성은 참으로 찬란하고 아름다운 것이다. 또 12개의 외성 하나하나에는 외성이 12개씩 돌고 있는데 아주 질서정연하다. 그곳의 별들은 이곳의 별처럼 생기지 않고 사각의 모양이면서도 한쪽은 부처님의 머리같이 생겼다. 그러면서도 위에서 보면 망같이 생기기도 하였고, 옆으로 보면 둥글게 도는 것 같기도 하고, 밑에서 보면 팽이 밑둥 돌듯 하니 참 묘하다 할 수밖에 없다.

20. 우주 한쪽에서는 아주 커다란 성을 이루고 있는데 그곳의 빛은 말할 수 없이 밝으나 열은 가지고 있지 않다. 남들이 보기에는 불같이 뜨거울 것 같지만 그렇지 않다. 또 지구의 나무는 파랗고 싱싱한데, 범천의 나뭇잎들은 황금빛이며, 몸체는 분색이 난다.

또한 그곳의 돌들은 이곳의 돌처럼 오랜 세월이 흘러서 굳어진 것이 아니다. 그곳 사람들은 뜨거운 에너지를 빼서 마음대로 돌을 만들어 쓴다. 이런 일들은 힘이 안 들고 쉽게 할 수 있지만 상세계·중세계·하세계로 바람직하지 못한 영향이 가기 때문에 아무 데나 기분대로 하지 않는 법도를 지킨다.

21. 수성에서 좀 떨어진, 즉 지구에서 달의 거리보다 조금 더 먼 곳에는 이것저것 갖가지가 모여 하나의 성을 이루었는데 우리 식으로 이야기하면 공업국이라 할 수 있다. 그곳에서는 고슴도치같이 생긴 비행 물체를 띄워서 외계의 정보를 수집한다. 비행 물체의 형태는 각 혹성마다 틀리는데, 상세계에서는 삼각형 또는 원형이고, 길쭉하면서 부처님 머리같이 생긴 비행 물체는 도솔천에서 띄운 것이다. 그것은 생각만 하면 서고 뜨며, 어디쯤 가야겠다 하면 알아서 가게 된다.

수성에서 그 공업국까지의 거리는 지구에서 달

까지의 거리보다 더 되지만 수성에서는 안방 문턱 건너듯 드나든다. 왜냐하면 그 능력이 대단하므로 다른 곳의 에너지는 빼앗아 올 수도 있지만 수성의 에너지는 다른 곳에 빼앗기지 않는다. 공업국에는 끝이 뭉툭하게 생긴 삼각형에 사각의 문이 있어 겉으로 보기엔 네 겹으로 되어 있는 것 같고, 삼각형 내부의 구조는 인간의 세포처럼 거미줄 얽히듯 얽혀 있다. 수명은 수성보다는 짧다. 또 그곳에는 네 개의 문이 있지만 한 문으로 들어갈 수밖에 없으며 나올 때도 그 문으로 나와야 한다.

22. 화성에는 생명체가 없다고들 하는데 사람이 보이지 않는다고 사람이 안 사는 것이 아니다. 생명이 우글우글하는데도 안 산다고 할 수 있겠는가? 중세계인 이 지구에서는 보이지 않는 생명들을 키로 까부르고 체로 걸러서 위로 던질 것은 던지고 아래로 보낼 것은 아래로 보낸다. 각 혹성에서는 이렇게 각자 맡은 소임을 하고 있는 것이다. 〈이 공

부를 한다면 집주인이 엄연히 있으니 자기 정신을 빼앗기지도 않고, 내 능력을 남에게 빼앗기지도 않고, 남에게 실험을 당하지도 않는다. 우리는 삼차원에 살고 있는데 사차원의 세계 사람들에게는 실험 도구로 부려질 수도 있다. 지금까지 그렇게 되어 왔다. 그래도 괜찮은가? 또한 어떤 경쟁이 생겨서 능력의 공기를 흡수당하는 수가 있는데 그렇게 되면 병이 많이 든다. 그러나 누가 빼앗아 갔는지, 어디서 그랬는지 알 수가 없다. 만약에 유전자의 능력까지도 몽땅 빼앗긴다면 그것은 피를 몽땅 빼앗기는 것과 마찬가지이므로 껍데기만 남아 흙과 물로 변해 버리겠지만 주인이 있다면 감히 그렇게 할 수 없다. 그런데 어째서 농락을 당하면서 사는가? 왜 이러한 이야기를 하는가 하면 앞날을 위해, 연구하는 사람을 위해서, 또 수십 번 다시 태어날지라도, 수십억 년이 걸리더라도 이러한 도리를 모두가 알아야 하겠기에 하는 말이다.〉

큰글씨

한마음요전 1
대행스님 행장 · 법어집

펴낸이/ (재)한마음선원
펴낸곳/ (재)한마음선원

초 판 발행 2023년 6월 20일
개정판 발행 2024년 5월 20일

출판 등록 2000.12.15. 제 2000-16호
13908 경기도 안양시 만안구 경수대로 1282
        한마음선원(석수동)
전화(031)470-3100 팩스(031)470-3116
http://www.hanmaum.org

ⓒ재단법인 한마음선원 · 2023

값 25,000원

ISBN 978-89-91532-48-9 03220